Schriften zum Strafvollzug, Jugendstrafrecht und zur Kriminologie

Herausgegeben von Prof. Dr. Frieder Dünkel
Lehrstuhl für Kriminologie an der
Ernst-Moritz-Arndt-Universität Greifswald

Band 44

I0127812

Maryna Zaikina

Jugendkriminalrechtspflege in der Ukraine

MG 2012
Forum Verlag Godesberg

Bibliographische Information der Deutschen Nationalbibliothek

Die Deutsche Nationalbibliothek verzeichnet diese Publikation
in der Deutschen Nationalbibliografie; detaillierte bibliografische
Daten sind im Internet über http://dnb.d-nb.de abrufbar.

© Forum Verlag Godesberg GmbH, Mönchengladbach
Alle Rechte vorbehalten.
Mönchengladbach 2012
DTP-Satz, Layout, Tabellen: Kornelia Hohn
Institutslogo: Bernd Geng, M.A., Lehrstuhl für Kriminologie
Gesamtherstellung: Books on Demand GmbH, Norderstedt
Printed in Germany

ISBN 978-3-942865-08-1
ISSN 0949-8354

Meinen Eltern

Моїм батькам

Моим родителям

Inhaltsübersicht

Vorwort

Die Ukraine war über Jahrhunderte hinweg bis zur staatlichen Selbständigkeit im Jahr 1991 Bestandteil des russischen Imperiums und wies damit auch im Strafrecht bzw. Jugendstrafrecht sehr ähnliche rechtliche Regelungen wie die frühere Sowjetunion bzw. das heutige Russland auf. Erst im Laufe der 1990er Jahre wurden Rechtsreformen durchgeführt, die aber noch keine grundlegende eigenständige Orientierung erkennen lassen. Ziel der Arbeit ist eine aktuelle Bestandsaufnahme des materiellen und formellen Jugendstrafrechts einschließlich des Jugendstrafvollzugs bzw. ähnlicher Institutionen in der Ukraine. Anlass war ein vom Lehrstuhl für Kriminologie koordiniertes und von der EU gefördertes Forschungsprojekt mit dem Titel „Juvenile Justice in Europe – Current Situation and Reform Developments" (Dünkel/Horsfield/Grzywa/Pruin, 2. Aufl., 2011), an dem die Verfasserin als Berichterstatterin zur Ukraine mitgewirkt hat. Die Ukraine ist bislang bei europäisch vergleichenden Projekten kaum vertreten, zumal die politischen Verhältnisse nach der mit der sog. „Orange Revolution" von 2004/5 erfolgten stärkeren Öffnung nach Europa inzwischen wieder eher auf Abkapselung und Zurückhaltung bzgl. empirischer Daten und des wissenschaftlichen Diskurses mit dem Ausland ausgerichtet sind. Von daher kommt der Arbeit eine besondere Bedeutung zu. Ein entscheidender persönlicher Vorteil der Verfasserin als gebürtiger Ukrainerin war, dass der sprachliche Zugang kein Problem darstellte und sie – auch aufgrund vielfältiger Kontakte im Land – damit Quellen erschließen konnte, die anderen verschlossen geblieben wären.

Zunächst beschreibt die Verfasserin die wechselvolle Geschichte der Ukraine, die zumeist unter dem Machteinfluss der russischen Zaren und im 20. Jh. der Sowjetunion stand. Eine kurze Eigenständigkeit gab es nur 1918-20. Die Loslösung aus dem zerfallenden sowjetischen Imperium erfolgte 1991 mit der Unabhängigkeitserklärung. Ein Meilenstein für die Reformentwicklung zu demokratischen und rechtsstaatlichen Reformen war die sog. Orange Revolution 2004/05, die aber 2010 für beendet erklärt wurde. Damit wurden zaghafte Rechtsreformen allerdings nicht in Frage gestellt. Aktuelle weitere Reformentwicklungen behandelt die Verf. im *9. Kapitel*.

Im *3. Kapitel* beschreibt die Verf. die historische Entwicklung jugendstrafrechtlicher Normen. Die Geschichte beginnt im 17. Jh. mit Regelungen zur Strafmündigkeit und zur Strafmilderung bei Kindern bzw. Jugendlichen. Eine erste differenzierte Gesetzesregelung fand sich im russischen StGB von 1845. Das Konzept der flexiblen Beurteilung je nach Einsichtsfähigkeit findet sich bereits dort. Interessanterweise gab es Ende des 19 Jh. besondere Strafmilderungsvorschriften für Heranwachsende, die allerdings im sowjetischen Recht nach 1920 ebenso wie die spezialisierten Jugendgerichte beseitigt wurden. Andererseits wurde für unter 17-Jährige ein reines Maßnahmenrecht (mit „medizinisch-pädagogischen" Rechtsfolgen) eingeführt. Eine strafrechtliche Verantwortlichkeit für unter 17-Jährige war damit ausgeschlossen. Sehr bald kam es allerdings zu Regelungen, die in bestimmten Fällen eine strafrechtliche Verantwortung ab dem auch heute maßgeblichen Alter von 14 Jahren festlegte, wobei bereits in den 1920er Jahren die Differenzierung der Altersgruppen 14- bis unter 16-Jähriger und 16- bis unter 18-Jähriger entwickelt wurde. Nach einer kurzfristigen Phase der Verschärfung der Kriminalpolitik in der Stalinära ab Mitte der 1930er Jahre (Strafmündigkeit: 12 Jahre) kehrte das sowjetische Recht nach dem 2. Weltkrieg zu den o. g. Abstufungen zurück. Zwar gab es eigentlich schon seit Ende des 19. Jh. einen besonderen pädagogischen Anspruch für die Rechtsfolgen gegenüber jungen Straftätern, jedoch verrät die Sprache mit Begriffen wie „Zwangsmaßnahmen erzieherischer Einwirkung" im StGB von 1960, dass es eher um Repression und Zwangsanpassung als um moderne Pädagogik ging und geht. Die Verf. geht auf die pädagogische Diskussion der 1920er Jahre, die mit Personen wie Makarenko nicht nur in Russland bzw. der Sowjetunion durchaus einflußreich war, ein und verdeutlicht, dass die im Strafvollzug generell entwickelte und bis heute sichtbare „Kollektiverziehung" mit Massenunterkünften in Schlafsälen auf diese Zeit zurückgeht.

Im *4. Kapitel* wird die Entwicklung der offiziell registrierten Jugendkriminalität beschrieben. Wichtiger und im Ausmaß erstaunlicher Befund ist der drastische Rückgang der registrierten Jugendkriminalität seit 1995 und verstärkt seit 2003, der nur zum geringeren Teil demographisch bedingt ist. Dabei spielte auch die Entkriminalisierung von Eigentumsdelikten zur Ordnungswidrigkeit eine besondere Rolle. Bis 2009 waren Diebstähle mit einem Schaden von bis zu ca. 87 € nicht strafbar, allerdings wurde die Wertgrenze 2009 auf ca. 17 € herabgesetzt. Der jüngste Anstieg von registrierten Eigentumsdelikten ist vermutlich allein darauf zurückzuführen.

Andererseits gibt es auch Teilbereiche der Jugendkriminalität mit „echten" Zuwachsraten wie beispielsweise die Drogenkriminalität. Der Struktur nach dominieren Eigentumsdelikte, schwere Gewalttaten sind nach wie vor selten.

In *Kapitel 4.3* und *4.4* werden einige kriminologische Befunde zu sozialen und persönlichkeitsbezogenen Merkmalen junger Straftäter aufgeführt. Neben den international bekannten Merkmalen sozialer Randständigkeit fällt hierbei die sprachliche Darstellung der ukrainischen Kriminologie auf, die den labeling approach offensichtlich noch nicht rezipiert hat. Die negativen Etikettierungen sagen unter Umständen mehr aus zum Stand der ukrainischen Kriminologie als über straffällige Jugendliche. Die Ursachen der Kriminalität werden sicherlich zu Recht in den Problemen des sozialen Umbruchs, der Jugendarbeitslosigkeit etc. gesehen.

Jedoch fragt man sich dann, wie der Rückgang der Jugendkriminalität zu erklären ist. Das Problem der Erklärung der aktuellen Entwicklung scheint in der ukrainischen Strafrechtswissenschaft noch nicht vertieft diskutiert zu werden.

Im Abschnitt zur Vorbeugung von Jugendkriminalität zählt die Verf. die Institutionen auf, die sich im Rahmen von Familienhilfen etc. um die Vorbeugung von Jugendkriminalität kümmern, jedoch werden keine konkreten Projekte oder gar Schwerpunktprogramme genannt. Auch hier ist anzunehmen, dass es noch keine besonderen oder spezifischen Präventionskampagnen gibt.

Das materielle Jugendstrafrecht ist seit der Strafrechtsreform von 2001 in einem gesonderten Abschnitt des StGB geregelt. Allerdings unterscheidet sich das „Jugendstrafrecht" nur begrenzt vom Erwachsenenstrafrecht. So sind im Hinblick auf die Strafzumessung alle auch bei Erwachsenen maßgeblichen Strafzwecke einschließlich der Generalprävention relevant. Der Strafenkatalog unterscheidet sich lediglich dadurch, dass nur 5 Strafen des Katalogs der allgemeinen Strafen Anwendung finden. Dazu gehören die Geldstrafe, Gemeinnützige Arbeit, Besserungsarbeiten, der Arrest als kurze Freiheitsentziehung von 15 bis 45 Tagen und die zeitig bestimmte Freiheitsstrafe von bis zu 10 Jahren (ausnahmsweise bei Tötungsdelikten von bis zu 15 Jahren). Freiheitsstrafen von bis zu 5 Jahren können zur Bewährung ausgesetzt werden.

Die strafrechtliche Verantwortlichkeit beginnt mit 16 Jahren, bei schweren Delikten, zu denen allerdings auch der Diebstahl gehört, mit 14 Jahren. Für 14- und 15-Jährige sind als Strafen nur die Geld- und Freiheitsstrafe vorgesehen, gegenüber 16- bis unter 18-Jährigen kommen auch die Gemeinnützige Arbeit, Besserungsarbeiten (eine Art Geldstrafe, bei der Berufstätigen ein Teil des Lohns vorenthalten wird) und der Arrest in Betracht. Generell gilt ein im Vergleich zu Erwachsenen milderer Strafrahmen.

Die eigentlich erzieherischen Sanktionen sind die in § 105 Abs. 2 ukrStGB aufgeführten „Zwangsmaßnahmen erzieherischer Einwirkung". Darunter fallen die Verwarnung, die Festsetzung verhaltensbezogener Weisungen, die Übergabe unter die Aufsicht der Eltern oder anderer Personen, die Schadenswiedergutmachungspflicht und die Einweisung in eine sog. Lehrerziehungsanstalt.

Diese Erziehungsmaßnahmen sind – da sie keine Strafsanktionen darstellen – auch auf 11- bis unter 14-jährige Kinder anwendbar, obwohl diese nicht strafmündig sind.

Die Verf. beschreibt die Voraussetzungen der einzelnen Strafen und Erziehungsmaßnahmen jeweils auch aus rechtsvergleichender Perspektive mit Deutschland.

Von einer eigenständigen Jugendgerichtsbarkeit kann in der Ukraine noch nicht gesprochen werden. Historisch interessant ist, dass es erste zaghafte Ansätze einer Spezialisierung im Russischen Imperium bereits 1910 in St. Petersburg und auf ukrainischem Gebiet seit 1917 in einigen Städten gab, die aber im Gefolge der Oktoberrevolution wieder abgeschafft wurden. Die Jugendkommissionen nach sowjetischem Recht waren allerdings gleichfalls nur von vorübergehender Dauer und wurden 1935 abgeschafft. Jugendstrafsachen werden seither vor den ordentlichen Strafgerichten verhandelt. Gleichwohl gibt es Ämter und Behörden für Angelegenheiten Minderjähriger auf kommunaler und regionaler Ebene, die den deutschen Jugendämtern ähnlich sind und die auch im Strafverfahren gegenüber Minderjährigen mitwirken. Ein wichtiger Unterschied liegt in der starken Stellung der Kriminalmiliz, also der Polizei, die teilweise Aufgaben übernimmt, die in Deutschland der Jugendgerichtshilfe übertragen sind. Zwar gab und gibt es in der Ukraine das Rechtsinstitut des Sozialerziehers und des Gerichtserziehers, die jugendgerichtshilfeähnliche Funktionen haben, jedoch stammen die Regelungen aus sowjetischer Zeit und finden in der Praxis offenbar keine Akzeptanz mehr. Im Übrigen gibt es eine verwirrende Vielzahl von Heimen, Zentren, Anstalten etc., teilweise unter der Regie des Innen-, teilweise des Bildungs- und des Gesundheitsministeriums. Es ist verdienstvoll, dass die Verf. den Überblick behält und minutiös die Detailregelungen zu Aufgaben, Rechten und Pflichten dieser Organisationen und Dienste auflistet. Die Verf. hält sich bei der Bewertung des Gesamtsystems zurück und äußert Kritik eher vorsichtig, obwohl an mehreren Stellen deutlich wird, dass man in der Ukraine das überkommene sowjetische System noch nicht überall überwunden hat.

Im 7. *Kapitel* geht die Verf. auf die strafverfahrensrechtlichen Regelungen in Strafsachen Minderjähriger ein. Diese finden sich in der ukrStPO aus dem Jahr 1961, die erst kurz vor Drucklegung der Arbeit auf Druck des Europarats einer Gesamtrevision unterzogen wurde. Darauf geht die Verf. in *Kap. 9.2* hinsichtlich der wesentlichen Eckdaten der Reform ein, die allerdings das Jugendstrafverfahren bis auf den nunmehr für bis zu 18-Jährige geltenden Grundsatz der Nichtöffentlichkeit des Verfahrens (zuvor nur bei unter 16-Jährigen) unverändert gelassen hat. Zuvor gab es seit der Selbständigkeit der Ukraine zahlreiche Teilreformen. Jedoch sind die Besonderheiten des Verfahrens i. e. S. im Vergleich zum Erwachsenenstrafverfahren in der Ukraine marginal geblieben. Besonderheiten resultieren aus der Tatsache, dass auch die gesetzlichen Vertreter etc. Verfahrensbeteiligte sind und, dass die in *Kapitel 5* beschriebene „Befreiung von der strafrechtlichen Verantwortlichkeit" unter Anordnung von „Zwangsmaßnahmen erzieherischer Einwirkung" auch eine verfahrensrechtliche Entsprechung findet. Auch ist interessant, dass der Täter-Opfer-Ausgleich theoretisch vorrangig vor einem Gerichtsverfahren geprüft werden soll. Hier hat die Reform von 2012 noch Ausweitungen und vor allem eine explizite gesetzliche Regelung gebracht.

Im Übrigen vervollständigt sich das Bild eines noch sehr unterentwickelten Jugendstrafrechts, wie es in *Kapitel 6* mit Blick auf die fehlende eigenständige Jugendgerichtsbarkeit entwickelt wurde auch in verfahrensrechtlicher Sicht.

Leider sind der Verf. keine Informationen über die statistische Bedeutung der einzelnen Verfahrensformen zugänglich gemacht worden, möglicherweise, weil das Justizminiszterium über keine zuverlässigen Daten verfügt.

Der Vollzug der Freiheitsstrafe gegenüber Jugendlichen ist in einem besonderen Abschnitt des Strafvollstreckungsgesetzbuches (StrVollstrG) geregelt. Ähnlich wie Strafvollstreckungsgesetzbücher anderer osteuropäischer Länder im Einzugsbereich der ehemaligen UdSSR (z. B. Litauen, Russland) enthält das StrVollstrG auch Vorschriften zur Vollstreckung ambulanter Sanktionen wie der sog. Besserungsarbeit, der gemeinnützigen Arbeit oder der Geldstrafe. Die Angelegenheiten des Personals sind in einem anderen Gesetz, dem Strafvollstreckungsdienstgesetz geregelt.

Da das StrVollstrG sämtliche Sanktionen des StGB umfasst, werden bei den Zielen der Vollstreckung neben der positiven Spezialprävention auch andere Aspekte der negativen Spezialprävention, der positiven und negativen Generalprävention sowie des Schutzes der Allgemeinheit genannt. Im Übrigen ähnelt die Struktur der Vorschriften zum Strafvollzug in vielerlei Hinsicht derjenigen des deutschen StVollzG und internationaler Standards wie den European Prison Rules.

Eine wichtige Abweichung von den internationalen Standards ist allerdings die Strukturierung der Anstalten des Erwachsenenvollzugs nach abgestuften Sicherheitsstufen aufgrund der Vorstrafenbelastung und Deliktschwere der Verurteilten (insgesamt werden im geschlossenen Vollzug 5 Vollzugsregime unterschieden, vgl. Abb. 2, S. 160). Hier bleibt das StrVollstrG von 2004 in der Tradition des sowjetischen Vollzugsrechts verhaftet und widerspricht dem Prinzip der Einheitsstrafe wie es in Nr. 102.2 EPR von 2006 und in Nr. 8 der ERJOSSM von 2008 zum Ausdruck gelangt.

Organisatorisch ist der Strafvollzug auf Druck des Europarats zwar aus dem Innenministerium ausgegliedert, jedoch nicht dem Justizministerium zugeordnet worden, sondern dem Ministerpräsidenten bzw. Ministerkabinett direkt unterstellt. Dies entspricht – worauf die Verf. zu Recht hinweist – nicht den europäischen Vorgaben.

Die Vollstreckung ambulanter Sanktionen obliegt den sog. Strafvollstreckungsinspektionen, die zum Bereich des Strafvollzugsamts gehören.

In Kapitel 8.3.1 beschreibt die Verf. die Voraussetzungen und Praxis der Polizeihaft, die grundsätzlich nicht länger als 72 Stunden dauern darf. Aus der Praxis wurden zahlreiche Menschenrechtsverletzungen und körperliche Misshandlungen bekannt, auf die auch das Anti-Folter-Komitee des Europarats wiederholt hingewiesen hat. Die Verf. geht insoweit auf den 2011 publizierten Bericht über den Besuch aus dem Jahr 2009 ein, wonach sich zwar Einiges seit den früheren Besuchen 2005 und 2007 verbessert hat, es jedoch nach wie vor zahlreiche Berichte über Misshandlungen gebe. Die Verf. geht hinsichtlich der positiven Änderungen auf ein 2006 geschaffenes Kontrollorgan, die sog. Mobilgruppen, ein, die man mit Ombudsleuten oder „Boards of Visitors" in anderen Ländern vergleichen kann.

In *Kapitel 8.3.2* wird das Untersuchungshaftvollzugsrecht dargestellt. Die Haftbedingungen sind bei einer Unterbringung in sog. Kleinhafträumen mit bis zu 6 und „Hafträumen für mehrere Personen" mit mindestens 20 Insassen sehr beengt, zumal die einem Gefangenen zugebilligte Mindestfläche von 2,5 m² international vergleichend gesehen das unterste Niveau darstellt. Das Gesetz sieht zwar grundsätzlich (für Erwachsene und Jugendliche in gleicher Weise) eine relativ kurze Höchstdauer (2 Monate) vor, jedoch kann diese im Extremfall auf bis zu 18 Monate verlängert werden. In der Praxis scheinen Jugendliche durchschnittlich ein Jahr in U-Haft zu verbringen (S. 182).

Hinsichtlich der Praxis der Untersuchungshaft spart die Verf. gleichfalls nicht mit Kritik. Die Anordnungshäufigkeit sei unverhältnismäßig, auch was die Dauer der U-Haft anbelangt. Fast jeder vierte Untersuchungsgefangene wird entlassen, weil er zu einer ambulanten Sanktion verurteilt wurde, die Höchstdauer der U-Haft überschritten war o. ä. Misshandlungen von U-Häftlingen sind an der Tagesordnung und die Regierung scheint an der Aufklärung von entsprechenden Vorfällen wenig interessiert zu sein. Hier hätte die Verf. auch die Antworten der Regierung auf die Berichte des Anti-Folter-Komitees auswerten können.

In *Kapitel 8.4* werden die gesetzliche Lage und die Vollzugsbedingungen in den sog. Erziehungskolonien, d. h. den Jugendstrafanstalten beschrieben. Die Lebensbedingungen in Erziehungskolonien unterscheiden sich aufgrund zahlreicher Ausbildungs- und allgemein erzieherischer Maßnahmen deutlich von den Besserungskolonien für Erwachsene. Auch gilt hier nur ein Regime (die frühere Unterscheidung nach Schweregraden wurde aufgegeben), was den Vorgaben von Nr. 8 der ERJOSSM (vergleichbar Nr. 102.2 EPR) entspricht.

Nach Verbüßung von einem Viertel der Strafe haben junge Gefangene das Recht auf zusätzliche Vergünstigungen sowie Lockerungen (vgl. *Kapitel 8.4.5*). Interessant ist, dass Motivierungsmaßnahmen (Lob, Prämien etc.) gesetzlich vorgesehen sind, während dies in Deutschland nur in wenigen Jugendstrafvollzugsgesetzen der Fall ist. Bei den Disziplinarmaßnahmen gilt der international übliche Katalog von Sanktionen. Die Verf. sieht in dem Arrest als Disziplinarmaßnahme (maximal 10 Tage) gut vertretbar einen Verstoß gegen die ERJOSSM, die in Nr. 95.3 die Unterbringung in einer disziplinarischen Arrestzellegenerell ausschließen.

Zu den zahlreichen Problemen der Vollzugspraxis nimmt die Verf. auch Bezug auf Erkenntnisse, die sie bei Besuchen vor Ort gewonnen hat.

Nach Vollendung des 18. Lebensjahrs können junge Erwachsene in Erziehungskolonien (längstens bis zur Vollendung des 22. Lebensjahrs) verbleiben, wenn dies für die Erreichung eines schulischen oder beruflichen Abschlusses sinnvoll erscheint (vgl. *Kapitel 8.4.9*). Auf die Parallelen im deutschen und sonstigen ausländischen Recht weist die Verf. zu recht hin (vgl. Dünkel/Stańdo-Kawecka 2011).

In Kapitel 8.5 geht die Verf. auf die statistische Entwicklung und Struktur des Jugendstrafvollzugs ein. Erfreulich ist der deutliche Rückgang der Gefangenenraten seit 1995 und in besonderem Maß seit 2003, wenngleich die Gefangenenraten auch für Jugendliche immer noch deutlich über dem europäischen Durchschnitt liegen (soweit es vergleichbare Zahlen gibt). Wie die nachfolgenden Analysen zur Insassenstruktur andeuten, dürfte die hohe Gefangenenrate auf den durchschnittlich sehr langen Haftzeiten basieren. Die durchschnittliche Strafdauer liegt zwischen drei und 5 Jahren (vgl. Tabelle 10, S. 205 f.).

Erstaunlich ist, dass nahezu 98% Erstverbüßer waren, wenngleich nahezu 40% bereits strafrechtliche Vorbelastungen i. S. von bedingten Verurteilungen o. ä. aufwiesen (vgl. Tabelle 12). Die auch in Deutschland bekannten Defizite im schulischen und beruflichen Bereich werden auch in der Ukraine deutlich: Durchschnittlich 45% haben weder eine Schul- noch Berufsausbildung, wenngleich dieser Anteil zugunsten von Schülern in den letzten Jahren zurückgegangen ist (vgl. Tabelle 13).

Die abschließenden Abschnitte in *Kapitel 8* sind dem Arrestvollzug und der Heimerziehung gewidmet. Bemerkenswert erscheint dabei, dass die „speziellen Lehrerziehungseinrichtungen der sozialen Rehabilitation" (Erziehungsheime) mit ihrem überaus strengen Vollzugsregime und geschlossenen Charakter praktisch Jugendstrafanstalten entsprechen (S. 221).

In der Zusammenfassung stellt die Verf. die weitgehende Berücksichtigung internationaler Standards im ukrainischen Recht dar, ein vielleicht etwas zu optimistisches Bild, wenn man die tatsächliche Situation bedenkt.

In *Kapitel 9* werden die Reformen und Reformdebatten seit Anfang der 1990er Jahre nachgezeichnet. 1992 wurde ein erstes Konzept zur umfassenden Modernisierung des Rechtssystems einschließlich des Kriminaljustizsystems erarbeitet. Eine erste Etappe der Umsetzung war knapp 10 Jahre später das neue StGB von 2001. Demgegenüber wurde die aus Sowjetzeiten überkommene StPO zunächst nur in einigen Einzelvorschriften geändert, die Gesamtreform wurde im Mai 2012 verabschiedet, worauf die Verf. in *Kap. 9.2* eingeht. Die Reformforderung nach Einführung spezialisierter Jugendgerichte wurde allerdings erneut hinausgeschoben. Bereits 2008 wurde ein Konzept zur Reform der Kriminaljustiz erarbeitet, das eine Orientierung an Opferschutz und Schadenswiedergutmachung beinhaltet ebenso eine effizientere Gestaltung der strafrechtlichen Sanktionen. Das Konzept der Reform des staatlichen Strafvollstreckungsdienstes beinhaltet eine Reform des Strafvollzugs (bauliche Neugestaltung, Ausbau von Bildungsmaßnahmen, Verbesserung der medizinischen Versorgung, bessere Ausbildung des Vollzugspersonals) und im ambulanten Sanktionsbereich die Schaffung eines Bewährungshilfedienstes, der offenbar auch Aufgaben der Gerichtshilfe im Ermittlungsverfahren mit übernehmen soll (wie dies in Deutschland zunehmend im Rahmen einheitlicher Sozialer Dienste der Justiz der Fall ist, vgl. insbesondere die Reform in Mecklenburg-Vorpommern, worauf die Verf. zutreffend hinweist. Interessant erscheint, dass auch die Reduzierung der traditionell sehr hohen Gefangenenraten auf der Agenda steht (S. 229).

2003 begann man mit Pilot-Projekten zum Täter-Opfer-Ausgleich, der offenbar vom Obersten Gericht bereits 2004 als erfolgreich eingeschätzt wurde. Dass ein Oberstes Gericht auch entsprechende Verordnungen empfehlen kann, könnte man als Indikator für Probleme der Umsetzung des Prinzips der Gewaltenteilung werten. In jedem Fall scheint sich der Gedanke einer wiedergutmachenden Justiz (restorative justice) – wie zahlreiche Initiativen und zwei Gesetzesentwürfe aus dem Jahr 2006 belegen – in der Ukraine relativ populär zu sein. Diese Idee scheint auch vom 2010 an die Macht gelangten neuen Präsidenten Yanukovyč, der ansonsten für eine Abkehr von den Zielen der „Orange Revolution" steht, weiter verfolgt zu werden, wenngleich auf den Bereich des Jugendstrafrechts begrenzt. Eine entsprechende Reform war noch von Präsident Yuščenko eingeleitet worden, der eine Umsetzung der UN-Kinderrechtskonvention anstrebte (u. a. Einrichtung eigenständiger Jugendgerichte, vgl. *Kapitel 9.6*, S. 234 ff.). Die neuen Machthaber scheinen diesen Weg fortsetzen zu wollen, wie ein aktueller Reformvorschlag aus dem Jahr 2011 belegt. Man darf sicher gespannt sein, ob und wie diese Reformpläne letztlich Gesetz werden, immerhin dürfte die Beteiligung des Europarats und eines gemeinsamen ukrainisch-kanadischen Regierungsprojekts die Beachtung internationaler Standards gewährleisten.

Im *10. Kapitel* fasst die Verfasserin die Ergebnisse ihrer Studie nochmals zusammen. Der letzte Abschnitt (*Kapitel 10.7*) ist den aktuellen Reformbestrebungen in der Jugendkriminalrechtspflege gewidmet. Es hat den Anschein, dass das Jugendstrafrecht – wie ehemals im Deutschen Reich und in der Nachkriegszeit in (West-)Deutschland – eine Vorreiterfunktion im Hinblick auf die allgemeinen Reformen des Straf- und Strafverfahrensrechts einnehmen könnte.

Die Arbeit wurde im WS 2011/2012 als Dissertation an der Rechts- und Staatswissenschaftlichen Fakultät angenommen. Prof. Dr. *Wolfgang Joecks* gilt der Dank für die zügige Anfertigung des Zweitgutachtens. Kornelia Hohn hat wie immer mit großer Sorgfalt die Druckvorlage erstellt. Dafür gebührt ihr gleichfalls besonderer Dank und Anerkennung.

Greifswald, im September 2012

Frieder Dünkel

Danksagung

Mit dem Abschluss der Dissertation geht eine sehr schöne und auch herausfordernde, emotionsvolle Zeit am Lehrstuhl für Kriminologie in Greifswald zu Ende. Die Chance hier zu promovieren hat mich mit vielen interessanten, kompetenten, hilfsbereiten und liebenswerten Menschen umgeben. Für diese mir gegebene Möglichkeit, für die kritische Begleitung der Dissertation und für die gute Betreuung danke ich herzlichst meinem Doktorvater, *Prof. Dr. Frieder Dünkel*. Ich danke *Prof. Dr. Wolfgang Joecks* für seine Hinweise und die schnelle Erstellung des Zweitgutachtens. Darüberhinaus bin ich sehr vielen Menschen dankbar, ohne die die Arbeit nicht in dieser Form und in dieser Zeit hätte entstehen können.

Für die nicht immer einfache Materialsammlung bin ich den ukrainischen Kollegen sehr dankbar:

Für die Unterstützung während meiner Forschungsaufenthalte in Kiev, danke ich herzlich *Oleg Yančuk* (Олег Янчук) aus dem Strafvollzugsamt der Ukraine. Ich danke für die stetige Bereitschaft meine Fragen zu beantworten, für viele Informationen und besonders für den Zugang zu ausführlichen Statistiken, zu denen es keinen öffentlichen Zugang gab.

Ich danke *Roman Koval* (Роман Коваль) vom Ukrainian Center for Common Ground (Український Центр Порозуміння) für den Zugang zu einer kleineren, aber sehr guten und hilfreichen Bibliothek sowie für die spontane Möglichkeit der Teilnahme an der internationalen Konferenz zu wiederherstellenden Gerechtigkeit. Dies hat mir sehr dabei geholfen, mir einen guten Überblick zur Situation der Jugendkriminalrechtspflege in der Ukraine zu verschaffen.

Ich danke *Oleksandr Bukalov* (Олександр Букалов) von der Donezkij Memorial - Penitentiary Society of Ukraine (Strafvollzugsgesellschaft), für ausführliche Gespräche während meines Forschungsaufenthalts in Donezk, den Zugang zur Bibliothek der Gesellschaft und für die sehr hilfreichen Broschüren, dank derer ich mir einen Einblick in die Strafvollzugsbedingungen verschaffen konnte.

Ich danke ferner den Mitarbeitern der wohltätigen Organisation „Teenager" (Подросток) in Lugansk, besonders *Oleksij Muraškevič* (Мурашкевич Олексій) und *Volodymyr Gončarov* (Володимир Гончаров, verstorben 2011).

Ein besonderer Dank gilt meinem Bruder *Vyačeslav Zaikin* (Заїкін Вячеслав) für seine Hilfsbereitschaft zu jeder Tages- und Nachtzeit und für die Hilfe bei der Beschaffung des in Frage kommenden Quellenmaterials.

Weiter danke ich sehr herzlich meinen Kollegen und Freunden vom Lehrstuhl: *Andrea Gensing, Joanna Grzywa, Philip Horsfield, Dr. Christine Morgenstern, Dr. Stefanie Schollbach* und vielen anderen. Ich danke Euch für ein offenes Ohr, für den Gedankenaustausch, die guten Denkanstöße und die vielen Antworten auf meine Fragen. *Kornelia Hohn* danke ich sehr für ihre wertvolle Unterstützung insbesondere für ihre ständige Bereitschaft bei den erforderlichen zahlreichen Formatierungen!

Mein besonderer Dank gilt meiner „deutschen" Familie – *Philipp, Heilwig und Jürgen Regge*. Ohne sie wäre ich nie in Greifswald gelandet, und ich hätte all die liebenswerten Leute nicht kennengelernt und so viel erlebt. Ich danke Euch besonders für Euren Halt, Liebe und den Glauben an mich. Ich schätze das von ganzem Herzen.

Maryna Zaikina

Abkürzungsverzeichnis

Abb.	Abbildung
Abs.	Absatz
a. F.	alte Fassung
Art.	Artikel
Aufl.	Auflage
Bd.	Band
BGH	Bundesgerichtshof
BGHSt	Entscheidungen des Bundesgerichtshofs in Strafsachen
bspw.	beispielsweise
BVerfG	Bundesverfassungsgericht
BVerfGE	Entscheidung des Bundesverfassungsgerichts
bzgl.	bezüglich
BZRG	Bundeszentralregistergesetz
bzw.	beziehungsweise
ca.	Circa
C. i. c.	Corpus iuris canonici
CPT	Committee for the Prevention of Torture
DDR	Deutsche Demokratische Republik
d. h.	das heißt
ECOSOC	Economic and Social Council (Wirtschafts- und Sozialrat der Vereinten Nationen)
EMRK	Europäische Menschenrechtskonvention
ERJOSSM	European Rules for Juvenile Offenders Subject to Sanctions or Measures
EPR	European Prison Rules
etc.	et cetera
f., ff.	folgende
Fn.	Fußnote

gem.	gemäß
GG	deutsches Grundgesetz
ggf.	gegebenenfalls
Hrsg.	Herausgeber
HS.	Halbsatz
h. M.	herrschende Meinung
i. d. R.	in der Regel
i. S. d.	im Sinne des
i. S. v.	im Sinne von
i. V. m.	in Verbindung mit
IPBPR	Internationaler Pakt über Bürgerliche und Politische Rechte
JGG	deutsches Jugendgerichtsgesetz
Jh.	Jahrhundert
k. A.	keine Angaben
Kap.	Kapitel
Mio.	Millionen
NATO	North Atlantic Treaty Organisation
Nr.	Nummer
NJW	Neue Juristische Wochenschrift
o. Nr.	ohne Nummer
POGU	(Plenum Verhovnogo Sudu Ukraïny) – Plenum des Obersten Gerichts der Ukraine
PVER	Parlamentarische Versammlung des Europarats
PWS SSSR	Presidium Verhovnogo Soveta SSSR (Präsidium des Obersten Rats der UdSSR)
Rec	Recommendation (Empfehlung)
RL	Richtlinie
Rn./Rnrn	Randnummer/Randnummern
russ.	russisch

russStGB	russisches Strafgesetzbuch
SNK	Sowjet Narodnych Komissarow (Rat der Volkskommissare)
S.	Seite oder Satz
SGB	deutsches Sozialgesetzbuch
s. o.	siehe oben
s. u.	siehe unten
sog.	sogenannte
StGB	deutsches Strafgesetzbuch
StPO	deutsche Strafprozessordnung
StVollzG	deutsches Strafvollzugsgesetz
StVollstrO	deutsche Strafvollstreckungsordnung
StGBUkrSSR	Strafgesetzbuch der Ukrainischen Sowjetischen Sozialistischen Republik
TOA	Täter-Opfer-Ausgleich
UCCG	Ukrainian Centre for Common Ground
UdSSR	Union der Sozialistischen Sowjetrepubliken
ukr.	ukrainisch
ukrAGB	ukrainisches Arbeitsgesetzbuch
ukrBGB	ukrainisches Bürgerliches Gesetzbuch
ukrGVG	Ukrainisches Gerichtsverfassungsgesetz
ukrEStG	ukrainisches Einkommenssteuergesetz
ukrFamilienGB	ukrainisches Familiengesetzbuch
ukrMGB	ukrainisches Gesetz über Miliz
ukrOWiG	ukrainisches Ordnungswidrigkeitengesetz
ukrSteuerGB	ukrainisches Steuergesetzbuch
ukrStGB	ukrainisches Strafgesetzbuch
ukrStVollstr-DienstG	ukrainisches Gesetz über den staatlichen Strafvollstreckungsdienst

ukrStVollstrG	ukrainisches Strafvollstreckungsgesetzbuch
UkrSSR	Ukrainische Sozialistische Sowjetische Republik
ukrZPO	ukrainische Zivilprozessordnung
UN	United Nations
UNR	Ukraïns'ka Narodna Respublika (Ukrainische Volksrepublik)
UPA	Ukraïns'ka Povstans'ka Armìya (Ukrainische Aufstandsarmee)
usw.	und so weiter
u. a.	und andere oder unter anderem
u. ä.	und ähnliche
UAH	Abkürzung der für den ukrainischen Zahlungsverkehr verwendeten Währung, Hrywnja
u. U.	unter Umständen
vgl.	vergleiche
wörtl.	wörtlich
WZIK (ukr. WZWK)	Wsesojusny Zentralny Ispolnitelny Komitet (Allunions-Zentralexekutivkomitee)
z. B.	zum Beispiel
Ziff.	Ziffer
ZIK	Zentralny Ispolnitelny Komitet
ZUNR	Zachidno-Ukraïns'ka Narodna Respublika (Westukrainische Volksrepublik)

Transliteration der ukrainischen und russischen Namen*

Namen in ukrainischer Sprache:

Abrosimova, J. A.	Абросімова, Ю. А.
Alenìn, J. P.	Аленін, Ю. П.
Antipov, R. M.	Антипов, Р. М.
Badyra, V. A.	Бадира, В. А.
Beca, O.	Беца, О.
Baraš, J.	Бараш, Є.
Bogatir'ov, I. G.	Богатирьов, І. Г.
Bugera, O.	Бугера, О.
Bukalov, O.	Букалов, О.
Burdin, V. M.	Бурдін, В. М.
Denisova, T. A.	Денисова, Т. А.
Dëmin, J. M.	Дьомін, Ю. М.
Dolja, I. M.	Доля, І. М.
Golina, V. V.	Голіна, В. В.
Golovkin, B. M.	Головкін, Б. М.
Gončar, T. O.	Гончар, Т. О.
Gončarenko, V. G.	Гончаренко, В. Г.
Grošèvij, J. M.	Грошевий, Ю. М.
Gruševs'kyj, M.	Грушевский, М.
Gusev, A. I.	Гусев, А. І.
Har, I. O.	Хар, І. О.
Havronyuk, M. I.	Хавронюк, М. І.
Juldašev, S. O.	Юлдашев, С. О.
Kalašnik, N. G.	Калашник, Н. Г.
Kanevs'ka, V.	Каневська, В.
Kaplìna, O. V.	Капліна, О. В.
Kopetyuk, M.	Копетюк, М.
Koržans'kij, M. J.	Коржанський, М. Й.

Namen in ukrainischer Sprache:

Kostova, Y. B.	Костова, Ю. Б.
Košinec', V. V.	Кошинець, В. В.
Koval', R. G.	Коваль, Р. Г.
Kovalenko, I.	Коваленко, I.
Kovna, U.	Ковна, У.
Kozlov, P. P.	Козлов, П. П.
Krestovs'ka, N. M.	Крестовська, Н. М.
Kučerìna, I.	Кучеріна, I.
Kučma, L.	Кучма, Л.
Larìna	Ларіна
Lavrovs'ka, Ì. B.	Лавровська, I. Б.
Mačužak, Y. V.	Мачужак, Я. В.
Maljarenko, V. T.	Маляренко, В. Т.
Marčak, V. Y.	Марчак, В. Я.
Mar'janovs'kij, G.	Мар'яновський, Г.
Matiševs'kij, P. S.	Матишевський, П. С.
Matvìjčuk, V. K.	Матвійчук, В. К.
Mel'nik, M. I.	Мельник, М. I.
Mìhajlova, I.	Михайлова, I.
Mikitin, Y. I.	Микитин, Ю. I.
Nadtoka, O. F.	Надтока, О. Ф.
Naumova, I. V.	Наумова, I. В.
Nìkìtìn J. V.	Нікітін, Ю. В.
Omel'janenko, G. M.	Омельяненко, Г. М.
Ovčarova, G.	Овчарова, Г.
Palìjčuk, O. V.	Палійчук, О. В.
Pirožkova, T.	Пирожкова, Т.
Ptašins'kij, O. V.	Пташинський, О. Б.
Rodìonov, V.	Родіонов, В.
Romanyuk, A.	Романюк, А.

Namen in ukrainischer Sprache:

Ruljakov, V. I.	Руляков, В. І.
Šakun, V. I.	Шакун, В. І.
Sanìn, V.	Санін, В.
Segedìn, V.	Сегедін, В.
Šemšučenko, Y. S.	Шемшученко, Ю. С.
Šišov, O. F.	Шишов, О. Ф.
Šiyan, O.	Шиян, О.
Stepanyuk, A. H.	Степанюк, А. Х.
Strelkov, L. O.	Стрелков, Л. О.
Tertišnik, V. M.	Тертишник, В. М.
Tymošenko, Y.	Тимошенко, Ю.
Vapnjarčuk, V. V.	Вапнярчук, В. В.
Yablons'ka, T.	Яблонська, Т.
Yacenko, S.	Яценко, С.
Yacenyuk, A.	Яценюк, А.
Yacun, O.	Яцун, О.
Yacišin, M.	Яцишин, М.
Yančuk, O.	Янчук, О.
Yanukovyč, V.	Янукович, В.
Yemel'janova, I. I.	Ємельянова, І. І.
Yuščenko, V.	Ющенко, В.
Yuzikova, N.	Юзикова, Н.
Zakaljuk, A. P.	Закалюк, А. П.
Zemlyans'ka, V.	Землянська, В.
Žmud', V.	Жмудь. В.

Namen in russischer Sprache:

Aslanov	Асланов, Р. М.
Babij, B. M.	Бабий, Б. М.
Beljaeva, L.I.	Беляева, Л. И.
Gercenzon, A. A.	Герцензон, А. А.
Golina, V. V.	Голина, В. В.
Gringauz, Š. S.	Грингауз, Ш. С.
Gruševs'kyj, M.	Грушевский, М.
Dan'šyn, I. N.	Даньшин, И. Н.
Durmanov, N. D.	Дурманов, Н. Д.
Evangulov, G. G.	Евангулов, Г. Г.
Isaev, M. M.	Исаев, М. М.
Koreckij, V. M.	Корецкий, В М.
Kropačev, N. M.	Кропачев, Н. М.
Lenin, V. I.	Ленин, В. И.
Lobojko, L. N.	Лобойко, Л. Н.
Macnev, N. I.	Мацнев, Н. И.
Mel'nikova, J. B.	Мельникова, Э. Б.
Mironenko, A. N.	Мироненко, А. Н.
Pidžakov, A.	Пиджаков, А.
Strel'cov, E. L.	Стрельцов, Е. Л.
Subtel'nyj, O.	Субтельный, О.
Tagancev, N. S.	Таганцев, Н. С.
Usenko, I. B.	Усенко, И. Б.
Utevskij, V. S.	Утевский, В.С.

* Die Wiedergabe von Kyrillica erfolgt nach Transliteration ISO 9 (Transliteration of Cyrillic characters into Latin characters).

„ ... Um ein gerechtes Urteil zu finden, müsste man die Kultur des ukrainischen Volkes, seine schlechte wirtschaftliche Lage, seine äußerst wechselhafte Geschichte, seine Prägung durch den Kommunismus über Jahrzehnte und die Tatsache, dass erst 1991 die Loslösung von Russland möglich wurde, berücksichtigen. "[1]

Paul Brenzikofer

Jugendkriminalrechtspflege in der Ukraine

1. Einleitung

Mit der Unabhängigkeit des Landes im Jahr 1991 begann für die Ukraine ein Weg in die Selbständigkeit, der auch eine vollständige Erneuerung und Modernisierung des Rechts auf allen Gebieten zum Inhalt hatte und heute noch hat. Der Rückgriff auf eigene jüngere nationale Wurzeln war dem Land aufgrund seiner jahrhundertelangen Zugehörigkeit zum russischen Imperium nicht möglich. Es erfolgte daher eine Orientierung an europäischen und internationalen Standards, die zum Teil aufgrund entsprechender Beitritte zu internationalen Organisationen oder gewünschten Assoziierungen verbindlich ist, zum Teil aber auch aus eigener Initiative verfolgt wurde und daher vorbildlich ist.

Die vorliegende Arbeit hat die Darstellung der breiten Palette der aktuellen rechtlichen und praktischen Situation sowie des geschichtlichen Werdegangs der strafrechtlichen Behandlung von Kindern und Jugendlichen[2] in der Ukraine zum Ziel.

---

1 Vgl. *Brenzikofer* 2004, S. 221. *Paul Brenzikofer* in seinem Situations- und Erlebnisbericht, einem Aufsatz zum Vergleich zweier Institutionen des Erwachsenen- und Jugendstrafvollzugs in der Ukraine.

2 Aus dem ukrainischen *неповнолітні* („nepownolitni") übersetzt bedeutet dies soviel wie *Minderjährige*. Um das Verständnis dieser Arbeit zu erleichtern wird in Anlehnung an das *deutsche* Jugendstrafrecht der Begriff mit „*Jugendliche*" übersetzt und weiter verwendet. Der Begriff *Jugendliche* umfasst daher im künftigen Sprachgebrauch die Altersgruppe der Personen, die 14 aber noch nicht 18 Jahre alt sind (§ 32 Abs. 1 ukrBGB; § 6 Abs. 3 ukrFamilienGB, § 1 Abs. 2 S. 1 JGG).
Der Begriff „*Kind*" (im Ukrainischen wird der Begriff *малолітня особа*, was soviel wie *Minderjährige Person* bedeutet, verwendet) umfasst die Altersgruppe der Personen,

Im *2. Kapitel* werden die politische und demografische Geschichte der Ukraine allgemein vom 10. Jahrhundert bis in die heutige Gegenwart kurz vorgestellt und damit die Rahmenbedingungen der Thematik dieser Arbeit aufgezeigt.

Das *Kapitel 3* befasst sich mit der Entwicklung der jugendstrafrechtlichen Gesetzgebung in der Ukraine als Bestandteil des russischen Reichs im 17. bis zum Anfang des 20. Jahrhunderts, weiter als Bestandteil der Sowjetunion und über die Unabhängigkeit bis in das Jahr 2001, als das neue Strafgesetzbuch in Kraft trat.

Im *4. Kapitel* wird die gegenwärtige Situation der Jugendkriminalität, ihr Umfang und ihre Struktur sowie ihre Entwicklung in der Ukraine anhand statistischer Daten ausgewertet. Ebenso werden die Charakteristika der jugendlichen Straftäter aus Sicht der ukrainischen kriminologischen Wissenschaft sowie die Ursachen, die Bedingungen und die Maßnahmen zur Vorbeugung von Jugendkriminalität beschrieben.

Das *Kapitel 5* befasst sich mit dem materiellen Jugendstrafrecht. Hier werden die Regelungen zur Strafmündigkeit, die Arten der strafrechtlichen Sanktionen, die Formen der Befreiung von der strafrechtlichen Verantwortlichkeit und der Strafe vorgestellt. Das Kapitel schließt mit der Darstellung der Regelungen zur Straftilgung und der Strafaufhebung.

Das anschließende *6. Kapitel* behandelt die Jugendgerichtsbarkeit. Es beginnt mit der Geschichte der Jugendgerichte in der Ukraine und geht zum gegenwärtigen Model der Jugendgerichtsbarkeit über, wobei auch das gesetzlich vorgesehene, praktisch aber nicht verwirklichte Gerichtserzieherinstitut beschrieben wird. Inhalt der Ausführungen ist ebenfalls der soziale Schutz der Kinder durch die zuständigen Ämter und Behörden sowie die Kriminalmiliz für Angelegenheiten Minderjähriger. Überdies befasst sich das *6. Kapitel* mit Anstalten, Einrichtungen und Zentren für straffällige bzw. gefährdete Kinder.

Das *Kapitel 7* beschreibt die bei Abschluss dieser Arbeit Ende 2011 noch gültige alte ukrainische Strafprozessordnung vom Jahr 1961, als Erbe aus Sowjetzeiten, aber mit späteren Änderungen und Ergänzungen zu bestimmten Besonderheiten des Strafverfahrens in Bezug auf Jugendliche. In diesem Zusammenhang werden die möglichen Verfahren gegenüber drei zu unterscheidenden Altersgruppen[3] dargestellt, die drei Stadien des Verfahrens (Ermittlungs-, Zwi-

---

die noch nicht 14 Jahre alt und somit nicht schuldfähig sind (§ 31 Abs. 1 ukrBGB; § 6 Abs. 2 ukrFamilienGB; § 19 StGB).
Der Begriff „*Minderjährige*" umfasst daher beide obige Altersgruppen, von 0 bis 18 Jahren. Das ukrainische Recht kennt diese Altersgruppe unter dem Begriff „Kinder". Weiterhin kennt das ukrainische Recht den *deutschen* Begriff des *Heranwachsenden*, d. h. derjenigen Personen, die zur Zeit der Tat 18, aber noch nicht 21 Jahre alt sind (§ 1 Abs. 2 S. 2 JGG) nicht, siehe dazu *Laubenthal/Baier/Nestler* 2010, Rn. 58.

3   Verfahren bei einer „gesellschaftsgefährdenden" Handlung im Alter von unter elf Jahren, von Personen im Alter von elf bis unter 16 (14) Jahren, und bei den Jugendlichen im Alter von 16 (14) bis unter 18 Jahren.

schen- und Hauptverfahren) sowie die Möglichkeiten der Einstellung des Verfahrens.

Nach Abschluss dieser Arbeit hat das ukrainische Parlament überraschend in einem „Eilverfahren" nach zwei Lesungen eines StPO-Entwurfes am 13. April 2012 eine neue ukrainische Strafprozessordnung beschlossen. Diese wurde bereits am 14. Mai 2012 von Präsident *Yanukovyč* unterzeichnet und soll sechs Monate danach – also im November 2012 – in Kraft treten. Vor Drucklegung dieser Arbeit konnten einige Eckdaten dieser Strafprozessordnung im *Kap. 9.2* noch kurz dargestellt werden.

Die Vollstreckung von Strafen und der Vollzug freiheitsentziehender Maßnahmen an Jugendlichen werden im *8. Kapitel* dargestellt, wobei die Vollzugspraxis im Rahmen der tatsächlichen Möglichkeiten behandelt und die vorhandenen Statistiken ausgewertet werden. Dieses Kapitel gibt ferner einen Überblick über das System des Vollzugs, seine Einrichtungen, Anstalten und Behörden, sowie die Polizeihaft.

Im *Kapitel 9* wird auf die Reformdebatten und die sich hieraus ergebenden Herausforderungen an das Jugendstrafrechts-, das Jugendstrafprozess- und das Jugendstrafvollzugssystem eingegangen. Aufmerksamkeit wird in diesem Kapitel den Ideen der „Restorative Justice" gewidmet sowie aktuellen Gesetzesvorhaben, u. a. der Einführung der Bewährungshilfe.

Die Arbeit enthält auch in den jeweiligen Abschnitten kurze rechtsvergleichende Betrachtungen zu Deutschland und zwar sowohl in Bereichen des materiellen und formellen Rechts als auch im Bereich des Strafvollzugs.

Neuere zusammenhängende Untersuchungen zum Jugendstrafrecht, Jugendstrafprozess und zum Jugendstrafvollzug in der Ukraine fehlen bisher.

Die Bearbeitung des Themas erfolgt daher in einer Aufarbeitung und Betrachtung der seit 1991 immer noch andauernden, durch wechselhafte politische Einflüsse geprägten Umbruchsituation nach der Unabhängigkeit des Landes.

So wurde etwa bereits im Kontext erster Konzepte zur Reform der Gerichtsverfahren und einer allgemeinen Gesetzesrevision beispielsweise eine eigenständige Jugendgerichtsbarkeit geplant, deren tatsächliche Institutionalisierung ist aber bis heute nicht abgeschlossen.

Diese Situation ist im Grunde kennzeichnend für die Lage der Ukraine, die sich auf vielen Gebieten umfassendem Reformbedarf gegenüber sieht, hierzu aber nicht auf ein vollständig gefestigtes Verfassungssystem zurückgreifen kann und auch in den Verwaltungsinstitutionen erheblichen Erneuerungsbedarf hat.

So ist die Entwicklung des Jugendstrafrechts, des Jugendstrafverfahrens und des Jugendstrafvollzugs zum Teil noch geprägt von ihrer Herkunft aus der ehemaligen Sowjetunion, wobei sich allerdings zahlreiche und verschiedene Ansätze für eine grundlegende Erneuerung erkennen lassen, wobei die dahinter stehende Vision noch nicht in allen Bereichen deutlich wird. Hier bedarf es vielfach auch noch einer Abstimmung von alten Terminologien und Praktiken mit denen der neuen Reformprogramme. Auch die neue StPO von 2012 wird sich nach ihrem Inkrafttreten in dieser Hinsicht bewähren müssen (siehe dazu *Kap. 9.2*).

Die Arbeit unternimmt den Versuch, alles aufzufindende für die vorliegende Thematik einschlägige Material zu verwerten und in einen Kontext zu stellen. Aufgrund der Vielzahl der unternommenen Reformansätze kann manchmal die Frage einer dahinter stehenden Gesamtstruktur infolge der dynamischen Entwicklung nur angedeutet werden.

Da eine umfassende wissenschaftliche Diskussion der einschlägigen jugendstrafrechtlichen Problematiken nur ansatzweise stattfindet, liegt der Schwerpunkt der Darstellung notgedrungen im gesetzgeberischen Bereich und in den Erläuterungen der unterschiedlichen über die Jahre entstandenen Einzelregelungen, die sich in den zahlreichen „Verordnungen" (*постанова*) des Plenums des Obersten Gerichts der Ukraine (im Folgenden: POGU) sowie des ukrainischen Ministerkabinetts finden.

Die „Verordnungen" des POGU sind prozessuale Akte, die Erläuterungen zu den Gesetzesanwendungsfragen enthalten.[4] Sie sind ein bemerkenswertes Relikt aus der Sowjetzeit, in der die Obersten Gerichte der sozialistischen Staaten mithilfe solcher Empfehlungen Aufgaben der Lenkung und Steuerung der Justiz i. S. der Gewährleistung einer einheitlichen Rechtsanwendung durch die nachgeordneten Gerichte wahrnahmen.

So erreichten nach Ansicht des Obersten Gerichtes der DDR die vom Plenum des Gerichts erlassenen „Richtlinien" durchaus „normativen Charakter" i. S. „eines neuen Rechts" und enthielten weitgehend eigenständige Regelungen mit Verbindlichkeitscharakter.[5]

Ob die „Verordnungen" des POGU in der Justizpraxis der Ukraine eine ähnliche Rolle spielen oder auch nach der in der Verfassung der Ukraine in Art. 6 festgeschriebenen Gewaltenteilung zumindest von den nachgeordneten Gerichten als „authentische Auslegung" des vorhandenen Gesetzestextes empfunden und angewendet werden, könnte letztlich nur durch eine gesonderte empirische Untersuchung geklärt werden.

Das Fehlen weiterführender Kommentierungen zu manchen einschlägigen Gesetzen hat die Bearbeitung zusätzlich erschwert. In den vorhandenen Kommentierungen kommt es manchmal vor, dass die Gesetzesdarstellung schlicht in den Kommentar übertragen wird, so z. B. bei der ukrStPO. Auch die schwierige sonstige Quellenlage ist ein weiterer hinzunehmender inhaltlich begrenzender Faktor bei der Bearbeitung des Themas.

Maßgebliche Stützen sind Informationen, die von staatlichen Stellen zur Verfügung gestellt wurden. Hierbei ist insbesondere für den Statistikbereich anzuführen, dass das verfügbare Material in der Vergleichbarkeit nicht stets kom-

4   Vgl. *Gončarenko* 2007, S. 441.

5   Vgl. zu dieser Rolle des Obersten Gerichts der DDR *Gängel* 1994, S. 253 ff., 278 f.

patibel ist, da den Ausarbeitungen zum Teil verschiedene Zeiträume und unterschiedliche Betrachtungsweisen zu Grunde liegen, die die Auswertung erschwerten. Selbst der Zugang zu wissenschaftlichen Dissertationen in den Bibliotheken der Ukraine war nicht ohne weiteres möglich.

Für die Zukunft bleibt zu hoffen, dass eine steigende Bereitschaft zur Herstellung von besserer Transparenz die verlässliche Grundlage einer soliden wissenschaftlichen Aufbereitung schaffen wird.

Die Ukraine zählt zu den größten Ländern Europas, ist aber in der Wahrnehmung der internationalen Gemeinschaft noch nicht aus dem Schatten der einstigen Vormacht Russland hervorgetreten.

Die vorliegende Arbeit soll auch einen Beitrag dazu leisten, dieses Land stärker als bisher in den Fokus der Betrachtung zu rücken. Vielleicht kann sie eine Diskussion jugendkriminalrechtlicher Themen anstoßen, die bisher in erster Linie mit eher praktischen als dogmatischen Ansätzen vorwiegend zwischen der Staatsverwaltung und Nichtregierungsorganisationen der Ukraine geführt wurde.

2. Allgemeine historische Einordnung

Die Ukraine zählt über 45 Mio. Einwohner und ist mit einem Territorium, welches mit der Größe Frankreichs zu vergleichen ist, der zweitgrößte Flächenstaat Europas, der an den östlichen Grenzen der jüngst erweiterten Europäischen Union liegt. Obwohl die Ukraine bereits 1991 nach dem Zerfall der Sowjetunion die Unabhängigkeit erlangte, ist dieses Land nach Einschätzung von *Jobst*[6] auch heute noch eine „terra incognita", ein in den Ländern Westeuropas unbekanntes Land. Erst seit der Wende zum 21. Jh. und insbesondere seit der „Orange Revolution" der Jahre 2004/2005 zeichnet sich ein breiteres Interesse an diesem Staat und der Geschichte der ukrainischen Länder ab.

Diese Geschichte ist geprägt durch die wechselnde Zugehörigkeit einzelner heutiger Landesteile zu verschiedenen Herrschaftsgebieten. So sind im Westen der Ukraine Zeiten polnischer, polnisch-litauischer und österreichisch-ungarischer Herrschaft, im Süden eine türkische Phase und im Osten eine lange russische Oberhoheit zu verzeichnen. Diese Erinnerungskulturen sind teilweise bis heute wirksam und sie weisen nach vielfacher Ansicht darauf hin, dass die ukrainische Nationsbildung auch nach zwei Jahrzehnten seit der Erlangung der Unabhängigkeit noch nicht abgeschlossen ist.[7]

Ein erster Höhepunkt und eine kulturbildende Grundlage in der Geschichte der Ukraine ist die Zeit der *Kiewer Rus'* (*Київська Русь*, übersetzt bedeutet dies *Kiewer Reich*),[8] deren Beginn mit der Übernahme der Regentschaft der *Fürstin Olga* nach dem Tod ihres Mannes *Igor* in der Mitte des 10. Jh. beschrieben werden kann. Sie ließ sich 955 taufen und leitete die Christianisierung ihres Herrschaftsgebiets ein, die *Großfürst Vladimir* (der Heilige) vollendete.[9] Durch *Jaroslaw den Weisen* wurde Mitte des 11. Jh. die Blütezeit der *Kiewer Rus'* begründet. In seine Regentschaft fällt neben der Errichtung bedeutender Bauwerke (*Kiewer Sophienkathedrale*) die erste Kodifizierung des russischen Rechts (*Русская правда*),[10] die wesentlichen Einfluss auf spätere Gesetzbücher hatte.[11]

---

6 Vgl. *Jobst* 2010, S. 7 ff.

7 Vgl. *Jobst* 2010, S. 29.

8 *Kiever Rus'* – frühmittelalterliches Reich auf ukrainischem Boden.

9 Vgl. *Subtel'nyj* 1994, S. 38 ff; *Gruševs'kyj* 2003, S. 59 ff.

10 *Russkaja Pravda* war die Sammlung der altrussischen Gesetze. Sie beinhaltete z. B. Regelungen zum Eigentumsrecht, zu Schuldverhältnissen, Erbschaftsrecht, Mord und Körperverletzung, vgl. *Subtel'nyj* 1994, S. 46; vgl. auch *Šemšučenko* 2003, S. 393; *Gruševs'kyj* 2003, S. 92 f.

11 Vgl. *Šemšučenko* 2003, S. 394. Zum Kiewer Reich sowie zur Kodifizierung des alt-russischen Rechts, vgl. auch *Philipp* 1986, S. 231 ff.

Nach dem Tode *Jaroslaws* fing das Reich indes an in verschiedene Teile zu zerfallen.[12] Im Grenzbereich der polnisch-litauischen Herrschaft bildete sich aus geflohenen Bauern und tatarischen Kriegern die Gemeinschaft der Kosaken („Kosak" bedeutet „freier Mensch"),[13] die auch aufgrund des durch sie geführten Befreiungskrieges gegen die polnische Oberherrschaft und die Gründung des „Hetmanats" (*Гетьманщина*)[14] (1648) als erstem ukrainischen „Nationalstaat" im heutigen Nationalbewusstsein noch prägend sind.[15] Das Hetmanat orientierte sich jedoch nach militärischen Niederlagen gegen Polen bald am russischen Zaren und geriet damit unter den Einfluss des aufstrebenden russischen Reiches.[16] Diese Phase fällt in die Zeit des Hetmanats von *Bohdan Chmelnyzkyj*, dessen Rolle und Bedeutung für die Geschichte der Ukraine aus politischen Gründen stark umstritten sind. Von manchen wird er als Held angesehen, von anderen wiederum wird er verurteilt.[17] Er ist vor allem deshalb umstritten, weil er sich vom Moskauer Zaren *Aleksej I.* „unter die Arme greifen lassen" hat. Am 18. Januar 1654 wurde der Treueid der Kosaken auf der Kosakenrada (Versammlung) von Perejaslaw (*Переяславська рада*) auf den Moskauer Zaren abgelegt.[18] Damit erstrebte *Bohdan Chmelnyzkyj* Hilfe von Moskau im Kampf gegen Polen und für die Befreiung der Ukraine und Errichtung neuer freier Beziehungen.[19] Später im Jahre 1656 schloss Moskau mit Polen Waffenstillstand,[20] was nicht den Interessen von *Chmelnyzkyj* diente.[21] Für manche wollte er den russischen Zaren um die Unterstützung der Ukraine bitten, für andere stellte er freiwillig die Ukraine unter die Macht des russischen Imperi-

---

12   Vgl. *Subtel'nyj* 1994, S. 47 ff.; *Jobst* 2010, S. 66.

13   Vgl. *Subtel'nyj* 1994, S. 140.

14   Das sog. Kosaken-Hetmanat wurde 1648 nach dem großen Kosakenaufstand gegründet und Ende des 18. Jh. (1781) durch Katharina II. abgeschafft. Das Hetmanat lag im östlichen Teil der Ukraine. *Hetman* bedeutet soviel wie gewählter Kosakenführer, vgl. *Subtel'nyj* 1994, S. 159 ff.; 223 ff.; *Gruševs'kyj* 2003, S. 331; *Jobst* 2010, S. 87 ff.

15   Vgl. *Subtel'nyj* 1994, S. 169 ff; *Gruševs'kyj* 2003, S. 31 ff.

16   Im Jahr 1654 wurde in Pereyaslaw ein Rat zusammengerufen, auf dem eine endgültige Entscheidung über den Übergang der Ukraine „unter die Hand" des orthodoxen Moskauer Zaren getroffen wurde. Alternativen wären gewesen der Anschluss an den polnischen König, den tatarischen Khan oder den türkischen Sultan, vgl. *Subtel'nyj* 1994, S. 174 ff; *Šemšučenko* 2002, S. 501; *Jobst* 2010, S. 95 f.

17   Vgl. *Šemšučenko* 2004, S. 334; *Gruševs'kyj* 2003, S. 319 f.

18   Vgl. *Subtel'nyj* 1994, S. 170 und 174; *Jobst* 2010, S. 96.

19   Vgl. *Gruševs'kyj* 2003, S. 326; *Subtel'nyj* 1994, S. 172 f.

20   Siehe dazu *Jobst* 2010, S. 96 ff.

21   Vgl. *Gruševs'kyj* 2003, S. 329; *Subtel'nyj* 1994, S. 177 f.

ums.[22] Seitdem gelang es der Ukraine bis zum Jahre 1991 nie vollständig aus dem Schatten der Macht Russlands zu treten.[23]

Ende des 18. Jh. standen die ukrainischen Gebiete unter der Herrschaft von Russland und Österreich-Ungarn. Jede politische Absonderung der ukrainischen Gebiete wurde verhindert, die Selbstverwaltung wurde abgeschafft bzw. fand nur in geringem Umfang statt. Das nationale ukrainische Leben erlosch langsam.[24] Im 19. Jh. war wieder eine intellektuelle und literarische Nationalbewegung im russischen Teil der Ukraine zu verzeichnen,[25] die jedoch auch aufgrund eingeführter rigider Zensur und Strafdrohungen – bspw. war die Verwendung der Begriffe „ukrainisch" und „Ukraine" bei Strafe verboten – keine Breitenwirkung erzielen konnte.[26] Im österreichisch-ungarischen Teil (Galizien) konnte sich indes eine Nationalbewegung etablieren, die 1848 kulturell-sprachliche und später bürgerliche Rechte durchsetzen konnte. U. a. wurde ein muttersprachliches Schulsystem eingeführt. In diesem Teil des Landes konnten auch breite Massen mobilisiert werden. Forderungen nach einer unabhängigen Ukraine kamen auf.[27]

Im Jahr 1917 begann eine zweite Phase einer unabhängigen Ukraine von 1918-1920 in den wechselhaften Zeiten im Gefolge des ersten Weltkrieges. Durch den in Kiew einberufenen Nationalitätenkongress riefen die Ukrainer am 17. März 1917 den Zentralrat[28] (*Центральна Рада*) ins Leben. Ihm schlossen sich die meisten der neu formierten ukrainischen Parteien (u. a. Sozialdemokraten und Sozialrevolutionäre),[29] aber auch Gewerkschaften und Berufsverbände an.[30] Im 3. Universal (eine Art Staatsdekret, dessen Bezeichnung aus der Kosakenzeit stammt)[31] vom 7. November 1917 verkündete der Zentralrat die Gründung der Ukrainischen Volksrepublik (Ukraïns'ka Narodna Respublika/

---

22 Vgl. *Gruševs'kyj* 2003, S. 323 ff; vgl. auch *Subtel'nyj* 1994, S. 178 f.

23 Vgl. dazu *Jobst* 2010, S. 105 ff.

24 Vgl. *Gruševs'kyj* 2003, S. 498 ff.

25 Vgl. *Gruševs'kyj* 2003, S. 508 ff.

26 Vgl. *Gruševs'kyj* 2003, S. 524 f.

27 Vgl. *Subtel'nyj* 1994, S. 305 ff.; *Gruševs'kyj* 2003, S. 525 ff.

28 Der *Zentralrat* (17.03.1917-28/29.04.1918) war eine maßgebliche politische Institution der Ukraine und bezeichnete ursprünglich die gesamtukrainische Ratsversammlung, die alle politischen, öffentlichen, kulturellen und beruflichen Organisationen vereinte, vgl. *Šemšučenko* 2004, S. 197 f.; *Mark* 2001, S. 282 und 285.

29 Vgl. *Jobst* 2010, S. 152.

30 Vgl. *Mark* 2001, S. 282.

31 Vgl. *Mark* 2001, S. 283.

UNR).[32] Am 25. Januar 1918 erklärte der Zentralrat in seinem 4. Universal die Unabhängigkeit der Ukrainischen Volksrepublik.[33] Am 28. April 1918 wurde der Zentralrat durch die deutschen Truppen gestürzt und durch das Regime unter dem ehemaligen zaristischen General *Skoropads'kyj* ersetzt. Seine Zeit als Hetman des Ukrainischen Staates (Ukraïns'ka Deržava) unter deutscher Protektion dauerte weniger als acht Monate.[34] Der Umsturz gegen das *Skoropads'kyj's* Regime wurde von einem fünfköpfigen Direktorium aus Sozialdemokraten und anderen linken Politikern initiiert und durchgeführt.[35] So konnte das Direktorium am 14. Dezember 1918 die Ukrainische Volksrepublik rekonstituieren, die am 22. Januar 1919 die Vereinigung (allerdings nur kurzzeitig) mit der Westukrainischen Volksrepublik (Zachidno-Ukraïns'ka Narodna Respublika/ZUNR)[36] verkündete.[37] Diese Eigenständigkeit stieß jedoch insgesamt auf den Widerstand der Bolschewisten,[38] der zu militärischen Eingriffen führte.

Letztlich musste die Westukraine aufgegeben werden. Die UNR erhoffte sich zwar kurzzeitig von einem Bündnis mit Polen Unterstützung, aber die Bolschewisten blieben im Kampf gegen die polnisch-ukrainischen Armeen Sieger und Polen musste 1920 mit der Sowjetmacht Waffenstillstandsverhandlungen aufnehmen. Die UNR wurde noch nicht einmal zu diesen Verhandlungen zugelassen, ihre Unabhängigkeit endete.[39] „Damit war der Versuch eine unabhängige, nationale ukrainische Republik zu schaffen, vorerst gescheitert, wenn auch nicht ganz ergebnislos geblieben".[40] „Das Ringen der UNR um die Selbständigkeit war ein wichtiger Beitrag zur Verfestigung eines modernen ukrainischen Nationalbewusstseins und ein Meilenstein auf dem Weg zur 1991 erreichten Unabhängigkeit des Landes."[41]

Anfang des zweiten Weltkrieges führte die Besetzung Polens zum Anschluss des westukrainischen Gebiets an das sowjetische Regime.[42] Zum ersten

---

32   Vgl. *Jobst* 2010, S. 153.

33   Vgl. *Subtel'nyj* 1994, S. 445; *Mark* 2001, S. 284.

34   Vgl. *Subtel'nyj* 1994, S. 455; *Mark* 2001, S. 285; *Jobst* 2010, S. 156 f.

35   Vgl. *Jobst* 2010, S. 159; *Mark* 2001, S. 27.

36   Die ZUNR bildete sich im November 1918 in den Wirren des Zusammenbruchs der Habsburgermonarchie und dem beginnenden Kampf zwischen Polen und Ukrainern um die Herrschaft in Ostgalizien, vgl. *Jobst* 2010, S. 161.

37   Vgl. *Mark, R.* 2001, S. 286 f.; *Subtel'nyj* 1994, S. 458, 467; *Jobst* 2010, S. 160.

38   Vgl. *Subtel'nyj* 1994, S. 461 ff.; *Jobst* 2010, S. 160.

39   Vgl. *Subtel'nyj* 1994, S. 474 f.; *Mark, R.* 2001, S. 290; *Jobst* 2010, S. 160 ff.

40   Vgl. *Mark* 2001, S. 290.

41   Vgl. *Mark* 2001, S. 291; vgl. auch *Jobst* 2010, S. 163.

42   Vgl. *Subtel'nyj* 1994, S. 569.

Mal war die Ukraine in einem Staat vereint, jedoch unter fremder Führung.[43] Im Jahr 1941 wurde die Ukraine von den Deutschen okkupiert.[44] Deutsche Willkürmaßnahmen führten schließlich zur Bekämpfung der deutschen Besatzung durch die Ukrainische Aufstandsarmee (UPA)[45] im Partisanenkrieg. Es kollaborierten aber auch zahlreiche Ukrainer mit der Besatzung,[46] so dass nach Kriegsende viele Prozesse geführt wurden. Die Ukraine wurde nun wieder sowjetische Teilrepublik.

Mit dem Zerfall der Sowjetunion 1991 wurde auch die Ukraine wieder unabhängig. Maßgeblich für neue – auch rechtliche – Reformvorhaben war der Regierungswechsel Anfang des Jahres 2005. Die neue Regierung kam in Folge der sog. „Orange Revolution" unter Führung von *Viktor Juščenko* und *Julija Tymošenko* an die Macht.[47] Die Ära der Orange Revolution endete im Februar 2010, nachdem *Viktor Janukovyč* der Führer der Partija Regioniv (Partei der Regionen, die prorussische Partei) die Präsidentschaftswahlen gewonnen hatte.[48]

43   Vgl. *Subtel'nyj* 1994, S. 573 f.
44   Vgl. *Subtel'nyj* 1994, S. 573 ff.
45   Vgl. *Jobst* 2010, S. 198.
46   Vgl. *Subtel'nyj* 1994, S. 580 ff.
47   Siehe dazu *Jobst* 2010, S. 10-28; *Simon* 2005, S. 127 ff.
48   Siehe dazu *Jobst* 2010, S. 25 ff.

3. Historische Entwicklung der jugendstrafrechtlichen Gesetzgebung in der Ukraine

3.1 Einige Entwicklungsetappen der strafrechtlichen Gesetzgebung hinsichtlich der strafrechtlichen Verantwortlichkeit von Jugendlichen

Hinsichtlich der Entwicklungsetappen der strafrechtlichen Gesetzgebung bezüglich Jugendlicher lassen sich vier Phasen unterscheiden: Die Gesetzgebung des Russischen Reichs (vgl. *Kap. 3.2*), die Gesetzgebung der UdSSR von Anfang der 1920er Jahre bis Mitte der 1930er Jahre (vgl. *Kap. 3.3*), die nachfolgende Periode der UdSSR bis Mitte der 1950er Jahre (vgl. *Kap. 3.4*) und der Zeitraum Anfang der 1960er Jahre bis zum Inkrafttreten des neuen StGB der Ukraine im Jahr 2001 (vgl. *Kap. 3.5*).

3.2 Strafrechtliche Gesetzgebung des russischen Reichs (Mitte 17. – Anfang 20. Jahrhundert)

3.2.1 Strafrechtliche Gesetzgebung des russischen Reichs (Mitte 17. bis Ende 18. Jahrhundert)

Die Geschichte einer gesetzlichen Regelung der strafrechtlichen Verantwortlichkeit von Jugendlichen beginnt in der zweiten Hälfte des 17. Jh. Zum ersten Mal wurde das Strafmündigkeitsalter im „Novoukasannyh stat'yach" 1669[49] (wörtlich: neu festgelegte Normen) genannt. Diese Regelung wurde aus der kirchengerichtlichen Praxis übernommen.[50] Nach diesen Vorschriften unterlag ein Kind im Alter von unter sieben Jahren, das eine Tötung beging, nicht der Todesstrafe.[51] Die Kirchengerichte hatten insoweit das schließlich im „Corpus iuris canonici" von 1582 kodifizierte Kirchenrecht, das sog. „Kanonische Recht" umgesetzt.[52] Dieses hatte wiederum die schon im „Römischen Recht" enthalte-

---

49   *„Novoukasanny stat'ji"* von 1669 ist das Ergebnis von Ergänzungen und Änderungen des Sobornoje Uloženije (Reichsgesetzbuch) des Zaren *Alexei Michailowitsch* (1649).

50   Vgl. *Burdin* 2004a, S. 6.

51   Vgl. *Tagancev* 1902, S. 419; *Burdin* 2004a, S. 6 f.

52   Vgl. *Brockhaus Enzyklopädie* 2006a, S. 58; Das C. i. c. enthielt die nach dem Vorbild des römischen „Corpus iuris civilis" zusammengefassten hauptsächlichen kirchlichen Rechtsquellen des Mittelalters. Zu den dortigen Altersgrenzen der Strafmündigkeit siehe *Dräger* 1992, S. 5.

ne Regelung übernommen, dass ein Kind („infans") bis zum vollendeten 7. Lebensjahr als in der Regel nicht „deliktsfähig" angesehen wurde.[53]

In der Militär-Ordnung (Woinsky Ustaw) von *Peter I.* aus dem Jahre 1716 finden sich weitere Versuche für bestimmte Delikte die Strafmündigkeit festzulegen, darunter die Strafmilderung gegenüber Kindern. Wenn ein Kind einen Diebstahl beging, so wurde es nach Artikel 195 der Militär-Ordnung nicht bestraft oder die Strafe musste wegen des Alters des Kindes gemindert werden. In solchen Fällen wurde das Kind zur Erziehung an seine eigenen Eltern übergeben. Die Eltern konnten ihr Kind auch mit der Rute bestrafen.[54] Jedoch gab es keine genauen Altersgrenzen, die den Begriff „Kind" erklären konnten.[55]

Später, im Jahre 1742, legte der Senat[56] fest, dass der Status „Kindheit" (*малолетство*) sowohl für männliche als auch für weibliche Personen bis zum Beginn ihres 17. Lebensjahrs galt. Kinder durften nicht genau den gleichen Strafen unterliegen wie die Erwachsenen. Die prozessuale Maßnahme der Folter war nicht erlaubt und die allgemeinen Strafen (wie z. B. die Todesstrafe und die Peitsche (*кнут*)) wurden in diesen Fällen durch solche mit einer Rute und Übergabe in ein Kloster zur Besserung ersetzt. In den Klöstern wurden die Kinder auch zu schweren Arbeiten herangezogen. Im Endergebnis sollten sie sich an ihre Delikte „bis zum Tod" erinnern und keine neuen Verbrechen begehen. Wenn sie aber noch einmal wegen der Begehung der gleichen Delikte registriert wurden, so gab es für sie keine Strafmilderung oder Begnadigung mehr. Sie wurden nach „staatlichen Regeln" gnadenlos bestraft.[57]

Für kleinere Delikte wurden sie nach den Festlegungen des Senats entweder ganz von der Strafe befreit oder die Strafe wurde wesentlich gemindert.[58] Zwei Jahre später, im Jahre 1744, fasste die Synode[59] (*Синод*) den Beschluss, dass auch Kinder im Alter von bis zu 17 Jahren sich des Unrechts ihrer Handlungen bewusst sein könnten. Demzufolge setzte die Synode die Altersgrenze für

---

53   Siehe dazu unter Berufung auf zahlreiche Belegstellen des römischen „Corpus iuris civilis" des Jahres 533, *Mommsen* 1955, S. 76; vgl. auch *Binding* 1913, S. 100; sowie *Dräger* 1992, S. 3.

54   Vgl. *Tagancev* 1902, S. 419.

55   Vgl. *Burdin* 2004a, S. 7; *Pergataia* 2001, S. 4 f.; *Gončar* 2004, S. 16.

56   Der *Senat* war das Oberste gesetzgebende Gremium und Gremium der Staatsverwaltung in Russland im russischen Imperium von 1711 bis 1917, vgl. *Šemšučenko* 2003, S. 463.

57   Vgl. *Tagancev* 1902, S. 419 ff.

58   Vgl. *Tagancev* 1902, S. 419 ff.

59   *Synode* bzw. ein *Konzil* – eine allrussische regierende Synode, welche oberstes Regierungsorgan der Orthodoxen Kirche war, ein Bestandteil des politischen Mechanismus der absoluten Monarchie im Russland des 18. Jh. Die Synode wurde direkt dem Zar unterstellt und war das oberste Organ für kirchliche Sachen, vgl. *Šemšučenko* 2003, S. 484.

Kinder auf das Alter von 12 Jahren herab. Das reale Leben zeigte jedoch andere Beispiele. So wird durch den Nachweis von Kindern im Alter von 12 Jahren in den Gefängnissen dieser Zeit oder durch Fälle, in denen 18- und 19-Jährige als Kinder mit geminderten Strafen belegt wurden, gezeigt, dass dieser Beschluss sich nicht vollständig durchsetzte.[60]

Die nächste Entwicklungsstufe der Strafmündigkeit ist im Ukas (Erlass) von *Katarina II.* vom 26. Juni 1765 festzustellen.[61] Nach diesem Ukas wurde für Kinder bis unter 10 Jahren die vollständige Strafunmündigkeit vorgesehen. Sie wurden durch ihre Eltern und den Gutsbesitzer erzogen. Gegenüber den Personen im Alter von 10 bis unter 17 Jahren wurde eine Milderung der Strafe vorgesehen. Wenn Personen im Alter von 10 bis 17 Jahren eine Tat begingen, die als Konsequenzen für die Erwachsenen die Todesstrafe oder Peitsche nach sich zog, so wurden sie dem Senat für die weitere Entscheidung übergeben. Der Senat ging dann nach eigenem Ermessen und unter Berücksichtigung der Schuld vor. In anderen Fällen wurde gegenüber Kindern von 10 bis 15 Jahren die Strafe der Rute verhängt, und bei 15- bis 17-Jährigen die Strafe der Peitsche.[62]

3.2.2 Selbständige Entwicklungen in den ukrainischen Territorien

Auf den ukrainischen Territorien hatte sich seit dem 14. Jh. traditionell das Magdeburger Recht[63] verbreitet.[64] Aufgrund der Tatsache, dass einzelne Gebiete der Ukraine verschiedenen Herrschaftsbereichen zugeordnet waren, galt das Magdeburger Recht allerdings nicht einheitlich. Ab Anfang des 14. Jh. fanden in ukrainischen Gebieten oder in den Städten, welche das Privileg hatten das Magdeburger Recht zu verwenden, auch Normen des Sachsenspiegels[65] Anwen-

---

60 Vgl. *Burdin* 2004a, S. 7; *Tagancev* 1902, S. 420.

61 Vgl. *Pergataia* 2001, S. 5; *Burdin* 2004a, S. 9; *Tagancev* 1902, S. 420.

62 Vgl. *Tagancev* 1902, S. 420; *Pergataia* 2001, S. 5; *Burdin* 2004a, S. 7.

63 Das *Magdeburger Recht* (seit 1188) war ein feudales Stadtrecht, welches in der deutschen Stadt Magdeburg erschaffen wurde. Später verbreitete es sich in viele andere Städte Europas. Es beherrschte den ganzen binnenländischen Osten des Abendlandes und verlieh den Städten bis hinein nach Russland eine einheitliche rechtliche Gestalt, vgl. dazu *Brockhaus Enzyklopädie* 2006b, S. 407; vgl. auch *Hattenhauer* 1992, S. 264; *Sakalauskas* 2006, S. 6. Auf slawischem Gebiet trug es den Namen „Deutsches Recht", vgl. *Šemšučenko* 2001, S. 542; auch *Kobylec'kyj* 2003, S. 141.

64 Im Jahr 1831 wurde durch Erlass Nikolaj I. das Magdeburger Recht auf dem ukrainischen Territorium aufgehoben, außer in der Stadt Kiev, wo es bis 1835 erhalten blieb, vgl. dazu *Šemšučenko* 2001, S. 542 ff.; *Kobylec'kyj* 2003, S. 147.

65 Der Sachsenspiegel ist eine Sammlung des Feudalrechts der Ostdeutschen Länder von Anfang des 13. Jh., vgl. *Šemšučenko* 2003, S. 406. Unter den Rechtsbüchern des Mittelalters ist der zwischen 1220-1235 entstandene Sachsenspiegel die bedeutendste und er-

dung. Ab dem 17. Jh. galt dieser auch in den Zivilgerichten (*загальними судами*) der Hetmanat-Ukraine.[66] Außerdem galten die Litauischen Statuten[67] aus den Jahren 1529, 1566, 1588.[68]

Eine unklare Rechtslage, in der die Ukraine sich nach dem Perejaslower Vertrag 1654 (*Переясловский договор*) mit Moskau befand,[69] führte zu der Notwendigkeit einer Kodifizierung der Gesetzgebung. Alle Führer des ukrainischen Hetmanats bestanden auf der Einhaltung und Realisierung dieses Bestandteils der Vereinbarungen von 1654. Hetman *D. Apostol* verlangte dies im März 1728 erneut und, dass die Ukrainer „nach ihren Rechten, in ihren Gerichten, mit durch das Volk gewählten Richtern" prozessieren bzw. das Recht sprechen sollten.[70] In dem Ukas vom 28.08.1728 von *Peter II.* wurde die Übersetzung des Prozessrechts des kleinrussischen Volkes[71] in die russische Sprache angeordnet und es wurde dementsprechend ein Ausschuss mit dieser Aufgabe betraut. Im Jahre 1734 wurde gemäß dem Ukas von *Anna Ioanovna* die Zuständigkeit des Ausschusses erweitert. Nun wurde der Ausschuss beauftragt in sei-

---

folgreichste Rechtsleistung und die für die mittel- und osteuropäische Rechtspraxis zukunftsträchtigste, vgl. *Thieme* 1962, S. 3 f.; vgl. auch *Hattenhauer* 1992, S. 264 f.

66   Die Anwendung der Normen des Sachsenspiegels endete im zweiten Drittel des 19. Jh. zusammen mit der Abschaffung des Magdeburger Rechts, vgl. *Šemšučenko* 2003, S. 406. In gewissen Teilen Deutschlands (Anhalt, Thüringen) galt der Sachsenspiegel als sog. „gemeines Sachsenrecht" sogar bis zum Jahr 1900 fort, vgl. *Thieme* 1962, S. 3.

67   Die litauischen Statuten stellen den Kodex des Rechts des Großen Litauischen Fürstentums dar. Sie galten in ukrainischen Gebieten, welche dem Großfürstentum angegliedert worden waren. Es wurden 3 Statuten erlassen: 1529 (das Alte), 1566 (Wolyn' Statut) und 1588 (das Neue), welche recht ähnlich waren. Das Neue Statut 1588 war als klassischer Kodex des Feudalrechts sehr gut ausgearbeitet. Es enthielt die Normen praktisch aller Rechtsquellen, darunter auch Staatsrecht (Verfassungsrecht). Die Litauischen Statuten existierten in der Ukraine bis Ende des 19. bzw. Anfang des 20. Jh., vgl. *Šemšučenko* 2003, S. 640 und 642.

68   Vgl. *Burdin* 2004a, S. 8; *Koreckij* 1985, S. 7.

69   Der Perejaslower Vertrag enthielt die Bedingungen der Unterordnung des „kozaker Hetmanats" unter die Moskauer Zaren *Aleksej Michajlowitsch* und die Gewährleistung der Zaren auf Hilfe zum Schutz vor Polen. Im Jahre 1656 verletzte Russland den Vertrag, indem es mit Polen einen entgegenstehenden Vertrag abschloss. Die Ukraine betrachtete dies als harten Schlag und sah es als Verrat des Zaren an, welcher bereit war die Interessen der Ukraine zu opfern, vgl. *Subtel'nyj* 1994, S. 174 ff.

70   Vgl. *Šemšučenko* 2002, S. 709.

71   Den Namen „Kleinrussisches Volk" (*Малоросійський народ, малоросіяни*) trugen die Einwohner in Maloróssija (wörtlich: Klein-Russland, im Folgenden: Kleinrussland). *Kleinrussland* war der Name für die Ukraine in den offiziellen Dokumenten des Zaristischen Russlands von Mitte des 17. Jh. bis Anfang des 19. Jh. Das Wort fand sich bereits in byzantinischen Quellen als eigentliche Bezeichnung des ukrainischen Gebiets, vgl. *Šemšučenko* 2001, S. 566 f.

ner Arbeit einiges wohlwollend „zu kürzen und hinzuzufügen zu Gunsten des kleinrussischen Volkes". Im Jahre 1743 waren diese Rechte des kleinrussischen Volkes ins Russische übersetzt und das erste Mal in einem Kodex des ukrainischen Rechts (allerdings im Entwurf) zusammengestellt, der „Rechte, nach denen das kleinrussische Volk Recht spricht" genannt wurde (im Folgenden: die Rechte). Heute gilt dieser Kodex-Entwurf als bedeutender Meilenstein im Rechtsdenken der Ukraine.[72] Seit 1744 befand sich der Entwurf für 12 Jahre im Senat zur Erörterung und darauf folgenden Genehmigung durch den Zaren. Doch die Rechte bzw. der Kodex traten nie in Kraft.[73] Allerdings fand dieser Kodex trotzdem eine bedeutende und große Verbreitung in der Ukraine[74] und wurde in den Gerichten angewendet, da er Grundquellen wie das Litauische Statut (1588) und das Magdeburger Recht enthielt.[75] Der Kodex gab damit umfassend wieder, welche Rechtsquellen damals auf dem ukrainischen Territorium für das ukrainische Volk galten. Die Rechte sahen die Regelung der Verhältnisse verschiedener Rechtszweige vor.[76]

Im Art. 10 dieses Kodex waren Regelungen zur strafrechtlichen Verantwortlichkeit der Jugendlichen festgehalten. Für männliche Personen galt das Strafmündigkeitsalter ab dem 16. Lebensjahr und für weibliche ab dem 13. Lebensjahr. Bei der Festsetzung des unterschiedlichen Alters spielte vermutlich die frühere Reife bei den Mädchen eine Rolle. Mit dieser Begründung war schon im römischen Recht eine relative Strafmündigkeit im Altersabschnitt der sog. „impubertas" vorgesehen, die bei jungen Menschen männlichen Geschlechts den Zeitraum bis zum vollendeten 14. Lebensjahr umfasste, beim weiblichen Geschlecht bis zum vollendeten 12. Lebensjahr.[77] Sowohl die männlichen als auch die weiblichen Jugendlichen unterlagen nicht der Todesstrafe. In solchen Fällen musste der entstandene Schaden von den Eltern ersetzt werden und das Gericht erteilte nach eigenem Ermessen gegenüber den Jugendlichen eine zusätzliche Strafe.[78]

Mit der Verbreitung des russischen Verwaltungs-, Finanz-, und politischen Systems auf dem ukrainischen Territorium wurde eine „Sammlung der kleinrussischen Rechte 1807" („Зібрання малоросійських прав 1807") vorbe-

---

72   Vgl. *Kobylec'kyj* 2003, S. 142.

73   Vgl. *Mironenko* 1993, S. 9 ff.; *Burdin* 2004a, S. 8; siehe auch *Koržans'kij* 1996, S. 42; *Kobylec'kyj* 2003, S. 145 f.

74   Vgl. *Kobylec'kyj* 2003, S. 154.

75   Vgl. *Kobylec'kyj* 2003, S. 152 f.

76   Siehe dazu ausführlicher *Šemšučenko* 2002, S. 708 ff.

77   Vgl. *Dräger* 1992, S. 3.

78   Vgl. *Burdin* 2004a, S. 8 f.

reitet.[79] Dieser lag das Kodex-Projekt „der Rechte" (s. o.) zugrunde.[80] Als weitere Grundlagen waren ebenfalls wieder die Normen des Litauischen Statuts, des Magdeburger Rechts, des Kulmer Rechts[81] (Chełmno) und der Sachsenspiegel, die laufende damalige Hetmanat-Gesetzgebung und die russische Gesetzgebung einbezogen.[82] In dieser Sammlung wurden die Jugendlichen bis zu ihrem 16. Lebensjahr für gesellschaftsgefährdende Handlungen[83] nicht mit Strafen sanktioniert, jedoch waren ihre Eltern bzw. ihr Vormund verpflichtet den Schaden zu ersetzen.[84]

3.2.3 Strafrechtliche Gesetzgebung des russischen Reichs (Anfang 19. bis Anfang 20. Jahrhundert)

Der Entwurf des Strafkodex vom Jahre 1813 setzte für die Strafmündigkeit eine Altersgrenze von sieben Jahren fest. Über weitere Grenzen enthielt der Kodex keine Angaben.[85] Später wurde diese Struktur vollständig nach dem Ukas von *Katharina II.* vom 26. Juni 1765 (s. o.) geändert. Im Jahr 1842 erschien die zweite Auflage der Gesetzessammlung mit einigen Veränderungen infolge der Gesetze vom 28. Juni 1833. Minderjährige galten bis zu ihrem 10. Lebensjahr als absolut schuldunfähig. Sie wurden ihren Eltern bzw. Verwandten oder einem Vormund zur Erziehung übergeben.[86] Den gleichen Maßnahmen unterlagen die Personen im Alter von 10 bis 14 Jahren, jedoch nur, wenn sie „ohne Verständnis" gehandelt hatten. Im anderen Fall unterlagen sie allgemeinen Strafen (außer Zwangsarbeiten). Die Personen im Alter von 14 bis 17 Jahren unterlagen den

---

79   Vgl. *Burdin* 2004a, S. 9. Diese gilt als ein weiterer Meilenstein im Recht des 19. Jh. und war der letzte von vielen Versuchen der Kodifizierung des kleinrussischen Rechts, vgl. *Šemšučenko* 1999, S. 610.

80   Vgl. *Šemšučenko* 2002, S. 710.

81   Das *Kulmer Recht* war als mittelalterliches Recht eine Abwandlung des Magdeburger Rechts gewesen. Es war als Ergebnis der Ergänzung des Magdeburger Rechts mit polnischem und deutschem Gewohnheitsrecht entwickelt worden, ergänzt um die Normen, die sich durch örtliche gerichtliche und administrative Praktiken entwickelt hatten. In die ukrainischen Gebiete kam das Kulmer Recht im 14. Jh. aus Polen, vgl. *Šemšučenko* 2004, S. 329. Siehe auch *Kobylec'kyj* 2003, S. 149.

82   Vgl. *Burdin* 2004a, S. 8 f.; *Šemšučenko* 1999, S. 610; *Kobylec'kyj* 2003, S. 147.

83   Eine gesellschaftsgefährdende Handlung ist eine Handlung, die als Straftat gilt, die durch einen Straftäter (in der ukrainischen Begrifflichkeit – Subjekt der strafrechtlichen Verantwortlichkeit) begangen wird, vgl. *Yacenko* 2006, § 97, Nr. 5, vgl. auch *Kap. 5.*

84   Vgl. *Burdin* 2004a, S. 9.

85   Vgl. *Tagancev* 1902, S. 420.

86   Vgl. *Tagancev* 1902, S. 420; *Burdin* 2004a, S. 9.

allgemeinen Strafen (außer körperlichen) wenn sie „mit Verständnis" (i. S. v. Schuldfähigkeit)[87] handelten.[88]

Während der Herrschaft von Zar *Nikolai I.* wurde im Jahre 1845 *„das Gesetzbuch über Kriminal- und Besserungsstrafen"* (im Folgenden: Gesetzbuch 1845) von der Gesetzessammlung losgelöst.[89] Dieses Gesetzbuch wird als erster vollwertiger russischer Kodex angesehen.

Nach dem Gesetzbuch 1845 unterlagen Kinder im Alter bis zu 7 Jahren keiner Strafe. Da sie nicht genügend „Verständnis" bzgl. ihrer Taten haben konnten, wurden sie ihren Eltern oder Verwandten zur Überzeugung und Belehrung für die Zukunft übergeben (Art. 109).[90] Die Kindheit und die Minderjährigkeit galten als Umstände, die die Schuld und die Strafe minderten (Art. 142). So unterlagen die Kinder vom 7. bis zum vollendeten 10. Lebensjahr ebenso keinen Strafen. Stattdessen wurde die Übergabe an ihre Eltern bzw. Verwandten für eine strenge Aufsicht, Besserung und Belehrung vorgesehen. Den gleichen Maßnahmen unterlagen auch die Minderjährigen im Alter von 10 bis 14 Jahren, jedoch nur, wenn das Gericht feststellte, dass sie „ohne Verständnis" handelten (Art. 143). Anderenfalls (Handeln „mit Verständnis") verhängte das Gericht ihnen gegenüber eine gemilderte Strafe oder ersetzte die Strafe ganz durch eine mildere Strafart (Art. 144).[91] Gegenüber den 14- bis 21-Jährigen wurden allgemeine, jedoch gemilderte Strafen verhängt. So wurde z. B. die verhängte Strafe gekürzt oder durch eine mildere Strafart ersetzt (Art. 145-146). Wenn ein Minderjähriger durch einen Erwachsenen zu einer Straftat verleitet wurde, so konnte das Gericht nach Art. 147 nach seinem Ermessen die Strafhöhe herabsetzen. Für eine fahrlässige Straftat wurde nur die Übergabe an die Eltern oder den Vormund mit dem Ziel der Besserung zu Hause vorgesehen (Art. 148). Allerdings wurden Minderjährige im Falle einer wiederholten Straftat derselben Schwere oder einer schwereren wie Erwachsene bestraft. Nur körperliche Strafen waren ausgenommen. Erhielten sie eine Gefängnisstrafe, so waren sie getrennt von den Erwachsenen unterzubringen.[92]

Aus der Darstellung ist zu sehen, dass die Altersgrenze der strafrechtlichen Verantwortlichkeit schwankte.

Ende des 19. Jh. wurde diese Frage intensiv in der wissenschaftlichen Diskussion behandelt.[93] Manche forderten, dass diese Grenze auf 14 Jahre gelegt

---

87 Vgl. *Pergataia* 2001, S. 6.

88 Vgl. *Burdin* 2004a, S. 9 f.; *Gončar* 2004, S. 16 f.

89 Vgl. *Burdin* 2004a, S. 10; *Tagancev* 1902, S. 420.

90 Vgl. *Burdin* 2004a, S. 10; *Gončar* 2004, S. 17.

91 Vgl. *Burdin* 2004a, S. 10; *Pergataia* 2001, S. 6.

92 Vgl. *Burdin* 2004a, S. 10 f.; *Pergataia* 2001, S. 6 f.

93 Vgl. *Gončar* 2004, S. 17.

18

werden sollte, andere hingegen forderten die Altersgrenze von 16 Jahren. Vorschläge zur Festlegung der Altersgrenze der Strafmündigkeit auf 16 und auch sogar auf 18 Jahre, die auf dem Petersburger Kongress 1900 gemacht wurden, wurden durch die allgemeine Versammlung abgelehnt. Diese Altersgrenzen wurden auch auf Kongressen der *Internationalen Kriminalistischen Vereinigung* in Paris (1900) und Brüssel (1900)[94] abgelehnt.[95]

Mit dem Regierungsantritt des Zaren *Alexander II.* begannen Gesetzgebungsreformen. Im Jahre 1857 erschien das Gesetzbuch von 1845 in einer vollständig revidierten Ausgabe. In Eile wurde die dritte Auflage des Gesetzbuches 1866 zusammengestellt.[96]

Im Vergleich zur dritten Auflage des Gesetzbuches vom Jahr 1866, in dem sowohl die genaue Festlegung des Strafmündigkeitsalters als auch das Strafsystem gegenüber Jugendlichen fehlte,[97] enthielt ein Statut (*Устав*) über Strafen vom Jahr 1864 mit seinen Änderungen vom 31. Dezember 1885 detailliert ausformulierte Regeln, die durch Friedensrichter angewendet wurden. Das Statut und das Gesetzbuch existierten zur gleichen Zeit nebeneinander und wurden, trotz der Unterschiedlichkeit in einigen wesentlichen Lehren über die Straftat, nebeneinander angewendet. Das Statut war hierbei zwar in seiner inhaltlichen Aussage auf höherem Niveau als das Gesetzbuch, war aber diesem gegenüber nachrangig.[98]

Laut Statut waren die Kinder bis zu ihrem 10. Lebensjahr absolut schuldunfähig. Gegenüber Minderjährigen im Alter von 10 bis 17 Jahren wurde die Strafe unterschiedlich gemindert. Im Falle der Verurteilung von 14- bis 17-Jährigen zur Gefängnisstrafe wurden diese in Besserungsheimen für Minderjährige untergebracht. Dort blieben sie bis zu ihrer Besserung, längstens bis zur Vollendung 18. Lebensjahrs. Seit 1892 wurden sie ausschließlich bis zu ihrer Besserung in Heimen untergebracht. Die Heimunterbringung galt nicht für die 10- bis 14-jährigen Kinder. Sie wurden immer ihren Eltern zur Umerziehung übergeben. Ob sie mit oder ohne „Verständnis" handelten spielte keine Rolle.[99]

Aufgrund zahlreicher Änderungen und der notwendigen Aufnahme neuerer Strafgesetze, darunter das Gesetz vom 27. Oktober 1881 (Nr. 483) „Über Änderungen der Verantwortlichkeit der Jugendlichen", und auch die Änderung

94 Vgl. *Kesper-Biermann* 2007, S. 87.

95 Vgl. *Tagancev* 1902, S. 421; *Gončar* 2004, S. 17.

96 Dazu siehe *Tagancev* 1902, S. 217 f.

97 Dazu siehe *Gončar* 2004, S. 18 f.

98 Vgl. *Tagancev* 1902, S. 224; *Evangulov* 1903, S. 6.

99 Dazu siehe *Tagancev* 1902, S. 432 ff.; *Burdin* 2004a, S. 11; *Gončar* 2004, S. 19.

vieler Paragraphen, wurde das Gesetzbuch von 1845 im Jahr 1885 zum vierten Mal veröffentlicht.[100]

Das Gesetzbuch 1885 enthielt juristische Normen, die die Minderung der Schwere einer Strafe gegenüber Jugendlichen vorsah. So unterlagen gem. Art. 137 Abs. 1 Kinder bis zum Alter von 10 Jahren weder einer strafrechtlichen Ahndung noch einer Strafe.[101] Gegenüber Jugendlichen im Alter von 10 bis 17 Jahren, die „ohne Verständnis" handelten, sah das Gesetzbuch Möglichkeiten vor entsprechend dem Ausmaß der strafrechtlichen Verantwortlichkeit zu reagieren. Sie wurden nach dem Ermessen des Gerichts ihren Eltern, Pflegern oder anderen vertrauenswürdigen/zuverlässigen Personen mit deren Einwilligung übergeben. Wenn das Gesetz für eine Tat mindestens eine Gefängnisstrafe vorsah, so wurden die Jugendlichen in Erziehungs- und Besserungsanstalten für Jugendliche untergebracht.

Hier wurden auch Jugendliche im Alter von 14 bis zu 17 Jahren untergebracht für Taten mit einer Strafandrohung unterhalb der Gefängnisstrafe. War die Unterbringung in diesen Anstalten unmöglich, so wurden die Jugendlichen nach den Urteilen der Friedensrichter in Räumen in Gefängnissen oder in Arresthäusern untergebracht, aber nicht länger als bis zur Vollendung des 18. Lebensjahrs. Die Dauer der Unterbringung bestimmte das Gericht.[102] In den Orten, in denen es keine Erziehungs- und Besserungsanstalten gab bzw. bei Platzmangel in diesen Anstalten wurden die 10- bis 18-jährigen Jugendlichen in den Klöstern ihres Glaubensbekenntnisses zur Besserung untergebracht. Dies war nur möglich, wenn der Jugendliche „ohne Verständnis" handelte und wenn in den Klöstern die Unterbringung fremder Menschen zugelassen wurde.[103]

Für die 10- bis 14-jährigen Straftäter, die „mit Verständnis" gehandelt hatten, war eine Möglichkeit vorgesehen die Strafe zu ersetzen (Art. 138). So konnten z. B. die Todesstrafe, Zwangsarbeiten, Entzug der Bürgerrechte und die Verbannung durch Freiheitsstrafe von zwei bis zu fünf Jahren ersetzt werden. Die Unterbringung in speziellen Abteilungen bei Gefängnissen für Erwachsene und in Arresthäusern wurde durch die Unterbringung in Erziehungs- und Besserungsanstalten für Jugendliche für die Dauer von einem Monat bis zu einem Jahr ersetzt. Daneben war auch die Unterbringung im Kloster vorgesehen (vgl. Art. 138-1).[104]

---

100 Vgl. *Tagancev* 1902, S. 218 f.

101 Vgl. Art. 137 *Uloženije o nakasanijah ugolovnyh i ispravitelnyh vom 1885.*

102 Vgl. *Mel'nikova* 2000, S. 54; Art. 137 Abs. 2 *Uloženije o nakasanijah ugolovnyh i ispravitelnyh vom 1885.*

103 Art. 137-1 *Uloženije o nakasanijah ugolovnyh i ispravitelnyh vom 1885*; *Mel'nikova* 2000, S. 54.

104 Vgl. *Mel'nikova* 2000, S. 54 f.

Handelten 14- bis 17-jährige Jugendliche „mit Verständnis", so unterlagen sie allgemeinen Strafen.[105] In der Verurteilungspraxis ist jedoch eine allgemeine Minderung der Schwere der Strafen festzustellen. Die nach dem Ermessen der Richter getroffenen Entscheidungen belegen, dass diese die gesetzlichen Vorschriften nicht voll zur Anwendung brachten.[106]

Durch das Gesetz[107] vom 2. Juni 1897[108] wurden die oben genannten Regelungen der Verantwortlichkeit der Minderjährigen und Jugendlichen wesentlich geändert. Dieses Gesetz blieb bis 1918 in Kraft und gilt als der Anfang einer grundlegenden Reform des Instituts der Verantwortlichkeit der Jugendlichen.[109] Im Großen und Ganzen brachte es Veränderungen des Sanktionensystems für Jugendliche und deren strafrechtlicher Verfolgung mit sich. So waren z. B. gegenüber Jugendlichen im Alter bis zu 17 Jahren keine schweren Strafen (Todesstrafe, Zwangsarbeit, Verbannung etc.) zu verhängen. Sie konnten nicht zu einer Freiheitsstrafe zusammen mit Erwachsenen verurteilt werden. Vorläufige verfahrenssichernde Maßnahmen, wie das Festhalten in polizeilichen Arresthäusern waren verboten. Stattdessen wurden Jugendliche in Heime oder Kolonien, bei Platzmangel in Klöster geschickt. Die erzieherische Funktion von Sanktionen verstärkte sich. Sie wurde als allein vorrangig anerkannt.[110] Jugendliche im Alter von 10 bis unter 14 und von 14 bis unter 17 Jahren konnten unter die Aufsicht ihrer Eltern bzw. ihres Vormundes gestellt werden, oder sie wurden in Heimen und Kolonien untergebracht.

Das Gesetz hatte aber auch einige Mängel bzw. negative Wirkungen. So bewahrte das Gesetz gegenüber den 14- bis 17-Jährigen die Gefängnishaft (allerdings in speziellen Räumen von Gefängnissen und Arresthäusern).[111] Das Gesetz sah für Jugendliche im Alter von 17 bis unter 21 Jahren keine maßgeblichen Anpassungen vor. Die Volljährigkeit trat im vorrevolutionären Russland mit 21

105 Vgl. *Burdin* 2004a, S. 9.

106 Vgl. *Mel'nikova* 2000, S. 55.

107 In den Werken der Wissenschaftler ist der Name des Gesetzes unterschiedlich bezeichnet, so z. B. bei *Evangulov* 1903, S. 15 - „Gesetz über die Verantwortlichkeit der Jugendlichen", bei *Beljaeva* 2005, S. 4 - „Über die Änderung der Formen und Bräuche des Gerichtsverfahrens in den Fällen über strafrechtliche Handlungen von Minderjährigen und Jugendlichen", bei *Mel'nikova* 2000, S. 55 - „Über minderjährige und jugendliche Straftäter", bei *Gončar* 2004, S. 19 - „Über die Verantwortlichkeit der Minderjährigen und Jugendlichen".

108 Vgl. *Tagancev* 1902, S. 433.

109 Vgl. *Beljaeva* 2005, S. 4 f.

110 Vgl. *Beljaeva* 2005, S. 4.

111 Vgl. *Tagancev* 1902, S. 435; *Beljaeva* 2005, S. 4 f.; *Mel'nikova* 2000, S. 55; *Gončar* 2004, S. 19.

Jahren ein. Strafen wie Todesstrafe, Zwangsarbeit, und Gefängnis konnten gegen junge Täter im Alter von unter 21 Jahren verhängt werden.[112]

Im Angesicht von wirtschaftlichen, sozialen und politischen Veränderungen in Russland wurde am 22. März 1903, zur Zeit der Herrschaft von *Nikolaj II.*, ein neues Gesetzbuch verabschiedet.[113] Die Regelungen des neuen Gesetzbuches über die Verantwortlichkeit der Jugendlichen wiederholen im Wesentlichen die Verordnungen des Gesetzes vom 2 Juni 1897.[114] Unter anderem waren Kinder bis zu ihrem 10. Lebensjahr schuldunfähig (Art. 40).[115] Jugendliche im Alter von 10 bis zu 17 Jahren unterlagen der strafrechtlichen Verantwortlichkeit nur, wenn sie die Tragweite ihrer Handlungen erkennen und diese steuern konnten. In anderen Fällen wurden sie unter die verantwortliche Aufsicht ihrer Eltern bzw. ihrer Pfleger oder anderer vertrauenswürdiger Personen nach deren Einverständnis übergeben. Sie waren in Erziehungs- und Besserungsanstalten unterzubringen, wenn sie schwere Taten begingen. Wenn solche Anstalten nicht vorhanden waren, so waren männliche Jugendliche in speziell eingerichteten Abteilungen von Gefängnissen und Arresthäusern unterzubringen. Weibliche Jugendliche waren in einem Kloster ihres Glaubens, in denen der Aufenthalt von Fremden erlaubt war, unterzubringen (Art. 41). Im Zusammenhang mit der Milderung einer Strafe oder deren Ersatz waren gegenüber den Jugendlichen im Alter von 10 bis unter 14 Jahren im Gegensatz zu den Jugendlichen im Alter von 14 bis unter 17 Jahren auch mildere Vollzugsbedingungen vorgesehen (Art. 55).[116] Der einzige wesentliche Unterschied des Gesetzbuches zum Gesetz von 1897 lag in der Politik gegenüber den 17- bis unter 21-jährigen Jugendlichen. Es bestand die Möglichkeit sowohl die männlichen als auch die weiblichen Jugendlichen bis zu ihrem 21. Lebensjahr in den Erziehungs- und Besserungsanstalten zu lassen (Art. 55).[117] Im Übrigen sah das Gesetzbuch gegenüber dieser Altersgruppe keine bedeutenden Änderungen vor. Die Todesstrafe wurde durch unbefristete Zwangsarbeit (*бессрочная каторга*) ersetzt, die ihrerseits durch die befristete Zwangsarbeit (15 Jahre) zu ersetzen möglich war, Entziehung und Einschränkung der Rechte im Falle der Verurteilung zur Zwangsarbeit oder Verbannung u. a. (Art. 57).

112 Vgl. *Tagancev* 1902, S. 438; *Beljaeva* 2005, S. 4.

113 Vgl. *Evangulov* 1903, S. 17 und 93; *Schröder* 2007, S. 3.

114 Vgl. *Evangulov* 1903, S. 36.

115 Siehe *Ugolovnoje Uloženije 1903* (Strafgesetzbuch von 1903) in: *Evangulov* 1903, S. 99-368.

116 Siehe dazu *Pergataia* 2001, S. 8 ff.; *Burdin* 2004a, S. 12 f.

117 Vgl. *Evangulov* 1903, S. 37.

3.3 Strafrechtliche Gesetzgebung der UdSSR und der Ukrainischen Sozialistischen Sowjetrepublik (UkrSSR) (Anfang der 1920er Jahre bis Mitte der 1930er Jahre des 20. Jahrhunderts)

3.3.1 Dekrete

Die nächste Etappe der Entwicklung der strafrechtlichen Gesetzgebung gegenüber Jugendlichen fand zu sowjetischen Zeiten statt. Mit der Machtübernahme der Sowjets (1917) erlebte die strafrechtliche Gesetzgebung beträchtliche Änderungen insbesondere gegenüber Jugendlichen. „Diese waren geprägt durch das Streben der sowjetischen Herrschaft zur Abschaffung alter Institutionen und alter Gesetzgebung, welche dem neuen revolutionären Rechtswissen und der Ideologie widersprach".[118] Die Sowjetmacht hielt es für möglich „die Jugendkriminalität anders als mit strafrechtlichen Methoden zu bewältigen".[119] Um es mit anderen Worten zu sagen: Sie löschte alles aus, was an das alte Imperium erinnern konnte. Es galt die Ansicht, dass „die Jugendlichen rechtswidrige Handlungen nur im Zusammenhang mit ihrer sozialen Vernachlässigung begehen, welche ihrerseits durch Bedingungen der bourgeoisen Gesellschaft erzeugt wurde".[120] Die Sowjets beabsichtigten die Rückkehr der Jugendlichen in das normale Leben ausschließlich durch die Anordnung von „Maßnahmen medizinisch-pädagogischen Charakters" zu erreichen.[121] Diese Maßnahmen enthielten das erzieherische Gespräch, die Ermahnung, die Übergabe unter elterliche Aufsicht, die Arbeitsweisung, die Unterbringung in einer Schule, in einem Heim oder in einer Erziehungskolonie, die Unterbringung in speziellen isolierten Abteilungen eines psychiatrischen Krankenhauses und das Zurückschicken in die Heimat.[122]

Das diese Maßnahmen erkennbar tragende Gedankengut erinnert sehr stark an die zu dieser Zeit (1890-1933) weltweit diskutierten Bestrebungen der sog. „Reformpädagogik", einer Sammelbezeichnung für eine bunte, uneinheitliche und oftmals widersprüchliche Vielfalt von pädagogischen Konzeptionen, die

---

118   Zitiert nach *Burdin* 2004a, S. 95; *Usenko* 1989, S. 6 ff.

119   Zitiert nach *Burdin* 2004a, S. 95.

120   Zitiert nach *Burdin* 2004a, S. 95.

121   Vgl. *Burdin* 2004a, S. 95 f.; siehe auch *Ptašins'kij* 2004, S. 12.

122   Vgl. *Pergataia* 2001, S. 11; *Mel'nikova* 2000, S. 57.

versuchen, Bildungsbemühungen konsequent an den Bedürfnissen und Fähigkeiten des Kindes auszurichten.[123]

Unter Berufung auf die Prinzipien der Individualität, Aktivität und Spontaneität von Heranwachsenden sowie durch den Hinweis auf die Notwendigkeit ihrer Vorbereitung auf eine demokratische Lebensform und der Ergänzung des bisher überwiegend intellektuellen Lernbetriebs wurden neue Formen der Pädagogik gefordert.[124]

In der frühen Sowjetunion ist die Umsetzung dieser sozialpädagogischen Haltung vor allem verbunden mit dem Wirken von *Anton Semjonowitsch Makarenko.*[125] Aufgrund seiner Erfahrungen als Leiter von „Kolonien für jugendliche Rechtsbrecher" entwickelte er eine „Pädagogik des Kollektivs" bzw. der „Kollektiverziehung", das im Wesentlichen auf die Unterordnung der Interessen des Einzelnen unter diejenigen des Kollektivs zielt.[126]

Das Jugendalter dauerte nach neuer Auffassung bis zur Vollendung des 17. Lebensjahres. Die Jugendgerichte wurden trotz ihrer Kompetenz, ihrer Erfolge und positiven Erfahrungen abgeschafft (s. u. *Kap. 6.1*). Es wurde auch der Freiheitsentzug gegenüber Jugendlichen abgeschafft, was durch die juristische Wissenschaft sehr begrüßt wurde. Dies charakterisiere eine humanere Einstellung der Sowjets gegenüber Jugendlichen.[127] *Lenin* schrieb in seinen Werken: „... unbedingte Verpflichtung der proletarischen Revolution war nicht das Reformieren der gerichtlichen Anstalten.., sondern diese ganz und gar zu vernichten, das ganze alte Gericht und seinen Apparat zugrunde zu richten. Diese notwendige Aufgabe hat die Oktoberrevolution erfolgreich erledigt."[128]

In Bezug auf diese Etappe der Entwicklung der jugendstrafrechtlichen Gesetzgebung sollen einige offizielle Dokumente bzw. Gesetzgebungsakte nach der Reihe ihres Inkrafttretens erwähnt sein. So galten im Zeitraum von 1917 bis 1922 auf dem ganzen Territorium der UdSSR, einschließlich in der Ukraine, Dekrete des SNK (Rat der Volkskommissare), die auch das Jugendstrafrecht teilweise regelten. Daneben ist festzuhalten, dass auf ukrainischem Territorium außer sowjetischen Rechtsvorschriften auch Normen galten, die durch die ukrai-

---

123 Vgl. *Riedl* 2004, S. 40; *Georg* 2009, S. 3.

124 Vgl. *Brockhaus Enzyklopädie* 2006c, S. 667.

125 *Makarenko* wurde 1888 in der ukrainischen Kleinstadt Belopolje geboren. Er starb 1939. *Makarenko* war ein namhafter Vertreter der sowjetischen Pädagogik. Er übernahm seit 1920 den Aufbau von Arbeitskolonien für minderjährige Rechtsbrecher (Besprisornyje), vgl. dazu *Brockhaus Enzyklopädie* 1971, S. 24; *Brockhaus Enzyklopädie* 2006b, S. 483.

126 Vgl. *Brockhaus Enzyklopädie* 2006b, S. 483.

127 Vgl. *Mel'nikova* 2000, S. 56; *Pergataia* 2001, S. 10; *Burdin* 2004a, S. 95.

128 Zitiert nach *Lenin* 1981, S. 162 f.

nische Regierung verabschiedet wurden. Diese Vorschriften widersprachen einander indes.[129]

Die sowjetische Herrschaft war der Meinung, dass gegenüber Jugendlichen als einzige Methode eine medizinisch-pädagogische Einwirkung angezeigt war, weshalb Jugendliche außerhalb des regulären Sanktionensystems gestellt wurden.[130]

Am 14. Januar 1918 wurde das Dekret des SNK der RSFSR „Über Kommissionen für Minderjährige"[131] erlassen. Dieses Dekret schaffte, wie bereits erwähnt, die Jugendgerichte und den Freiheitsentzug ab (Punkt 1 des Dekrets). Das Strafmündigkeitsalter wurde sowohl für männliche als auch für weibliche Personen auf die Vollendung des 17. Lebensjahres herabgesetzt.[132] Als Straftäter[133] galt nun eine Person erst ab 17 Jahren.[134] Ab dann unterlagen alle Fälle in Jugendsachen unter 17 Jahren, die gesellschaftsgefährdende Handlungen betrafen, der Zuständigkeit der Jugendkommission (Punkt 2 des Dekrets). Die Jugendkommission gehörte dem „Volkskommissariat der gesellschaftlichen Ächtung" an.[135] Bezüglich der Bezeichnung gibt es bedeutende Unterschiede. Bei *Burdin* heißt es „Volkskommissariat der gesellschaftlichen Vormundschaft" (*Народний комісаріат громадської опіки*), bei *Pergataia* „Sozialministerium".[136] Letztere Übersetzung ist jedoch bei weitem zu ungenau. Die Jugendstrafsachen, die sich zu dem Zeitpunkt im Gerichtsverfahren befanden bzw. schon abgeurteilt waren, mussten den Jugendkommissionen zur Überprüfung übergeben werden (Punkt 6 des Dekrets).[137] Gem. Punkt 3 des Dekrets war die Jugendkommission für die Befreiung Jugendlicher von der strafrechtlichen Verantwortlichkeit oder für die Unterbringung in eine der Einrichtungen[138] des Volkskommissariats der gesellschaftlichen Ächtung zuständig.[139] Zwei Jahre später unterlag ihrer Kompetenz die Anwendung verschiedener Maßnahmen medizinisch-pädagogischen Charakters.[140]

---

129 So *Burdin* 2004a, S. 14 und 16.

130 Vgl. *Burdin* 2004a, S. 14; *Mel'nikova* 2000, S. 56.

131 Siehe in *Dekrety Sovetskoj Vlasti* 1957.

132 Vgl. *Burdin* 2004a, S. 14.

133 § 18 ukrStGB vom 2001 enthält die Bezeichnung „Subjekt des Verbrechens".

134 Siehe auch *Gercenzon/Gringauz/Durmanov u. a.* 2003, S. 148.

135 Vgl. *Mel'nikov*a 2000, S. 56.

136 Vgl. *Burdin* 2004a, S. 95; *Pergataia* 2001, S. 11.

137 Vgl. *Mel'nikova* 2000, S. 56.

138 Diese Einrichtungen waren allgemeine Kinderheime und besondere Heime für kranke Kinder, vgl. *Burdin* 2004a, S. 95.

139 Vgl. *Mel'nikova* 2000, S. 57; *Pergataia* 2001, S. 11; *Burdin* 2004a, S. 95.

140 Vgl. *Pergataia* 2001, S. 11, *Burdin* 2004a, S. 96.

Die Kommissionen bestanden aus Vertretern von drei Behörden, darunter Vertreter des Volkskommissariats der gesellschaftlichen Ächtung, Bildung und Justiz. Es war obligatorisch, dass ein Arzt Mitglied in der Kommission war, die Beteiligung von Juristen war dagegen gering. Die Verfahrensweise war nur unzureichend durch Rechtsnormen geregelt. Die Sitzungen waren öffentlich. Die Presse konnte ebenso anwesend sein. Allerdings war die Veröffentlichung der Namen der Jugendlichen verboten.[141]

Diese „sowjetische Humanität" wirkte sich gegenüber den Jugendlichen und Minderjährigen negativ aus. Die Jugendkriminalität nahm ständig und schnell zu. Es gab ja faktisch keine Differenzierungen bei der Schwere der Taten, auch spielte der psychische Zustand und die moralische Abweichung (die bei *Gončar* als „Neigung zum Begehen von Verbrechen"[142] beschrieben wird) bei dem Jugendlichen keine Rolle. Von der strafrechtlichen Verantwortlichkeit konnte jeder befreit werden. Jugendliche wurden vornehmlich von Nichtjuristen beurteilt. Dies führte zur wesentlichen Senkung des rechtlichen Niveaus der Tätigkeit der Jugendkommissionen, was im Endeffekt zu einem geringen Rechtsschutz Jugendlicher führte.[143] Bald zwang die zunehmende Kriminalität daher die sowjetische Herrschaft ihr Vorgehen gegenüber den kriminellen Jugendlichen in Frage zu stellen.

Dieser Wandel spiegelt sich in dem Erlass vom 12. Dezember 1919: „Leitsätze des Strafrechtes" (*Руководящие начала по уголовному праву*) wider. Später wurde der Erlass ohne Veränderungen in der Ukraine eingeführt.[144] Gem. Art. 13 war der Straftäter schon eine Person ab dem 15. Lebensjahr, welche „mit Verstand" handelte. Minderjährige bis zum 15. Lebensjahr unterlagen keiner Strafe. Gegenüber den 14- bis unter 18-Jährigen, die „ohne Verstand" handelten, waren nur erzieherische Maßnahmen anzuwenden, die so genannte „Anpassung"[145] (*приспособление*).[146] Schon im Jahr darauf wurden die „Leitsätze des Strafrechtes" geändert. Dies geschah in Folge des Dekrets vom 4. März 1920 „Fälle von Jugendlichen, die der Begehung gesellschaftsgefährdender Handlungen beschuldigt werden" und ersetzte damit das Dekret von 1918. Der Begriff „Verstand" wurde ausgeschlossen. Dazu bewegte auch das Streben, die Begriffe aus dem vorrevolutionären Russland nicht mehr zu

141 Vgl. *Mel'nikova* 2000, S. 57 f.

142 Vgl. *Gončar* 2004, S. 21.

143 Vgl. *Pergataia* 2001, S. 11 f.; *Mel'nikova* 2000, S. 58.

144 Vgl. *Gercenzon/Gringauz/Durmanov u. a.* 2003, S. 158; *Šišov* 1980, S. 83; *Burdin* 2004a, S. 14.

145 Gem. Art. 9 der „Leitsätze des Strafrechtes" ist *Anpassung* (*приспособление*) des Täters zu der Ordnung der sozialen Verhältnisse und den entsprechenden Interessen von Aktivisten (*трудящихся*), vgl. *Šišov* 1980, S. 84.

146 Vgl. *Gercenzon/Gringauz/Durmanov u. a.* 2003, S. 168 f.; *Burdin* 2004a, S. 14 und 96.

verwenden.[147] Als Minderjähriger galt der, der sein 19. Lebensjahr noch nicht erreicht hatte. Die Kommission konnte 14- bis unter 18-Jährige dem Volksgericht übergeben, wenn die Anwendung medizinisch-pädagogischer Maßnahmen nicht möglich war.[148] Diese Regelung wurde auch in das Dekret des SNK der UkrSSR vom 12. Juni 1920 „Verantwortlichkeit der Minderjährigen" übernommen. Die Möglichkeit der Übergabe von Fällen an das Gericht war begrenzt (z. B. auf Taten wie Hochverrat, Spionage, konterrevolutionäre Taten und andere). Im Juni 1921 wurden Änderungen in dieses Dekret eingefügt. So waren die Minderjährigen im Falle des Banditentums dem Gericht zu übergeben. Die 17- bis unter 18-jährigen Minderjährigen konnten dem Volksgericht übergeben werden, wenn die Anwendung medizinisch-pädagogischer Maßnahmen nicht möglich war.[149]

Dieses Dekret sah die Unterbringung durch die Jugendkommission von Minderjährigen bis zu ihrem 15. Lebensjahr in speziellen geschlossenen Kinderanstalten des Volksbildungskommissariats vor, d. h. wenn Minderjährige zu „Isolierung von der Gesellschaft" verurteilt wurden. Jugendliche von 14- bis unter 18 Jahren waren in „Reformatorien" (*реформаторіум*) des Volksjustizkommissariats unterzubringen, wenn die Anwendung von medizinisch-pädagogischen Maßnahmen nicht möglich war. Reformatorien waren spezielle Jugendanstalten für die Verbüßung von Freiheitsstrafen, wobei Jugendliche auch nach dem Beschluss einer Jugendkommission dort untergebracht werden konnten.[150]

3.3.2 Kodifizierte Gesetzgebung

Die Dekrete wurden im Jahr 1922 durch das am 23. August verabschiedete Strafgesetzbuch der UkrSSR (im Folgenden: StGBUkrSSR) ersetzt. Dem StGBUkrSSR lag das StGBUdSSR zugrunde. Dieses war die erste systematische Kodifizierung der Normen des sowjetischen Strafrechts. Es wurde in allen Sowjetrepubliken in gleicher Weise eingeführt und führte zur Errichtung einer einheitlichen Gesetzgebung und strafrechtlichen Politik in der Sowjetunion.[151]

Das StGBUkrSSR verschärfte die strafrechtliche Verantwortlichkeit von Jugendlichen. Nach dem StGBUkrSSR 1922 war bis zu ihrem 15. Lebensjahr keine Strafe gegenüber Minderjährigen anzuwenden. Gegenüber den 14- bis unter 16-Jährigen sah die Gesetzgebung ebenfalls keine Strafe bzw. keine

---

147 Vgl. *Burdin* 2004a, S. 14.

148 Vgl. *Burdin* 2004a, S. 14; *Mel'nikova* 2000, S. 59.

149 Vgl. *Burdin* 2004a, S. 15, 97.

150 Vgl. *Burdin* 2004a, S. 97 f.

151 Veröffentlichung der Strafgesetzbücher der sowjetischen Republiken enthielten die einheitlichen Grundsätze und stimmten in ihren Grundzügen überein, vgl. *Gercenzon/Gringauz/Durmanov u. a.* 2003, S. 318.

„Sozialmaßnahme richterlich-bessernden Charakters" (dazu s. u.) vor, mit Ausnahme der Fälle, in denen die Jugendkommission die Anwendung von medizinisch-pädagogischen Maßnahmen für möglich erklärte.

Im Januar 1923 wurden im StGBUkrSSR Änderungen vorgenommen, nach
denen nicht mehr Jugendkommissionen sondern Gerichte die Entscheidung bzgl.
der Möglichkeit der Anwendung von medizinisch-pädagogischen Maßnahmen
treffen mussten. In anderen Fällen wurde die Strafe für 14- bis unter 16-Jährige
um die Hälfte gemindert. Gegenüber Jugendlichen im Alter von 16 bis unter 18
Jahren wurde die Strafe um ein Drittel gemindert.[152]

Schon Ende des Jahres, im Dezember 1923, wurde das Gesetz geändert und
die Entscheidung über die Möglichkeit der Anwendung von medizinisch-pädagogischen Maßnahmen übernahmen wieder die Jugendkommissionen.[153]

Die sowjetische Herrschaft versuchte weiter sämtliche Einrichtungen der
vorrevolutionären Herrschaft zu vernichten. So wurde in den *Grundsätzen der
Strafgesetzgebung der UdSSR und der Unionsrepubliken von 1924* der Begriff
Strafe abgeschafft (im Folgenden: „Grundsätze von 1924"). Der Begriff sollte
nun „Sozialmaßnahmen richterlich-bessernden Charakters"[154] (*меры социальной защиты судебно-исправительного характера*) lauten. Dazu gehörten:
Verlegung in die Anstalten für „geistig Zurückgebliebene" oder „moralisch
Defizitäre"; Zwangstherapie; Berufsverbot; Aussiedlung aus einer bestimmten
Gegend; Übergabe eines Jugendlichen in die Obhut von Eltern, Verwandten
oder anderen Personen. Außer diesen Sozialmaßnahmen gab es noch die
„Sozialmaßnahmen medizinischen Charakters" (*меры социальной защиты
медицинского характера*) mit Zwangstherapie und Unterbringung in die
medizinisch isolierten Anstalten und die „Sozialmaßnahmen medizinisch-pädagogischen Charakters" (*меры социальной защиты медико-педагогического
характера*). Dazu gehörten die Anordnung einer Vormundschaft, die Übergabe
in die Pflege der Eltern, von Verwandten bzw. anderen Personen und Einrichtungen sowie die Unterbringung in einer speziellen Anstalt.[155] Dies führte zu
begrifflichem Durcheinander und im Jahre 1934 war die Gesetzgebung der
UdSSR genötigt zu dem Terminus *Strafe* zurückzukehren.[156]

---

152 Vgl. *Burdin* 2004a, S. 16.

153 Vgl. *Burdin* 2004a, S. 17, 98.

154 Bzw. „Maßnahmen der Sozialverteidigung richterlich-bessernden Charakters". Dieser
     Begriff wurde bereits in StGBUkrSSR vom 1922 verwendet, vgl. *Gončar* 2004, S. 24.

155 Bis zum Abschluss dieser Arbeit die nähere Information stand nicht zur Verfügung.

156 Vgl. *Gercenzon/Gringauz/Durmanov u. a.* 2003, S. 321; *Mel'nikova* 2000, S. 59; *Gon-
     čar* 2004, S. 23 ff.

Für die Festlegung des Strafmündigkeitsalters waren nach den Grundsätzen von 1924 die Unionsrepubliken zuständig. Die „Sozialmaßnahmen medizinisch-pädagogischen Charakters" waren vorzugsweise und bedingt anzuwenden.[157]

Im Jahr 1927 wurde gemäß den Grundsätzen von 1924 ein neues ukrainisches Strafgesetzbuch verabschiedet. Als Grundlage dienten das StGBUkrSSR 1922, das StGBRSFSR 1926, sowie einige Verordnungen und Beschlüsse der Unionsstrafgesetzgebung. Der Allgemeine Teil des StGBUkrSSR 1927 war im Vergleich zum StGBUkrSSR 1922 wesentlich umgearbeitet. Unter anderem waren die Kriterien der Bemessung der Sanktion gegenüber Jugendlichen verfeinert. So waren gegenüber Jugendlichen bis zum 15. Lebensjahr, welche eine gesellschaftsgefährdende Handlung begingen, medizinisch-pädagogische Maßnahmen unbedingt anzuwenden. Solche Maßnahmen waren z. B. Errichtung der Vormundschaft, die Übergabe von Jugendlichen an die elterliche Aufsicht bzw. der ihrer Verwandten oder anderer Personen und Institutionen, oder die Unterbringung in speziellen Anstalten. Gegenüber Jugendlichen im Alter von 14 bis unter 16 Jahren wurden „Maßnahmen gerichtlich-bessernden Charakters" (*меры судбено-исправительного характера*) angewendet. Das bedeutete, dass eine Strafe zu verhängen war, wenn durch die Jugendkommission die Möglichkeit einer Anwendung von Maßnahmen medizinisch pädagogischen Charakters ausgeschlossen war. Das Gericht sollte die Richtigkeit der Anwendung von Maßnahmen medizinisch-pädagogischen Charakters noch einmal überprüfen. Es bestand auch die Möglichkeit, die Maßnahmen medizinisch-pädagogischen Charakters gegenüber 16- bis unter 18-Jährigen anzuwenden, allerdings nur durch das Gericht. Es gab auch weitere Milderungen gegenüber Jugendlichen, die als Strafe eine Maßnahme gerichtlich-bessernden Charakters erhielten. So wurde die Maßnahme gerichtlich-bessernden Charakters (also Strafe) gegenüber 14- bis unter 16-Jährigen um die Hälfte gekürzt, und gegenüber 16- bis unter 18-Jährigen um ein Drittel. Diese Milderungen bzw. Kürzungen ergaben sich aus bereits geminderten Strafen.[158]

3.4 Strafrechtliche Gesetzgebung der UdSSR und der UkrSSR (Mitte der 1930er bis Mitte der 1950er Jahre)

Die Illusion der schnellen und problemlosen Bekämpfung der Jugendkriminalität war nun verflogen. Die Realität zeigte, dass Jugendkriminalität ein schwieriges soziales Problem war. Allein medizinisch-pädagogische Maßnahmen anzuwenden reichte nicht mehr aus.[159] So begann der Gesetzgeber ab Mitte der 1930er Jahre die strafrechtliche Politik gegenüber Jugendlichen zu verschär-

---

157 Vgl. *Burdin* 2004a, S. 18; *Mel'nikova* 2000, S. 61 f.; *Gončar* 2004, S. 24.

158 Vgl. *Burdin* 2004a, S. 18 f.

159 Vgl. *Burdin* 2004a, S. 100.

fen. Die Verordnung des WZIK (Allunions-Zentralexekutivkomitees) und SNK UdSSR vom 7. April 1935 *„Bekämpfungsmaßnahmen gegen Jugendkriminalität"*[160] setzte das Strafmündigkeitsalter auf 12 Jahre herab. Die Verschärfung bestand auch darin, dass die Jugendlichen ab Vollendung des 12. Lebensjahres allgemeinen Strafen unterlagen.[161] Dies wurde seit 1941 auch gegenüber fahrlässig handelnden Personen angewendet. Verwahrloste Kinder wurden für potenzielle Straftäter gehalten und konnten in speziellen geschlossenen Anstalten und Kolonien isoliert werden.[162] Auch die Notwendigkeit bzw. Vorzug der Anwendung von medizinisch-pädagogischen Maßnahmen war aufgehoben worden.[163] Die strafrechtlichen Begriffe wie Diebstahl, Gewaltverursachung, Körperverletzung, Verstümmelungen, Tötung oder Tötungsversuch unterlagen einer ungenauen, subjektiven, willkürlichen Auslegung,[164] was zu massiven Verurteilungen führen sollte. Ende 1940 wurde die Liste mit den Straftaten erweitert. So wurde eine strafrechtliche Verantwortlichkeit ab Vollendung des 12. Lebensjahres auch für eine Verursachung eines Eisenbahnunglücks vorgesehen.[165]

Die Verordnung der SNK UdSSR vom 31. Mai 1935[166] *„ Über Bekämpfung der Kinderverwahrlosung und deren mangelnde Beaufsichtigung"* schaffte die Jugendkommissionen ab (Art. 21). Die Fälle in Jugendsachen sollten nun erneut an die Gerichte übergegeben werden. In Folge der Änderungen im StGBUkrSSR ab dem 4. August 1935 wurde auch die Möglichkeit der Milderung der Strafdauer abgeschafft (Art. 12 aufgehoben).

Der Ukas (Erlass) des PWS UdSSR (Präsidium des Obersten Rats der UdSSR) vom 31. Mai 1941[167] *„ Über die strafrechtliche Verantwortlichkeit von Minderjährigen"* legte das Strafmündigkeitsalter nun für alle Unionsrepubliken

---

160 Diese Verordnung galt bis 1959.

161 Die Höchststrafe war Erschießung, vgl. dazu *Mel'nikova* 2000, S. 62.

162 Vgl. *Burdin* 2004a, S. 107; *Mel'nikova* 2000, S. 62.

163 Erläuterungen der PWS UdSSR (Präsidium des Obersten Rats der UdSSR) „Über die Anwendung von Gerichten der Verordnung ZIK und SNK vom 7. April 1935", vgl. dazu *Mel'nikova* 2000, S. 63; vgl. auch *Burdin* 2004a, S. 19 und 105.

164 Vgl. *Pergataia* 2001, S. 14.

165 Gemäß Ukas des Präsidiums des Obersten Rats der UdSSR vom 10.12.1940 *„ Über strafrechtliche Verantwortlichkeit der Jugendlichen für Handlungen, die ein Eisenbahnunglück verursachen können"*, vgl. dazu *Burdin* 2004a, S. 20 und 104 f.; *Mel'nikova* 2000, S. 62 f.

166 Hierzu gibt es widersprüchliche Angaben, laut *Pergataia* 2001, S. 14 und *Mel'nikova* 2000, S. 62 ist diese Verordnung vom 20.06.1935.

167 Hierzu gibt es widersprüchliche Angaben, laut *Pergataia* 2001, S. 15 ist der Ukas vom 31.05.1942.

wieder auf 14 Jahre fest. Es ist anzumerken, dass das StGBUkrSSR bereits die Grenze des Strafmündigkeitsalters von 14 Jahre enthielt.[168]

3.5 Strafrechtliche Gesetzgebung der UkrSSR Anfang der 1960er Jahre bis zum Inkrafttreten des neuen Strafgesetzbuchs im Jahr 2001

Am 25. Dezember 1958 verabschiedete der Oberste Rat der UdSSR die „Grundsätze der Strafgesetzgebung der UdSSR und der Unionsrepubliken" (im Folgenden: „Grundsätze von 1958"). Die früheren gesetzlichen und normativen Dokumente waren aufgehoben worden. Auf Grundlage der Grundsätze von 1958 verabschiedeten im Laufe von drei Jahren (1958-1961) alle sowjetischen Republiken eigene Strafgesetzbücher. Die Ukraine verabschiedete es am 28. Dezember 1960 (im Folgenden: „StGBUkrSSR von 1960"). Dieses Gesetz galt bis ins Jahr 2001, bis in der bereits zehn Jahre unabhängigen Ukraine ein neues Strafgesetzbuch in Kraft trat. Diese Etappe der Geschichte ist von der Entwicklung von „Zwangsmaßnahmen erzieherischer Einwirkung" geprägt, die vorrangig (vor der Strafe) angewendet werden sollten.

Im StGBUkrSSR von 1960 ist das Strafmündigkeitsalter auf 16 Jahre heraufgesetzt worden. Allerdings ließ der Gesetzgeber einen Jugendlichen unter Umständen auch schon ab Vollendung des 14. Lebensjahres zur strafrechtlichen Verantwortlichkeit ziehen (Art. 10 Abs. 1, 2). Dies geschah gem. Art. 10 nur im Falle der Begehung solcher Taten wie: Tötung; Anschlag auf das Leben eines Richters oder Bediensteten der Rechtsschutzorgane, einer Militärperson u. a.; vorsätzliche Körperverletzung; Vergewaltigung; Diebstahl; Raub; Raubüberfall; böswilliges oder besonders böswilliges Rowdytum; rechtswidrige Inbesitznahme eines Fahrzeuges; vorsätzliche Vernichtung oder Beschädigung des staatlichen, gemeinschaftlichen Vermögens oder individuellen Vermögens der Bürger, welche schwere Folgen nach sich zog; auch vorsätzliche Handlungen, welche ein Eisenbahnunglück verursachen; u. a.

Die Gesetzgebung jener Zeitperiode war vor allem auf die Anwendung von „Zwangsmaßnahmen erzieherischer Einwirkung" anstatt einer Strafe gegenüber Jugendlichen bis zum 19. Lebensjahr gerichtet, wenn sie geringfügige Verbrechen begingen, die keine große Gefahr verursachten (Art. 11).[169] Aber auch die

---

168 Vgl. *Burdin* 2004a, S. 20 f.

169 Solche Maßnahmen waren z. B. die Verpflichtung zu einer Bitte um Verzeihung beim Opfer in öffentlicher oder anderer Form; Verwarnung; die Unterstellung unter elterliche Aufsicht oder des gesetzlichen Vertreters bzw. unter pädagogische Aufsicht oder die Aufsicht eines Arbeitskollektivs nach seiner Zustimmung oder unter Aufsicht anderer Bürger auf ihre Bitte, Entschädigung von zugefügtem Schaden ab dem 15. Lebensjahr und im Falle einer Verfügung über eigenen Verdienst oder Vermögen; die Einweisung

Anwendung von solchen Maßnahmen auf Kinder war möglich, die noch nicht ihr Strafmündigkeitsalter erreichten, die aber eine gesellschaftsgefährdende Handlung begangen hatten (Art. 10 Abs. 3). Für Kriminalprävention gegenüber Jugendlichen wurde auch die Öffentlichkeit herangezogen (siehe z. B. Art. 11, 14). Die strafrechtliche Gesetzgebung sah daneben die Feststellung und Beseitigung von Ursachen und Bedingungen der Begehung der Straftaten von Jugendlichen durch Gerichte und Ermittlungsorgane vor.[170]

Schließlich sind als die letzte Etappe der Entwicklung der strafrechtlichen Gesetzgebung zu Zeiten der sowjetischen Herrschaft die *„Grundsätze der Strafgesetzgebung der UdSSR und der Unionsrepubliken von 1991"* zu berücksichtigen (im Folgenden: „Grundsätze von 1991"). Die Grundsätze von 1991 wurden in zweiter Lesung durch das Parlament akzeptiert, sind aber nie in Kraft getreten. Der allen bekannte Grund dafür war der Zerfall der Union der Sowjetischen Sozialistischen Republik. Das erste Mal in der Geschichte der Entwicklung der strafrechtlichen Gesetzgebung hätten die Grundsätze von 1991 einen separaten Abschnitt zur Verantwortlichkeit der Jugendlichen, mit der Überschrift *„Besonderheiten der strafrechtlichen Verantwortlichkeit der Jugendlichen"*, beinhaltet.[171]

3.6 Zusammenfassung

Die historische Entwicklung des Jugendstrafrechts in der Ukraine geht einher mit der allgemeinen historischen Entwicklung im russischen Imperium bzw. in der Sowjetunion. Der wachsende Einfluss der russischen Zarenherrschaft in der Ukraine ließ sie Anteil an der rechtlichen Entwicklung des Russischen Imperiums haben, wobei selbständige Entwicklungen streckenweise bewahrt werden konnten.

Ein großer Umbruch liegt in der Verfestigung der Sowjetmacht auch in der Ukraine. Der erste neue „revolutionäre" Ansatz, Verbrechen bei Jugendlichen als medizinisch-pädagogisches Problem aufzufassen, legt hiervon prägnantes Zeugnis ab. Die damit weiter beabsichtigte Nichtanwendung von Strafe bei Jugendlichen wurde indes nicht lange durchgehalten. Die hiernach folgende Entwicklung mündete in das Strafgesetzbuch der UdSSR von 1960, das den Rechtszustand zwischen 1991 und 2001 noch bestimmt hat. Seit dem zweiten Einschnitt, der Unabhängigkeit der Ukraine im Jahr 1991, ist eine eigenständige Rechtsentwicklung des Jugendstrafrechts im Gange, die mit dem Strafgesetzbuch von 2001 einen ersten Markstein im materiellen Jugendstrafrecht verzeichnet.

---

in eine spezielle Lehrerziehungseinrichtung für Kinder und Jugendliche bis zur Besserung, aber nicht länger als drei Jahre.

170 Vgl. *Gončar* 2004, S. 28.

171 Vgl. *Burdin* 2004a, S. 21.

4. Gegenwärtige Situation der Jugendkriminalität in der Ukraine

4.1 Umfang und Struktur der Jugendkriminalität

In der Ukraine lebten im Jahr 2009 ca. 8,186 Mio. Kinder im Alter von 0 bis 17 Jahren, 17,8% der Gesamtbevölkerung (*Tabelle 1*). Im Jahr 1989 waren dies noch 25,9%. In der Ukraine ist ein rapider und kontinuierlicher Rückgang des Kinderanteils an der Gesamtbevölkerung zu verzeichnen. Innerhalb von 20 Jahren ist der Bevölkerungsanteil der 0 bis 17-Jährigen um 8,1% gesunken und damit um mehr als ein Drittel.

In den ersten fünf Jahren nach der Unabhängigkeitserklärung der Ukraine (1991) war die registrierte Jugendkriminalität extrem hoch und stieg – auch pro 100.000 der Altersgruppe der 14- bis 17-jährigen Jugendlichen – erheblich an (*Tabelle 2*). Im Jahr 1991 wurden 27.519 (28.754)[172] jugendliche Straftäter registriert. Die Zahl der polizeilich registrierten Jugendstraftäter erreichte im Jahr 1996 mit 41.811 ihren Höchstwert. Dies bedeutet im Vergleich zum Jahr 1991 einen Anstieg um 51,9%. Die Anzahl der polizeilich registrierten jugendlichen Straftäter ist in dieser Periode also um das Anderthalbfache gestiegen.

Dieser Anstieg der Jugendkriminalität in den ersten fünf Jahren der Unabhängigkeit der Ukraine lässt sich vor allem mit dem Zerfall der UdSSR und damit des ganzen politischen Systems in allen Republiken der ehemaligen UdSSR erklären. Die finanzielle Krise (rasche Inflation, Einführung von Papier-Kupons zusätzlich zu dem wertlosen Geld etc.) brachte eine steigende Kriminalität bei Erwachsenen und auch bei vielen Jugendlichen mit sich. Kinder blieben zudem weitgehend ohne elterliche Aufsicht sich selbst überlassen.[173]

Seit 1996 ist dann ein weitgehend kontinuierlicher Rückgang der registrierten Jugendkriminalität zu beobachten, vgl. *Tabelle 2, Tabelle 3*. So wurden etwa im Jahr 2000 37.239 und im Jahr 2003 33.943 Straftaten von Jugendlichen begangen bzw. zumindest eine Teilnahme derselben registriert. Die Tatverdächtigenbelastungsziffer (Zahl der Tatverdächtigen pro 100.000 der jeweiligen Altersgruppe) betrug damit 1.201 (im Jahr 2000) bzw. 1.124 (im Jahr 2003). Im Vergleich zu 1996 ist die Zahl der registrierten Straftaten bis 2003 damit um 18,8% gesunken. Dieser rückläufige Trend beschleunigte sich seit 2003 sogar noch. So sank die Zahl der von Jugendlichen begangenen Straftaten weiter und erreichte im Jahr 2009 die Gesamtzahl von 15.445 Taten, was einen Rückgang von 53,9% im Vergleich zu 2003 bedeutet. Mit dieser Entwicklung ging auch

---

172 Vgl. TransMONEE database – 2011, http://www.transmonee.org/index.html, 26.06.2011. In der Ukraine gibt es bislang keine Dunkelfeldbefragungen (lediglich Schätzungen, s. u.), sodass als einzige Quelle die offiziell registrierten Daten bleiben.

173 Vgl. *Zaikina* 2011, S. 1490.

eine Abnahme der Tatverdächtigenbelastungszahlen einher: Während die Tatverdächtigenbelastungszahl der jugendlichen 14-17-Jährigen 1996 noch 1.432 betrug, ging sie bis 2008 auf 695 zurück (*Tabelle 2*). Allerdings stieg die Rate 2009 wieder leicht an und erreichte einen Wert von 721.

Bei der Auswertung der vorliegenden statistischen Erhebungen zur Jugendkriminalität für die Jahre 1989-2009 (*Tabelle 2*) ist ein allgemeiner kontinuierlicher Rückgang der registrierten Jugendkriminalität zu erkennen. Über den gesamten dargestellten Zeitraum 1991-2009 hat sich die Zahl der registrierten Tatverdächtigen um fast 13.000 bzw. 46,3% verringert, also ein sehr positives Ergebnis.

Golina erklärt die tendenziell gleichmäßige Abnahme jugendlicher Delinquenz anhand folgender Faktoren:[174]

Erstens ging die Gesamtbevölkerung von 51,6 Mio. im Jahre 1991 auf 45,9 Mio. im Jahre 2009 zurück und damit auch der Anteil der Kinder und Jugendlichen (*Tabelle 1*). Wie bereits erwähnt, sank der Anteil der jungen Bevölkerung im Alter von 0-17 Jahren von 1989 bis 2009 um ca. 8,1%. Der Bevölkerungsanteil der Jugendlichen (15-17 Jahre) weist allerdings innerhalb dieser Jahre keinen allzu deutlichen Rückgang im Vergleich zur Gruppe der Minderjährigen von 0-17 Jahren auf. Im Zeitraum 1996 bis 2003 stieg deren Anteil sogar (von 4,3% auf 4,9% der Gesamtbevölkerung). Allerdings sank er daraufhin wieder und erreichte im Jahr 2009 nur 3,7%.

Zweitens stellte eine Vielzahl von Kriminologen fest,[175] dass Straftaten, darunter auch die von Jugendlichen begangenen, nur dann registriert werden, wenn die Person, die die Straftat begangen hat, auch ermittelt wurde.[176] Diese Aussage hat zur Folge, dass grundsätzlich von einem anderen Kriminalitätsbild ausgegangen werden muss.

Drittens sei die Jugendkriminalität, insbesondere bzgl. Straftaten geringer und mittlerer Schwere, *höchst latent*, [177] sodass von einem besonders großen Dunkelfeld ausgegangen werden muss.

Bei einzelnen registrierten Straftaten (*Tabelle 3*), z. B. bei vorsätzlichen Tötungen und schweren Körperverletzungen, ist die Entwicklung entgegen dem Trend der Abnahme der Jugendkriminalität verlaufen. Die Zahl der vollendeten vorsätzlichen Tötungen sowie der Versuche (sie werden als besonders schwere

---

174 Vgl. *Golina* 2009, S. 253.

175 So *Golina* 2009, S. 253.

176 Vgl. *Šakun* 2003, S. 44.

177 Die *Latenz* (von lateinisch: latens = verborgen) der Kriminalität ist ein Merkmal, das die reale Situation im Land darstellt, wenn ein bestimmter Teil der Kriminalität nicht berücksichtigt bleibt, vgl. *Golina* 2009, S. 26; *Zakalyuk* 2007, S. 177 f.

Tat qualifiziert)[178] ist bis zum Jahre 2000 von 134 auf 259 Fälle gestiegen, sank dann jedoch bis zum Jahre 2007 absolut gesehen auf 143 Fälle und damit nahezu auf den Ausgangswert von 1991. Der Anteil der Tötungsdelikte an der Gesamtkriminalität Jugendlicher ist mit jeweils zwischen 0,4% und 0,9% unverändert sehr gering.[179]

Die vorsätzliche schwere Körperverletzung (ebenfalls eine besonders schwere Tat) ist im Jahr 1997 mit 340 Fällen im Vergleich zum Jahr 1991 mit 197 Fällen um 72,6% gestiegen. Seit dem Jahr 1997 geht die Zahl allerdings langsam und schwankend wieder zurück, bis zum Jahr 2007 um 20,5% (270 Fälle). Trotzdem bleibt für diese Tat im Vergleich zu den Anfangsjahren seit der Unabhängigkeitserklärung ein Anstieg um 37% zu verzeichnen.

Die Zahl der Vergewaltigungen (eine schwere Tat) sank mit geringen Schwankungen vom Jahre 1991 (425 Fälle) bis zum Jahr 2007 (117 Fälle) insgesamt um 72,7%. Nach *Naumova* sind dafür als Faktoren die beträchtliche altersmäßige Absenkung von intimen Beziehungen und die Steigerung der Prostitution zu nennen.[180] Diese Erklärung erscheint allerdings eher spekulativ.

Die größte Zahl der registrierten Straftaten entfällt Jahr für Jahr auf Diebstahlsdelikte.[181] Im Jahr 1991 wurden 67,1% aller registrierten Tatverdächtigen wegen Diebstahls verdächtigt. Bis zum Jahr 2000 blieb dieser Anteil trotz kleiner Schwankungen eher stabil. Ab dem Jahr 2000 beobachtet man jedoch sowohl eine kontinuierliche Abnahme des Anteils der Diebstahlsdelikte an der Gesamtzahl der registrierten Straftaten, die von Jugendlichen begangen wurden, als auch die Abnahme der absoluten Zahlen des Diebstahls insgesamt. *Beca* erklärt diese Entwicklung folgendermaßen:

„Jedoch ist dies weniger die Folge der prophylaktischen Arbeit der Gesellschaft, als ein Ergebnis der Entkriminalisierung der *geringfügigen Entwendung*, für welche eine administrative (nach dem Ordnungswidrigkeitsgesetz)"[182] und

---

178 Die Verbrechensqualifikation wird im ukrStGB gem. § 12 unterschieden: Straftaten nicht großer Schwere sind Straftaten nicht großer Gemeingefahr, für die Freiheitsstrafe von maximal zwei Jahren oder eine andere mildere Bestrafung vorgesehen sind; Straftaten der mittleren Schwere liegen zwischen nicht großer und großer Schwere. Für diese Taten ist eine Freiheitsstrafe von nicht mehr als fünf Jahren vorgesehen (z. B. fahrlässige Tötung § 119, vorsätzliche Tötung im Zustand der Schuldunfähigkeit § 116); Schwere Straftaten sind Taten, für die Freiheitsentzug von maximal zehn Jahren vorgesehen ist (z. B. Vergewaltigung, Raubüberfall); Besonders schwere Straftaten sind Straftaten, für die das Gesetz eine Freiheitsstrafe von mehr als zehn Jahren und lebenslange Freiheitsstrafe vorsieht (z. B. vorsätzliche Tötung, Spionage).

179 Vgl. zu diesen und den folgenden Angaben *Zaikina* 2010, S. 1462 ff.

180 Vgl. *Naumova* 2001 http://www.naiau.kiev.ua/tslc/pages/biblio/visnik/n2001_4/naumova.htm, 15.03.2011.

181 Diebstahl (*крадіжка*) – heimlicher Diebstahl fremden Vermögens, § 185.

182 Zitiert nach *Beca* 2008, S. 43.

nicht eine strafrechtliche (nach dem Strafgesetz) Verantwortlichkeit vorgesehen ist.[183] Eine *geringfügige Entwendung* liegt vor, wenn der Wert der weggenommenen Sache zum Zeitpunkt der Straftatbegehung nicht die Höhe des *dreifachen steuerfreien Mindesteinkommens*[184] überschreitet. Seit Juni 2005 gilt eine *geringfügige Entwendung* in Höhe von bis zu dem *dreifachen* des steuerfreien Mindesteinkommens daher nicht als eine kriminelle Straftat.

Jedoch ändert sich dieser Grundbetrag jedes Jahr: Ende 2007[185] betrug er 230 UAH (ca. 31 €), also wurde die Entwendung in Höhe von bis zu 690 UAH (ca. 93 €) nur mit einer administrativen Strafe bestraft. Ende des Jahres 2008[186] betrug dieser Grundbetrag bereits 302,50 UAH (ca. 27 €) und damit war die Entwendung in Höhe bis zu 907,50 UAH (ca. 80 €) keine kriminelle Straftat.[187]

Bis zum Mai 2009 berechnete man den Betrag nach dem eben dargestellten System, also dem *dreifachen* des steuerfreien Mindesteinkommens. Das steuerfreie Mindesteinkommen betrug im Mai 2009[188] 312,50 UAH (ca. 29 €) mal drei, 937,50 UAH (ca. 87 €). Daher wurde die Entwendung in Höhe bis zu ca. 87 € mit einer administrativen Strafe bestraft.

Am 4. Juni 2009 wurde jedoch ein Änderungsgesetz[189] angenommen, das den Wert der entwendeten Sache geändert hat. Der Gesetzgeber hat den Bemessungssatz vom *dreifachen* auf das *0,2-fache* des steuerfreien Mindesteinkommens gesenkt. Demzufolge ist seitdem der Wert der entwendeten Sache, ab dem eine strafrechtliche Verantwortlichkeit vorgesehen ist, wesentlich niedriger.

---

183 Nach der Neufassung des § 51 des ukrainischen Ordnungswidrigkeitengesetzes vom 07.12.1984 gem. Ziff. 1, 1) das ukrainische Gesetz über die Änderungen in dem ukrainischen Ordnungswidrigkeitengesetz vom 02.06.2005 Nr. 2635-IV.

184 *Ein steuerfreies Mindesteinkommen* (неоподатковуваний мінімум доходів громадян) beträgt in der Ukraine seit dem Jahre 1996 17 UAH (ca. 1,70 €) (§ 22 Abs. 22.5 ukrEStG a. F.; Abschnitt XX Unterabschnitt 1 Ziff. 5 der abschließenden Bestimmungen des neuen ukrSteuerGB). In der Ordnungswidrigkeiten- und Strafgesetzgebung im Teil der Qualifikation von Verbrechen und Vergehen wird allerdings die Summe eines steuerfreien Mindesteinkommens auf der Höhe einer *sozialen Steuerbegünstigung* (податкова соціальна пільга) nach § 6 Abs. 6.1.1 ukrEStG a. F. (Abschnitt XX Unterabschnitt 1 Ziff. 5 der abschließenden Bestimmungen des neuen ukrSteuerGB) festgelegt. Dies betrug vor dem am 01.01.2011 in Kraft getretenen ukrSteuerGB 50% des Mindestlohnes zu Beginn des jeweiligen Kalenderjahres. Ab Januar 2011 beträgt die soziale Steuerbegünstigung 100% des Existenzminimums.

185 Haushaltsgesetz der Ukraine für das Jahr 2007 Nr. 489-V vom 19.12.2006, § 76.

186 Haushaltsgesetz der Ukraine für das Jahr 2008 Nr. 107-VI vom 28.12.2007, § 59.

187 Vgl. *Beca* 2008, S. 43.

188 Haushaltsgesetz der Ukraine für das Jahr 2009 Nr. 835-VI vom 26.12.2008, § 55.

189 Ukrainisches Gesetz über die Änderungen des ukrOWiG und ukrStGB bzgl. der Verstärkung der Verantwortlichkeit für die Entwendung einer fremden Sache Nr. 1449-VI vom 04.06.2009.

Der Wert des steuerfreien Mindesteinkommens ändert sich mehrmals im Jahr (ca. 4 Mal im Jahr). So betrug der Betrag z. B. im Juni 2009 nur 62,50 UAH (ca. 6 €). Ende 2010[190] betrug er 92,20 UAH (ca. 9 €). Anfang 2011 ist in der Ukraine ein neues Steuergesetzbuch vom 02.12.2010 Nr. 2755-VI in Kraft getreten. Nach diesem Gesetz ist die Höhe des steuerfreien Mindesteinkommens anders zu berechnen, was sich auch auf die Wertberechnung der entwendeten Sache auswirkt, wenn auch nicht allzu drastisch. So lag der Betrag im April 2011[191] bei 960 UAH (ca. 84 €). Diese Summe mal 0,2 ergeben 192 UAH (ca. 17 €). Bei Entwendung einer Sache mit einem Wert von mindestens 17 € liegt daher nunmehr eine strafrechtliche Verantwortlichkeit und damit eine Straftat vor.

Von daher ist es nachzuvollziehen, wenn die neuesten für 2009 (42,5%) und die ersten neun Monate des Jahres 2010 (67%) veröffentlichten Zahlen ausweisen, dass die Diebstahlsdelikte gestiegen sind.[192]

Gleichzeitig aber stieg auch die Zahl der Raubdelikte[193] und der Raubüberfälle[194] sowie auch die Zahl der Diebstähle von Fahrzeugen.

Beim Delikt des sog. Rowdytums[195] ist seit 1996 ein Rückgang in absoluten Zahlen zu beobachten, obwohl sie seit 2004 prozentual leicht ansteigen. Es ist anzumerken, dass die prozentualen Anteile hier nur leicht schwanken und nahezu gleich bleiben. Als charakteristisch für die Abnahme (in den Jahren 1992-

---

190 Haushaltsgesetz der Ukraine für das Jahr 2010 Nr. 2154-VI vom 27.04.2010, § 53.

191 Haushaltsgesetz der Ukraine für das Jahr 2011 Nr. 2857-VI vom 23.12.2010, § 21.

192 Nach Angaben der ukrainischen Nichtregierungsorganisation UCCC, in *Vidnovne Pravosuddya v Ukraïnì* 2010, S. 9.

193 Raub *(Грабіж)* – offener Diebstahl/Raub fremden Vermögens, vorsätzliche rechtswidrige offene Inbesitznahme von Privateigentum, Staatsvermögen oder Kollektivvermögen, § 186.

194 Raubüberfall *(розбій)* – vorsätzlicher rechtswidriger Angriff mit der Absicht einer rechtswidrigen Inbesitznahme des Fremdgutes. Der Angriff ist mit lebens- oder gesundheitsgefährdender Gewalt oder Drohung mit solcher Gewalt verbunden, § 187.

195 Rowdytum *(хуліганство)* – grober Verstoß gegen die öffentliche Ordnung aus Motiven offensichtlicher Respektlosigkeit gegenüber der Gesellschaft, „begleitet von besonderer Grobheit oder außergewöhnlichem Zynismus", § 296. Unter *grober Verstoß gegen die öffentliche Ordnung* sind Handlungen zu verstehen, die persönlichen bzw. allgemeinen Interessen wesentlichen Schaden zugefügt haben oder als „böswillige Verletzung der öffentlichen Sittlichkeit" anzusehen sind. Unter *Respektlosigkeit gegenüber der Gesellschaft ist* respektloses Verhalten des Handelnden gegenüber der öffentlichen Ordnung, das Ignorieren von einfachen Verhaltensregeln zu verstehen. Unter *besonderer Grobheit* sind beharrliche und gewaltsame Aktionen zu verstehen. Unter *außergewöhnlichem Zynismus* wird bspw. die Äußerung von Unverschämtheit, Spott/Misshandlung von kranken, älteren Personen verstanden.

2000) stellte *Naumova* eine hohe Latenz des Rowdytums fest. „Die Opfer zeigen solche Delikte nicht an, deshalb bleiben sie nicht registriert".[196]

Die Zahl der Drogendelikte steigt demgegenüber weiter an.[197] In den statistischen Daten (*Tabelle 3*) werden die Zahlen zu den Drogendelikten erst ab dem Jahr 2001 dargestellt. Der Grund dafür ist, dass in der früheren Strafgesetzgebung ein spezielles Delikt dieser Art gar nicht vorhanden war. Heute enthält das neue ukrStGB von 2001 einen separaten Abschnitt 8 zur Regelung von Drogendelikten.

Die zunehmende Bedeutung der Drogendelikte wird häufig auf den Zerfall der UdSSR zurückgeführt.[198] Die Öffnung der Grenzen bzw. des „Eisernen Vorhanges", Korruption sowie der soziale Umbruch erleichtern Transport und Import von Drogen.

---

196 Vgl. *Naumova* 2001
    http://www.naiau.kiev.ua/tslc/pages/biblio/visnik/n2001_4/naumova.htm, 15.03.2011.

197 Vgl. dazu *Golina* 2009, S. 254; *Pirožkova* 2005, S. 152.

198 Vgl. *Zaikina* 2010, S. 1464.

Tabelle 1: Demografische Entwicklung

Jahr	Gesamt-bevölke-rungszahl (in Mio.)	Bevölkerung 0- bis 14-Jährige (in Mio.)	Bevölkerung 0- bis 17-Jährige (in Mio.)		Bevölkerung 15- bis 17-Jährige (in Mio.)
1989	51,452	11,101	13,317	(25,9)*	2,216
1990	51,584	11,092	13,325	(25,8)	2,233
1991	51,690	11,042	13,257	(25,6)	2,227
1992	51,802	10,966	13,183	(25,4)	2,217
1993	51,989	10,927	13,136	(25,3)	2,220
1994	51,860	10,776	12,973	(25,0)	2,197
1995	51,474	10,532	12,705	(24,7)	2,176
1996	51,079	10,254	12,449	(24,4)	2,203
1997	50,639	9,967	12,151	(24,0)	2,198
1998	50,245	9,643	11,839	(23,6)	2,214
1999	49,851	9,237	11,489	(23,0)	2,283
2000	49,456	8,825	11,143	(22,5)	2,362
2001	49,037	8,430	10,770	(22,0)	2,396
2002	48,241	7,970	10,327	(21,4)	2,357
2003	47,787	7,534	9,843	(20,6)	2,273
2004	47,442	7,246	9,503	(20,0)	2,256
2005	47,100	6,990	9,129	(19,4)	2,139
2006	46,749	6,765	8,802	(18,8)	2,037
2007	46,466	6,606	8,536	(18,4)	1,930
2008	46,192	6,501	8,326	(18,0)	1,825
2009	45,963	6,476	8,186	(17,8)	1,710
2010	45,782	6,483	8,081	(17,7)	1,597

*   Bei den in Klammern gesetzten Werten handelt es sich um Prozentwerte
Quelle: TransMONEE database 2010 (www.transmonee.org, 15.03.2011); Daten
         für das Jahr 2010 wurden im Juli 2011 erhoben, siehe TransMONEE
         database 2011, www.transmonee.org, 14.07.2011; Staatskomitee für Sta-
         tistik in der Ukraine. Die Statistiken unterscheiden sich zum Teil.

Tabelle 2: Polizeilich registrierte Straftaten

Jahr	Gesamtzahl der polizeilich registrierten Straftaten[a]	Gesamtrate der registrierten Straftaten (pro 100.000 der Bevölkerung)	Straftaten begangen durch Jugendliche oder mit ihrer Teilnahme (absolute Zahlen)	Registrierte Rate jugendlicher Kriminalität (pro 100.000 der Bevölkerung im Alter von 14-17 Jahren)
1989	k. A.	626	26.606	902
1990	369.809	716	28.819	974
1991	405.516	784	28.754 (27.519)[b]	977
1992	480.478	926	34.872 (33.585)	1.189
1993	539.299	1.039	37.928 (36.336)	1.293
1994	572.147	1.107	40.661 (38.493)	1.391
1995	641.860	1.252	41.648 (39.282)	1.428
1996	617.262	1.214	41.811	1.432
1997	589.208	1.168	40.051	1.353
1998	575.982	1.151	39.076	1.296
1999	558.716	1.125	37.027	1.211
2000	567.795	1.124	37.239	1.201
2001	514.597	1.036	36.218	1.163
2002	460.389	939	32.335	1.054
2003	566.350	1.168	33.493	1.124
2004	527.812	1.100	30.950	1.083
2005	491.754	1.035	26.470	975
2006	428.149	903	19.888	772
2007	408.170	866	18.963	781
2008	390.162	834	15.846	695
2009	k. A.	948	15.445	721

a   Angaben des Staatskomitees für Statistik in der Ukraine.
b   Bei in Angaben in Klammern handelt es sich um Zahlen, die vom Staatskomitee für Statistik in der Ukraine bereitgestellt worden sind.
Anmerkung: Zum Teil enthielten die Quellen unterschiedliche Angaben.
Quelle: TransMONEE 2010; Staatskomitee für Statistik in der Ukraine.

Tabelle 3: Polizeilich registrierte Jugendliche nach der Deliktsstruktur

Jahr	Gesamtzahl der registrierten Tatverdächtigen	Vorsätzliche Tötung und Versuch	Vorsätzliche schwere Körperverletzung	Vergewaltigung und Versuch	Diebstahl	Raub	Raubüberfall	Diebstahl von Fahrzeugen	Rowdytum	Drogendelikte
1991	27.519	134 (0,5)a	197 (0,7)	425 (1,5)	18.479 (67,1)	2.129 (7,7)	478 (1,7)	-b	1.683 (6,1)	-
1992	33.585 +22,0%c	143 (0,4)	208 (0,6)	385 (1,1)	23.884 (71,1)	2.852 (8,5)	641 (1,9)	-	1.659 (4,9)	-
1993	36.336 +8,2%	159 (0,4)	245 (0,7)	339 (0,9)	25.923 (71,3)	3.046 (8,4)	789 (2,2)	-	1.802 (4,9)	-
1994	38.493 +5,9%	178 (0,5)	229 (0,6)	308 (0,8)	27.737 (72,0)	2.990 (7,8)	807 (2,1)	-	2.002 (5,2)	-
1995	39.282 +2,0%	191 (0,5)	258 (0,7)	359 (0,9)	28.053 (71,4)	2.835 (7,2)	775 (2,0)	-	2.356 (6,0)	-
1996	41.811 +6,4%	232 (0,5)	285 (0,7)	282 (0,7)	27.479 (65,7)	2.845 (6,8)	804 (1,9)	801 (1,9)	2.472 (5,9)	-
1997	40.051 -4,2%	232 (0,6)	340 (0,8)	222 (0,5)	26.231 (65,5)	2.549 (6,4)	802 (2,0)	790 (2,0)	2.426 (6,1)	-
1998	39.076 -2,4%	251 (0,6)	298 (0,8)	213 (0,5)	25.839 (66,1)	2.476 (6,3)	832 (2,1)	710 (1,8)	2.272 (5,8)	-
1999	37.027 -5,2%	240 (0,6)	313 (0,8)	165 (0,4)	24.841 (67,0)	2.276 (6,1)	793 (2,1)	574 (1,5)	1.983 (5,3)	-

Jahr	Gesamtzahl der registrierten Tatverdächtigen	Vorsätzliche Tötung und Versuch	Vorsätzliche schwere Körperverletzung	Vergewaltigung und Versuch	Diebstahl	Raub	Raubüberfall	Diebstahl von Fahrzeugen	Rowdytum	Drogendelikte
2000	37.239 +0,6%	259 (0,7)	307 (0,8)	142 (0,4)	25.759 (69,2)	2.311 (6,2)	841 (2,3)	390 (1,0)	1.738 (4,7)	-
2001	36.218 -2,7%	257 (0,7)	321 (0,9)	127 (0,3)	24.828 (68,5)	2.308 (6,4)	933 (2,6)	873 (2,4)	1.493 (4,1)	1.003 (2,8)
2002	32.335 -10,7%	213 (0,7)	294 (0,9)	109 (0,3)	21.457 (66,4)	2.383 (7,4)	785 (2,4)	1.054 (3,3)	1.389 (4,3)	1.068 (3,3)
2003	33.943 +5,0%	195 (0,6)	296 (0,9)	135 (0,4)	22.161 (65,3)	2.782 (8,2)	768 (2,3)	1.007 (3,0)	1.491 (4,4)	1.319 (3,9)
2004	30.950 -8,8%	210 (0,7)	295 (0,9)	89 (0,3)	19.861 (64,2)	3.086 (10,0)	844 (2,7)	970 (3,1)	1.282 (4,1)	1.424 (4,6)
2005	26.470 -14,5%	182 (0,7)	269 (1,0)	120 (0,4)	14.771 (55,8)	3.504 (13,2)	840 (3,2)	893 (3,4)	1.141 (4,3)	1.539 (5,8)
2006	19.888 -24,9%	178 (0,9)	246 (1,2)	105 (0,5)	8.357 (42,0)	3.603 (18,1)	850 (4,3)	749 (3,8)	1.058 (5,3)	1.578 (7,9)
2007	18.963 -4,6%	143 (0,7)	270 (1,4)	116 (0,6)	7.518 (39,6)	3.297 (17,4)	805 (4,2)	942 (5,0)	1.090 (5,7)	1.516 (8,0)

a Bei den in Klammern gesetzten Werten handelt es sich um Prozentwerte.

b „" – die Information wurde nicht getrennt angegeben, oder es gab keine entsprechende Regelungen im ukrStGB vom 1961.
Ab dem Jahre 2008 – keine Angaben sind vorhanden.

c „+ %" „- %" prozentuale Entwicklung zu dem vorigen Jahr.

Quelle: Angaben des Staatskomitees für Statistik in der Ukraine.

4.2 Entwicklung der Jugendkriminalität

In *Tabelle 2* sind sowohl Angaben zur Entwicklung der Jugendkriminalität als auch der Erwachsenenkriminalität in der Ukraine in den letzten 20 Jahren (1989-2009) bereitgestellt. Zur Dynamik der Jugendkriminalität sind folgende Entwicklungstendenzen festzustellen:

Von 1989 bis 2003 lag die Wachstumsrate der 14-17-jährigen straffälligen Jugendlichen pro 100.000 der Altersgruppe über derjenigen der straffälligen Erwachsenen. Die Jugendkriminalität wuchs in diesem Zeitraum wesentlich schneller als die jugendliche Bevölkerung (*Tabelle 1*), die bis heute (2010) wie auch die Gesamtbevölkerung in der Ukraine stetig zurückgegangen ist. So entfielen im Jahre 1989 626 Straftaten auf 100.000 Personen. Anders sah es bei den 14-17-Jährigen aus: Hier wurden pro 100.000 dieser Altersgruppe 1.391 Straftaten registriert. Im Jahre 1996 lag jene Zahl bei 1.432, während bei den Erwachsenen 1.214 Straftaten pro 100.000 Personen dieser Altersgruppe registriert wurden. Trotz des Kriminalitätsrückgangs ab dem Jahr 1995 blieb diese Tendenz noch bis zum Jahr 2003 bestehen. Das Gesamtbild der Jugendkriminalität in den Jahren 1972-2004 zeigt eine klare Zunahme. In dieser Periode hat die Jugendkriminalität um mehr als das Dreifache zugenommen.[199]

Im Jahr 2003 war ein erneuter Anstieg der Kriminalität zu verzeichnen, danach gehen die Zahlen wieder zurück. Im Vergleich zur Erwachsenenkriminalität ist bei den Jugendlichen eine Abnahme zu beobachten.

In der Allgemeinbetrachtung der letzten 20 Jahre ist festzustellen, dass die Jugendkriminalität pro 100.000 Personen im Alter von 14-17 Jahren gesunken ist, was bei der Erwachsenenkriminalität in dieser Periode nicht so deutlich festzustellen ist.

4.3 Kriminologische Charakteristik eines jugendlichen Straftäters

Die Erforschung der Persönlichkeit eines Straftäters gehört auch in der ukrainischen Wissenschaft zu den wesentlichen und komplizierten Fragen in der Kriminologie.[200] Unter der Persönlichkeit eines jugendlichen Straftäters wird in der ukrainischen Kriminologie ein „gesellschaftlich gefährlicher" junger Mensch mit sozial-psychologischen und moralischen Defekten verstanden, der unter den Bedingungen der konkreten Lebenssituation eine Straftat begangen hat.[201]

---

199   Vgl. *Dan'šyn/Golina* 2006, S. 226.

200   Vgl. *Golina/Golovkin* 2006, S. 42.

201   Vgl. *Golina/Golovkin* 2006, S. 43.

Das Alter zwischen 16 und 17 Jahren, das sog. Endstadium des Jugendalters, gilt als die Altersperiode mit der höchsten Kriminalitätsbelastung (62% der jungen Täter sind 16 bzw. 17 Jahre alt).[202] 90-95% dieser Täter sind männliche Jugendliche und nur 5-10% weibliche, wobei es in der Bevölkerung in der Ukraine weniger Männer gibt als Frauen.[203] Die absolute Mehrzahl der durch Mädchen begangenen Straftaten zeichnet sich aus durch Eigentums- und Vermögensdelikte, wobei die Bereicherungsabsicht unterschiedliche Motive hat, wie z. B. den Wunsch, teure Schmuckwaren und Modesachen zu besitzen.[204] Eine Erscheinungsform der Zeit ist die Konkurrenz zwischen Mädchen und Jungen bzgl. der Demonstration eines außerordentlichen Zynismus und einer übermäßigen Grausamkeit bei der Begehung von Gewaltdelikten. Es ist keine Seltenheit mehr, dass Mädchen in bestimmten Einzelfällen die Führung bei der Tatbegehung übernehmen.[205]

Insgesamt entspricht das Verhältnis von Jungen und Mädchen hinsichtlich begangener Delikte ungefähr 15 : 1. Die Auswertung der sozialen Struktur der jugendlichen Straftäter zeigt, dass die meisten Straftaten von Schülern der Berufsschulen begangen werden sowie von Jugendlichen, die weder arbeiten noch studieren oder die Schule besuchen.[206]

Jugendliche Straftäter sind nach Auffassung ukrainischer Kriminologen gekennzeichnet durch moralisch-psychologische sowie emotional-willensmäßige Züge wie Skeptizismus und Gleichgültigkeit bzw. herzloses Verhalten gegenüber Empfindungen anderer Menschen, „Unbeherrschtheit/Hitzigkeit", Grobheit, „Verlogenheit". Das Ausbleiben von Selbstkritik und Mitleid,[207] Selbstbehauptung,[208] Fehlen von intellektuellen Interessen, emotionale Labilität, Frustration[209] und eine niedrige Normbindung werden in der Literatur als kriminogene Faktoren genannt.[210] So ist für zahlreiche jugendliche Straftäter die Begehung von Delikten mit tiefen persönlichen Defiziten der Wahrnehmung illegalen Verhaltens verbunden. Nach kriminologischen Befragungen sehen nur 6,2% der Jugendlichen den rechtlichen Gehorsam als eine der wichtigsten

---

202 Vgl. *Golina/Golovkin* 2006, S. 44 f; *Pirožkova* 2005, S. 152.

203 Vgl. *Dan'šyn/Golina* 2006, S. 227.

204 Vgl. *Golina/Golovkin* 2006, S. 43 f.

205 Vgl. *Golina/Golovkin* 2006, S. 44.

206 Vgl. *Kučerìna* im Interview mit *Larìna* 2004, S. 12; *Pirožkova* 2005, S. 152; *Abrosimova* 2005, S. 138; *Golina/Golovkin* 2006, S. 45 f.; *Golina* 2009, S. 254.

207 Vgl. *Dan'šyn/Golina* 2006, S. 227; *Pirožkova* 2005, S. 152.

208 Vgl. *Pirožkova* 2005, S. 151.

209 Vgl. *Abrosimova* 2007, S. 158; *Golina* 2009, S. 254 f.

210 Vgl. *Golina* 2009, S. 254 f.

Tugenden für einen Menschen an.[211] Bei fast 40% der Gewalttaten, die durch Jugendliche begangen wurden, waren Selbstbehauptung durch Ausübung absoluter Macht über die Opfer sowie das Verächtlichmachen unter Ausnutzung von Wehrlosigkeit Motive für die Tatbegehung bzw. deren Begleiterscheinungen.[212] Eine ausgeprägte mangelnde Willensstärke wurde in 15-25% der Fälle festgestellt.[213] Daraus folgt, dass die Ursachen des antisozialen Verhaltens zumeist nicht in der Willensschwäche liegen, sondern in negativen „moralischen" und „willensintellektuellen" Ausprägungen der Persönlichkeit.[214]

Die meisten Jugendlichen, die eine Straftat begangen haben, haben *in der Familie* keine moralische Orientierung erhalten und sind in der Regel nicht in der Lage, die Konsequenzen ihrer Taten voraus zu sehen.[215] Ungefähr 30% der Jugendlichen haben unvollständige Familien, 40-45% der jugendlichen Straftäter kommen aus Problemfamilien (mit Konflikten, Prügeleien, Alkoholproblemen usw.). Solchen Familien fehlen häufig die pädagogischen Fähigkeiten für die Erziehung ihrer Kinder.[216]

Die Jugendkriminalität hat überwiegend *Gruppencharakter*.[217] Während der allgemeine statistische Wert der Gruppenkriminalität bei ungefähr 25% liegt, beträgt er bei Jugendlichen 70-78%.[218]

Hauptgründe der Jugendkriminalität sind negative Einflüsse der Gleichaltrigengruppe sowie Verführungshandlungen von Erwachsenen.[219] Jede fünfte Straftat wird von Jugendlichen zusammen mit Erwachsenen begangen.[220]

Zu den *Rückfallquoten* im Bereich der Jugendkriminalität lagen zum Zeitpunkt der Erstellung dieser Arbeit keine verlässlichen Daten vor. Die ukrainischen Kriminologen *Golina* und *Golovkin* gehen jedoch davon aus, dass tendenziell fast 80% der Jugendlichen innerhalb eines Jahres nach der Verurteilung zu einer „Zwangsmaßnahme" erneut Straftaten begehen.[221]

Ein Grund für diese hohe Rückfallrate liegt wohl auch in der Ineffektivität der angeordneten Maßnahmen, insbesondere der „Zwangsmaßnahmen", bzw.

---

211 Vgl. *Dan'šyn/Golina* 2006, S. 228.

212 Vgl. *Golina/Golovkin* 2006, S. 44.

213 Vgl. Dan'šyn/Golina 2006, S. 227.

214 Vgl. *Dan'šyn/Golina* 2006, S. 227; *Pirožkova* 2005, S. 152.

215 Vgl. *Golina* 2009, S. 255; *Golina/Golovkin* 2006, S. 50 f.

216 Vgl. *Golina* 2009, S. 256; *Pirožkova* 2005, S. 152.

217 Vgl. *Pirožkova* 2005, S. 152.

218 Vgl. *Dan'šyn/Golina* 2006, S. 227; *Kučerìna* im Interview mit *Larìna* 2004, S. 12.

219 Vgl. *Kučerìna* im Interview mit *Larìna* 2004, S. 12.

220 Vgl. *Pirožkova* 2005, S. 153.

221 Vgl. *Golina/Golovkin* 2006, S. 49.

deren Durchführung. Obwohl bei geringen und mittelschweren Straftaten „Zwangsmaßnahmen erzieherischer Einwirkung" (siehe dazu *Kap. 5.2.3*) angeordnet werden können, was auch in ca. 70% solcher Fälle geschieht, wird der damit erhoffte Präventiveffekt als sehr gering eingeschätzt.[222] Nach Meinung von *Golina/Golovkin* fördern diese „Zwangsmaßnahmen" keine Einsicht in ihre Schuld und formen bei straffälligen Jugendlichen auch keine Selbstverantwortung. Jugendliche würden dies als nachsichtiges Verhalten ihnen gegenüber betrachten, was wiederum im Falle einer wiederholten Straftat das Angstgefühl vor einer unvermeidbaren, härteren Bestrafung abstumpfe.[223]

Im Vergleich zur Erwachsenenkriminalität gibt es unter Jugendlichen viel mehr Fälle von *psychischen Anomalien*. Die Störungen der Psyche bei Jugendlichen nehmen nach Ansicht einiger ukrainischer Kriminologen zu.[224] Im Jahre 2003 betrugen diese Fälle ca. 70 pro 10.000 Jugendliche, während dies im Jahre 1992 nur 61 pro 10.000 Jugendliche waren. Bedeutsam ist, dass als „psychopathologisch" bezeichnete Persönlichkeitsmerkmale bei den jugendlichen Straftätern meistens, d. h. in 80-85% der Fälle, auf ungünstige Lebensbedingungen und die Erziehung zurückgeführt werden.[225]

Eine Analyse der kriminologischen Charakteristik jugendlicher Rechtsbrecher ergab, dass einzelne Tätergruppen unterschieden werden können. So unterscheiden *Dan'šyn* und *Golina* folgende vier wesentliche „Typen":[226]

1) *Zufallsstraftäter*, die eine Straftat infolge des zufälligen Zusammentreffens bestimmter Umstände trotz einer positiven Grundausrichtung der Persönlichkeit begangen haben.

2) *Situationsbedingte Straftäter*, die eine Straftat begangen haben, weil sie in eine kritische Lebenssituation geraten sind, die die Tat erklärbar macht.

3) *Labile/instabile Straftäter*, die eine Straftat infolge der dominierend negativen Ausrichtung ihrer Persönlichkeit begehen. Diese haben schon früher Straftaten begangen oder waren als auffällige Personen auf der Liste von Jugendämtern.[227]

4) *„Böswillige" Straftäter/Gewaltverbrecher*, die schwere und besonders schwere Straftaten begangen haben und solche, die aus einer ausgeprägten, stabilen antisozialen Ausrichtung ihrer Persönlichkeit und ihrer negativen Haltung gegenüber Sozialwerten Straftaten begehen. Zu

222 Vgl. *Golina/Golovkin* 2006, S. 49.
223 Vgl. *Golina/Golovkin* 2006, S. 49.
224 Vgl. *Abrosimova* 2005, S. 140.
225 Vgl. *Dan'šyn/Golina* 2006, S. 228; *Golina* 2009, S. 255.
226 Vgl. *Dan'šyn/Golina* 2006, S. 228.
227 Dazu s. u. *Kap. 6.*

solchen Jugendlichen gehören auch diejenigen, die bereits eine Freiheitsstrafe verbüßt haben.

Die meisten Jugendlichen, die eine Straftat begangen haben, gehören zu den Zufalls- und den situationsbedingten Straftätern.[228] Eine solche Typologie hilft Hauptvarianten eines Verhaltens und die Ausrichtung der Persönlichkeit eines jugendlichen Straftäters zu bestimmen und unterstützt damit auch bei der Verhängung einer passenden strafrechtlichen Maßnahme und Durchführung einer individuellen Präventionsarbeit.[229]

4.4 Ursachen der Jugendkriminalität

Unter *Ursachen der Kriminalität* wird in der ukrainischen Literatur ein „System der negativen wirtschaftlichen, sozialen, psychologischen, organisatorischen und rechtlichen Erscheinungen" verstanden, das mit Widersprüchen der Gesellschaft und des Staates verbunden ist und zur Entstehung von Kriminalität beiträgt.[230]

Die sozialwirtschaftliche Krise in der Ukraine, die mit allen Sphären des Lebens der Gesellschaft verbunden ist, das hohe Niveau der Arbeitslosigkeit, vor allem unter den Jugendlichen, die ungelösten Fragen hinsichtlich Freizeit- und Erziehungsverhalten sind solche Bedingungen, die einen Jugendlichen und sein Verhalten intensiv prägen.[231] Jugendkriminalität ist daher ein empfindlicher Indikator, der auf alle positiven und negativen Veränderungen sowohl im Staat als auch in der Gesellschaft reagiert.[232]

Nach den sich aus der Praxis der staatsanwaltschaftlichen Arbeit ergebenden Erfahrungen sind neben den objektiv gegebenen schlechten sozialwirtschaftlichen Bedingungen auch die mangelnden Umsetzungen der dem sozialen Schutz der Jugendlichen dienenden Gesetze durch die Organe der verantwortlichen Regierungen eine weitere Ursache für negative Prozesse in der jugendlichen Umwelt. So gibt es zwar theoretisch eine Reihe von Programmen, die auf die Vorbeugung von Straftaten Jugendlicher gerichtet sind; die meisten wurden aber bisher nicht verwirklicht. So sind z. B. die Zentren der medizinisch-sozialen Rehabilitation oder Obdachloseneinrichtungen für Kinder (s. u. *Kap. 6*) immer noch nicht geschaffen worden.[233]

Auch der Formalismus der Mitarbeiter der Kriminalmiliz für Angelegenheiten Minderjähriger (s. dazu u. *Kap. 6*) führt bei der Durchführung von syste-

---

228 Vgl. *Golina* 2009, S. 256.

229 Vgl. *Dan'šyn/Golina* 2006, S. 228 f.

230 Vgl. *Bugera* 2007, S. 100 f; *Abrosimova* 2005, S. 137.

231 Vgl. *Abrosimova* 2007, S. 156 f.

232 Vgl. *Abrosimova* 2005, S. 137.

233 Vgl. *Kučerìna* im Interview mit *Larìna* 2004, S. 12.

matischer präventiver Tätigkeit mit Jugendlichen, die sich bereits im Konflikt mit dem Gesetz befanden, zur Begehung von neuen Straftaten durch jene Jugendliche. Die Zunahme der Rückfallkriminalität, die in zwei Dritteln der Regionen der Ukraine zu beobachten, lässt auf eine niedrige Effektivität dieser Präventivarbeit schließen. Insgesamt stieg die Rückfallkriminalität im Jahre 2004 auf 25,8%. Jugendliche, die bereits der Miliz bekannt sind, besuchen in der Regel keine Schule, haben keine Arbeit, konsumieren regelmäßig Alkohol oder Drogen und begeben sich nach Ansicht ukrainischer Kriminologen erneut auf einen delinquenten Weg.[234]

Es fehlt überdies an effektiver Zusammenarbeit und dem Austausch von Informationen zwischen Fachärzten für Drogenentzug, Jugendämtern und Bildungsorganen. So waren z. B. im Jahre 2004 der Miliz etwas mehr als 3.000 Jugendliche bekannt, die zum Missbrauch von Alkohol, Drogen und anderen berauschenden Mitteln tendierten. Bei den Praktikern in den Gesundheitsorganen waren etwa 15.000 Jugendliche registriert. Somit blieb ein großer Teil der betroffenen Jugendlichen bei der Präventionsarbeit der Kriminalmiliz unberücksichtigt. Um dennoch „eine gute Arbeit" zu präsentieren sollen angeblich Statistiken gefälscht worden sein.[235]

Weitere Ursachen für aggressives Verhalten bei Kindern und für ein Steigen der Jugendkriminalität sind die Schwächung der Erziehungsfunktion in der *Familie* und mangelhafte elterliche Kontrolle.[236] Diese ungenügende Sicherheit und Geborgenheit von Jugendlichen hat das Problem der Kinderverwahrlosung[237] in der Ukraine verschärft. All das bringt sie zum Herumtreiben, zur Verwahrlosung und im Endeffekt zum Begehen von Straftaten.[238] Die Zahl der bettelnden und sich herumtreibenden Kinder, die durch die Miliz festgenommen wurden, stieg seit Ende der 1990er Jahre stetig an. Im Jahre 1999 betrug die Zahl etwa 31.300, im Jahre 2000 35.000 und im Jahr 2001 36.000. Allerdings gibt es keine genaueren Statistiken, was sich durch die ständige Migration solcher Minderjährigen von einer Region zur anderen erklären lässt. Die räumliche Verteilung ändert sich saisonal. Die Kinder suchen im Winter größere Städte und im Sommer touristisch geprägte Regionen auf.[239] Faktisch basieren diese Zahlen nur auf den durch die Miliz registrierten Daten. Im Jahr 2010 waren es ungefähr 126.000 Kinder,[240] die ohne elterliches Sorgerecht, in Pro-

---

234 Vgl. *Kučerìna* im Interview mit *Larìna* 2004, S. 12.

235 Vgl. *Kučerìna* im Interview mit *Larìna* 2004, S. 12.

236 Vgl. *Bugera* 2007, S. 102; *Dan'šyn/Golina* 2006, S. 229.

237 Vgl. *Kovalenko* 2004, S. 57.

238 Vgl. *Kučerìna* im Interview mit *Larìna* 2004, S. 12.

239 Vgl. *Kovalenko* 2004, S. 59.

240 Vgl. unter http://kids.net.ua/, 15.03.2011.

blemfamilien, als Straßenkinder oder als Kinder, die unter Gewalt und Grausamkeit der Eltern gelitten haben, leben müssen.

Auch die Kluft zwischen Arm und Reich in der Gesellschaft der Ukraine spielt eine Rolle bei der Ursachenforschung der Jugendkriminalität. Nach *Abrosimova* leben 70% aller Familien am Rande des Existenzminimums und können ihre Kinder nicht einmal mit dem Notwendigsten versorgen. 28% der ukrainischen Bevölkerung gehören offiziell zur Armutskategorie. Tatsächlich bekommen aber über 70% der Beschäftigten einen Lohn, der unter dem Existenzminimum liegt. Aber nicht nur die objektiven materiellen Schwierigkeiten der Eltern haben Einfluss auf das rechtswidrige Verhalten von Jugendlichen, sondern auch die in der Regel gestiegenen Erwartungen der Jugendlichen an ihre Bedürfnisse, die die Möglichkeiten der Eltern wesentlich überschreiten.[241]

Der Einfluss der Medien gehört ebenfalls zu den Faktoren, die zur Erklärung von rechtswidrigem Verhalten junger Menschen beitragen können. Sie verbreiten oft „Verhaltensstandards", die Gewalt propagieren und einen Kult der Stärke und Grausamkeit.[242] So wurde z. B. unter dem Einfluss einer russischen Filmserie im Jahre 2003 in Dneprozeržynsk eine Straftat gegen Passanten begangen.[243] Weiter beging ein Schüler einer 10. Klasse unter „Einfluss" des Computerspiels „Counter-Strike" eine Straftat, die offensichtlich diesem Spiel entstammte.[244] Auch ist zu beobachten, dass Jugendliche häufig unter Einfluss von Gewaltfilmen grausame Ermordungen begehen, wobei sie die „Filmhelden" kopieren.[245]

Bugera nennt die Ergebnisse einer Studie vom Jahr 2005,[246] die durch eine Umfrage realisiert wurde (*Tabelle 4*). Die Umfrage wurde bei den Schülern von 10. und 11. Klassen in Kiewer Schulen, bei polizeilich bekannten Jugendlichen und bei Zöglingen der Erziehungskolonie (dazu s. u. *Kap. 8*) durchgeführt. Alle drei Gruppen bevorzugten Thriller und Horrorfilme. Die sie am wenigsten interessierenden Programme waren Bildungs- und lehrreiche Filme sowie musikalische Programme.

---

241 Vgl. *Abrosimova* 2005, S. 137 f.; *Beca* 2008, S. 43.

242 Vgl. *Šakun* 2003, S. 45; *Bugera* 2005, S. 70; *Dan'šyn/Golina* 2006, S. 230.

243 Eine sehr populäre russische Fernsehserie unter Jugendlichen und jungen Erwachsenen war „Die Brigade" (*Бригада*) aus dem Jahr 2001. Die Serie beschreibt die kriminelle Karriere eines jungen Russen und seiner Freunde, beginnend mit dem ungewollten Einstieg in die Illegalität bis zur erfolgreichen Wahl des Mafiabosses in das russische Parlament (*Дума*). Die Entwicklung von Russland von 1989 bis 2001 wird in der Serie ebenso gezeigt.

244 Vgl. *Yuzikova* 2004, S. 10.

245 Vgl. *Bugera* 2007, S. 104.

246 Vgl. *Bugera* 2005, S. 70.

Auf die Frage bzgl. der Imitation des Verhaltens von „Filmhelden" haben 58,5% der Schüler mit „Ja" geantwortet; 37,3% zeigten sich bereit eine rechtswidrige Tat zu begehen.

In der Gruppe der polizeilich bekannten Jugendlichen machten immerhin 63,7% Filmhelden nach; hier waren 48,3% zu einer rechtswidrigen Tat bereit.

Von den Zöglingen der Erziehungskolonie ahmten 65,3% die Filmhelden nach und 28,5% waren zu Straftaten bereit.[247]

Insgesamt ist also festzustellen, dass ein recht hoher Prozentsatz der Befragten zu rechtswidrigen Taten bereit ist.[248]

Dan'šyn sieht unter den Bedingungen, die negative Eigenschaften bei Jugendlichen prägen, mangelhafte Aufmerksamkeit und Vernachlässigung von Problemen Jugendlicher durch den Staat und die Gesellschaft sowie Anstiftung durch Erwachsene und lang anhaltende Mängel hinsichtlich sozial-nützlicher Beschäftigungen.[249]

Bei den sprachlichen Darstellungen der ukrainischen Kriminologie zu den Fragen der kriminologischen Charakteristik jugendlicher Straftäter (*Kap. 4.3*) bzw. zu den Ursachen der Jugendkriminalität (*Kap. 4.4*) fällt auf, dass die vor allem in den USA und in Deutschland in zahllosen Unterarten unter dem Stichwort „labeling approach" oder „Etikettierungstheorien" diskutierten kriminologischen Theorien in der Ukraine offenbar nicht rezipiert worden sind und daher eine Auseinandersetzung mit diesen Theorien nicht stattfindet.

Der „labeling approach" sagt aus, dass abweichendes Verhalten erst durch bestimmte Reaktionen von Instanzen sozialer Kontrolle, nämlich durch Etikettierungen von Personen oder Handlungen als abweichend konstituiert wird[250] und weniger aus den speziellen Gegebenheiten innerhalb der Persönlichkeit einer Person selbst zu erklären sind.

Diese Theorien sind daher eher „Kriminalisierungs-" und nicht Theorien zur Erklärung der Primärabweichung, denen von Kritikern allerdings vorgehalten wird, sie hätten sich empirisch nicht bestätigt.[251] Dennoch hat der labeling approach erhebliche Bedeutung insbesondere in der Jugendkriminalpolitik erlangt, indem das empirisch als erfolgreich bestätigte Konzept der Diversion,[252] d. h. der Vermeidung negativer Etikettierung durch die Strafverfolgungsinstanzen auf diesen Ansatz theoretisch gestützt wurde.

247 Vgl. *Bugera* 2005, S. 70.
248 Vgl. *Bugera* 2005, S. 70; vgl auch *Bugera* 2007, S. 102.
249 Vgl. *Dan'šyn/Golina* 2006, S. 229 f.; *Beca* 2008, S. 43 f.
250 Vgl. *Kuhlen* 1978, S. 1.
251 Vgl. *Göppinger* 2008, S. 158 ff., 162.
252 Vgl. *Heinz* 2007; 2012.

Tabelle 4: Untersuchung zum Medienverhalten Jugendlicher

	Schüler der 10. und 11 Klasse (nicht deviantes Verhalten)	Der Polizei bekannte Jugendliche (deviantes Verhalten, Gruppe 1)	Zöglinge der Erziehungs- kolonie (deviantes Verhalten, Gruppe 2)
Bildungs- und lehrreiche Programme	27,8%	6,5%	4,5%
Musikalische Programme	14,7%	11,5%	12,0%
Sciencefiction	22,3%	17,5%	18,0%
Thriller, Horrorfilme	35,2%	64,5%	65,5%
Frage: Versuchen Sie die „Filmhelden" nachzuahmen?	58,5%	63,7%	65,3%
Darunter sind bereit zu rechtswidrigem Verhalten	37,3%	48,3%	28,5%

Quelle: *Bugera* 2005, S. 70 f.

4.5 Vorbeugung der Jugendkriminalität

Die Aufgabe der Vorbeugung der Jugendkriminalität, der Verwahrlosung sowie die Gewährleistung des sozialen Schutzes in Bezug auf unter 18-Jährige obliegt den Ämtern und Behörden bzw. den Einrichtungen für Angelegenheiten Minderjähriger sowie den Sonderinstitutionen für Minderjährige (s. u. *Kap. 6.2*).[253]

Zu den Ämtern und Behörden gehören z. B. die Kriminalmiliz für Angelegenheiten Minderjähriger (dazu s. u. *Kap. 6.2.2.2*), exekutive Verwaltungsorgane für Familie, Kinder und junge Menschen sowie die Gerichte.

Oben genannte Einrichtungen sind Aufnahme- und Einweisungsanstalten des Innenministeriums, Schulen und Berufsschulen der sozialen Rehabilitation des Bildungsministeriums und spezielle Lehrerziehungseinrichtungen für zu Freiheitsstrafe verurteilte Jugendliche.

Weiter zählen zu den Einrichtungen die Zentren der Sozialdienste für Familie, Kinder und junge Menschen.[254] Zu ihren Aufgaben gehören die soziale Begleitung von Familien, die in schwere Lebenssituationen geraten sind, z. B.

---

253 Vgl. *Dan'šyn/Golina* 2006, S. 230 f.

254 Geregelt durch das ukrainisches Gesetz über Sozialarbeit mit Familien, Kindern und jungen Menschen Nr. 2558-3 vom 21.06.2001.

Hilfeleistung bei der Suche nach Arbeit und Interessenvertretung bei den Behörden, wie etwa Hilfe bei der Erledigung von Formalitäten im Rahmen der Beschaffung notwendiger Papiere. Weiterhin sind auch sozial-pädagogische Leistungen umfasst, wie die psychologische Unterstützung von Familien und die Gestaltung von Freizeit und Kommunikation.

Zu den speziellen Einrichtungen gehören auch die Zentren der sozialpsychologischen Rehabilitation für Minderjährige sowie Obdachloseneinrichtungen.

An der Verwirklichung von sozialem Schutz und Vorbeugung der Jugendkriminalität nehmen auch andere exekutive Organe, Gemeindebehörden (*органы местного самоуправления*) im Rahmen ihrer jeweiligen Kompetenzen, Unternehmen, Institutionen und Organisationen sowie einzelne Bürger (§ 1 Abs. 2 AmtBehInsG) teil.

Behörden, die darüber hinaus unmittelbar zur Arbeit mit Minderjährigen der Risikogruppe herangezogen werden, sind die *Pflege- und Vormundschaftsbehörden*.[255]

Seit September 2008 gibt es eine Rahmenordnung, welche die Aufgaben von *Kommissionen für den Schutz der Kinderrechte* (*комісія з питань захисту прав дитини*) regelt.[256] Diese werden als Beratungsorgane auf Ebene der Kreise (Rayon) geschaffen. Zu ihren Hauptaufgaben gehören nach Ziff. 3 dieser Rahmenordnung die Unterstützung und Förderung bei der Realisierung der Kinderrechte auf Leben, Gesundheitsschutz, Bildung, Sozialschutz sowie Familienerziehung und eine vielseitige Entwicklung der Kinder.

Die Vorbeugung der Jugendkriminalität findet auf *allgemein sozialer* und *speziell kriminologischer Ebene* statt.[257]

Unter *allgemein sozialer Ebene* wird ein Komplex von gesamtgesellschaftlichen Maßnahmen verstanden, die die sozialwirtschaftliche Qualität des Lebens Jugendlicher verbessern (sozialer Schutz der Familien mit Kindern, Erhöhung des Unterhalts für Waisenkinder und behinderte Kinder, Erneuerung von Bildungseinrichtungen, angemessener Lohn für Lehrer und Erzieher, etc.). Maßnahmen dieser Art sind auf die Verringerung von gesamtgesellschaftlichen Problemen und die Stabilisierung von politischen, moral-psychologischen und rechtlichen Verhältnissen im Staat und in der Gesellschaft gerichtet.[258]

Unter *speziell kriminologischer Ebene* wird eine früh einsetzende Prävention verstanden, sowie eine unmittelbare Prävention bei Jugendlichen, die bereits Verbrechen ohne eine vorher erkennbare strafbare Disposition begangen haben um einen Übergang zu einem persistent kriminellen Verhalten zu verhindern.

---

255 Geregelt durch die Verordnung des Ministerkabinetts der Ukraine über Fragen der Tätigkeit der Pfleg- und Vormundschaftsbehörden Nr. 866 vom 24.09.2008.

256 Geregelt durch die Verordnung des Ministerkabinetts der Ukraine Nr. 866 vom 24.09.2008.

257 Vgl. *Dan'šyn/Golina* 2006, S. 231.

258 Vgl. *Golina* 2009, S. 259.

Auf dieser Ebene befinden sich auch die Prävention zum Zeitpunkt des kriminellen Verhaltens sowie die Prävention zur Verhinderung der Rückfälligkeit von jugendlichen Tätern.[259]

4.6 Zusammenfassung

Seit dem Jahr 1996 geht die Jugendkriminalität in der Ukraine langsam zurück. In der Struktur der Straftaten liegt der Schwerpunkt bei schweren und besonders schweren Straftaten mit Bereicherungsabsicht.

Dabei liegen die Gründe delinquenten Verhaltens Jugendlicher sowohl in äußeren Ursachen (Umfeld eines Jugendlichen) als auch bei persönlichen Merkmalen (feste antisoziale Einstellung). Hierbei spielen auch negativ einwirkende Medien eine große und bedeutende Rolle.[260]

Dem ukrainischen Staat ist bekannt, dass eine gut organisierte Freizeit eines Jugendlichen, seine Teilnahme an sportlichen Aktivitäten anstelle z. B. einer übermäßigen Nutzung von Computerspielen (insbesondere „Ego-Shooter") Mittel zur Vorbeugung und Verringerung der Jugendkriminalität sein können. Er stellt daher ein breites Spektrum von Behörden und Einrichtungen zur Verfügung, die vielfältige Aufgaben im Rahmen der Präventionsarbeit wahrnehmen.

---

259   Vgl. *Dan'šyn/Golina* 2006, S. 231 f.; *Golina* 2009, S. 259.

260   Vgl. *Bugera* 2007, S. 102.

5. Materielles Jugendstrafrecht

Wie bereits in *Kap. 2* erwähnt, trat das ukrainische Strafgesetzbuch erst vor kurzer Zeit in Kraft, und zwar im April 2001. Zum ersten Mal in der Geschichte der strafrechtlichen Gesetzgebung des ukrainischen Staates wurde ein separater 15. Abschnitt geschaffen, welcher die Besonderheiten der strafrechtlichen Verantwortlichkeit und Bestrafung von Jugendlichen regelt. Dieser Abschnitt enthält eine Reihe von Normen (§§ 97-108), welche folgende Bereiche betreffen: Die Besonderheiten hinsichtlich der Befreiung der Jugendlichen von strafrechtlicher Verantwortlichkeit oder Verbüßung einer Strafe unter Anwendung von „Zwangsmaßnahmen erzieherischer Einwirkung"; das Strafsystem für Jugendliche; die Strafzumessung; die Straftilgung und die Strafaufhebung.

Obwohl das Gesetz einen separaten Abschnitt zum Jugendstrafrecht enthält, sind auch in anderen Kapiteln des Strafgesetzbuches Regelungen zur strafrechtlichen Verantwortlichkeit zu finden. So wird z. B. das Alter, ab dem die strafrechtliche Verantwortlichkeit eintritt, in § 22 ukrStGB geregelt, der im 4. Abschnitt („Die der strafrechtlichen Verantwortlichkeit unterliegende Person - Subjekt des Verbrechens") enthalten ist. Die Nichtanwendung einiger Strafarten gegenüber Jugendlichen wird in den §§ 61, 64 ukrStGB geregelt (10. Abschnitt: Strafe und Strafarten). § 66 Abs. 1 Nr. 3 (11. Abschnitt: Strafzumessung) sieht eine allgemeine Strafmilderung bei Straftaten Jugendlicher vor (zu weiteren Einzelheiten s. u.).

5.1 Das Strafmündigkeitsalter nach dem ukrainischen StGB

Nach § 18 Abs. 1 ukrStGB ist „Verbrechenssubjekt" eine natürliche, schuldfähige Person, die eine Straftat im Strafmündigkeitsalter begangen hat.

Das Strafmündigkeitsalter ist eines der unabdingbaren Merkmale, die das „Subjekt der Tat" charakterisiert.[261] Gem. § 22 Abs. 1 ukrStGB tritt die strafrechtliche Verantwortlichkeit wegen einer beliebigen Straftat ab der Vollendung des 16. Lebensjahres ein. Der ukrainische Strafgesetzgeber sieht jedoch gem. § 22 Abs. 2 ukrStGB in bestimmten Fällen den Eintritt der strafrechtlichen Verantwortlichkeit bereits ab der Vollendung des 14. Lebensjahres vor. Dies gilt für die Begehung schwerer bzw. besonders schwerer Taten, die in drei Gruppen aufgeteilt werden können, und zwar in gewalttätige Taten, Vermögensstraftaten und andere Taten.[262] Diese sind z. B. Tötung, vorsätzliche schwere oder mittelschwere Körperverletzung, Vergewaltigung, Erpressung, Geiselnahme, Bandi-

---

261 Gemäß § 18 Abs. 1 ukrStGB sind unabdingbare Merkmale: natürliche Person, Zurechnungsfähigkeit, Erreichung des Strafmündigkeitsalters.

262 Vgl. *Strel'cov* 2007a, S. 93; *Dëmin/Juldašev* 2005, S. 57.

tentum, Sabotage, Diebstahl, Raub, Raubüberfall,[263] Rowdytum, Anschlag auf das Leben eines Richters, eines Mitarbeiters der Rechtsschutzorgane, von Militärpersonen und viele andere.

Das Alter ist nach der Wichtigkeit der genannten Objekte des strafrechtlichen Schutzes festgelegt, aber auch nach dem Niveau der sozialen und psychologischen Entwicklung, die ein 14-Jähriger in der Regel nach ihrem Wert begreifen kann.[264]

Zu ergänzen ist, dass es nach dem bisherigen Strafgesetzbuch von 1960 möglich war, die Jugendlichen ab der Vollendung des 14. Lebensjahres für fahrlässig begangene Straftaten zu bestrafen. Dies galt auch für die Zufügung einer vorsätzlichen leichten Körperverletzung als Straftat geringer Schwere.[265]

Das *deutsche* Strafrecht kennt dagegen nur ein einheitliches Strafmündigkeitsalter, das nicht nach der Deliktsschwere gestaffelt ist. § 1 Abs. 2 JGG setzt dieses Alter auf 14 Jahre fest. Ergänzend erklärt § 19 StGB, dass schuldunfähig ist, wer bei Begehung der Tat noch nicht 14 Jahre alt ist und stellt insoweit eine unwiderlegbare Vermutung für eine Schuldunfähigkeit auf.

Aber ähnlich wie im *deutschen* Strafrecht (§ 20 StGB) i. V. m. § 3 JGG kann eine Person darüber hinaus nur dann zur strafrechtlichen Verantwortlichkeit gezogen werden, wenn sie schuldfähig ist.[266] Schuldfähig ist nach § 19 Abs. 1 ukrStGB eine Person, die sich bei der Begehung einer Straftat des eigenen Handelns (bzw. Nichthandelns) bewusst ist und diese Handlungen steuern kann. Speziell für Jugendliche gibt es keine Norm, die ihre Schuldfähigkeit regelt, die Norm gilt also sowohl für Jugendliche als auch für Erwachsene.[267] Wer nach § 19 Abs. 2 ukrStGB in Folge einer chronischen, psychischen Erkrankung, zeitweiliger seelischer Störungen, wegen Schwachsinns oder einer anderen see-

263 Raub und Raubüberfall sind nach ukrainischem Strafrecht im Gegensatz zu deutschem Strafrecht zwei verschiedene Taten. Raub ist offener Diebstahl fremden Vermögens, d. h. vorsätzliche rechtswidrige offene Inbesitznahme von Privateigentum, Staatsvermögen oder Kollektivvermögen (§ 186 ukrStGB). Raubüberfall ist vorsätzlicher rechtswidriger Angriff mit der Absicht einer rechtswidrigen Inbesitznahme des Fremdgutes. Der Angriff ist mit lebens- oder gesundheitsgefährdender Gewalt oder Drohung mit solcher Gewalt verbunden (§ 187 ukrStGB).

264 So *Strel'cov* 2007a, S. 250; *Strel'cov* 2010, § 22, Nr. 3.

265 Vgl. *Strel'cov* 2007a, S. 93.

266 Siehe dazu *Meier/Rössner/Schöch* 2007, § 5 Rn. 9 und Rn. 17 f.; *Ostendorf* 2009, Rn. 31 ff.; *Laubenthal/Baier/Nestler* 2010, Rn. 65 ff.

267 Siehe *Mel'nik/Havronyuk* 2010, S. 230.

lischen Krankheit handelt, der handelt ohne Schuld. Gegenüber solchen Person werden sog. „Zwangsmaßnahmen medizinischen Charakters" angewendet.[268]

5.2 Gesetzliche Grundlagen des Jugendstrafrechts in der Ukraine

Erklärt das Gericht den angeklagten Jugendlichen für schuldig, so stehen ihm folgende Reaktionsmöglichkeiten zur Verfügung:

1) den Jugendlichen von der strafrechtlichen Verantwortung zu befreien:[269]
- unter Anwendung von „Zwangsmaßnahmen erzieherischer Einwirkung" (§ 97 Abs. 1 i. V. m. § 105 Abs. 2 ukrStGB),
- in Zusammenhang mit dem Eintritt von Verjährungsfristen (§ 106 Abs. 2 ukrStGB);
2) ein Strafurteil zu verkünden und eine der Hauptstrafen festzusetzen wie Geldstrafe, Gemeinnützige oder Besserungsarbeit, Arrest oder zeitlich bestimmte Freiheitsstrafe. Als Nebenstrafe neben den Hauptstrafen ist der Entzug des Rechts eine bestimmte Arbeit oder bestimmte Tätigkeit auszuüben vorgesehen (§§ 98-103 ukrStGB);
3) gegenüber dem Jugendlichen von einer Strafe abzusehen (wörtlich: Befreiung von einer Strafe):[270]
- mit Anwendung von „Zwangsmaßnahmen erzieherischer Einwirkung" (§ 105 Abs. 1, 2),
- durch die Strafaussetzung zur Bewährung (§ 104 ukrStGB) (wörtlich: Befreiung von der Verbüßung der Strafe mit der Erprobung),
- im Zusammenhang mit dem Eintritt von Verjährungsfristen (§ 106 Abs. 3 ukrStGB),
- durch die bedingt vorzeitige Strafaussetzung (§ 107 ukrStGB).

---

268 Medizinische Maßnahmen sind psychiatrische Heilmaßnahmen nach § 92 ukrStGB. Gem. § 93 ukrStGB ist ihre Anordnung möglich bei Schuldunfähigkeit, eingeschränkter Schuldfähigkeit sowie bei psychiatrischen Erkrankungen nach der Tat.

269 Das gegenwärtige ukrainische Strafgesetzbuch enthält keine Definition der *Befreiung von der strafrechtlichen Verantwortlichkeit*. Das *Plenum des Obersten Gerichts der Ukraine* legte diesen Begriff wie folgt aus: „Die Befreiung von der strafrechtlichen Verantwortlichkeit ist das Absehen des Staates von der Anwendung der durch das Gesetz bestimmten Beschränkung von Rechten und Freiheiten einer Person durch Beendigung des Strafverfahrens. Dieses erfolgt durch ein Gericht in den durch das ukrStGB vorgesehenen Fällen und in der durch die ukrStPO bestimmten Weise", vgl. *Plenum des Obersten Gerichts der Ukraine* 2005, Ziff. 1 Abs. 1. *Matvìjčuk/Har* erläutern diesen Begriff als: „Befreiung von der *zukünftigen* potentiellen Verantwortlichkeit".

270 Im Endeffekt ist unter *Befreiung von einer Strafe* „Befreiung von einer *realen*, für die Gegenwart, bestehenden strafrechtlichen Verantwortlichkeit" zu verstehen, vgl. *Matvìjčuk/Har* 2006, S. 111.

5.2.1 Strafzumessung und Strafziele

Der 15. Abschnitt des ukrStGB zu den Besonderheiten der strafrechtlichen Verantwortlichkeit und der Bestrafung von Jugendlichen enthält keine speziellen Vorschriften zu den Strafzielen. Es gelten daher im Erwachsenen- und im Jugendstrafrecht die gleichen Ziele. Gem. § 50 Abs. 1 ukrStGB ist die Strafe „eine Zwangsmaßnahme, die im Namen des Staates nach dem Urteil des Gerichts verhängt wird und die darin besteht, die Rechte und die Freiheit des Straffälligen zu beschränken". Nach § 50 Abs. 2 ukrStGB hat eine Strafe *nicht nur* Vergeltung[271] zum Ziel, sondern auch die Besserung[272] des Verurteilten sowie die Vorbeugung vor der Begehung neuer Straftaten durch den Verurteilten sowie anderer Personen.[273]

Der Gesetzgeber weist im § 50 Abs. 3 ukrStGB darauf hin, dass die Strafe keine physischen Qualen zufügen oder die Menschenwürde verletzen darf. Gem. § 65 Abs. 2 ukrStGB wird gegenüber einer Person, die eine Straftat begangen hat, eine Strafe verhängt, die notwendig und ausreichend ist für die Besserung und Umerziehung des Straftäters und die aber auch zur Vorbeugung neuer Straftaten geeignet ist.[274]

Um die Ziele der Strafe zu erreichen, muss das Gericht bei der Strafzumessung gem. § 65 ukrStGB den Grad der Schwere der begangenen Tat, die Persönlichkeit des Schuldigen und seine individuellen Eigenschaften sowie mildernde – nach § 66 ukrStGB – und erschwerende – nach § 67 ukrStGB – Umstände berücksichtigen. Außerdem beachtet das Gericht gem. § 103 Abs. 1 ukrStGB die Lebensumstände und Erziehung des Jugendlichen sowie den Einfluss der Erwachsenen auf ihn. Überdies berücksichtigt das Gericht die psy-

---

271 *Bestrafung für ein Verbrechen* ist einerseits die „zwangsweise Unterwerfung einer Person unter eine dem Gesetz in Art und Höhe entsprechende Strafe durch den Staat, andererseits die Wiedergutmachung durch den Verurteilten gegenüber einzelnen Personen, der Gesellschaft und dem Staat, sowie Vergeltung durch Einsatz seiner individuellen Güter und Rechte für die begangene Straftat", vgl. *Matiševs'kij* 2001, S. 236.

272 Unter *Besserung* versteht man die positive Veränderung der Persönlichkeit des Verurteilten. Diese Veränderung soll die Begehung neuer Straftaten ausschließen und die Rückkehr in das „normale" Leben in der Gesellschaft ermöglichen, vgl. *Strel'cov* 2010, § 50 Nr. 4; *Matiševs'kij* 2001, S. 236.

273 Es ist anzumerken, dass dieses Ziel faktisch aus dem § 22 Abs. 1 ukrSSRStGB 1960 übernommen wurde. Z. B. schloss die russische Strafgesetzgebung im neuen StGB 1996 die „*Bestrafung*" aus der Zielumschreibung einer Strafe (§ 43 Abs. 2 russStGB) aus. Hier wird die Strafe als Ziel der Wiederherstellung sozialer Gerechtigkeit, aber auch Besserung des Verurteilten und Vorbeugung der Begehung neuer Straftaten definiert, vgl. dazu auch *Matiševs'kij* 2001, S. 235.

274 Vgl. *Plenum des Obersten Gerichts der Ukraine* 2003b, Ziff. 1; *Sanìn* 2007, S. 64 f.

chische Entwicklung und Besonderheiten der Persönlichkeit wie z. B. die Altersreife, die „Unausgeglichenheit des Charakters" und andere Besonderheiten.[275] Die Begehung einer Straftat durch einen Jugendlichen gilt als mildernder Umstand nach § 66 Abs. 1 Nr. 3 ukrStGB. Bei der Strafzumessung bei einem Jugendlichen darf auch eine Gesamtfreiheitsstrafe 15 Jahre nicht überschreiten (§ 103 Abs. 2 ukrStGB).

In den soeben dargestellten Strafzumessungsnormen des ukrStGB wird besonders deutlich, dass das ukrainische Recht über kein gesondertes eigenständiges Jugendstrafrecht verfügt. Die hier genannten Strafzumessungskriterien gelten vielmehr im Erwachsenenstrafrecht und im Jugendstrafrecht, die Jugendlichkeit des Täters ist lediglich ein zu berücksichtigender Strafmilderungsrund.

Im Verhältnis zum *deutschen* Recht ergibt sich durch die Eigenständigkeit des im JGG geregelten Jugendstrafrechts nicht nur, dass das deutsche JGG als ein „aliud zum Erwachsenenstrafrecht" „ein in sich geschlossenes eigenständiges System von Rechtsfolgen" enthält.[276] Darüber hinaus ist nach allgemeiner Meinung allen diesen Rechtsfolgen gemeinsam, dass sie gem. dem das gesamte JGG beherrschenden spezialpräventiven Erziehungsgedanken, der Erziehung des Täters dienen müssen, mit dem Ziel, eine erneute Straffälligkeit zu verhüten.[277]

Durch die Neufassung des § 2 Abs. 1 JGG durch das Gesetz vom 13.12.2007 (BGBl. I S. 2894) ist dieses Ziel erstmals auch gesetzlich festgeschrieben worden. Nach dem Gesetzeswortlaut „soll die Anwendung des Jugendstrafrechts vor allem erneuten Straftaten eines Jugendlichen (...) entgegenwirken. Um dieses Ziel zu erreichen, sind die Rechtsfolgen (...) *vorrangig* am Erziehungsgedanken auszurichten."

Dadurch sind im *deutschen* Jugendstrafrecht Erwägungen der „Generalprävention", also der Abschreckung anderer Personen, im Rahmen der Strafzumessung völlig unerheblich und auch unzulässig.[278] Dieses steht im Gegensatz zum Strafzumessungsrecht der Ukraine (Erwachsene und Jugendliche) und dem Recht der Strafzumessung im *deutschen* Erwachsenenstrafrecht.[279] Gemeint ist damit die negative (Abschreckungs-) Generalprävention.[280] Ein Teil der Litera-

---

275 Vgl. *Strel'cov* 2010, § 103, Nr. 1; *Sanìn* 2007, S. 64.

276 Vgl. *Diemer/Schatz/Sonnen* 2011, § 5 Rn. 3; *Eisenberg* 2010, § 5 Rn. 18.

277 Vgl. *Diemer/Schatz/Sonnen* 2011, § 5 Rn. 5 und 8; siehe auch *Laubenthal/Baier/Nestler* 2010, Rn. 5.

278 Vgl. *Diemer/Schatz/Sonnen* 2011, § 5 Rn. 5 und 8; *Fischer* 2011, § 46 Rn. 11 und 18; *Dünkel* 2008, S. 2. Dies ist auch die Position des deutschen BGH, vgl. BGHSt 15, 224 (226); *Wessels/ Beulke* 2010, Rn. 12a; *Lackner/Kühl* 2011, § 47 Rn. 5; Siehe dazu weiter auch *Ostendorf* 2009, Rn. 46.; *Meier/Rössner/Schöch* 2007, § 11 Rn. 13.

279 Vgl. § 47 Abs. 1 StGB: Freiheitsstrafe zur Verteidigung der Rechtsordnung.

280 Vgl. *Diemer/Schatz/Sonnen* 2011, § 18 Rn. 16.

tur will aber auch im *deutschen* Jugendstrafrecht wenigstens Aspekte der positiven (Integrations-)Generalprävention i. S. v. Bestärkung und Stützung der Rechtstreue der Bevölkerung, als Normvertrauen und Normstabilisierung und als „Einübung in Rechtstreue", beim Strafzumessungsvorgang berücksichtigt wissen.[281]

5.2.2 Strafrechtliche Sanktionen

Das für *Erwachsene* relevante Sanktionensystem ist im § 51 ukrStGB (10. Abschnitt: Strafe und Strafarten) geregelt. In diesem sind insgesamt zwölf Strafarten nach steigender Komplexität (Härte) aufgeführt.[282] Diese sind:

1) Geldstrafe;
2) Entzug eines militärischen, speziellen Titels, eines Dienstgrades oder eines Qualifizierungsranges;
3) Entzug des Rechts zur Ausübung bestimmter Ämter oder einer bestimmten Tätigkeit (Berufsverbot);
4) Gemeinnützige Arbeit;
5) Besserungsarbeiten;
6) Wehrdienstbeschränkung;
7) Vermögenskonfiskation;
8) Arrest (mit der Möglichkeit der Aussetzung zur Bewährung);
9) Freiheitsbeschränkung;[283]
10) Haft in einer militärischen Disziplinareinheit;
11) Zeitlich bestimmte Freiheitsstrafe (mit oder ohne Aussetzung zur Bewährung);
12) Lebenslange Freiheitsstrafe.

Aus diesen Strafen kann das Gericht gegenüber *Jugendlichen* folgende fünf Hauptstrafarten verhängen (gem. § 98 Abs. 1 ukrStGB):

1) Geldstrafe;
2) Gemeinnützige Arbeit;
3) Besserungsarbeiten;

---

281 Vgl. *Diemer/Schatz/Sonnen* 2011, § 18 Rn. 16; *Lackner/Kühl* 2011 § 46 Rn. 28 und 30; *Bottke* 1984, S. 36.

282 Das Sanktionensystem des ukrStGB 2001 unterscheidet sich vom Sanktionensystem des ukrStGB 1960 darin, dass die Strafen nach sinkender Komplexität (§ 23 ukrStGB 1960) aufgeführt waren, vgl. dazu *Palìjčuk* 2006, S. 429. Letzteres ist auch das System des deutschen Sanktionensystems.

283 Gemäß § 61 Abs. 1 ukrStGB besteht die Freiheitsbeschränkungsstrafe in der Unterbringung eines Verurteilten in offenen Strafvollzugsanstalten. Es besteht keine Isolierung von der Gesellschaft. Sie verläuft unter Aufsicht und Heranziehung des Verurteilten zur Arbeit. Das ukrStGB enthält die ausdrückliche Regelung, dass die Freiheitsbeschränkung gegenüber Jugendlichen nicht anzuwenden ist (§ 61 Abs. 3 ukrStGB).

4)   Arrest bzw. Jugendarrest (mit der Möglichkeit der Aussetzung zur Be-
     währung);
5)   Zeitlich bestimmte Freiheitsstrafe (mit oder ohne Aussetzung zur Be-
     währung).

Die 12 Strafarten für Erwachsene gelten als hart und genau aus diesem
Grund schränkt der Gesetzgeber die Liste der Strafen gegenüber Jugendlichen
nachvollziehbarerweise ein.[284] Zudem finden diese fünf Strafen nur in gemil-
derter Form Anwendung.

Der Aufbau des gegenüber Jugendlichen anwendbaren Sanktionensystems
ist vergleichbar mit dem für Erwachsene strukturiert, nämlich von milden hin zu
schweren Strafen.[285] Es gibt auch Nebenstrafen, die zusätzlich zu einer Strafe
verhängt werden können. Gegenüber Jugendlichen kann eine der zwei Nebenstrafen verhängt werden. Diese sind die Geldstrafe, die auch als Nebenstrafe
verhängt werden kann, und der Entzug des Rechts, eine bestimmte Arbeit oder
bestimmte Tätigkeit auszuüben (§ 98 Abs. 2 ukrStGB). Gegenüber einem Erwachsenen können eine oder auch mehrere Nebenstrafen verhängt werden (§ 52
Abs. 4 ukrStGB).

5.2.2.1   Geldstrafe

Geldstrafe kann gem. § 99 Abs. 1 ukrStGB nur gegenüber Jugendlichen verhängt werden, die über ein eigenes Einkommen,[286] bzw. über eigene Mittel[287]
oder Vermögen[288] verfügen, in das vollstreckt werden kann. Die Höhe bestimmt
das Gericht nach der Schwere der Straftat und unter Berücksichtigung der wirtschaftlichen Lage des jugendlichen Täters gem. § 99 Abs. 2 ukrStGB. Falls der
Jugendliche nicht in der Lage ist die Geldstrafe zu bezahlen, so sieht die strafrechtliche Gesetzgebung in § 53 Abs. 5 ukrStGB die Möglichkeit vor, eine
Geldstrafe durch gemeinnützige Arbeit oder Besserungsarbeiten zu ersetzen.

---

284   Vgl. *Palìjčuk* 2006, S. 432; *Rodìonov* 2007, S. 92.

285   Vgl. *Strel'cov* 2010, § 98, Nr. 3.

286   Eigenes Einkommen besteht etwa aus Lohn, Stipendium, aus einer Unternehmertätig-
      keit oder Aktienzinsen, vgl. *Yacenko* 2006, § 99, Nr. 1.

287   Eigene Mittel können z. B. aus Bankguthaben oder Forderungen, die dem Jugendlichen
      geschenkt bzw. dem Jugendlichen vererbt wurden, bestehen, vgl. *Yacenko* 2006, § 99,
      Nr. 1.

288   Eigenes Vermögen ist das, was dem Jugendlichen als Sachmittel gehört (gekaufte, ge-
      schenkte oder geerbte Sachen), darunter Vermögen, das im gemeinsamen Besitz ist. In
      diesem Fall kann die Strafe nur aus dem Anteil des Jugendlichen vollstreckt werden,
      vgl. *Yacenko* 2006, § 99, Nr. 1.

Das Mindestmaß der Geldstrafe ist sowohl für Erwachsene als auch für Jugendliche in den allgemeinen Bestimmungen in § 53 Abs. 2 ukrStGB geregelt und beträgt den 30-fachen Satz des steuerfreien Mindesteinkommens.[289] Ein Satz des steuerfreien Mindesteinkommens beträgt derzeit (2010) 17 UAH (ca. 1,70 €) (dazu s. o. *Kap. 4.1*, Fn. 184). Der Höchstbetrag für erwachsene Straftäter beträgt den 1000-fachen Satz, soweit andere Vorschriften keine höheren Beträge vorsehen. Im Gegensatz dazu bestimmt § 99 Abs.2 ukrStGB für Jugendliche einen deutlich geringeren Höchstsatz in Höhe des 500-fachen Satzes des steuerfreien Mindesteinkommens.

Als Hauptstrafe wird die Geldstrafe z. B. für die Begehung geringer, mittelschwerer, aber auch für schwere Straftaten verhängt. Für die Begehung eines Raubes mit Einbruch kann die Geldstrafe aber auch als Nebenstrafe zur Freiheitsstrafe verhängt werden.[290] Zu einer Geldstrafe verurteilte Jugendliche gelten, nachdem die Geldstrafe vollstreckt wurde, gem. § 108 Abs. 2 Nr. 1 ukrStGB als nicht vorbestraft.

Im *deutschen* Strafrecht kennt man die Geldstrafe nur als Hauptstrafe für Erwachsene. Das im deutschen Jugendstrafrecht in § 5 JGG enthaltene geschlossene und eigenständige System von Rechtsfolgen sieht die Verhängung einer Geldstrafe gegenüber Jugendlichen als Sanktion dagegen nicht vor. Nach § 13 Abs. 2 Nr. 2 JGG ist es im Rahmen der dort umschriebenen Zuchtmittel aber zulässig dem Jugendlichen Auflagen zu erteilen. Nach § 15 Abs. 1 S. 1 Nr. 4 JGG ist es erlaubt, dem Jugendlichen aufzuerlegen einen Geldbetrag zugunsten einer gemeinnützigen Einrichtung zu zahlen.[291] Ähnlich wie im ukrainischen Strafrecht schränkt Abs. 2 des § 15 JGG dieses richterliche Ermessen allerdings dahingehend ein, dass der Richter die Zahlung eines Geldbetrages nur anordnen soll, wenn ein Jugendlicher eine leichte Verfehlung begangen hat und anzunehmen ist, dass er den Geldbetrag aus Mitteln zahlt, über die er selbständig verfügen darf oder wenn dem Jugendlichen der Gewinn, den er aus der Tat erlangt oder das Entgelt, das er für sie erhalten hat, entzogen werden soll.[292]

Dabei dürfen an den Jugendlichen keine unzumutbaren Anforderungen gestellt werden (§ 15 Abs. 1 S. 2 JGG). Die Geldauflagen müssen insbesondere in einem angemessenen Verhältnis zu der finanziellen Lage des Täters, aber auch – ihrem Ahndungszweck entsprechend – zu dem Unrechtsgehalt der Tat stehen.[293]

289 Vgl. *Strel'cov*, 2007, S. 255. Im Gegensatz zum deutschen Recht gibt es im Erwachsenenstrafrecht der Ukraine kein Tagessatzsystem.

290 Vgl. dazu *Strel'cov* 2010, § 99, Nr. 1.

291 Vgl. *Laubenthal/Baier/Nestler* 2010, Rn. 698; *Eisenberg* 2010, § 15 Rn. 14.

292 Vgl. *Laubenthal/Baier/Nestler* 2010, Rn. 699; *Meier/Rössner/Schöch* 2007, § 10 Rn. 23.

293 Vgl. *Diemer/Schatz/Sonnen* 2011, § 15 Rn. 20; *Eisenberg* 2010, § 15, Rn. 17.

Bei schuldhafter Nichterfüllung einer solcher Auflage kann in entsprechender Anwendung des § 11 Abs. 3 JGG Jugendarrest als Ungehorsamsarrest verhängt werden (§ 15 Abs. 3 S. 2 JGG).

5.2.2.2 Gemeinnützige Arbeit

Gemeinnützige Arbeit ist eine der neuen strafrechtlichen Sanktionen, die keine Isolierung von der Gesellschaft vorsieht.[294] Diese Strafe kann gegenüber einem Jugendlichen im Alter von 16 bis unter 18 Jahren in Höhe von 30 bis 120 Stunden verhängt werden und wird in der Freizeit abgeleistet.

Die Gemeinnützige Arbeit besteht in der unentgeltlichen Ableistung gemeinnütziger Arbeit von 6 bis 22 Uhr in einer von der Arbeit, der Ausbildung bzw. dem Studium freien Zeit (Wochenende, Feiertage oder der Rest eines Tages). Genaue Arten der Arbeit werden von den Gemeindebehörden bestimmt, z. B. Reinigung von Straßen, Parks, Grünanlagen und anderer Flächen, Renovierung von Wohnungen, Reparatur von Kommunikationseinrichtungen, Pflege der Kranken, landwirtschaftliche Arbeiten und weitere Arbeiten, die keine bestimmte Qualifizierung benötigen.[295]

Die Dauer darf zwei Stunden täglich nicht überschreiten (§ 100 Abs. 1 ukrStGB). Die Sanktion der gemeinnützigen Arbeit wird nach den Fähigkeiten des verurteilten Jugendlichen ausgewählt und durch die Gemeindebehörden nach Abstimmung mit der Strafvollzugsinspektion am Wohnsitz des Verurteilten vollstreckt.[296]

Die Besonderheit dieser Sanktion besteht in der verkürzten Dauer bei Jugendlichen im Vergleich zu Erwachsenen. Für Erwachsene beträgt die Dauer dieser Sanktion 60 bis 240 Stunden in der Freizeit. Die tägliche Dauer der Arbeit darf vier Stunden nicht überschreiten (§ 56 Abs. 1, 2 ukrStGB).

Anzumerken ist, dass das ukrainische Arbeitsgesetzbuch (ukrAGB) eine Norm enthält, die Schwerarbeit, Arbeit mit schädlichen oder gefährlichen Arbeitsbedingungen und in Untertagebetrieben bei Jugendlichen verbietet (§ 190 ukrAGB). Im Jahre 1993 ist die Norm ergänzt worden. Die Liste der zulässigen Arbeiten wird vom Gesundheitsministerium nach Abstimmung mit dem Staatskomitee für die Aufsicht des Arbeitsschutzes bewilligt (§ 190 Abs. 3 ukrAGB). Die Verwaltung, bei der der Jugendliche die gemeinnützige Arbeit ableistet, überweist monatlich die Gelder für erledigte Arbeiten an entsprechende öffentliche Haushalte (§ 100 Abs. 3 ukrStGB).[297] Zu gemeinnütziger Arbeit

---

294   Vgl. *Bukalov* 2007, S. 31.

295   Vgl. *Mel'nik/Havronyuk* 2010, § 56, Nr. 1.

296   Vgl. *Strel'cov* 2007a, S. 255 f.; *Strel'cov* 2010, § 100, Nr. 1.

297   Vgl. *Strel'cov* 2007a, S. 256.

verurteilte Jugendliche gelten, nachdem die Strafe vollstreckt wurde, gem. § 108 Abs. 2 Nr. 1 ukrStGB als nicht vorbestraft.

Der Auferlegung „Gemeinnütziger Arbeit" im ukrainischen Recht entspricht im *deutschen* Jugendstrafrecht wohl am ehesten der Möglichkeit des Richters, im Rahmen der nach § 9 JGG erlaubten Erziehungsmaßregeln dem Jugendlichen die Weisung zu erteilen, „Arbeitsleistungen zu erbringen" (§ 10 Abs. 1 S. 3 Nr. 4 JGG) bzw. im Rahmen der Zuchtmittel eine entsprechende Auflage zu erteilen (§ 15 Abs. 1 Nr. 3 JGG).

Dass diese Leistungen in einer zwingend „gemeinnützigen" Arbeitsleistung bestehen müssen, lässt sich den §§ 10, 15 JGG nicht entnehmen.

Der Begriff der gemeinnützigen Arbeitsleistung ist dagegen im *deutschen* Erwachsenenstrafrecht bekannt, etwa bei nicht einbringlichen Geldstrafen zur Ersetzung von Ersatzfreiheitsstrafen durch „freie Arbeit"[298] sowie im Bereich der Bewährungsauflagen gem. § 56 StGB durch die Auflage gemeinnützige Leistungen zu erbringen (§ 56b Abs. 2 Nr. 3 StGB). Solche gemeinnützigen Leistungen sind etwa Hilfsdienste in Krankenhäusern, Altenheimen oder ähnlichen Einrichtungen gem. § 56b Abs. 1 S. 1 StGB. Sie dienen der Genugtuung für das begangene Unrecht – i. S. v. Vergeltung – und setzen deshalb nicht voraus, dass der Verurteilte Störungen in seinem Arbeitsverhalten aufweist, die spezialpräventiver Beeinflussung bedürfen.[299]

Von daher kann lediglich vermutet werden, dass im *deutschen* Jugendstrafrecht auf die den Richter in seinem Ermessen einengende Begrenzung auf „gemeinnützige" Arbeitsleistungen deshalb verzichtet wurde, um dem ausschließlich durch § 9 JGG verfolgten spezialpräventiven Erziehungsgedanken besser entsprechen zu können.

Zu der weiteren Möglichkeit, im Rahmen der Zuchtmittel gem. § 13 Abs. 2 Nr. 2, § 15 Abs. 1 S. 1 Nr. 3 JGG bei der Erteilung von Auflagen dem Jugendlichen ebenfalls aufzuerlegen „Arbeitsleitungen zu erbringen" (siehe sogleich unten *Kap. 5.2.2.3.*).

5.2.2.3 Besserungsarbeiten

Besserungsarbeiten können gegenüber verurteilten Jugendlichen im Alter von 16 bis unter 18 Jahren, für eine Zeit von zwei Monaten bis zu einem Jahr zwangsweise[300] verhängt werden (§ 100 Abs. 2 ukrStGB). Im Gegensatz zu Gemeinnützigen Arbeiten wird diese Art der Strafe am Arbeitsplatz abgeleistet. Ziel ist hier die Besserung unter gewöhnlichen Bedingungen, also am Arbeitsplatz. Der Verurteilte darf bis zum Ende der Strafe die Arbeit ohne Erlaubnis der

298 Vgl. *Fischer* 2011, § 43 Rn. 9.

299 Vgl. *Lackner/Kühl* 2011 § 56b, Rn. 5.

300 Vgl. dazu *Strel'cov* 2007a, S. 256.

Strafvollstreckungsinspektion nicht wechseln.[301] Von dem Verdienst des Verurteilten werden 5 bis zu 10%, je nach Festlegung des Gerichts, an den Staat abgeführt (§ 100 Abs. 3 ukrStGB). Gegenüber Erwachsenen werden die Besserungsarbeiten auf eine Zeitdauer von sechs Monaten bis zu zwei Jahren verhängt. Die Abführung an den Staat beträgt 10 bis zu 20% des Verdienstes gem. § 57 Abs. 1 ukrStGB. Zu Besserungsarbeiten verurteilte Jugendliche gelten, nachdem die Strafe vollstreckt ist, (gem. § 108 Abs. 2 Nr. 1) als nicht vorbestraft.

Die Sanktion der „Besserungsarbeiten", die im ukrainischen Recht aufgrund ihrer Ausgestaltung im Verhältnis zur „gemeinnützigen Arbeit" die härtere Sanktionsform ist, findet im *deutschen* Jugendstrafrecht am ehesten ihre Entsprechung in der Möglichkeit, im Rahmen der in §§ 13 und 15 JGG vorgesehenen Zuchtmittel dem Jugendlichen aufzuerlegen, Arbeitsleistungen zu erbringen.

Neben dem rein erzieherischen Ziel der Weisungen des § 10 JGG, der allen Rechtsfolgen des JGG eigen ist, haben Zuchtmittel darüber hinaus eine ahnende Funktion und dienen der individuellen Abschreckung (Spezialpävention).[302] Bei dem Jugendlichen soll die Einsicht dafür geweckt werden, dass er strafbares Unrecht begangen hat, wofür er einzustehen hat (§ 13 Abs. 1 JGG).[303] Nach § 13 Abs. 3 JGG haben Zuchtmittel dennoch nicht die Rechtswirkungen einer Strafe. Nach allgemeiner Meinung darf sich daher der zu Zuchtmitteln Verurteilte – wie im ukrainischen Recht auch – als nicht vorbestraft bezeichnen.[304]

5.2.2.4 Arrest[305]

Diese Sanktion ist für das ukrainische Strafrecht neu und wurde erst mit dem Inkrafttreten des neuen ukrStGB von 2001 eingeführt. Der *Arrest* kann nur dann gegenüber einem Jugendlichen verhängt werden, wenn er zum Zeitpunkt der Urteilsverkündung 16 Jahre alt ist, vgl. §§ 101, 60 Abs. 3 ukrStGB). Gem. §§ 98 Abs. 1 Nr. 4, 101 ukrStGB ist Arrest eine Form des kurzfristigen Freiheitsentzuges von 15 bis zu 45 Tagen. Gegenüber Erwachsenen wird diese Sanktion von einem bis zu sechs Monaten verhängt (§ 60 Abs. 1 ukrStGB). § 101 ukrStGB sieht dafür speziell zuständige Anstalten (*Arresthäuser*, § 15 ukrStrVollstrG) mit einer *strengen* Isolierung von der Gesellschaft vor.[306] Dabei ist eine separate

---

301 Vgl. *Mel'nik/Havronyuk* 2010, § 57, Nr. 1.

302 Vgl. *Meier/Rössner/Schöch* 2007, § 8 Rn. 1 und § 10 Rn. 1.

303 Vgl. *Diemer/Schatz/Sonnen* 2011, § 13 Rn. 2; *Eisenberg* 2010, § 13 Rn. 11.

304 Vgl. *Diemer/Schatz/Sonnen* 2011, § 13 Rn. 2; *Meier/Rössner/Schöch* 2007, § 10 Rn. 1.

305 Das ukrainische Strafgesetzbuch unterscheidet nicht die Begriffe *Arrest* und *Jugendarrest*. Für beide Altersgruppen gilt der Begriff *Arrest*.

306 Vgl. dazu *Strel'cov* 2010, § 101, Nr. 1.

Unterbringung von Männern, Frauen, Jugendlichen und Verurteilten, die zuvor bereits eine Freiheitsstrafe verbüßt haben, zu gewährleisten (§ 51 Abs. 1 ukrStVollstrG).

Nach § 108 Abs. 1 i. V. m. § 89 Abs. 1 Nr. 5 ukrStGB gelten zu Arrest verurteilte Jugendliche, nachdem die Strafe vollstreckt wurde, und wenn sie nach der Vollstreckung der Strafe innerhalb von einem Jahr keine neuen Straftaten begehen, als nicht vorbestraft (s. u. dazu *Kap. 8.6*).

Im *deutschen* Jugendstrafrecht steht den Gerichten im Bereich der Zuchtmittel als Sanktion ebenfalls der Arrest zur Verfügung (§ 13 Abs. 2 Nr. 3 JGG), nämlich dann, wenn auf der einen Seite Jugendstrafe nicht geboten ist, dem Jugendlichen aber auf der anderen Seite eindringlich zum Bewusstsein gebracht werden muss, dass er für das von ihm begangene Unrecht einzustehen hat (§ 13 Abs. 1 JGG). Auch der Arrest hat nicht die Rechtswirkung einer Strafe mit der – wie im ukrainischen Recht ebenfalls vorgesehen – Rechtsfolge, dass sich der Verurteilte als nicht vorbestraft bezeichnen darf.

In § 16 JGG stellt das Gesetz den sog. „Jugendarrest" in drei Formen zur Verfügung: Freizeitarrest, Kurzarrest und Dauerarrest, die sich in ihrer differenzierten Dauer unterscheiden. Das ukrainische Recht kennt nur eine einheitliche Sanktion des Arrests.

Nach § 16 Abs. 2 JGG wird der *Freizeitarrest* für die wöchentliche Freizeit (Dauer 48 Stunden) des Jugendlichen verhängt und auf eine oder zwei Freizeiten bemessen. Diese Begrenzung soll schädigende Nebenwirkungen und negative Gewöhnungseffekte vermeiden.[307]

Nach § 16 Abs. 3 JGG kann statt des Freizeitarrests ein *Kurzarrest* dann verhängt werden, wenn der zusammenhängende Vollzug aus Gründen der Erziehung zweckmäßig erscheint und weder die Ausbildung noch die Arbeit des Jugendlichen beeinträchtigt. Dabei stehen zwei Tage Kurzarrest einer Freizeit gleich. Für diese zusammenhängende Vollstreckung des kurzfristigen Freiheitsentzuges bieten sich vor allem Ferien – und Urlaubszeit an. Der Kurzarrest beträgt mindestens zwei und maximal vier Tage.[308]

Nach § 16 Abs. 4 JGG beträgt der *Dauerarrest* mindestens eine und höchstens vier Wochen, wobei die Dauer des Arrests sich nach spezialpräventiven Aspekten richtet und Unrechts- und Schuldgehalt der Tat eine Obergrenze bilden.[309]

---

307 Vgl. *Meier/Rössner/Schöch* 2007, § 10 Rn. 34; *Laubenthal/Baier/Nestler* 2010, Rn. 717.

308 Vgl. *Diemer/Schatz/Sonnen* 2011, § 16 Rn. 21; siehe auch *Meier/Rössner/Schöch* 2007, § 10 Rn. 35; *Laubenthal/Baier/Nestler* 2010, Rn. 720.

309 Vgl. *Diemer/Schatz/Sonnen* 2011, § 16 Rn. 23; siehe auch *Meier/Rössner/Schöch* 2007, § 10 Rn. 36; *Laubenthal/Baier/Nestler* 2010, Rn. 721.

Nach § 87 Abs. 1 JGG wird die Vollstreckung des Jugendarrests nicht zur Bewährung ausgesetzt,[310] gem. Abs. 3 gibt es aber die Möglichkeit auf eine Restvollstreckung aus Gründen der Erziehung zu verzichten. Im Gegensatz hierzu ist nach § 104 Abs. 2 ukrStGB kann der Arrest seit der Gesetzesänderung aus dem Jahr 2008 zur Bewährung ausgesetzt werden (*Kap. 5.2.5*).

5.2.2.5 Zeitlich bestimmte Freiheitsstrafe

In der Ukraine gilt die *zeitlich bestimmte Freiheitsstrafe* (mit der Möglichkeit der Strafaussetzung zur Bewährung) als schärfste strafrechtliche Reaktion auf jugendliche Delinquenz. Diese Sanktion kann für eine begangene Straftat nur als *ultima ratio* verhängt werden und beinhaltet die zeitliche Isolierung einer Person. Dieser Grundsatz ist in den *„Regeln der Vereinten Nationen für den Schutz von Jugendlichen, denen ihre Freiheit entzogen ist"* (den sog. Havanna-Regeln) enthalten: „Freiheitsentzug darf nur als letztes Mittel eingesetzt werden".[311] Freiheitstrafen von bis zu fünf Jahren können zur Bewährung ausgesetzt werden (s. u. *Kap. 5.2.5*).

Die Isolierung hat physische und psychische Leiden des Verurteilten zu Folge.[312] Folglich ist diese Sanktion nur dann zu verhängen, wenn eine Besserung des Jugendlichen ohne Isolierung von der Gesellschaft nicht möglich ist oder wenn andere Einflussmaßnahmen keine Chance haben, das Ziel der strafrechtlichen Sanktion zu erreichen.[313]

Die Freiheitsstrafe bei Jugendlichen wird nach § 19 ukrStVollstrG in einer Erziehungskolonie (dazu s. u. *Kap. 8.2.1.2*) verbüßt. Ein Jugendlicher kann nicht zu einer Freiheitsstrafe verurteilt werden, wenn er eine Tat geringer Schwere zum ersten Mal begeht (§ 102 Abs. 2 ukrStGB). Die Freiheitsstrafe ist im Strafrahmen generell von sechs Monaten bis zu zehn Jahren festgesetzt, aber bei besonders schweren Straftaten etwa in Verbindung mit der Tötung eines Menschen, lässt der Gesetzgeber die Möglichkeit zu, einen Jugendlichen zu bis zu 15 Jahren Freiheitsstrafe zu verurteilen (§§ 102 Abs. 1, 102 Abs. 3 Nr. 5).

Der Gesetzgeber sieht im Strafgesetzbuch von 2001 (gem. § 102 Abs. 3 ukrStGB)zum ersten Mal eine exakte zeitliche Differenzierung der Freiheitsstrafe vor,

1) für eine erneute Straftat (Rückfälligkeit) von geringer Schwere kann ein Jugendlicher bis zu einem Jahr und sechs Monaten Freiheitsstrafe verurteilt werden,

310 Vgl. *Laubenthal/Baier/Nestler* 2010, Rn. 705; *Eisenberg* 2010, § 87 Rn. 2; *Meier/Rössner/Trüg/Wulf* 2011, § 87 Rn. 1.
311 Vgl. Nr. 1 der Havanna-Regeln.
312 Vgl. *Palìjčuk* 2006, S. 431.
313 Vgl. *Sanìn* 2007, S. 65.

2) für eine mittelschwere Straftat – bis zu vier Jahren,

3) für eine schwere Straftat – bis zu sieben Jahren,

4) für eine besonders schwere Straftat – bis zu zehn Jahren und

5) für eine besonders schwere Straftat verbunden mit vorsätzlicher Tötung eines Menschen ist das Höchstmaß auf 15 Jahre erhöht.

Bezüglich der Festsetzung der minimalen (sechs Monate) sowie maximalen (15 Jahre) Freiheitsentzugsdauer sollte man sich an die Regelung dieser Sanktion im Strafgesetzbuch der UkrSSR vom 1960 erinnern. Zunächst wurde diese Strafe minimal auf drei Monate festgelegt (gem. § 25 Abs. 1 StGBUkrSSR 1960). Das neue ukrStGB von 2001 erhöhte die Mindestdauer auf ein Jahr. Im April 2008 wurde durch eine Gesetzesänderung314 die minimale Dauer auf sechs Monate herabgesetzt.

Zum anderen durfte die maximale Dauer des Freiheitsentzuges zehn Jahre nicht überschreiten (gem. § 25 Abs. 2 StGBUkrSSR 1960).315 Das neue ukrainische Strafgesetzbuch von 2001 dagegen setzte die maximale Dauer auf 15 Jahre herauf.

Der „zeitlich bestimmten Freiheitsstrafe" entspricht im *deutschen* Strafrecht die *Jugendstrafe*.316 Nach § 17 Abs. 1 JGG besteht sie in Freiheitsentzug in einer für ihren Vollzug vorgesehenen Einrichtung. Nach § 17 Abs. 2 JGG verhängt der Richter die Jugendstrafe dann, wenn wegen der schädlichen Neigungen des Jugendlichen, die in der Tat hervorgetreten sind, Erziehungsmaßregeln oder Zuchtmittel zur Erziehung nicht ausreichen oder wenn wegen der Schwere der Schuld Strafe erforderlich ist.

Die Jugendstrafe stellt die härteste freiheitsentziehende Sanktion dar und ist eine echte Kriminalstrafe.317 Ebenso wie in der Ukraine legt das *deutsche* JGG in § 18 Abs. 1 S. 1, 1 HS das Mindestmaß der Jugendstrafe auf sechs Monate fest. Anders als in der Ukraine liegt der Strafrahmen für die Jugendstrafe zwischen sechs Monaten und fünf Jahren (§ 18 Abs. 1 S. 1 JGG). Ausnahmsweise beträgt gem. § 18 Abs. 1 S. 2 JGG das Höchstmaß der Jugendstrafe zehn Jahre, sofern es sich bei der Tat um ein Verbrechen handelt, das nach dem allgemeinen Strafrecht eine Höchststrafe von mehr als zehn Jahren Freiheitsstrafe androht (z. B. bei Mord, Totschlag, Raub, Vergewaltigung). Für Heranwachsende beträgt das Höchstmaß nach § 105 Abs. 3 JGG stets zehn Jahre.318 In der Ukraine

---

314 Vgl. das ukrainische Strafrechts- und Strafverfahrensrechtsänderungsgesetz bzgl. Humanisierung der strafrechtlichen Verantwortlichkeit Nr. 270-VI vom 15.04.2008, Änderung 19.

315 Vgl. *Marčak/Ruljakov* 2008, S. 28.

316 Vgl. *Meier/Rössner/Schöch* 2007, § 11 Rn. 1 ff; *Laubenthal/Baier/Nestler* 2010, Rn. 724 ff.

317 Vgl. *Laubenthal/Baier/Nestler* 2010, Rn. 724.

318 Vgl. *Meier/Rössner/Schöch* 2007, § 11 Rn. 20; *Laubenthal/Baier/Nestler* 2010, Rn. 762 ff; *Eisenberg* 2010, § 18 Rn. 10.

dagegen liegt das Höchstmaß der Freiheitsstrafe bei Jugendlichen bei zehn Jahren, ausnahmsweise bei 15 Jahren.

Die Strafrahmen des allgemeinen Strafrechts gelten im *deutschen* Jugendstrafrecht nicht (§ 18 Abs. 1 S. 3 JGG).[319] Die Jugendstrafe ist vielmehr so zu bemessen, dass die erforderliche erzieherische Einwirkung im Sinne positiver Individualprävention[320] möglich ist (§ 18 Abs. 2 JGG).[321]

5.2.2.6 Zusammenfassung zu den strafrechtlichen Sanktionen

Nach § 50 Abs. 2 ukrStGB strebt der Gesetzgeber sowohl das Ziel der *Vergeltung* für eine begangene Tat durch strafrechtliche Sanktionen an, als auch die Besserung des Täters und die Vorbeugung neuer Straftaten durch den Verurteilten bzw. durch andere Personen.

Bei der Bewertung der strafrechtlichen Maßnahmen gegenüber den Jugendlichen ist festzustellen, dass das Gericht vor allem die Anwendung von Sanktionen, die nicht mit Freiheitsstrafe verbunden sind, in Betracht ziehen soll. Dabei ist hervorzuheben, dass nach dem neuen ukrStGB mildere und dem Anspruch nach humane Sanktionen gegenüber Jugendlichen vorgesehen sind, soweit diese keine schweren und mittelschweren Straftaten begehen. Allerdings ist die Gesetzgebung hinsichtlich der Länge der Strafe gegenüber denjenigen Jugendlichen, die besonders schwere Straftaten, etwa verbunden mit der Tötung eines Menschen begangen haben, härter geworden.[322]

Bezüglich der Geldstrafe sieht der Gesetzgeber sowohl für Jugendliche als auch für Erwachsene das gleiche Minimum, und zwar den 30-fachen Satz des steuerfreien Mindesteinkommens vor. Dies spricht für die „selbstverständliche" Gleichbehandlung der Einkommen und damit auch für die Gleichbehandlung bezüglich der Möglichkeit, Geldstrafen bezahlen zu können. Diese Regelung erscheint jedoch ungerecht, da Erwachsene auf Grund ihres höheren Alters in der Regel auch ein höheres Einkommen erzielen werden. Daher erscheint es für die zukünftige Gesetzgebung angezeigt, das Minimum der Geldstrafe für Jugendliche abzusenken.

Die fünf Strafarten sind nicht immer bei allen Jugendlichen anwendbar (vgl. *Tabelle 5*). So können etwa gegenüber Jugendlichen, die bereits 16 Jahre alt sind, aber nicht arbeiten und über kein eigenes Vermögen, keine Mittel oder kein Einkommen verfügen, nur drei Strafarten angewendet werden: Gemeinnützige Arbeit, Arrest oder Freiheitsentzug. Bei erstmaliger Begehung einer Straftat von

319 Vgl. *Laubenthal/Baier/Nestler* 2010, Rn. 761, 766; *Eisenberg* 2010, § 18 Rn. 3; *Diemer/Schatz/Sonnen* 2011, § 18 Rn. 4.

320 Vgl. *Laubenthal/Baier/Nestler* 2010, Rn. 724.

321 Vgl. *Meier/Rössner/Schöch* 2007, § 11 Rn 25 ff; *Diemer/Schatz/Sonnen* 2011, § 18 Rn. 17.

322 Vgl. *Sanìn* 2007, S. 65.

geringer Schwere kann nur zu gemeinnützigen Arbeiten oder Arrest verurteilt werden. Dazu ist wichtig zu sagen, dass nicht alle materiellen Strafnormen die genannten Sanktionen vorsehen. Gegenüber 14- bis zu 16-Jährigen ist die Vielfalt der anwendbaren Strafen noch weiter eingeschränkt. Geht man davon aus, dass Arrest, gemeinnützige Arbeiten und Besserungsarbeiten nur ab der Vollendung des 16. Lebensjahren zu verhängen sind, so bleiben nur die Geldstrafe und der Freiheitsentzug.[323] Da es nahe liegt, dass bei Jugendlichen in diesem jungen Lebensalter in der Regel noch kein eigenes Vermögen, keine eigenen Mittel oder Einkommen existiert, bleibt leider regelmäßig nur Freiheitsentzug als Sanktion übrig. Damit entspricht dies teilweise nicht dem Grundsatz 17.1c) der *Beijing Grundsätze* nach dem der Freiheitsentzug nur bei der Begehung von schweren Gewalttaten gegen andere Personen oder wiederholter anderer schwerer Straftaten verhängt werden soll, wenn keine anderen angemessenen Lösungen zur Verfügung stehen. Sehr bedauerlich erscheint es dabei in der ukrainischen Gesetzgebung, dass der Diebstahl zu den schweren Straftaten gehört und damit bei einer Wiederholung leider nur mit Freiheitsentzug bestraft werden kann.

Es mag sein, dass in der Ukraine seit Jahren die Idee und der Wille zur Durchsetzung der Humanisierung im strafrechtlichen Bereich vorhanden sind.[324] Nach dem ukrStGB ist ein straffälliger Jugendlicher aber ein „*Kleiner Erwachsener*".[325] Für Jugendliche sind keine neuen Sanktionen entwickelt worden. Es wurden einfach aus den zwölf Strafarten für Erwachsene (aus § 51 ukrStGB) fünf für sie übernommen.

Im Vergleich zu Erwachsenen ist für Jugendliche eine Beschränkung im Höchstmaß sowohl bei der Freiheitsstrafe und der Geldstrafe als auch bei der gemeinnützigen Arbeit und den Besserungsarbeiten vorgesehen.[326] Es ist fraglich, ob dies für eine humane Rechtsprechung ausreicht.

Es wäre vielleicht tatsächlich zweckdienlich, neue, zusätzliche Strafsanktionen zu ergänzen, die nur gegenüber Jugendlichen anzuwenden und die nicht mit der Isolierung verbunden sind. Beispielsweise könnte die in England und Wales vorgesehene „*attendance centre order*" für die Ukraine in Betracht kommen. Die Jugendlichen besuchen sonnabends diese Zentren, die vorwiegend in Schulen eingerichtet sind. Diese Sanktion sieht die Einschränkung von Freizeit (*restriction of liberty/leisure time*) vor. Die Jugendlichen nehmen an verschiedenen strukturierten Aktivitäten (*sessions*) teil, durch welche sie lernen Selbstdis-

323 Vgl. dazu *Antipov* 2004, S. 135; *Burdin* 2004b, S. 68; *Palijčuk* 2006, S. 432; *Sanin* 2007, S. 65.

324 Vgl. dazu *Palijčuk* 2006, S. 430, die Autorin spricht von Milderung der Strafen als Humanisierung der strafrechtlichen Rechtsprechung.

325 Vgl. *Burdin* 2004b, S. 67.

326 Vgl. auch *Yacenko* 2006, § 98, Nr. 2.

ziplin zu üben, und ihre Interessen und Fähigkeiten bzw. sozialen Fertigkeiten zu verbessern. Maximal können 36 Stunden gegenüber 16- bis 20-Jährigen und 24 Stunden gegenüber unter 16-Jährigen angeordnet werden. Die Untergrenze liegt bei 12 Stunden. Wenn ein Minderjähriger unter 14 Jahre alt ist, so kann das Gericht, wenn es 12 Stunden für unverhältnismäßig hält, auch weniger Stunden anordnen. Eine *session* dauert bis zu zwei Stunden.[327]

Dies schafft mehr Möglichkeiten für die Individualisierung der strafrechtlichen Verantwortlichkeit und gewährleistet eine greifbare Wirkung des Humanisierungsprinzips gegenüber Jugendlichen.[328]

Tabelle 5: **Überblick: Anwendung von „Zwangsmaßnahmen erzieherischer Einwirkung" und Strafen nach dem Alter**

Alter	„Zwangsmaßnahmen erzieherischer Einwirkung"	Strafarten
11-13	alle 5 Maßnahmen	keine
14-16	alle 5 Maßnahmen	- Geldstrafe (wenn er über eigenes Einkommen verfügt) - Freiheitsentzug
16-18	alle 5 Maßnahmen	- Geldstrafe (wenn er über eigenes Einkommen verfügt) - Gemeinnützige Arbeiten - Besserungsarbeiten (wenn er eine Arbeit hat) - Arrest - Freiheitsentzug

Weitere detaillierte Angaben und Statistiken zur Sanktionspraxis sind nicht veröffentlicht worden. Sie waren trotz intensiver Bemühungen bei den zuständigen staatlichen Einrichtungen nicht zu erhalten.

5.2.3 „Zwangsmaßnahmen erzieherischer Einwirkung"

Als besondere Form des staatlichen Einflusses auf jugendliche Delinquenz sieht das ukrStGB in § 105 Abs. 2 ukrStGB fünf Erziehungsmaßregeln als sog.

---

327 Vgl. *Goldson* 2008, S. 26 f.; *Dignan* 2011, S. 368. Zu ähnlichen Sanktionen im ukrainischen Recht vgl. die nachfolgend (*Kap. 5.2.3*) aufgeführten Erziehungsmaßnahmen.
328 Vgl. *Burdin* 2004b, S. 69; *Kovna* 2009, S. 265 f.

„Zwangsmaßnahmen erzieherischer Einwirkung" vor. Diese sind: Die Verwarnung, die Festsetzung verhaltensbezogener Weisungen gegenüber einem Jugendlichen, die Übergabe unter die Aufsicht bestimmter Personen, die Wiedergutmachung des Schadens und die Einweisung in eine spezielle Lehrerziehungseinrichtung.

Ihr Zwang besteht darin, dass diese Maßnahmen unabhängig vom Willen, Einverständnis oder sogar gegen den Willen des Jugendlichen verhängt werden.[329] Diese Maßnahmen sind für die „Befreiung von der strafrechtlichen Verantwortlichkeit" oder Strafe vorgesehen. Sie sind Maßnahmen des staatlichen Einflusses und gelten als Alternative zu den Kriminalstrafen, auch wenn sie auf Besserung eines strafbar gewordenen Jugendlichen gerichtet sind.[330]

Nur Gerichte sind für die Anwendung der „Zwangsmaßnahmen" zuständig. Die Entscheidung für diese Maßnahmen ist in das gerichtliche Ermessen gestellt.[331] Wenn ein Jugendlicher eine geringe oder mittelschwere Straftat begeht, müssen Richter die Möglichkeit einer Anwendung von „Zwangsmaßnahmen erzieherischer Einwirkung" anstatt einer Strafe bedenken.[332]

Die „Zwangsmaßnahmen erzieherischer Einwirkung" haben keine Vorstrafe i. S. d. Eintragung im Strafregister zur Folge.[333] Sie gelten ihrer Rechtsnatur nach als Erziehungs- und Überzeugungsmittel und dienen der Vorbeugung der Begehung neuer Straftaten oder „gesellschaftsgefährdender Handlungen". Eine gesellschaftsgefährdende Handlung ist eine Handlung, die als Straftat gilt, wenn sie durch ein „Subjekt der strafrechtlichen Verantwortlichkeit" begangen wird.[334] Bezüglich eines Jugendlichen gelten diese Maßnahmen als eine Form der Realisierung der strafrechtlichen Verantwortlichkeit.

Yacenko betont, dass bei der Anwendung dieser Maßnahmen der Gesetzgeber – entsprechend den Ausführungen zu *möglichen ambulanten Maßnahmen* nach Nr. 18.1. der *Beijing-Grundsätze* – vor allem eine soziale Hilfe, Unterstützung und Kontrolle der Betroffenen als Alternative zu stationären Maßnahmen zur Verfügung stellen will.[335]

---

329 Vgl. *Yacenko* 2006, § 105, Nr. 1.

330 Vgl. *Yacenko* 2006, § 105, Nr. 3.

331 Vgl. *Yacenko* 2006, § 97, Nr. 3; *Marčak/Ruljakov* 2008, S. 31. Bis Ende 1993 gehörte das Recht der Anwendung von Zwangsmaßnahmen erzieherischer Einwirkung zu der Befugnis der Kommissionen für Jugendsachen (*комиссиям по делам несовершеннолетних*). Ende 1994 wurden diese Kommissionen abgeschafft, vgl. dazu *Burdin* 2004a, S. 70.

332 Vgl. *Plenum des Obersten Gerichts der Ukraine* 2006, Ziff. 2 Abs. 1.

333 Vgl. *Strel'cov* 2010, § 105, Nr. 1; *Strel'cov* 2010, § 105, Nr. 1. Abs. 2.

334 Vgl. *Yacenko* 2006, § 97, Nr. 5.

335 Vgl. *Yacenko* 2006, § 105, Nr. 3.

Ziel der „Zwangsmaßnahmen erzieherischer Einwirkung" ist die Erfüllung der Interessen eines Jugendlichen, welche „im Erhalt einer entsprechenden Erziehung, Bildung, medizinischen Behandlung, sozialer und psychologischer Hilfe, im Schutz vor brutaler Misshandlung, Gewalt und Ausbeutung" besteht, sowie in der „Wiedergewöhnung an die Realität des gesellschaftlichen Lebens, der Erhöhung des allgemeinbildenden und kulturellen Niveaus, des Erwerbs eines Berufs und der Arbeitsbeschaffung".[336]

Die „Zwangsmaßnahmen erzieherischer Einwirkung" werden angewendet:

- gegenüber einem Jugendlichen im Alter von 14 bis unter 18 Jahren in Fällen, in denen dieser als Ersttäter eine Tat geringer Schwere oder ein „mittelschweres Fahrlässigkeitsdelikt" begeht,[337] wenn eine Besserung ohne Anwendung einer Strafe erreicht werden kann. In diesem Fall wird ein Jugendlicher von der *strafrechtlichen Verantwortlichkeit* „befreit" (§ 97 Abs. 1 i. V. m. § 105 Abs. 2 ukrStGB).
- gegenüber einer Person, die noch nicht strafmündig ist (ab der Vollendung des 11. Lebensjahres bis zum Strafmündigkeitsalter, also bis zur Vollendung des 16. oder 14. Lebensjahres),[338] die aber eine gesellschaftsgefährdende Handlung, die unter die Merkmale einer Straftat i. S. d. Besonderen Teils des ukrStGB fällt, begangen hat. Der Begriff „Person, die noch nicht strafmündig ist" wird im ukrStGB nicht definiert, dafür lässt sich aus § 7-3 Abs. 1 ukrStPO entnehmen, dass hierunter Personen im Alter von 11 bis unter 14 Jahren zu verstehen sind.[339] Bezüglich solcher *Personen, die noch nicht strafmündig sind,* sind „Zwangsmaßnahmen erzieherischer Einwirkung" Mittel des sozialen Schutzes der Gesellschaft vor wiederholten gesellschaftsgefährdenden Handlungen.[340] In diesem Fall wird die *Person* ebenso von der *strafrechtlichen Verantwortlichkeit* befreit (gem. § 97 Abs. 2 i. V. m. § 105 Abs. 2 ukrStGB).
- gegenüber einem Jugendlichen im Fall von geringen oder mittelschweren Straftaten bei Vorliegen eines Geständnisses und einem nachfolgenden tadellosen Verhalten. In diesem Fall wird ein Jugendlicher von der *Strafe* befreit (gem. § 105 Abs. 1, 2).

---

336 Vgl. *Plenum des Obersten Gerichts der Ukraine* 2006, Ziff. 1 Abs. 2.

337 Das *„Mittelschwere Fahrlässigkeitsdelikt"* wurde zum 15.04.2008 durch das ukrainische Strafrechts- und Strafverfahrensrechtsänderungsgesetz bzgl. Humanisierung der strafrechtlichen Verantwortlichkeit Nr. 270-VI (Abs. I, Nr. 18) in § 97 Abs. 1 ukrStGB eingefügt.

338 Vgl. *Yacenko* 2006, § 97, Nr. 5; vgl. auch *Plenum des Obersten Gerichts der Ukraine* 2006, Ziff. 2.

339 Vgl. auch *Yacenko* 2006, § 97, Nr. 5.

340 Vgl. *Strel'cov* 2010, § 97, Nr. 2.

Im ukrainischen Strafrecht kann die Definition verschiedener Altersgruppen somit grafisch wie folgt dargestellt werden:

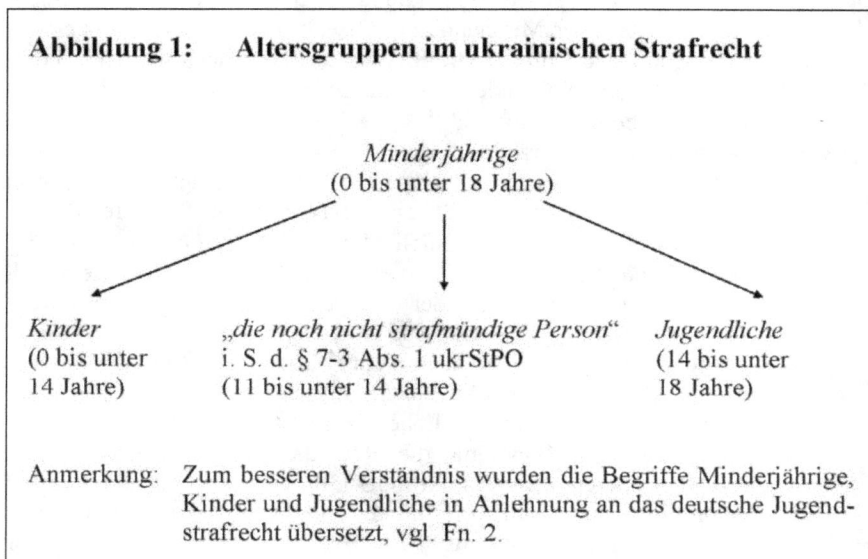

Abbildung 1:   Altersgruppen im ukrainischen Strafrecht

Minderjährige
(0 bis unter 18 Jahre)

Kinder
(0 bis unter
14 Jahre)

„die noch nicht strafmündige Person"
i. S. d. § 7-3 Abs. 1 ukrStPO
(11 bis unter 14 Jahre)

Jugendliche
(14 bis unter
18 Jahre)

Anmerkung: Zum besseren Verständnis wurden die Begriffe Minderjährige, Kinder und Jugendliche in Anlehnung an das deutsche Jugendstrafrecht übersetzt, vgl. Fn. 2.

Wenn im Einzelfall andere Gründe zur Befreiung eines Jugendlichen von strafrechtlicher Verantwortlichkeit vorhanden sind, z. B. §§ 45-49 ukrStGB (s. u. *Kap. 5.2.4*), welche in ihren Rechtsfolgen vorteilhafter für einen Jugendlichen sind, so müssen diese angewendet werden.[341]

Gegenüber einem Jugendlichen können mehrere „Zwangsmaßnahmen erzieherischer Einwirkung" gleichzeitig angewandt werden. Das Gericht kann gem. § 105 Abs. 4 ukrStGB neben einer oder mehreren „Zwangsmaßnahmen erzieherischer Einwirkung" nach den gesetzlichen Vorschriften einen Erzieher bestimmen. Das Gericht soll bei der Auswahl die positiven Eigenschaften einer solchen Person berücksichtigen und ihre Fähigkeit, einen guten Einfluss auf das Verhalten eines Jugendlichen haben zu können. Diese Person soll ihr Einverständnis mit der übertragenen Aufgabe eines Erziehers in der Gerichtssitzung bestätigen (§ 105 Abs. 3, 4 ukrStGB).[342]

§ 97 Abs. 3 ukrStGB bestimmt, dass die „Zwangsmaßnahmen erzieherischer Einwirkung" nach § 105 Abs. 2 ukrStGB aufgehoben werden, wenn der Jugendliche ihnen nicht nachkommt. Er wird dann der strafrechtlichen Verantwortlich-

---

341   Vgl. *Plenum des Obersten Gerichts der Ukraine* 2006, Ziff. 2 Abs. 4.

342   Vgl. auch *Plenum des Obersten Gerichts der Ukraine* 2006, Ziff. 4. Zu der Bestimmung vom Erzieher s. u. *Kap. 6.2.4*.

keit unterworfen und das Gericht verhängt die nach §§ 98 ff. ukrStGB vorgesehenen Sanktionen.

Die Liste der im § 105 Abs. 2 ukrStGB vorgesehenen fünf „Zwangsmaßnahmen erzieherischer Einwirkung" ist abschließend.[343]

Außer diesen fünf Arten der Zwangsmaßnahmen enthielt das ukrStGB vom
1960 ergänzend noch eine weitere Maßnahme, nämlich die öffentliche oder in
einer anderen Form erfolgende Entschuldigung bei dem Opfer, die allerdings
nicht allzu oft angeordnet wurde (*Tabelle 15*). In absoluten Zahlen erreichte sie
im Jahre 1996 63 von insgesamt 6.825 Anordnungen, was 0,9% entspricht. Im
Jahre 1999 wurden nur drei Entschuldigungen angeordnet von 5.155 anderen
„Zwangsmaßnahmen erzieherischer Einwirkung", was 0,1% ausmacht. Nach
Burdins Auffassung konnte diese Art der Zwangsmaßnahme bei Jugendlichen
das angestrebte Schuldgefühl in keiner Weise wecken. Die Entschuldigung als
Erziehungsmaßnahme würde in den ersten Phasen der Sozialisierung einen
Zweck haben, z. B. in einer Grundschule, für elementare moralische und rechtli-
che Verhaltensregeln.[344] Mit dem Inkrafttreten des neuen ukrStGB wurde diese
„Zwangsmaßnahme erzieherischer Einwirkung" daher ganz abgeschafft.

Nach § 15 Abs. 1 Nr. 2 JGG kann der Richter dagegen dem Jugendlichen
auferlegen sich persönlich bei dem Verletzten zu entschuldigen.[345] Es besteht
die Überzeugung, dass die persönliche Entschuldigung, auch wenn sie vom Täter nicht ernst gemeint ist oder unter Zwang erfolgt, eine mit den Zuchtmitteln
bezweckte Sühne- und Genugtuungsfunktion erfüllt.[346]

Unter den drei verschiedenen Alterskategorien 11 bis unter 14, 14 bis unter
16 und 16 bis unter 18 Jahre wurden gegenüber den Jüngsten (11 bis unter 14
Jahre) am häufigsten „Zwangsmaßnahmen erzieherischer Einwirkung" angeordnet. Der Durchschnitt im Zeitraum von 1994 bis 2004 lag bei 56% (*Tabelle 15*).
Die Alterskategorie von 11 bis unter 14 Jahren gilt nach dem ukrainischen Strafrecht als strafunmündig. Dies ist der Grund dafür, dass gegenüber ihnen am häufigsten die Zwangsmaßnahmen angewendet werden. Die strafrechtlichen Sanktionen können erst ab 14 Jahren verhängt werden.

In der Alterskategorie von 14 bis unter 16 Jahren erfolgten im Durchschnitt
des gleichen Zeitraumes 30,8% Anordnungen (*Tabelle 15*). Zu Freiheitsentzug
in einer Erziehungskolonie wurden im Durchschnitt in dem vergleichbaren Zeitraum von 1994 bis 2004[347] 11,7% der 14- bis 16-jährigen Jugendlichen verurteilt (*Tabelle 11*). Dies zeigt die offensichtlich häufigere Anordnung von

---

343   Vgl. *Plenum des Obersten Gerichts der Ukraine* 2006, Ziff. 4.

344   Vgl. *Burdin* 2004a, S. 80.

345   Vgl. dazu *Meier/Rössner/Schöch* 2007, § 10 Rn. 17 f; *Eisenberg* 2010, § 15 Rn. 13.

346   Vgl. *Diemer/Schatz/Sonnen* 2011, § 15 Rn. 15.

347   Die Angaben zum Jahr 2000 fehlen.

„Zwangsmaßnahmen erzieherischer Einwirkung" als die von strafrechtlichen Sanktionen.

Bei der Altersgruppe von 16 bis unter 18 Jahren zeigt sich das Gegenteil. Hier wurden die „Zwangsmaßnahmen erzieherischer Einwirkung" durchschnittlich zu 13,2% angeordnet (*Tabelle 15*), während 67,2% der Jugendlichen der gleichen Altersgruppe in die Erziehungskolonien gesandt wurden (*Tabelle 11*).

Von den im Gesetz vorgesehenen fünf „Zwangsmaßnahmen erzieherischer Einwirkung" wurde jeweils die Unterstellung unter die Aufsicht der Eltern am häufigsten angeordnet. Die Anordnung schwankt zwischen 76,8% im Jahr 2002 und 82,8% im Jahr 1999 (*Tabelle 15*).

Die Festlegung von verhaltensbezogenen Weisungen als weitere Maßnahme erzieherischer Einwirkung wurde erst mit dem Inkrafttreten des neuen ukrStGB im Jahre 2001 eingeführt. Deren Anordnung lag im Durchschnitt von vier Jahren bei 1,2%.

Die Anordnung der Schadenswiedergutmachungspflicht lag bei nur 0,7% (*Tabelle 15*). Eine Erklärung dafür ist, dass ein Jugendlicher in der Regel weder über ein eigenes Einkommen noch über die benötigten Fertigkeiten verfügt, den Schaden wiedergutzumachen.[348]

Die Einweisung von 14- bis unter 18-Jährigen in Berufsschulen lag im Durchschnitt etwa bei 1,6%. Die Einweisung in Schulen der sozialen Rehabilitation wurde dagegen nach den vorliegenden statistischen Daten öfter angeordnet und lag bei 8,8%. Knapp unter diesem Prozentsatz lag auch die Verwarnung (8,4%, vgl. *Tabelle 15*).

Wie unten im Einzelnen noch dargestellt werden wird, entsprechen die einzelnen „Zwangsmaßnahmen erzieherischer Einwirkung" zum Teil den im *deutschen* Jugendstrafrecht vorgesehenen Erziehungsmaßregeln (§ 9 JGG) bzw. den im § 13 JGG vorgesehenen Zuchtmitteln.[349] Ein grundlegender Unterschied besteht allerdings darin, dass – im Gegensatz zum ukrainischen Recht – im deutschen Jugendstrafrecht die strafrechtliche Verantwortlichkeit eines Jugendlichen i. S. v. § 3 S. 1 JGG bei der Anordnung dieser Maßnahmen festgestellt sein muss. Bestehen hieran Zweifel oder liegt sie nicht vor, so kann der Jugendrichter im deutschen Recht nur nach § 3 S. 2. JGG verfahren, d. h. der Richter kann lediglich dieselben Maßnahmen anordnen wie der Familien- oder Vormundschaftsrichter.[350]

348 Vgl. *Burdin* 2004a, S. 90.

349 Siehe dazu *Meier/Rössner/Schöch* 2007, § 8 Rn. 1 f. und § 10 Rn. 1 ff.

350 Vgl. *Diemer/Schatz/Sonnen* 2011, § 9 Rn. 5; siehe auch *Laubenthal/Baier/Nestler* 2010, Rn. 73 f.

5.2.3.1   Verwarnung

Die *Verwarnung* ist in § 105 Abs. 2 Nr. 1 ukrStGB geregelt und gilt als eine der mildesten „Zwangsmaßnahmen erzieherischer Einwirkung". Das Verhalten des Jugendlichen wird durch das Gericht getadelt und dessen „gesellschaftsgefährdende Handlung" missbilligt. Unter „Androhung"[351] der Anwendung härterer Maßnahmen wird der Jugendliche aufgefordert ein solches Verhalten einzustellen.[352] Das Wesentliche bei dieser Maßnahme ist die Erläuterung von Folgen, die im Falle der Begehung einer neuen Straftat durch den Jugendlichen auftreten können. Diese Folgen können sich auf die Heranziehung zur strafrechtlichen Verantwortlichkeit (wenn die Verwarnung als „Befreiung von strafrechtlicher Verantwortlichkeit" angewendet wurde) oder auf die Strafzumessung (wenn die Verwarnung als „Befreiung von einer Strafe" angewendet wurde) beziehen.

Die Verwarnung ist in § 13 Abs. 2 Nr. 1 JGG auch im *deutschen* Recht normiert. Wie im ukrainischen Recht soll dem Jugendlichen durch die Verwarnung das Unrecht der Tat eindringlich vorgehalten werden (§ 14 JGG). Wegen der spezialpräventiven Wirkung gehört die Verwarnung in Deutschland zu den am häufigsten angewendeten Zuchtmitteln.[353]

5.2.3.2   Festsetzung von verhaltensbezogenen Weisungen

Die *Festsetzung verhaltensbezogener Weisungen gegenüber einem Jugendlichen* nach § 105 Abs. 2 Nr. 2 ukrStGB besteht in Geboten und Verboten, die die Lebensführung des Jugendlichen regeln und dadurch seine Erziehung fördern und sichern sollen (so auch die Umschreibung im deutschen Recht im § 10 Abs. 1 S. 1 JGG).[354]

Weisungen dieser Art können nach ukrainischem Recht nach einer Liste der „Verordnung" Nr. 2 des Plenums des Obersten Gerichts vom 15.05.2006 in folgenden Maßnahmen bestehen: Einschränkung des Aufenthaltes außerhalb der elterlichen Wohnung zu bestimmten Tageszeiten, das Verbot bestimmte Orte zu besuchen, das Verbot den Ort des Wohnsitzes oder des Studiums und der Arbeit ohne die Erlaubnis des Aufsichtsorgans zu verlassen, das Verbot der Ausreise in eine andere Region, die Weisung, eine Ausbildung fortzusetzen oder die Teilnahme an einer Therapie bei Alkohol- oder Suchtmittelmissbrauch usw.[355]

351   Vgl. dazu *Strel'cov* 2010, § 105, Nr. 2 Abs. 1.

352   Vgl. *Strel'cov* 2010, § 105, Nr. 2 Abs. 1; *Yacenko* 2006, § 105, Nr. 4; *Plenum des Obersten Gerichts der Ukraine* 2006, Ziff. 5.

353   Vgl. *Diemer/Schatz/Sonnen* 2011, § 14 Rn. 2.

354   Siehe dazu *Meier/Rössner/Schöch* 2007, § 9 Rn. 1 ff.

355   Vgl. *Plenum des Obersten Gerichts der Ukraine* 2006, Ziff. 6 Abs. 1.

Wesentlich ist, dass das Gericht bei der Festsetzung von verhaltensbezogenen Weisungen dem zuständigen Aufsichtsorgan auferlegt, die jeweils im Einzelfall passende Maßnahme auszuwählen.[356] Es ist also davon auszugehen, dass
jedes Aufsichtsorgan selbst entscheidet, welche der speziell in der Liste enthaltenen Weisungen am besten anzuwenden ist, oder ob es auch eine gänzlich andere Maßnahme für geeignet hält. Die Liste enthält nämlich den Zusatz „usw.",
was bedeutet, dass die Liste nicht abschließend ist. Der in der Liste enthaltene
Katalog hat also nur eine Beispielsqualität. Darin entspricht diese Liste nicht nur
inhaltlich sondern auch in ihrer rechtlichen Bewertung dem Beispielskatalog der
im *deutschen* Jugendstrafrecht in § 10 Abs. 1 S. 3 Nr. 1-9 JGG aufgeführten Erziehungsmaßregeln.[357]

Gem. § 105 Abs. 3 ukrStGB wird die Dauer der dargestellten Zwangsmaßnahme *„Festsetzung verhaltensbezogener Weisungen"* durch das Gericht festgelegt. Die Dauer soll ausreichend für die Besserung sein. Es ist davon auszugehen,
dass die Maßnahme nicht länger als bis zur Vollendung des 18. Lebensjahres
dauern darf.[358]

5.2.3.3   *Übergabe unter die Aufsicht bestimmter Personen*

Gem. § 105 Abs. 2 Nr. 3 ukrStGB kann als eine weitere Weisung, die Übergabe
der Jugendlichen an die Eltern oder die Personen, die ihre Eltern vertreten
(Adoptiveltern, Vormund und Pfleger), oder die Unterstellung unter pädagogische Aufsicht, z. B. am Studienort, bzw. die Aufsicht eines Arbeitskollektivs
sowie an einzelne Bürger erfolgen. Die Übergabe wird nur unter der Voraussetzung erfolgen, dass die erwähnten Personen die Möglichkeit haben, dem Jugendlichen eine vernünftige Unterstützung zu geben, ihn zu kontrollieren und
auch eine effektive erzieherische Einwirkung zu gewährleisten. Daher ist sinnvollerweise die Übergabe an die Eltern, die ihre elterlichen Rechte verloren haben, nicht möglich.[359]

Das Gesetz legt keine Dauer dieser Maßnahme fest. Das Gericht bestimmt
die Dauer unter Berücksichtigung des Sachverhaltes (d. h. der Schwere der An-
lasstat) und des Ziels der Besserung des Jugendlichen. Die Praxis zeigt, dass
diese Maßnahme sinnvollerweise für die Dauer von mindestens einem Jahr an-

---

356 Vgl. *Strel'cov* 2010, § 105, Nr. 2 Abs. 2.

357 Vgl. *Diemer/Schatz/Sonnen* 2011, § 10 Rn. 26 und 55.

358 Vgl. *Strel'cov* 2010, § 105, Nr. 2 Abs. 2; *Marčak/Ruljakov* 2008, S. 38; *Plenum des
Obersten Gerichts der Ukraine* 2006, Ziff. 6 Abs. 2.

359 Vgl. *Plenum des Obersten Gerichts der Ukraine* 2006, Ziff. 7 Abs. 1-3.

zuordnen ist, um positive Ergebnisse zu erreichen, allerdings nicht länger als bis zur Vollendung des 18. Lebensjahrs.[360]

Diese Weisung hat im *deutschen* Recht eine Entsprechung, etwa in der Maßnahme bei einer Familie zu wohnen (§ 10 Abs. 1 S. 3 Nr. 2 JGG) oder sich der Betreuung und Aufsicht einer bestimmten Person (Betreuungshelfer) zu unterstellen (§ 10 Abs. 1 S. 3 Nr. 5 JGG).

5.2.3.4 Schadenswiedergutmachungspflicht

Die *Schadenswiedergutmachungspflicht* soll – ähnlich wie im *deutschen* Recht[361] – als verhaltensbezogene Weisung dem Jugendlichen durch Konfrontation mit der Situation des Opfers den Verletzungscharakter seines Verhaltens klarmachen. Die Ausgleichsbemühungen sollen den Täter motivieren, durch eine aktive Beteiligung an der Konfliktlösung sich zu seiner strafrechtlichen Verantwortlichkeit zu bekennen. Präventiv soll dadurch einem möglichen Rückfall wirksam begegnet werden.

Die Auflage einer Schadenswiedergutmachungspflicht kann nur gegenüber einem mindestens 15-jährigen Jugendlichen, der über eigenes Vermögen verfügt oder einen eigenen Verdienst hat, angewendet werden. Einkommen eines Jugendlichen besteht bspw. aus dem Arbeitslohn, einem Stipendium, der Belohnung für Entdeckungen, Erfindungen oder Krediteinlagen.[362]

Im Urteil muss das Gericht die Höhe des Schadens, der wiedergutmacht werden soll, und die Fristen für die Ausführung des Beschlusses festlegen.[363]

Zu beachten ist in diesem Zusammenhang allerdings § 188 des ukrainischen Arbeitsgesetzbuches (ukrAGB): Nach Abs. 1 ist es „unzulässig, eine Person unter 16 Jahren in ein Arbeitsverhältnis zu bringen". Nach Abs. 2: „kann allerdings eine Person die bereits 15 Jahre alt ist mit Einverständnis eines Elternteils oder einer Vertretungsperson ausnahmsweise in ein Arbeitsverhältnis aufgenommen werden".

Überdies ist nach Abs. 3 „für die Vorbereitung des Nachwuchses zu einer produktiven Arbeit die Aufnahme von Schülern der allgemeinbildenden Schulen, Berufsschulen in ein Arbeitsverhältnis bei Erledigung leichter Arbeit, die nicht der Gesundheit schadet und den Schulprozess nicht hindert, in der von der Schule freien Zeit bereits ab 14 Jahren zugelassen. Dazu ist das Einverständnis von einem Elternteil oder einer Vertretungsperson erforderlich". In Anbetracht

---

360 Vgl. *Plenum des Obersten Gerichts der Ukraine* 2006, Ziff. 7 Abs. 4; *Yacenko* 2006, § 105, Nr. 6.

361 Vgl. *Eisenberg* 2010, § 10 Rn. 27; *Diemer/Schatz/Sonnen* 2011, § 10 Rn. 43.

362 Vgl. *Strel'cov* 2010, § 105, Nr. 2 Abs. 4.

363 Vgl. *Plenum des Obersten Gerichts der Ukraine* 2006, Ziff. 8.

dieser Norm ist es eigentlich bereits möglich diese Zwangsmaßnahme auch gegenüber 14-Jährigen anzuwenden.[364]

Diese mögliche Weisung beinhaltet sehr deutlich den Gedanken eines Täter-Opfer-Ausgleichs[365] mit dem Geschädigten, der sowohl im *deutschen* Erwachsenenstrafrecht (§§ 46, 46a StGB) als auch im Jugendstrafrecht anerkannt ist und im Bereich der Strafzumessung zunehmend an Bedeutung gewinnt.

Im *deutschen* Jugendstrafrecht ist dieser Grundsatz gesetzlich in § 10 Abs. 1 S. 3 Nr. 7 JGG sowohl in der Weisung „sich zu bemühen, einen Ausgleich mit dem Verletzten zu erreichen (Täter-Opfer-Ausgleich)" im Bereich der Erziehungsmaßregeln anerkannt.

Der Richter kann dem Jugendlichen aber auch im Bereich der Zuchtmittel (§ 13 Abs. 2 Nr. 2 JGG) nach § 15 Abs. 1 S. 1 Nr. 1 JGG auferlegen, „nach Kräften den durch die Tat verursachten Schaden wiedergutzumachen". Auch diese Auflage stellt eine besondere Ausgestaltung des TOA dar[366] und verfolgt nach allgemeiner Meinung – wie im ukrainischen Recht – in erster Linie den Zweck einer erzieherischen Einwirkung auf den Täter mit dem Ziel, ihn durch eine repressive Maßnahme von weiteren Straftaten abzuhalten (dazu s. u. auch *Kap. 5.2.4*).[367]

5.2.3.5   Einweisung in eine spezielle Lehrerziehungseinrichtung

Nach § 105 Abs. 2 Nr. 5 ukrStGB besteht diese „Zwangsmaßnahme erzieherischer Einwirkung" in der Einweisung eines Jugendlichen in eine spezielle Lehrerziehungseinrichtung für Kinder und Jugendliche bis zu seiner „Besserung", aber nicht länger als drei Jahre.[368] Diese Unterbringung ist die härteste „Zwangsmaßnahme erzieherischer Einwirkung" und ist nur als *ultima ratio* vorgesehen, wenn andere erzieherische Maßnahmen aussichtslos erscheinen.[369] In diese Anstalten sind solche Jugendliche einzuweisen, die außer Kontrolle der Eltern oder der sie vertretenden Personen geraten sind, die sich durch keine erzieherischen Maßnahmen beeinflussen lassen oder wenn sie durch andere Erziehungsmaßnahmen nicht gebessert werden konnten. Durch Anwendung dieser

---

364 Vgl. *Burdin* 2004a, S. 91.

365 Vgl. *Dünkel/Rössner* 1987, S. 845 f. Allerdings steht im ukrainischen Recht eher die materielle Wiedergutmachung denn die (auch immaterielle) Aussöhnung zwischen Täter und Opfer im Vordergrund.

366 Vgl. *Diemer/Schatz/Sonnen* 2011, § 15 Rn. 5; *Meier/Rössner/Trüg/Wulf* 2011, § 15 Rn. 5.

367 Vgl. *Ostendorf* 2009, § 10 Rn. 18; *Diemer/Schatz/Sonnen* 2011, § 15 Rn. 4.

368 Der Richter soll in seinem Beschluss den Typ dieser Anstalt und die Dauer der Unterbringung festlegen, vgl. *Plenum des Obersten Gerichts der Ukraine* 2006, Ziff. 12 Abs. 1.

369 Vgl. *Yacenko* 2006, § 105, Nr. 8.

Maßnahme soll die Isolation eines Jugendlichen vom negativen Einfluss der sozialen Umwelt erreicht werden. Sie erklärt sich auch nach dem Charakter und Grad der Schwere der begangenen Tat bzw. der gesellschaftsgefährdenden Handlung. Invaliden oder Jugendliche mit ähnlichen gesundheitlichen Belastungen dürfen in diese Einrichtungen nicht eingewiesen werden (s. ausführlich dazu u. *Kap. 8.7*).[370]

Die Möglichkeit der „Heimeinweisung" ist auch im *deutschen* Jugendstrafrecht als Erziehungsmaßregel anerkannt. Neben der Möglichkeit der Weisung „in einem Heim zu wohnen" (§ 10 Abs. 1 S. 3 Nr. 2 JGG), z. B. in einem Wohnheim, Studenten- oder Schwesternwohnheim und dergleichen,[371] sieht § 9 Nr. 2 JGG auch die Anordnung vor, „Hilfe zur Erziehung i. S. d. § 12 JGG in Anspruch zu nehmen". Danach kann der Richter dem Jugendlichen nach Anhörung des Jugendamtes auferlegen, „in einer Einrichtung über Tag und Nacht oder in einer sonstigen betreuten Wohnform (…)[372] Hilfe zur Erziehung" in Anspruch zu nehmen.

Diese letztere Form der Heimerziehung ist deutlich eingriffsintensiver als die Weisung des § 10 JGG und entspricht daher eher dem ukrainischen Recht, das aber wiederum in seiner Härte, seinen Voraussetzungen und seiner Reichweite über die deutsche Regelung hinausgehen dürfte.

Nach ukrainischem und *deutschem* Recht ist die Anordnung der Hilfe zur Erziehung in einer Einrichtung über Tag und Nacht nur zulässig, wenn der Jugendliche aus medizinischer Sicht erziehungsfähig ist.[373]

5.2.3.6 *Zusammenfassung zu den „Zwangsmaßnahmen erzieherischer Einwirkung"*

Personen im Alter von 11 bis unter 14 Jahren, die eine gesellschaftsgefährdende Handlung begangen haben, die unter die Merkmale einer Tat fallen, die im Besonderen Teil als eine Straftat aufgeführt ist, aber auch Personen im Alter von 14 bis unter 16 Jahren, welche eine gesellschaftsgefährdende Handlung begangen haben, die nicht im § 22 Abs. 2 ukrStGB aufgezählt ist, unterliegen keiner strafrechtlichen Verantwortlichkeit. Das Gericht wendet gem. § 97 Abs. 2 ukrStGB gegenüber solchen Personen und auch gegenüber 16- bzw. 14- bis unter 18-jährigen Personen (die als Ersttäter eine Tat geringer Schwere oder ein mittel-

---

370 Vgl. *Plenum des Obersten Gerichts der Ukraine* 2006, Ziff. 9 Abs. 1; *Strel'cov* 2010, § 105, Nr. 2 Abs. 5; *Yacenko* 2006, § 105, Nr. 8.

371 Vgl. *Diemer/Schatz/Sonnen* 2011, § 10 Rn. 28.

372 Siehe § 34 SGB VIII.

373 Vgl. *Diemer/Schatz/Sonnen* 2011, § 12 Rn. 15; vgl. auch *Plenum des Obersten Gerichts der Ukraine* 2006, Ziff. 9 Abs. 1; *Strel'cov* 2010, § 105, Nr. 2 Abs. 5; *Yacenko* 2006, § 105, Nr. 8.

schweres Fahrlässigkeitsdelikt begangen haben „Zwangsmaßnahmen erzieherischer Einwirkung" an, die im § 105 Abs. 2 ukrStGB vorgesehen sind.

Der Gesetzeswortlaut für die „Zwangsmaßnahme erzieherischer Einwirkung", nämlich die „Einschränkung der Freizeit und verhaltensbezogene Weisungen", ist sehr weit gefasst, insbesondere sieht das Gesetz keine Regelfälle oder Beispiele vor. Der Richter ist daher in seinen Entscheidungen sehr frei. Die vergleichbaren Gesetze Weißrusslands und Russlands sehen allerdings Anordnungsbeispiele vor und geben damit dem Richter zumindest einen ungefähren Handlungsrahmen vor. Die Weite des ukrainischen Gesetzes stößt vor dem Hintergrund solcher, in der Sache vergleichbarer Vorgaben auf verfassungsrechtliche Bedenken.[374] Zwar hat das Plenum des Obersten Gerichts der Ukraine zur Anwendung des Gesetzes Richtlinien vorgegeben, jedoch haben diese keine gesetzliche Verbindlichkeit. Es ist daher berechtigt, wenn die Vorgabe konkreter Bestimmungen durch den Gesetzgeber selbst verlangt wird.[375]

Bezüglich der elterlichen Aufsicht besteht bereits familienrechtlich die Verpflichtung der Eltern, die Verantwortlichkeit für ihre Kinder zu übernehmen. Nachdem das System der „Zwangsmaßnahmen erzieherischer Einwirkung" eigentlich von aufsteigender Eingriffsintensität geprägt sein soll, ist nicht ersichtlich, wie die Übergabe unter die Aufsicht der Eltern als eine intensivere Erziehungsmaßnahme angesehen werden kann, als die durch die staatliche Autorität konkret angeordneten Beschränkungen der Freizeitgestaltung. Es wird hier zu Recht eingewandt, dass die Eltern offenbar zuvor bereits in der Erziehung versagt haben und nicht dazu in der Lage waren, die begangene Straftat zu verhindern.[376] Insbesondere ist nicht verständlich, dass in der Praxis von der Anordnung dieser Maßnahme selbst in Fällen der Tötung und Vergewaltigung berichtet wird.[377] Allein die Unterstellung zur Erziehung an ein pädagogisches oder Arbeitskollektiv bzw. unter Aufsicht anderer Bürger, könnte hier anders bewertet werden, lässt allerdings die Frage nach der fehlerhaften systematischen Einordnung in das System der „Zwangsmaßnahmen erzieherischer Einwirkung" unbeantwortet. Vor allem das Abweichen des heutigen moralischen und sozialen Denkens von sozialistischen Grundsätzen der UdSSR spricht für sich selbst.[378] Die Sinnhaftigkeit dieser Vorschrift wird insbesondere dadurch in Frage gestellt, dass es nur eine zeitlich begrenzte Unterstellung geben soll. Auch bleibt insbesondere unklar, wie sich diese Vorschrift zur Rechtsordnung im Übrigen ver-

---

374 Vgl. *Burdin* 2004a, S. 82.

375 Vgl. *Burdin* 2004a, S. 82 f.

376 Vgl. *Burdin* 2004a, S. 85 f.

377 Vgl. *Burdin* 2004a, S. 86 f.

378 Vgl. *Burdin* 2004a, S. 87 ff. unter Berufung auf eine Dissertation von *V. P. Mahotkin*.

halten soll, da ja jedenfalls die familienrechtlich begründete Verantwortlichkeit der Eltern für ihre Kinder fortbesteht.[379]

Das ukrStGB sieht die Anwendung von „Zwangsmaßnahmen erzieherischer Einwirkung" gegenüber einem Jugendlichen, der zum ersten Mal eine Tat geringer Schwere oder ein mittelschweres Fahrlässigkeitsdelikt begangen hat, als Befreiungsgrund von strafrechtlicher Verantwortlichkeit (§ 97 Abs. 1 ukrStGB) an. Dies gilt auch für eine Person, die das Strafmündigkeitsalter noch nicht erreicht, jedoch eine gesellschaftsgefährdende Handlung begangen hat (§ 97 Abs. 2 ukrStGB) sowie auch gegenüber einem Jugendlichen, der eine geringe oder mittelschwere Straftat begangen hat. Alle werden „von einer Strafe befreit".

Somit wendet der Gesetzgeber „gleiche Maßnahmen, welche in jedem Fall andere rechtliche Bedeutung erwerben, in dreifacher Variante an. Einerseits legt der Gesetzgeber verschiedene Gründe der Anwendung von ‚Zwangsmaßnahmen erzieherischer Einwirkung' fest, andererseits bleiben diese Maßnahmen in allen Fällen gleich".[380] Daraus folgt, dass der Gesetzgeber die gleichen Maßnahmen in unterschiedlich zu bewertenden Fällen verwendet.

Bei der Anwendung von „Zwangsmaßnahmen erzieherischer Einwirkung" zeigt die Praxis, dass die Maßnahme *Übergabe unter Aufsicht der Eltern* überwiegend angewendet wird. Das Gericht muss aber sehen, dass diese Maßnahme wirklich zur Besserung und Umerziehung eines Jugendlichen beiträgt.[381] D. h. die Eltern dürften ihre „elterliche Pflicht" nicht schon zuvor verfehlt haben.

Bezüglich der Zwangsmaßnahme *Einweisung in eine spezielle Lehrerziehungseinrichtung* ist anzumerken, dass diese nach ihrer Rechtsnatur identisch mit der Kriminalstrafe Freiheitsentzug ist, die gleichfalls die „soziale Isolierung" eines Jugendlichen beinhaltet.[382] Nach *Burdin's* Vorschlag ist es sinnvoll, diese Zwangsmaßnahme dann anzuwenden, wenn „das Gericht entscheidet, den Jugendlichen zu einer Freiheitsstrafe von nicht mehr als drei Jahren zu verurteilen",[383] was die Unterbringung nach der zu verbüßenden Haftzeit bis zu drei Jahren deutlich verringern würde (vgl. *Tabelle 10*). Im Durchschnitt von 1991 bis 2007 waren 0,6% der jugendlichen Verurteilten bis zu ein Jahr, 8,8% zu einem Jahr bis zu zwei Jahren und 20,7% zu zwei bis zu drei Jahren Gefängnis verurteilt.

Im § 97 Abs. 3 ukrStGB ist durch den Gesetzgeber geregelt, dass im Falle der Nichterfüllung der mit „Zwangsmaßnahmen erzieherischer Einwirkung" verbundenen Pflichten durch einen Jugendlichen diese aufgehoben werden. Der

---

379 Vgl. *Burdin* 2004a, S. 86.

380 Zitiert nach *Burdin* 2004b, S. 69 f.

381 So *Sanìn* 2007, S. 67.

382 Vgl. *Burdin* 2004a, S. 122 nach *Pirožkov*.

383 Zitiert nach *Burdin* 2004a, S. 131.

Betroffene wird dann zur strafrechtlichen Verantwortlichkeit herangezogen. Aus dem Kontext dieser Norm ist zu verstehen, dass unter „Jugendlichen" in diesem Zusammenhang Personen ab 16 bzw. 14 Jahren zu verstehen sind. Fraglich bleibt indessen, was mit den „Personen, die das Strafmündigkeitsalter noch nicht erreicht haben" mit Blick auf § 97 Abs. 2 ukrStGB passiert. Aus Altersgründen können sie nicht als strafrechtlich verantwortlich gemacht werden.

5.2.4 Andere Arten der Befreiung von strafrechtlicher Verantwortlichkeit

Der 15. Abschnitt des ukrStGB sieht zwei Möglichkeiten der Befreiung von der strafrechtlichen Verantwortlichkeit vor, und zwar § 97 Abs. 1 i. V. m. § 105 Abs. 2 ukrStGB mit der Anwendung von „Zwangsmaßnahmen erzieherischer Einwirkung" und § 106 ukrStGB im Zusammenhang mit Verjährungsfristen.

Wenn es in einer Strafsache *andere Gründe zur Befreiung eines Jugendlichen von der strafrechtlichen Verantwortlichkeit* gibt, die bezüglich der Rechtskonsequenzen günstiger für die Interessengewährleistung eines Jugendlichen sind, so müssen – wie bereits in *Kap. 5.2.3* erwähnt –diese Gründe vorrangig berücksichtigt werden. Solche *anderen Gründe* sind im 9. Abschnitt des ukrStGB (Befreiung von der strafrechtlichen Verantwortlichkeit) in den §§ 45-48 ukrStGB vorgesehen, die für Jugendliche und Erwachsene gelten.

So sieht § 45 ukrStGB die Befreiung von der strafrechtlichen Verantwortlichkeit im Zusammenhang mit tätiger Reue vor. Nach dieser Norm werden Personen strafrechtlich nicht verantwortlich gemacht, die eine Tat geringer Schwere oder eine mittelschwere fahrlässige Tat begangen haben, wenn sie nach der Tat Reue gezeigt und gestanden haben, bei der Aufklärung der Tat geholfen haben und den Schaden vollständig behoben haben. Diese Art der Befreiung gilt als obligatorisch, was aus § 7-2 ukrStPO geschlussfolgert wird.[384]

Gem. § 46 ukrStGB (Befreiung im Zusammenhang mit Täter-OpferAusgleich) wird eine Person, die zum ersten Mal eine Tat geringer Schwere oder eine mittelschwere fährlässige Tat begangen hat, von der strafrechtlichen Verantwortlichkeit befreit, wenn sie sich mit dem Opfer versöhnt und den Schaden wiedergutgemacht hat. Diese Norm entspricht der in ausländischen Rechtsordnungen bekannten *Mediation* als einer alternativen Methode der Beilegung des strafrechtlichen Konflikts.[385] Folglich kann hier nur eine natürliche Person als Opfer auftreten. Dies betrifft auch die Fälle der Privatklage, die nach § 27 Abs. 1 ukrStPO erhoben werden kann. Diese Art der Befreiung gilt gleichfalls als obligatorisch wie aus § 8 ukrStPO geschlossen wird.[386] Zu betonen ist, dass

---

384 Vgl. *Plenum des Obersten Gerichts der Ukraine* 2005, Ziff. 3 Abs. 7.

385 Vgl. *Mel'nik/Havronyuk* 2010, § 46, Nr. 1.

386 Vgl. *Plenum des Obersten Gerichts der Ukraine* 2005, Ziff. 4 Abs. 2 und 5.

eine der „Zwangsmaßnahmen erzieherischer Einwirkung" ebenfalls die *Schadenswiedergutmachung* als Pflicht enthält.

Gem. § 47 Abs. 1 ukrStGB kann eine Person auch im Zusammenhang mit einer Bürgschaft eines Unternehmenskollektivs bzw. einer Institution oder Organisation/Firma auf deren Antrag hin von der strafrechtlichen Verantwortlichkeit befreit werden. Die Antragstellung eines Kollektivs erfolgt nach Maßgabe des § 10 Abs. 1 und 2 ukrStPO. Den Antrag können auch der Beschuldigte oder seine Verwandten, das Opfer und auch ein Staatsanwalt oder eine andere Ermittlungsperson stellen.

Diese Art der Befreiung kann gegenüber einer Person angewendet werden, die zum ersten Mal eine geringe oder mittelschwere Straftat begangen und „ehrlich bereut" hat. Diese Befreiung gilt als bedingte Art der Befreiung. Die Bedingung besteht darin, dass die Person innerhalb eines Jahres nach der Übernahme der Bürgschaft das Vertrauen des Kollektivs wieder gewinnt,[387] sich nicht gegen Erziehungsmaßnahmen (darunter ist keine „Zwangsmaßnahme erzieherischer Einwirkung" zu verstehen!) wendet und „die gesellschaftliche Ordnung nicht verletzt". Im Falle der Verletzung der vorgesehenen Bedingungen wird die beschuldigte Person nach § 47 Abs. 2 ukrStGB für die begangene Tat zur strafrechtlichen Verantwortlichkeit herangezogen. Liegt ein Beschluss des jeweiligen Kollektivs über die Aufhebung der Bürgschaft vor, kann das Strafverfahren durch den zuständigen Staatsanwalt nach den Regelungen des 31. Abschnitts der ukrStPO (Berufungsverfahren) wieder aufgenommen werden.[388]

Gem. § 48 ukrStGB kann eine Person, die zum ersten Mal eine geringe oder mittelschwere Straftat begangen hat, von der strafrechtlichen Verantwortlichkeit befreit werden, wenn anerkannt wird, dass im Moment der Untersuchung oder der Verhandlung des Falles vor Gericht infolge einer Änderung der Sachlage die begangene Tat den Charakter einer gesellschaftsgefährdenden Handlung verloren hat oder diese Person für die Allgemeinheit nicht mehr gefährlich ist.

Der Begriff *Änderung der Sachlage* ist sowohl im weitesten Sinne des Wortes (das heißt ökonomisch, politisch, etc.) zu verstehen, als auch im engeren Sinne des Wortes (das heißt nach den objektiven Lebensbedingungen, in denen die Person sich zur Zeit der Tatbegehung befand und welche bzgl. der Gefahr für die Allgemeinheit von wesentlicher Bedeutung waren).

Es ist also notwendig festzustellen, ob die Lage nach der Tat sich so verändert hat, sodass die begangene Tat keine Gefahr mehr für die Allgemeinheit darstellt. Diese Befreiung steht im Ermessen des Gerichtes, wie sich aus

---

387   Vgl. *Mikitin* 2006, S. 7.

388   Vgl. *Plenum des Obersten Gerichts der Ukraine* 2005, Ziff. 5 Abs. 3 und 4; Ziff. 6 Abs. 1 und 6.

§ 7 ukrStPO ergibt.[389] Das Gericht ist in diesen Fällen nicht verpflichtet eine Person von der strafrechtlichen Verantwortlichkeit zu befreien.

§ 44 Abs. 1 ukrStGB sieht unter anderem die Befreiung von der strafrechtlichen Verantwortlichkeit auf Grund einer Amnestie vor (§ 86 ukrStGB – 12. Abschnitt Befreiung von einer Strafe und derer Verbüßung). Diese Norm kann auch gegenüber einem Jugendlichen angewendet werden. Dies ist in Art. 92 Abs. 3 ukrainischer Verfassung auf der Ebene des Grundgesetzes geregelt. Das letzte Gesetz zur Amnestie wurde am 12.12.2008 Nr. 660-VI verabschiedet. Das ukrStGB sieht im § 87 ukrStGB auch eine Begnadigung vor, die allerdings nur gegenüber einer Person angewendet werden kann, die zu lebenslänglicher Freiheitsstrafe verurteilt wurde.

Über die Einstellung des Verfahrens aufgrund der Befreiung der Person von der strafrechtlichen Verantwortlichkeit entscheiden ausschließlich die Gerichte nach den Regeln der ukrStPO (§ 44 Abs. 2 ukrStGB). Begründete Anträge (*постановление*) über die Befreiung der Person von der strafrechtlichen Verantwortlichkeit werden dem Gericht durch einen Staatsanwalt oder eine sonstige Ermittlungsperson mit Zustimmung eines Staatsanwaltes zugeleitet.[390]

Die im ukrainischen Recht anerkannte Institution der „Befreiung einer Person von der strafrechtlichen Verantwortlichkeit" ist sowohl dem deutschen Erwachsenenstrafrecht als auch dem deutschen Jugendstrafrecht nicht bekannt.

§ 3 JGG umschreibt aber die „strafrechtliche Verantwortlichkeit" Jugendlicher, die dann gegeben ist, wenn er zur Zeit der Tat nach seiner sittlichen und geistigen Entwicklung reif genug ist, das Unrecht der Tat einzusehen und nach dieser Einsicht zu handeln (§ 3 S. 1 JGG). Sie ist ein Element der Schuld und muss positiv festgestellt werden. Im Falle ihrer Verneinung ist das Verfahren gem. § 47 Abs. 1 S. 1 Nr. 4 JGG einzustellen. Überhaupt scheinen die in § 47 JGG genannten weiteren Möglichkeiten der Verfahrenseinstellungen am ehesten inhaltlich dem ukrainischen Institut der „Befreiung von der strafrechtlichen Verantwortlichkeit" zu entsprechen.

Im Falle einer Amnestie muss darüber hinaus das Jugendstrafverfahren wegen Vorliegens eines Verfahrenshindernisses ebenfalls eingestellt werden.[391]

5.2.5 Strafaussetzung zur Bewährung

Die Anwendung dieses strafrechtlichen Instituts wird als Ausdruck der Humanisierung in der Gesetzgebung der Ukraine angesehen.[392] Die Strafaussetzung zur

---

389 Vgl. *Plenum des Obersten Gerichts der Ukraine* 2005, Ziff. 5 Abs. 3 und 4; Ziff. 7 Abs. 3, 4 und 6.

390 Vgl. *Plenum des Obersten Gerichts der Ukraine* 2005, Ziff. 5 Abs. 3, 4; Ziff. 13 Abs. 2.

391 Vgl. *Diemer/Schatz/Sonnen* 2011, § 27 Rn 21.

392 Vgl. *Strel'cov* 2010, § 104, Nr. 1.

Bewährung wird gegenüber Jugendlichen grundsätzlich nach den gleichen gesetzlichen Regelungen wie gegenüber Erwachsenen angewendet, und zwar nach §§ 75-78 ukrStGB. Es sind lediglich die im § 104 ukrStGB geregelten Besonderheiten zu berücksichtigen. Diese sind: Die Strafaussetzung zur Bewährung gegenüber einem Jugendlichen ist nur in Fällen anzuwenden, in denen ein Jugendlicher zu einem Arrest[393] oder einer Freiheitsstrafe von nicht mehr als fünf Jahren verurteilt wird (§ 104 Abs. 2 ukrStGB). Bei Erwachsenen ist gem. § 75 Abs. 1 ukrStGB die Strafaussetzung zur Bewährung unter anderem auch bei Besserungsarbeiten möglich.

Wenn das Gericht zur Ansicht gelangt, dass ein Jugendlicher sich voraussichtlich auch ohne Strafvollzug „bessern" wird, kann es mit Rücksicht auf die Tatschwere, dessen Persönlichkeit und anderer Sachumstände die Strafe für eine Zeit von einem Jahr bis zu zwei Jahren zur Bewährung aussetzen (§ 104 Abs. 3 ukrStGB).[394] Für einen Erwachsenen gilt gem. § 75 Abs. 3 ukrStGB eine Bewährungszeit von einem Jahr bis zu drei Jahren.

Nach *Strel'covs* Auffassung in der neuen Kommentierung zum ukrStGB gilt die Strafaussetzung zur Bewährung hinsichtlich Jugendlicher als „wenig effektiv". Als Erklärung wird zum einen angegeben, dass „ein Jugendlicher infolge seiner Altersbesonderheiten bei einer wiederholten Straftat die Schwere der rechtlichen Konsequenzen nicht in vollem Maße erkennen kann. Vielmehr entsteht bei den Jugendlichen ein Straflosigkeitsgefühl." Zum anderen „kehrt ein Jugendlicher bei der Anwendung der Strafaussetzung zur Bewährung in jene alten Umstände und Verhältnisse zurück, in denen er zuvor schon straffällig geworden war".[395] Diese eher zurückhaltende Einschätzung der Strafaussetzung ist vor dem Hintergrund zu sehen, dass es in der Ukraine (2011) noch keine Bewährungshilfe gab (zum Aufbau der Bewährungshilfe s. u. *Kap. 9.4*).

Im Rahmen der Strafaussetzung zur Bewährung kann das Gericht einer anderen Person mit ihrem Einverständnis die Unterstellung zur Aufsicht über den Verurteilten und zur Durchführung einer erzieherischen Arbeit mit ihm auferlegen (§ 105 Abs. 4 ukrStGB).

Das Gericht kann einem Jugendlichen ferner die im § 76 Abs. 1 ukrStGB (12. Abschnitt) geregelten Pflichten auferlegen.[396] Diese sind:
-    Eine Entschuldigung beim Opfer. Dabei kann die Entschuldigung in Anwesenheit nicht nur des Opfers, sondern auch anderer Personen oder auf einer Versammlung des Arbeitskollektivs erfolgen, in dem der Schuldige bzw. das Opfer arbeitet oder studiert.

---

393   „Arrest" wurde zum 15.04.2008 durch das Gesetz Nr. 270-VI eingeführt.

394   Vgl. *Strel'cov* 2010, § 104, Nr. 2.

395   Vgl. *Strel'cov* 2010, § 104 Nr. 3.

396   Vgl. *Strel'cov* 2010, § 76, Nr. 1.

- Das Verbot der Ausreise aus der Ukraine sowie der Verlegung des ständigen Wohnsitzes ohne die Erlaubnis der Strafvollstreckungsinspektion.
- Die Mitteilung einer Änderung des Wohnsitzes, des Ausbildungs- oder Arbeitsplatzes an die Strafvollstreckungsbehörde.
- Die regelmäßige Meldung bei der Strafvollstreckungsbehörde. Bei Nichtmeldung ohne triftige Gründe kann ein Jugendlicher durch die Miliz vorgeführt werden.
- Die Anordnung einer ärztlichen Behandlung bei Alkoholismus, Drogensucht oder einer Erkrankung, die eine Gefahr für andere darstellt (z. B. Tuberkulose). Diese Pflicht ist dem Verurteilten aufzuerlegen, der eine Straftat unter Alkohol- oder Drogeneinfluss begangen hat bzw. der regelmäßig Drogen nimmt.

Diese Liste von Pflichten (nach deutschem Sprachgebrauch Weisungen bzw. Auflagen) ist abschließend.[397]

Gem. § 77 ukrStGB hat das Gericht bei einer Strafaussetzung zur Bewährung das Recht, gegenüber dem Jugendlichen eine Nebenstrafe zu verhängen. Eine Geldstrafe als Nebenstrafe kann nur dann verhängt werden, wenn dies gesetzlich ausdrücklich vorgesehen ist.[398]

Der Entzug des Rechts eine bestimmte Arbeit oder Tätigkeit auszuüben kann dagegen als Nebenstrafe auch dann angewendet werden, wenn sie nicht in der verletzten Norm vorgesehen ist.[399] Wenn eine Person nach dem Ende der Bewährungszeit, aber im Zeitraum der Gültigkeit einer Nebenstrafe, welche die Dauer der Bewährungsstrafe überschreitet, eine neue Straftat begeht, so wird der Rest der Nebenstrafe in die neue Hauptstrafe, welche unter Verbindung mehrerer Urteile gem. § 71 Abs. 3 ukrStGB als Gesamtstrafe verhängt wird, einbezogen.[400]

Gem. § 78 Abs. 1 ukrStGB und § 408-1 ukrStPO wird der Verurteilte, der alle ihm auferlegten Pflichten erfüllt und keine neuen Straftaten begangen hat, vom Gericht „von der Strafe befreit". Nach Ablauf der Bewährungszeit wird die Strafe getilgt (§ 89 Abs. 1 ukrStGB).

Wenn der Verurteilte ihm auferlegte Pflichten nicht erfüllt bzw. wiederholt[401] neue Taten begeht, welche Bußgelder (administrative Strafen i. S. einer Ordnungswidrigkeit) nach sich ziehen und er „keine Neigung zur Besserung"

---

397 Vgl. *Plenum des Obersten Gerichts der Ukraine* 2003b, Ziff. 9 Abs. 3.

398 Vgl. *Plenum des Obersten Gerichts der Ukraine* 2003b, Ziff. 9 Abs. 5.

399 Vgl. *Strel'cov* 2010, § 77, Nr. 3.

400 Vgl. *Plenum des Obersten Gerichts der Ukraine* 2003b, Ziff. 11 Abs. 4.

401 Gem. § 166 Abs. 4 ukrStVollstrGB ist eine *regelmäßige Begehung der Taten* dann gegeben, wenn der Verurteilte drei und mehr Taten, für die er zu administrativen Strafen (Bußgeldern) verurteilt worden wäre, begangen hat.

zeigt, widerruft das Gericht die Bewährung, so dass die auferlegte Strafe verbüßt werden muss (§ 78 Abs. 2 ukrStGB).

Wenn der Verurteilte im Zeitraum der Bewährung eine neue Straftat begeht, so verhängt das Gericht eine Strafe nach den §§ 71, 72 ukrStGB über die Strafzumessung nach den Regeln über die Gesamtstrafe unter Anrechnung der Untersuchungshaft.

Mit diesen Regelungen ähnelt das ukrainische Recht im Kern den entsprechenden *deutschen* Vorschriften. Allerdings ist der Anwendungsbereich des Instituts der Bewährungsaussetzung im deutschen Jugendstrafrecht enger (s. u.).

§ 87 Abs. 1 JGG verbietet die Aussetzung der Vollstreckung des Jugendarrests, was mit dem Zweck dieses Arrestes und dem damit für die Vollstreckung verbundenen Beschleunigungsgebots zu begründen ist. Das Verbot gilt daher ausnahmslos.[402]

Dagegen setzt der Richter gem. § 21 JGG bei der Verurteilung zu einer Jugendstrafe von nicht mehr als zwei Jahren die Vollstreckung der Strafe dann zur Bewährung aus, wenn zu erwarten ist, dass der Jugendliche sich schon die Verurteilung zur Warnung dienen lassen und auch ohne die Einwirkung des Strafvollzugs unter der erzieherischen Einwirkung in der Bewährungszeit künftig einen rechtschaffenen Lebenswandel führen wird.[403] Dabei hat der Richter vor allem die Persönlichkeit des Jugendlichen, sein Vorleben, die Umstände seiner Tat, sein Verhalten nach der Tat sowie seine Lebensverhältnisse und die Wirkungen zu berücksichtigen, die von der Aussetzung für ihn zu erwarten sind (§ 21 Abs. 1 JGG).[404]

Die Bewährungszeit darf drei Jahre nicht überschreiten und zwei Jahre nicht unterschreiten, kann aber nachträglich bis auf ein Jahr verkürzt oder vor ihrem Ablauf auf vier Jahre verlängert werden (§ 22 Abs. 1 und 2 JGG).[405]

Für die Dauer der Bewährungszeit soll der Richter dem Jugendlichen in entsprechender Anwendung der §§ 10 und 15 JGG dort vorgesehene Weisungen und Auflagen erteilen (§ 23 Abs. 1 JGG).[406] Die dort vorgesehenen Kataloge entsprechen im Kern inhaltlich denen des ukrainischen Rechts (s. o.).

Für die Dauer oder einen Teil der Bewährungszeit muss dem Jugendlichen zwingend ein Bewährungshelfer bestellt werden (§ 29 JGG).[407]

---

402 Vgl. *Diemer/Schatz/Sonnen* 2011, § 87. Rn. 2; siehe auch *Eisenberg* 2010, § 87 Rn. 2; *Laubenthal/Baier/Nestler* 2010, Rn. 705.

403 Vgl. *Laubenthal/Baier/Nestler* 2010, Rn. 794; *Meier/Rössner/Schöch* 2007, § 12 Rn. 3.

404 Vgl. *Laubenthal/Baier/Nestler* 2010, Rn. 796; *Meier/Rössner/Schöch* 2007, § 11 Rn. 6 ff.

405 Vgl. *Laubenthal/Baier/Nestler* 2010, Rn. 803 f.; *Meier/Rössner/Schöch* 2007, § 11 Rn. 10.

406 Vgl. *Laubenthal/Baier/Nestler* 2010, Rn. 806 ff.; *Meier/Rössner/Schöch* 2007, § 11 Rn. 12.

407 Vgl. *Laubenthal/Baier/Nestler* 2010, Rn. 817 ff.; *Meier/Rössner/Schöch* 2007, § 11 Rn. 11; *Diemer/Schatz/Sonnen* 2011, § 29 Rn. 2.

5.2.6 Bedingt vorzeitige Entlassung

Das ukrStGB regelt in § 107 die bedingt vorzeitige Entlassung nur für Jugendliche, die allein zur Freiheitsstrafe verurteilt wurden. Diese Jugendlichen können bedingt vorzeitig entlassen werden, unabhängig davon, wie schwer die begangene Tat war (§ 107 Abs. 1 ukrStGB). Die Bedingung ist dabei, dass der Jugendliche keine neuen Straftaten innerhalb der Zeit der Reststrafe (Bewährungszeit) begeht.[408] Anzumerken ist, dass gem. § 81 Abs. 1 ukrStGB die Erwachsenen auch von den Besserungsarbeiten bedingt entlassen werden können.

Folgende Gründe können zu einer vorzeitigen Entlassung führen:

- Positive Entwicklung des Jugendlichen, die durch sein Verhalten im Vollzug festgestellt wird („gewissenhaftes Verhalten" bei der Verbüßung der Strafe, Ausbildung, Arbeit u. a.) (§ 107 Abs. 2 ukrStGB);

- Anerkennung durch das Gericht, dass die vollständige Verbüßung der Strafe im Rahmen des Freiheitsentzuges aus spezialpräventiven Gründen nicht notwendig erscheint;[409]

- Tatsächliche Verbüßung eines Teils der Strafe, dessen Länge im Gesetz bestimmt ist (§ 107 Abs. 3 ukrStGB). Diese Zeit der tatsächlichen Verbüßung wird sowohl für Jugendliche als auch für Erwachsene gleich und nach folgenden Fristen berechnet (gem. § 107 Abs. 3, § 82 Abs. 4 ukrStGB):

- Verbüßung von zumindest einem Drittel der Strafe bei vorsätzlichen geringen oder mittelschweren Straftaten[410] und fahrlässigen schweren Taten;

- Verbüßung von zumindest der Hälfte der Strafe bei vorsätzlichen schweren Taten oder fahrlässigen besonders schweren Delikten sowie bei einer Person, die bereits früher eine Freiheitsstrafe wegen einer vorsätzlichen Tat verbüßt und der Täter vor Straftilgung oder Strafaufhebung und vor Vollendung des 18. Lebensjahres eine neue vorsätzliche Tat begangen hat, für die er erneut zu einer Freiheitsstrafe verurteilt wurde;

- Verbüßung von zumindest zwei Dritteln der Strafe bei vorsätzlichen besonders schweren Taten sowie bei Straftätern, die bereits früher eine Freiheitsstrafe verbüßt haben und bedingt vorzeitig entlassen wurden und vor Ablauf der Zeit der Reststrafe und Vollendung des 18. Lebensjahres erneut wegen einer vorsätzlichen Tat zu Freiheitsstrafe verurteilt wurden.

---

408   Vgl. *Yacenko* 2006, § 107 Nr. 1.

409   Vgl. *Strel'cov* 2010, § 107, Nr. 2.

410   Zur Verbrechensqualifikation s. o. *Kap. 4*, Fn. 178.

Der Verurteilte kann auch von einer Nebenstrafe (ganz bzw. teilweise) bedingt vorzeitig entlassen werden. Dabei kommt nur die Nebenstrafe des Entzugs des Rechts eine bestimmte Arbeit oder bestimmte Tätigkeit auszuüben (Berufsverbot) in Betracht.[411]

Die Frage einer bedingt vorzeitigen Entlassung wird nach § 407 Abs. 1 ukrStPO durch den Richter des Amtsgerichtes am Ort der Strafverbüßung, nach Anhörung des Vollstreckungsorgans und des Amtes für Angelegenheiten Minderjähriger entschieden. Wenn das Gericht die bedingt vorzeitige Entlassung ablehnt, so ist eine Wiedervorlage dieser Frage erst nach sechs Monaten erneut möglich (§ 407 Abs. 5 ukrStPO, § 154 Abs. 7 ukrStVollstrG).

Es ist zu betonen, dass im Gegensatz zu Erwachsenen, welche ihre Strafe als Freiheitsbeschränkung[412] oder Freiheitsstrafe verbüßen, bei Jugendlichen eine Reststrafe nicht durch eine mildere Strafe ersetzt werden kann (§ 82, § 107 Abs. 4 ukrStGB).

Bei der bedingten vorzeitigen Entlassung von Jugendlichen muss das Gericht aufklären, wo ein Jugendlicher wohnen, arbeiten oder studieren wird.[413] Das ukrainische Strafgesetzbuch sieht jedoch nicht vor, dass bedingt vorzeitig entlassene Personen „irgendeiner Kontrolle" unterstehen.[414] Dafür regelt § 160 ukrStVollstrG die Kontrolle über bedingt Entlassene durch die gesellschaftlichen Vereinigungen.[415] Die Kontrolle durch die gesellschaftlichen Vereinigungen hat das Ziel, die im Rahmen des Strafvollzugs erzielten Besserungs- und Resozialisierungsergebnisse zu festigen und somit die Legalbewährung Entlassener zu unterstützen.[416]

Sollte ein Jugendlicher während der Zeit seiner Reststrafe eine neue Straftat begehen, so fasst das Gericht gem. § 107 Abs. 5 i. V. m. §§ 71 ukrStGB (Strafzumessung bei Zusammentreffen mehrerer Urteile) und § 72 ukrStGB (Regeln zur Kumulation von Strafen und Anrechnung der Untersuchungshaft) die neu festgesetzte Strafe und seine Reststrafe vollständig oder teilweise zusammen. Dabei darf die Gesamtsumme aller Strafen das im Allgemeinen Teil des ukrStGB bestimmte Höchstmaß der vorgesehenen Strafart nicht überschreiten.

---

411 Vgl. *Plenum des Obersten Gerichts der Ukraine* 2002, Ziff. 7 Abs. 1.

412 Die Freiheitsbeschränkung (*обмеження волі*) gem. § 61 Abs. 1 ukrStGB besteht in der Unterbringung der Person in offenen Strafvollzugsanstalten ohne Isolierung von der Gesellschaft, aber unter Bedingungen einer bestimmten Form der Aufsicht.

413 Vgl. *Plenum des Obersten Gerichts der Ukraine* 2002, Ziff. 14.

414 Vgl. *Pis'mens'kij/Ryazs'kij* 2009, S. 125.

415 Die gesellschaftlichen Vereinigungen unterstützen die Strafvollstreckungseinrichtungen und -organe in der Arbeit (§§ 1 Abs. 2, 5 ukrStVollstrG) und „wirken an der Besserung der Verurteilten" mit (§§ 6 Abs. 3, 25 ukrStVollstrG).

416 Vgl. *Stepanyuk* 2008, § 160 Nr. 2.

Beim Zusammentreffen mehrerer Urteile mit unterschiedlichen Strafarten wird aus den eröffneten Strafrahmen die härteste Strafe verhängt.

Das *Plenum des Obersten Gerichts der Ukraine hat in seiner* „Verordnung" Nr. 2 vom 26.04.2002 (Ziff. 16) festgelegt, dass nach § 107 ukrStGB, bei Anwendung der bedingt vorzeitigen Entlassung gegenüber Personen, die ihre Tat vor dem 01.09.2001 (Inkrafttreten des neuen StGB) begangen haben, nach den Schluss- und Übergangsbestimmungen in Ziff. 11 vorzugehen ist; das heißt, die bedingt vorzeitige Entlassung wird unter Berücksichtigung von Besonderheiten jeder Strafsache nach den §§ 81 und 107 ukrStGB 2001 bestimmt, wenn diese Vorschriften im Vergleich zu den Regelungen des StGBUkrSSR von 1961 milder sind.

Auch im *deutschen* Jugendstrafrecht gibt es mit der in § 88 JGG gegebenen Möglichkeit der „Aussetzung des Restes der Jugendstrafe" ein Institut, das dem der „bedingt vorzeitigen Entlassung" im ukrainischen Recht entspricht.

Danach kann die Vollstreckung des Restes der Jugendstrafe dann zur Bewährung ausgesetzt werden, wenn der Verurteilte einen Teil der Strafe verbüßt hat und dies im Hinblick auf die Entwicklung des Jugendlichen, auch unter Berücksichtigung des Sicherheitsinteresses der Allgemeinheit, verantwortet werden kann (§ 88 Abs. 1 JGG).[417]

Nur aus besonders wichtigen Gründen darf die Aussetzung der Restvollstreckung angeordnet werden, wenn sie vor Verbüßung von sechs Monaten der Strafe erfolgt. Bei einer Jugendstrafe von mehr als einem Jahr ist die Aussetzung bereits zulässig, wenn der Verurteilte mindestens ein Drittel der Strafe verbüßt hat (§ 88 Abs. 2 JGG).

Die Reststrafe wird zur Bewährung ausgesetzt. Bezüglich der Bewährungszeit, der zulässigen Weisungen und Auflagen gelten die oben bereits dargestellten Vorschriften (§ 88 Abs. 6 i. V. m. § 22 Abs. 1 S. 1 und 2, § 23-26a JGG).

Der Widerruf der Strafaussetzung kann unter den Bedingungen des § 26 JGG erfolgen, wenn der Jugendliche die in ihn gesetzten Erwartungen nicht erfüllt und in der Bewährungszeit eine neue Straftat begeht, oder wenn er gegen Weisungen und Auflagen gröblich und beharrlich verstößt.[418]

5.2.7 Befreiung von der strafrechtlichen Verantwortlichkeit und Verbüßung der Strafe im Zusammenhang mit Verjährungsfristen

Gem. § 106 Abs. 1 i. V. m. §§ 49, 80 ukrStGB wird eine Person von der strafrechtlichen Verantwortlichkeit und der Strafe befreit, wenn Verjährung eingetreten ist. Insgesamt kennt das ukrStGB mit der Verfolgungsverjährung und der

---

417   Vgl. *Laubenthal/Baier/Nestler* 2010, Rn. 893 ff.; *Brunner/Dölling* 2011, § 88, Rn. 1 und 5.

418   Vgl. *Laubenthal/Baier/Nestler* 2010, Rn. 854; *Diemer/Schatz/Sonnen* 2011, §§ 26, 26a, Rn. 6 ff. und 13 ff.

Vollstreckungsverjährung zwei Arten von Verjährungsfristen. Unter *Verjäh-rungsfrist* ist die durch Gesetz bestimmte Zeit zu verstehen, nach deren Ablauf ein jugendlicher oder erwachsener Straftäter für seine begangene Tat keinen strafrechtlichen Maßnahmen mehr unterzogen werden darf.

Die *Verfolgungsverjährung* ist gem. § 49 Abs. 1 ukrStGB dann gegeben, wenn die Person ab dem Tag der Begehung der Straftat nach einem bestimmten Zeitablauf von der strafrechtlichen Verantwortlichkeit befreit wird.

Die *Vollstreckungsverjährung* ist gem. § 80 Abs. 1 ukrStGB dann gegeben, wenn das Strafurteil des Gerichts nach einer bestimmten Zeit ab dem Tag des Inkrafttretens des Urteils nicht vollstreckt wurde. Der Verurteilte wird dann von der Verbüßung der Strafe befreit.

Die Verjährungsfristen sind bei Jugendlichen im Vergleich zu Erwachsenen nach §§ 49 und 80 ukrStGB auf ein Drittel gekürzt und enthalten keine Ausnahmen bzgl. ihrer Anwendung.[419] Das heißt, wenn die Merkmale der §§ 106 Abs. 1 und 2 und 49 ukrStGB vorliegen, sind die Personen, die eine Tat bis Vollendung des 18. Lebensjahres begingen, nach Ablauf der verkürzten Ver-jährungsfristen von der strafrechtlichen Verantwortlichkeit zu befreien.[420]

Die Verjährungsfristen bei der Verfolgungsverjährung unterscheiden sich nach dem Grad der Schwere der begangenen Tat. § 106 Abs. 2 ukrStGB sieht vor, dass ein Jugendlicher dann strafrechtlich nicht verantwortlich ist, wenn seit dem Tag der Begehung einer Tat und bis zur Rechtskraft des Urteils folgende Fristen abgelaufen sind:

- zwei Jahre für die Begehung einer Tat von geringer Schwere;
- fünf Jahre für die Begehung einer mittelschweren Straftat;
- sieben Jahre bei Begehung einer schweren Straftat;
- zehn Jahre bei Begehung einer besonders schweren Tat.

Bei der Vollstreckungsverjährung gem. § 106 Abs. 3 ukrStGB kann die Strafe nicht mehr vollstreckt werden, wenn nach der Rechtskraft des Strafurteils dieses innerhalb folgender Fristen nicht vollstreckt wurde:

- zwei Jahre bei Verurteilung zu einer Strafe, die keine Freiheitstrafe ist, sowie bei Verurteilung zu einer Freiheitsstrafe für eine Straftat nicht großer Schwere;
- fünf Jahre bei Verurteilung zu einer Freiheitsstrafe für eine mittel-schwere Straftat, sowie bei Verurteilung zu einer Freiheitsstrafe von bis zu fünf Jahren für eine schwere Straftat;
- sieben Jahre bei Verurteilung zu einer Freiheitsstrafe für mehr als fünf Jahren für eine schwere Straftat;
- zehn Jahre bei Verurteilung zu einer Freiheitsstrafe für eine besonders schwere Straftat.

---

419 Vgl. *Strel'cov* 2007a, S. 261; *Strel'cov* 2010, § 106, Nr. 2.

420 Vgl. *Plenum des Obersten Gerichts der Ukraine* 2005, Ziff. 10 Abs. 3.

Gem. § 80 Abs. 2 ukrStGB bestimmt sich die Verjährungsfrist bezüglich Nebenstrafen nach den Hauptstrafen, d. h., dass Nebenstrafen auf die Verjährungsdauer keinen Einfluss haben. Nach § 80 Abs. 1 Nr. 1 ukrStGB beträgt z. B. die Verjährungsfrist im Fall der Geldstrafe und des zugleich ausgesprochenen Berufsverbots zwei Jahre.[421]

Nach *deutschem* Jugendstrafrecht entscheidet sich die Frage, wann die Tat eines Jugendlichen verjährt, nach den Vorschriften des allgemeinen Strafrechts, d. h. nach den §§ 78 bis 78c StGB. Anders als im ukrainischen Recht gelten somit keine für Jugendliche verkürzten Fristen der *Verfolgungsverjährung*. So gilt also ausschließlich der in § 78 Abs. 2 StGB enthaltene, nach gesetzlichen Strafdrohungen gestaffelte Katalog der Verjährungsfristen für Erwachsene und Jugendliche.

Auch die Unterbrechung der Verjährung richtet sich ausschließlich nach § 78c StGB und den dort im Abs. 1 festgelegten richterlichen und nichtrichterlichen Handlungen von inländischen Verfolgungsorganen. Nach h. M. können darüber hinausgehende Verfahrenshandlungen nach dem JGG keine Ausweitung der Unterbrechungshandlungen bewirken, weil die Jugendlichen dann in der Verjährungsfrage schlechter gestellt würden als die Erwachsenen.[422] Nach § 78 Abs. 1 StGB schließt die Verjährung die Ahndung der Tat aus.

Nach heute h. M.[423] ist die Verjährung eine Prozessvoraussetzung, ihr Vorliegen stellt sich als ein Verfahrenshindernis dar und führt zur Einstellung des Verfahrens (siehe § 206a und 260 Abs. 3 StPO).

Für die *Vollstreckungsverjährung* enthält das JGG keine umfassende Regelung. Lediglich § 87 Abs. 4 JGG enthält ein absolutes Verbot der Vollstreckung von Jugendarrest, wenn seit Eintritt der Rechtskraft der zugrunde liegenden Entscheidung ein Jahr verstrichen ist.

Entsprechende Regelungen für die anderen Zuchtmittel sowie für die Erziehungsmaßregeln und die Vollstreckung der Jugendstrafe existieren nicht. D. h. dass gem. § 2 Abs. 2 JGG die allgemeinen Vorschriften des StGB gelten, also die §§ 79-79b StGB.

Dies führt wegen des im Jugendstrafrecht vorherrschenden erzieherisch-spezialpräventiven Zwecks der Strafe und damit des Prinzips der tatnahen Ahndung zu Schwierigkeiten.[424]

421 Vgl. *Yacenko* 2006, § 80, Nr. 3; *Strel'cov* 2010, § 80, Nr. 1.

422 Vgl. *Diemer/Schatz/Sonnen* 2011, § 4 Rn. 3; *Eisenberg* 2010, § 4 Rn. 4.

423 Vgl. *Lackner/Kühl* 2011, § 78 Rn. 1; *Schönke/Schröder* 2010, § 78 Rn. 3; *Kindhäuser/ Neumann/Paeffgen* 2010, § 78 Rn. 3-6.

424 Vgl. *Diemer/Schatz/Sonnen* 2011, § 4 Rn. 4 und 5.

5.2.8 Straftilgung und Strafaufhebung

Die Vorstrafe eines Jugendlichen kann nach den §§ 88-91 ukrStGB unter Berücksichtigung von § 108 ukrStGB[425] getilgt bzw. aufgehoben werden. *Straftilgung (погашення судимості)* bedeutet die automatische Löschung der Vorstrafe ohne Gerichtsentscheidung nach Verbüßung einer Strafe und Ablauf einer durch das Gesetz bestimmten Frist oder bzgl. einer nicht freiheitsentziehenden Sanktion nach Beendigung der Vollstreckung.

Hauptbedingung der Straftilgung ist, dass keine neuen Straftaten während der vom Gesetz bestimmten Zeitspannen begangen wurden. In dieser Weise *getilgte* Strafen können bei einer späteren Verurteilung nicht mehr berücksichtigt werden, etwa bei der Strafzumessung.[426]

Bei Jugendlichen gelten gem. § 108 Abs. 2 ukrStGB folgende, im Vergleich zu den Erwachsenen, verkürzte Fristen:
- gleich nach der Vollstreckung der nicht mit Freiheitsstrafe verbundenen Sanktion;
- ein Jahr bei einer Verurteilung zu einer Freiheitsstrafe wegen einer geringen oder mittelschweren Straftat;
- drei Jahre bei einer Verurteilung zu einer Freiheitsstrafe wegen einer schweren Straftat;
- fünf Jahre bei einer Verurteilung zu einer Freiheitsstrafe wegen einer besonders schweren Straftat.

In Deutschland sind die Tilgungsfristen bei den zu Jugendstrafe Verurteilten – ebenso wie in der Ukraine – kürzer als bei Erwachsenen. Die Tilgungsfristen sind im BZRG geregelt und unterscheiden sich in ihrer Länge wesentlich. So gilt eine fünfjährige Tilgungsfrist bei Jugendstrafen von nicht mehr als einem Jahr oder bei Jugendstrafen von nicht mehr als zwei Jahren mit Bewährung oder Strafaussetzung sowie nach Beseitigung des Strafmakels durch Richterspruch (§ 46 BZRG). Bei höheren Jugendstrafen erfolgt die Tilgung nach zehn Jahren.[427]

Die *Strafaufhebung (зняття судимості)* durch das Gericht ist nach ukrainischem Recht von der Straftilgung zu unterscheiden.[428] Die *Strafaufhebung* bedeutet die Zurücknahme *(анулювання)* von Rechtsfolgen, die mit einer Vorstrafe verbunden sind, und zwar vor Ablauf der *Straftilgung* aufgrund gesetzlicher Fristen. Die Strafe kann nach der Entlassung aufgrund eines von der Besserungsanstalt gestellten Antrags durch Gerichtsbeschluss *aufgehoben* wer-

---

425 Vgl. *Plenum des Obersten Gerichts der Ukraine* 2003d, Ziff. 4 Abs. 2; vgl. auch *Strel'cov* 2007a, S. 263.

426 Vgl. *Strel'cov* 2010, § 108, Nr. 2.

427 Vgl. *Meier/Rössner/Schöch* 2007, § 14 Rn. 37.

428 Vgl. *Plenum des Obersten Gerichts der Ukraine* 2003d, Ziff. 7 Abs. 1.

den, wenn die Besserung und Umerziehung eines Jugendlichen vor Ablauf der gesetzlichen Löschungsfrist erkennbar ist. Die Strafaufhebung steht im Ermessen des Gerichts. Wenn das Gericht entscheidet, dass die Person ihre Besserung nicht nachweisen konnte, so hat es das Recht die vorfristige Tilgung einer Strafe zu untersagen. Ein nochmaliger Antrag kann dann erst nach einem Jahr erneut gestellt werden.[429]

Die vorfristige Strafaufhebung gegenüber einem Jugendlichen ist im Falle der Begehung einer schweren oder besonders schweren Straftat nur nach Beendigung der Hälfte der Dauer der Straftilgung möglich (§ 108 Abs. 3 i. V. m. § 91 Abs. 2 ukrStGB).[430]

Im *deutschen* Jugendstrafrecht kann der Richter gem. § 27 JGG in Fällen, in denen nicht mit Sicherheit beurteilt werden kann, ob eine Jugendstrafe erforderlich ist, auch lediglich die Schuld des Jugendlichen feststellen, die Entscheidung über die Verhängung der Jugendstrafe aber für eine von ihm zu bestimmende Bewährungszeit aussetzen. Umgekehrt kann in einem nach § 30 JGG durchgeführten Nachverfahren dann noch auf eine Jugendstrafe erkannt werden, wenn sich die dafür erforderlichen Voraussetzungen erst während einer Bewährungszeit ergeben. Liegen diese Voraussetzungen nach Ablauf der Bewährungszeit so nicht vor, so wird der Schuldspruch getilgt (§§ 30 Abs. 2, 62 Abs. 2 JGG).

Verurteilungen zu Jugendstrafe, auch bei einer Strafaussetzung zur Bewährung, werden in Deutschland im allgemeinen Bundeszentralregister registriert (§ 4 BZRG). Auch ein Schuldspruch nach § 27 JGG, Nebenstrafen und Maßregeln der Besserung und Sicherung[431] werden hier eingetragen.

Erziehungsmaßregeln und Zuchtmitteln (auch die stationären Sanktionen Jugendarrest und Heimerziehung),[432] sofern sie nicht als Auflagen oder Weisungen im Zusammenhang mit einer zur Bewährung ausgesetzten Jugendstrafe angeordnet worden sind (§ 5 Abs. 2 JGG), werden im Erziehungsregister (§ 60 BZRG) eingetragen.[433] Das ist eine für Justizzwecke angefertigte Sonderdatei. Hier werden u. a. neben leichteren Maßnahmen des Jugendrichters und des Jugendstaatsanwalts auch familien- und vormundschaftsrichterliche Entscheidungen über das Sorgerecht, Freisprüche mangels Reife (§ 3 JGG) und die

---

429   Vgl. *Plenum des Obersten Gerichts der Ukraine* 2003d, Ziff. 9 Abs. 2.

430   Vgl. *Strel'cov* 2007a, S. 264.

431   Soweit diese nach §§ 6 und 7 JGG zulässig sind (Fahrverbot, Entziehung der Fahrerlaubnis, Unterbringung in einer Entziehungsanstalt oder in einem psychiatrischen Krankenhaus), vgl. *Meier/Rössner/Schöch* 2007, § 14 Rn. 35.

432   Vgl. *Meier/Rössner/Schöch* 2007, § 14 Rn. 41.

433   Vgl. *Meier/Rössner/Schöch* 2007, § 14 Rn. 35.

daraus folgenden Maßnahmen (§ 3 S. 2 JGG) sowie die Einstellung von Strafverfahren (§§ 45, 47 JGG) eingetragen.[434]
   In der Ukraine gibt es diesen Unterschied nicht. Alle Verurteilungen (von
Jugendlichen und Erwachsenen) werden in einem einheitlichen Strafregister
registriert.

5.3 Zusammenfassung

Zunächst ist noch einmal darauf hinzuweisen, dass es im ukrStGB keine einheitliche Definition zum Begriff des *Jugendlichen* gibt. Es wird eine unterschiedliche Terminologie verwendet, z. B. *„die Person, die 16 Jahre nicht erreicht
hat"*, *„die Person im Alter bis zum 17. Lebensjahr"*, *„Jugendlicher"*. Eine Definition findet sich im ukrFamilienGB von 2004.[435]
   Das Strafmündigkeitsalter liegt in der Ukraine bei 16 Jahren, wobei bei der
Begehung von schweren und besonders schweren Straftaten Jugendliche bereits
ab der Vollendung des 14. Lebensjahres zur strafrechtlichen Verantwortlichkeit
gezogen werden. Ähnlich wie in der Ukraine sieht auch die Gesetzgebung von
Russland, Litauen, Belarus, Makedonien und Moldawien den Eintritt der
strafrechtlichen Verantwortlichkeit ab der Vollendung des 14. bzw. des 16.
Lebensjahres vor. In Deutschland dagegen liegt das Strafmündigkeitsalter
einheitlich bei 14 Jahren.[436] Jugendlicher ist nach *deutschem* Recht, wer zur
Zeit der Tat 14, aber noch nicht 18 Jahre alt ist (§ 1 Abs. 1 JGG).
   Im Vergleich zu Deutschland sieht das ukrainische Strafrechtssystem keine
Regelung bezüglich Heranwachsender vor, d. h. derjenigen, die zur Zeit der Tat
18 aber noch nicht 21 Jahre alt sind (§ 1 Abs. 2 JGG). Mit der Vollendung des
18. Lebensjahres tritt in der Ukraine die Volljährigkeit ein und damit auch die
volle strafrechtliche Verantwortlichkeit für eigenes Verhalten.
   Grundsätzlich sind *Strafen und „Zwangsmaßnahmen erzieherischer Einwirkung"* als selbstständige Rechtsinstitute zu unterscheiden. „Zwangsmaßnahmen
erzieherischer Einwirkung" setzen im Gegensatz zu Strafen keine strafrechtliche
Verantwortlichkeit voraus. Die Verhängung einer „Zwangsmaßnahme erzieherischer Einwirkung" bewirkt keine Vorstrafe. Fällt das Gericht ein Urteil ohne
jedoch eine Strafe zu verhängen, so gilt die Person als nicht vorbestraft. Aus der
Verhängung einer Strafe resultiert dagegen eine Vorstrafe.[437]
   Das *Plenum des Obersten Gerichts der Ukraine* hat dazu in Ziff. 18 seiner
„Verordnung" Nr. 5 vom 16.04.2004 erklärt: „wenn eine Norm, nach welcher
ein Jugendlicher zu verurteilen ist, nur solche Strafarten vorsieht, die des Alters

434 Vgl. *Meier/Rössner/Schöch* 2007, § 14 Rn. 41.

435 Dazu s. o. *Kap. 1*, Fn. 2, S. 1.

436 Vgl. *Dünkel/Grzywa/Pruin/Šelih* 2011, S. 1847 f.

437 Vgl. *Strel'cov* 2007a, S. 251 f.

bzw. seines Zustands wegen ihm gegenüber nicht verhängt werden können, so wird er durch das Gericht von der strafrechtlichen Verantwortlichkeit befreit. Nach § 7 ukrStPO beendet das Gericht dementsprechend das Strafverfahren oder es verhängt ein Strafurteil (Schuldspruch) und befreit ihn von der Strafe."

Im ukrStGB sind die *Strafen* vor den „*Zwangsmaßnahmen erzieherischer Einwirkung*" geregelt. Andererseits ist aus den „Verordnungen" des POGU und dem ukrStGB zu verstehen, dass diese Erziehungsmaßnahmen Vorrang vor Strafen haben sollen. Es ist daher davon auszugehen, dass aus optischen Gründen der Gesetzgeber sich zunächst für die Darstellung der Strafen entschieden hat und dann erst die Möglichkeit einer „alternativen" Maßnahme suchte. Es wird als Schritt zur „Humanisierung des Strafrechts" gegenüber Jugendlichen angesehen, dass „alternative" Maßnahmen vorrangig anzuwenden sind. Fraglich bleibt, ob es nicht im Hinblick darauf konsequenter gewesen wäre, dann auch im Gesetzesaufbau die „Zwangsmaßnahmen erzieherischer Einwirkung" voran zu stellen, wie dies im JGG des *deutschen* Jugendstrafrechts der Fall ist.

Das neue ukrStGB sondert in § 98 aus den zwölf im § 51 genannten Strafarten gegenüber Erwachsenen ein separates Strafsystem von fünf Strafen für jugendliche Täter aus, sieht aber keine speziell nur für Jugendliche geeignete Strafarten vor.[438] Aufmerksamkeit verdient der aufsteigende Schweregrad der strafrechtlichen Sanktionen. Das ukrainische Sanktionensystem beginnt im Gesetzesaufbau ebenso wie das StGB in Russland[439] mit der *mildesten* Strafe, der *Geldstrafe*.

Überdies enthält das neue ukrStGB ein separates Kapitel zu den Besonderheiten der strafrechtlichen Verantwortlichkeit und Strafe gegenüber Jugendlichen. In weiteren Kapiteln werden Möglichkeiten der Befreiung von einer Strafe geregelt, wie z. B. im § 84 Abs. 1 und 2 (Befreiung von einer Strafe aus gesundheitlichen Gründen) oder gem. § 86 Abs. 2 (Befreiung von strafrechtlicher Verantwortlichkeit oder Strafe infolge einer Amnestie).[440]

Den Begriff der *Besserung* sieht der Gesetzgeber sowohl bei den Kriminalstrafen als auch in den „Zwangsmaßnahmen erzieherischer Einwirkung" als Ziel vor. Daraus folgt, dass beide Rechtsinstitute dasselbe Ziel haben.[441]

Das ukrStGB sieht Freiheitsstrafe gegenüber einem Jugendlichen auch dann vor, wenn seine Straftat keine Gewalt gegen einen Menschen beinhaltet hat. Dies wiederum entspricht nicht den internationalen Mindestgrundsätzen der Vereinten Nationen für nicht-freiheitsentziehende Maßnahmen (Tokyo-Grundsätze) und den sog. Beijing-Grundsätzen. Nr. 17.1 c) der Beijing-Grundsätze lautet „Freiheitsentzug wird nur angeordnet, wenn der Jugendliche einer

---

438 Vgl. *Burdin* 2004b, S. 67.

439 Vgl. *Rieckhof* 2008, S. 50.

440 Vgl. *Strel'cov* 2007a, S. 262.

441 Vgl. *Burdin* 2004a, S. 78.

schweren Gewalttat gegen eine Person oder mehrfach wiederholter anderer schwerer Straftaten für schuldig befunden worden ist und keine anderen angemessenen Lösungen zur Verfügung stehen".[442]

Strafaussetzung zur Bewährung ist möglich gegenüber Jugendlichen in Fällen ihrer Verurteilung zu Arrest und zur Freiheitsstrafe. Unverständlich ist, warum bei Erwachsenen weitergehend auch im Fall ihrer Verurteilung zu Besserungsarbeiten eine Aussetzung zur Bewährung möglich ist. Damit schränkt der Gesetzgeber die Wirkung internationaler Dokumente wie die Beijing-Grundsätze (Nr. Nr. 17.1, 19.1), die Kinderrechtskonvention (Art. 37 b)) ein. In diesen Dokumenten wird besonders betont, dass die Anwendung aller möglichen Einflussmaßnahmen notwendig ist, damit Freiheitsstrafe möglichst weitgehend vermieden werden kann.[443]

Nicht nachvollziehbar ist auch die Nichtgewährung der Möglichkeit, den Rest einer Freiheitsstrafe eines Jugendlichen durch eine mildere Strafe zu ersetzen. Dabei wurde diese Möglichkeit in der zweiten Redaktion des Gesetzentwurfs besprochen, aber nicht angenommen.[444]

442 Vgl. *Burdin* 2004b, S. 67 f.
443 Vgl. *Burdin* 2004b, S. 70.
444 Vgl. *Burdin* 2004b, S. 71.

6. Jugendgerichtsbarkeit

6.1 Zur Geschichte der Jugendgerichte

Die Gründung der Jugendgerichte[445] zu Zeiten des Russischen Imperiums erfolgte nach dem Beispiel der USA, wo solche Gerichte nach dem Gesetz vom 1. Juli 1899 geschaffen wurden. Überdies dienten die Erfahrungen aus Westeuropa als Vorbild.[446]

Das erste Jugendgericht in Russland wurde am 22. Januar 1910 in St.-Petersburg eingerichtet. Die Tätigkeit des Gerichtes wurde sehr hoch bewertet, was die schnelle Entwicklung des neuen Gerichtssystems am Anfang des 20. Jh. auf dem Territorium des Russischen Imperiums erklärt. Auch in der Ukraine, damals Bestandteil des Imperiums, waren im Jahre 1917 bereits Jugendgerichte in den Städten Char'kov, Kiev, Odessa und Nikolaev aufgebaut worden.[447]

Russische Juristen bezeichneten solche Gerichte als „Organ der staatlichen Fürsorge/Pflege für Jugendliche, das nach den gerichtlichen Prinzipien arbeitet". Das ist mit der Tätigkeit des Richters zu erklären, der die gerichtliche Aufsicht über die Arbeit der Anstalten, die für die jugendlichen Straftäter zuständig waren, innehatte. Diese Funktion nahm ein spezieller Friedensrichter (*мировой судья*) wahr. In seiner Kompetenz lagen Fälle der von Jugendlichen begangenen Straftaten sowie Fälle mit erwachsenen Anstiftern von Jugendlichen. Im Jahre 1913 kamen zu ihrer Kompetenz zusätzlich Fälle über verwahrloste bzw. obdachlose Jugendliche im Alter von bis zu 17 Jahren hinzu.[448]

Das russische Modell des Jugendgerichts hatte folgende Besonderheiten und prozessualen Merkmale:[449]

- Der Wert des Kindes als Individuum und Mitglied der Gesellschaft stand im Mittelpunkt des gerichtlichen Verfahrens.
- Die einzelnen Fälle bearbeitete ein Friedensrichter, der aus der Bevölkerung des Gerichtsbezirks gewählt wurde.
- Die Ausbildung des Richters setzte Kenntnisse in der Kinderpsychologie voraus. Auf Grund dessen wurden Ärzte und Pädagogen bevorzugt.

---

445 Solche Gerichte trugen verschiedene Namen, bspw. „Gerichte für Kinder", „Kindergerichte", vgl. *Beljaeva* 2005, S. 7.

446 Vgl. *Mel'nikova* 2000, S. 34; *Beljaeva* 2005, S. 5.

447 Vgl. *Mel'nikova* 2000, S. 48; *Beljaeva* 2005, S. 6; *Pidžakov* 2006, S. 4.

448 Vgl. *Mel'nikova* 2000, S. 48; *Gusev/Kostova/Krestovs'ka/ u. a.* 2006, S. 41 f.

449 Vgl. *Mel'nikova* 2000, S. 49; *Beljaeva* 2005, S. 6; *Pergataia* 2001, S. 230 f.; *Mel'nikova* 1990, S. 31.

- Es gab besondere Regelungen der Ladung und Vorführung der Kinder zum Gericht.
- Jugendliche und Erwachsene waren unbedingt zu trennen.
- Die Gerichtsbarkeit hatte eine breite Zuständigkeit: Taten begangen durch Jugendliche; Fälle mit Jugendlichen als Opfer; Fälle verbunden mit Nichterfüllung der elterlichen Pflichten und grausamer Behandlung des Kindes; Obdachlosigkeit des Jugendlichen; Kinderprostitution, etc.
- Die Hauptverhandlung war nicht öffentlich.
- Eine förmliche Anklage und ein förmliches gerichtliches Verfahren fehlten.
- Stattdessen gab es ein vereinfachtes Gerichtsverfahren, bestehend aus einem formlosen Gespräch des Richters mit dem Jugendlichen unter Anwesenheit seines Pflegers.

Die Einführung der Jugendjustiz trug im Großen und Ganzen zur besseren Erforschung der Persönlichkeit der jugendlichen Straftäter und der Ursachen der Straftaten bei.

Die Aufgabe des Gerichts bestand in der Bekämpfung der Jugendkriminalität, in Maßnahmen gegenüber Obdachlosen und in der Verteidigung der Interessen der Kinder.[450] Die Jugendjustiz beeinflusste u. a. das russische Sanktionensystem bzgl. Jugendlicher, indem sie zur Milderung der Strafmaßnahmen führte und zum Übergang zu den erzieherischen Maßnahmen.[451]

Wie bereits in *Kap. 2* dargestellt, schaffte die Oktoberrevolution 1917 die Jugendgerichte ab und Kommissionen für Jugendsachen (Jugendkommissionen) nahmen deren Platz ein.[452] Das galt auch für die oben bereits erwähnten Jugendgerichte in der Ukraine. Die Abschaffung der Möglichkeit, die Jugendsachen bei den Jugendgerichten zu bearbeiten, führte bereits nach wenigen Jahren zur Notwendigkeit von Änderungen. In der Ukraine waren die Jugendlichen im Alter von 14 bis zu 18 Jahren bei Begehung von Taten wie z. B. konterrevolutionäre Taten, Hochverrat, Spionage u. ä., im Falle der Unmöglichkeit der Anwendung von medizinisch-pädagogischen Maßnahmen dem Volksgericht zu übergeben (Dekret RNK UkrSSR vom 12.06.1920 „Über die Verantwortlichkeit der Jugendlichen"). Ein Jahr später wurden in dieses Dekret Veränderungen eingebracht, wonach Jugendliche im Alter von 17 bis zu 18 Jahren auch für „Banditentum" dem Volksgericht zu übergeben waren. Diese Regelungen galten nur für die Ukraine.[453] Die Jugendkommissionen wurden im Jahr 1935 abgeschafft und die Jugendsachen wurden ausnahmslos an die ordentlichen Gerichte übertragen.

---

450 Vgl. *Beljaeva* 2005, S. 6.
451 Vgl. *Mel'nikova* 2000 S. 50, 52 f.
452 Vgl. *Gusev/Kostova/Krestovs'ka/ u. a.* 2006, S. 42 f.
453 Vgl. *Burdin* 2004a, S. 15 f.

Die strafrechtliche Gesetzgebung der UkrSSR vom 1960 sah in der ersten Fassung in § 10 Abs. 3 die *Befreiung* eines Jugendlichen *von der Strafe* mit Anwendung von „Zwangsmaßnahmen erzieherischer Einwirkung" durch das Gericht vor. Weiter war im § 10 Abs. 4 für Jugendliche die Möglichkeit *der Befreiung von der strafrechtlichen Verantwortlichkeit* mit seiner Übergabe an die in den 1960er Jahren erneut geschaffene Kommission für Jugendsachen[454] zur weiteren Anwendung von „Zwangsmaßnahmen erzieherischer Einwirkung" vorgesehen.

In diesem Fall wurde das Verfahren gem. § 9 ukrStPO von 1960 eingestellt und der Jugendliche wurde von der staatlichen Verurteilung verschont. Die Kommission für Jugendsachen hatte somit das Recht auf Anwendung von „Zwangsmaßnahmen erzieherischer Einwirkung". Sie wendete diese Maßnahmen nicht nur im Falle der Einstellung des Verfahrens durch die Gerichte an, sondern auch gegenüber Jugendlichen, die im Alter von unter 14 Jahren eine „gesellschaftsgefährdende" Handlung[455] begangen hatten oder bei Jugendlichen im Alter von 14 bis 16 Jahren.[456] Nach dem Strafgesetzbuch von 1960 hatte die Anwendung von „Zwangsmaßnahmen erzieherischer Einwirkung" durch das Gericht oder durch die Kommission für Jugendsachen einen unterschiedlichen Charakter: Im Falle der Gerichtszuständigkeit ging es um echte strafrechtliche Verantwortlichkeit und im Falle der Kommission ging es gerade um die Befreiung hiervon.

Im Dezember 1993 wurde den Kommissionen für Jugendsachen aufgrund des ukrainischen Strafrechtsänderungsgesetzes Nr. 3787-XII das Recht der Anwendung von „Zwangsmaßnahmen erzieherischer Einwirkung" entzogen. Sie werden seitdem durch das Gericht auch gegenüber Jugendlichen, die das Strafmündigkeitsalter noch nicht erreicht haben, angewendet (dazu s. o. *Kap. 5.2.3*). Allerdings war im Gesetz eine Altersgrenze nicht angegeben.[457] Ende 1994 wurden die Kommissionen sodann ganz abgeschafft.[458]

6.2 Das heutige Modell der Jugendgerichtsbarkeit

Das ukrainische Gerichtsverfassungsgesetz sieht gegenwärtig keine spezialisierten Gerichte in Jugendsachen vor, wie dies in Deutschland[459] der Fall ist (§§ 33

454 Vgl. *Šemšučenko* 2001, S. 181.

455 Siehe dazu oben *Kap. 5.2.3*.

456 Vgl. *Burdin* 2004a, S. 67 und 70.

457 Vgl. *Burdin* 2004a, S. 70 f.; Das ukrainische Gesetz über Änderungen und Ergänzungen des ukrStGB und der ukrStPO und der Regelung über Kommissionen für Jugendsachen des UkrSSR vom 23.12.1993, Nr. 3787-XII.

458 Vgl. *Burdin* 2004a, S. 70; *Parlament der Ukraine* 1994, Ziff. 2, Abs. 1.

Abs. 1, 107 Abs. 1 JGG).[460] Das Jugendstrafverfahren wird in der Ukraine von den allgemeinen Gerichten, regelmäßig auf Ebene der örtlichen Gerichte[461] im Einzelrichterverfahren, verhandelt. So werden auch keine dem *deutschen* System bekannten Jugendschöffen, ehrenamtliche Laienrichter[462] (§§ 33a, 35 JGG)[463] im Strafverfahren vorgesehen, ferner sind auch die Jugendschöffengerichte (Strafrichter, zwei Jugendschöffen als Mann und Frau)[464] und die Jugendkammer bei den Landgerichten[465] dem ukrainischen System nicht bekannt. Es kann daher für die Ukraine nicht von der Existenz einer Jugendgerichtsverfassung gesprochen werden.

Allerdings sieht das Gesetz über „Ämter und Behörden für Angelegenheiten Minderjähriger und Sonderinstitutionen für Minderjährige" vom 24.01.1995 (AmtBehInsG) vor, dass Strafverfahren in Jugendsachen gem. § 6 Abs. 2 von einem besonders beauftragten Richter durchgeführt werden sollen unter Mitwirkung von Vertretern der Ämter oder der Kriminalmiliz für Angelegenheiten Minderjähriger gem. § 442 ukrStPO (siehe sogleich unten). Dies bedeutet, dass ausgesuchte Richter mit den Jugendstrafsachen beauftragt werden sollen. Dies setzt allerdings voraus, dass solche Richter Erfahrung in Jugendsachen haben und eine bestimmte Spezialisierung beim Justizministerium oder in einem Zentrum der beruflichen Weiterbildung des Obersten Gerichts der Ukraine erhalten

---

459 Allerdings ist es vor allem in ländlichen Regionen Deutschlands mit niedrigem Jugendkriminalitätsaufkommen für Richter problematisch, sich ausreichend in Jugendsachen zu spezialisieren. In der Folge befassen sich Jugendrichter dort darüber hinaus auch mit allgemeinen Strafsachen oder Zivilsachen. In anderen Fällen wird das Jugendrichteramt als Start für eine weitergehende Karriere als Richter betrachtet, vgl. *Dünkel* 2011a, S. 565.

460 Siehe dazu *Meier/Rössner/Schöch* 2007, § 13 Rn. 2; *Laubenthal/Baier/Nestler* 2010, Rn. 112.

461 Örtliche Gerichte (wörtliche Übersetzung) in der Ukraine würden den Amtsgerichten in Deutschland entsprechen. Die örtlichen Gerichte haben allerdings verschiedene Bezeichnungen, abhängig von ihrer örtlichen Lage bzw. der Verwaltungsgliederung der Ukraine. Sie haben aber alle die gleichen Funktionen, nämlich als Gericht der ersten Instanz. Örtliche Gerichte sind „Rayongerichte" (zuständig für Rayons i. S. eines Gerichtsbezirks), „Rayongerichte in den Städten" (zuständig für Rayons in einer Stadt), „Stadtgerichte" (zuständig für ganze Städte) und „Stadtrayongerichte" (hier ist ein kleineres „Stadtgericht" zusammen mit einem „Rayongericht" zu einem „Stadtrayongericht" zusammengeschlossen) gem. § 21 ukrGVG.

462 Jugendschöffen, sog. ehrenamtliche Laienrichter sollen in Jugendstrafverfahren gem. § 35 Abs. 2 S. 2 JGG erzieherisch befähigt und in der Jugenderziehung erfahren sein, vgl. *Laubenthal/Baier/Nestler* 2010, Rn. 132 und 134.

463 Siehe dazu *Meier/Rössner/Schöch* 2007, § 13 Rn. 4.

464 Siehe dazu *Meier/Rössner/Schöch* 2007, § 13 Rn. 8; *Laubenthal/Baier/Nestler* 2010, Rn. 131 ff.

465 Siehe dazu *Meier/Rössner/Schöch* 2007, § 13 Rn. 9.

haben.[466] Diese Regelung findet jedoch in der Praxis immer noch keine ausreichende Anwendung. Es fehlt die Möglichkeit, die Richter nur für diese Verfahren einzusetzen.[467] In der Praxis kann es vorkommen, dass die Jugendsachen neben anderen Sachen von einem bestimmten Richter bearbeitet werden. Es hängt jedoch von der Auslastung der Richter ab.[468]

Gem. § 6 Abs. 1 AmtBehInsG sind die Gerichte für Verfahren bzgl. jugendlicher Straftäter oder für Jugendliche, die im Alter von 16 bis 18 Jahren eine Ordnungswidrigkeit begangen haben sowie für die Unterbringung der Rechtsbrecher, die das 18. Lebensjahr noch nicht vollendet haben, in Aufnahme- und Einweisungsanstalten, zuständig.

Dazu gehören auch die Fälle der Vernachlässigung der Pflichten bei der Erziehung und Ausbildung der Kinder durch Eltern, Adoptiveltern, Vormünder oder Pfleger, die Beschränkung der Eltern in der Handlungsfähigkeit, die Wegnahme der Kinder und der Entzug des elterlichen Sorgerechts, ferner die Entfernung derjenigen Personen aus der Wohnung, die die elterliche Aufsichtspflicht verloren haben, wenn das Zusammenwohnen mit den Kindern unmöglich ist und die Wiedererteilung der elterlichen Aufsichtspflicht und andere die Jugendlichen betreffenden Fragen.

6.2.1 Ämter und Behörden für Angelegenheiten Minderjähriger

Auf der Grundlage der ukrainischen Verfassung und der UN-Kinderrechtskonvention bestimmt das oben erwähnte AmtBehInsG die rechtlichen Grundlagen von Ämtern und Behörden für Angelegenheiten Minderjähriger und von Sonderinstitutionen (u. a. Anstalten, Einrichtungen, Schulen, Zentren wie z. B. das Zentrum der sozialen Rehabilitation). Ziel ist der „soziale Schutz" von Kindern und Jugendlichen. Außerdem nennt das Gesetz als Aufgabe die Vorbeugung von Verbrechen in Bezug auf die unter 18-Jährigen.

Gem. § 1 Abs. 3 dieses Gesetzes ist unter „sozialer Schutz" der Komplex der sozialökonomischen und rechtlichen Maßnahmen bzgl. des Rechts der Kinder auf Leben, Entwicklung, Erziehung, Bildung, medizinische Betreuung und materielle Versorgung zu verstehen. Gem. § 3 AmtBehInsG ist unter „Verbrechensvorbeugung" die Tätigkeit der Behörden zu verstehen, die auf Klärung und Beseitigung von Ursachen und Bedingungen der Delikte von Kindern gerichtet ist.

---

466 Im deutschen Recht sollen gem. § 37 JGG die Richter bei den Jugendgerichten erzieherisch befähigt und in der Jugenderziehung erfahren sein, siehe dazu auch *Laubenthal/Baier/Nestler* 2010, Rn. 115.

467 Vgl. *Omel'janenko* 2002, S. 31 f.

468 Vgl. mündliche Mitteilung von Gerichtsmitarbeitern des Amtsgerichts Lugansk (Bezirk Kamenobrod) im Juni 2011.

Zur Sicherung des sozialen Schutzes sowie der Vorbeugung von Verbrechen im Vorfeld des Strafverfahrens gegen Jugendliche gibt es nach dem AmtBeh-InsG (§ 1) mehrere Ämter bzw. Organe und Behörden.

Gem. § 1 Abs. 1 AmtBehInsG sind dies exekutive Verwaltungsorgane für Familie, Kinder und junge Menschen und Ämter für Angelegenheiten Minderjähriger in den einzelnen territorialen Gebieten (Oblast', Rayon, etc.) in der Ukraine. Diese sind nicht mit dem eigentlichen Strafverfahren gegen Jugendliche betraut.

Sie haben eine breite Palette von Aufgaben und Rechten, die nicht nur im AmtBehInsG geregelt sind, sondern auch in den durch das Ministerkabinett im Jahr 2007 in Kraft gesetzten Rahmenordnungen (§ 4 Abs. 9 AmtBehInsG).

Zu einigen Hauptaufgaben gehören:

- Vorbeugung von Verwahrlosung der Kinder und Kriminalprävention.
- Erarbeitung und Verwirklichung von Maßnahmen zum Schutz der Rechte der Kinder. Dabei können auch entsprechende Exekutivorgane, Selbstverwaltungsorgane/Gemeindebehörden, Unternehmen, sonstige Organisationen, unabhängig von ihrer Stellung als öffentliche oder private Einrichtung, eingebunden werden.
- Die Gewährleistung der Einhaltung der gesetzlichen Vorgaben bzgl. der Anordnung einer Vormundschaft und Pflegschaft über die Kinder, die Adoption und die Unterbringung in „Kinderheimen nach Familienart"[469] (Дитячі Будинки Сімейного Типу) oder in Adoptivfamilien.
- Die Kontrolle von Bedingungen der Unterbringung und der Erziehung in Heimen, Erziehungskolonien (Jugendgefängnissen) etc. für Waisenkinder und Kinder, deren Eltern das elterliche Sorgerecht entzogen wurde sowie die Beistandsleistung für (gefährdete) Kinder, die in schwierige Lebenssituationen geraten sind. Dazu gehören auch Anregungen zur Verbesserung der Lebensumstände und des sozialen Schutzes der Kinder, etwa durch die Unterstützung ihrer intellektuellen Entwicklung durch Sportaktivitäten u. a.

Die Ämter für Angelegenheiten Minderjähriger haben das Recht, die Interessen der Kinder vor Gerichten zu vertreten, wenn dies erforderlich ist (§ 442 ukrStPO). Sie haben auch das Recht, die Eltern der Kinder oder ihre gesetzlichen Vertreter zu Gesprächen im Hinblick auf die Ursachen von Verletzungen der Rechte der Kinder oder ihre Verwahrlosung oder die Begehung von

---

469 „Kinderheim nach Familienart" ist eine Familie, die nach Wunsch der Ehepartner oder einer Person, die nicht in einer Ehe lebt, für die Gewährleistung der familiären Erziehung und das Zusammenleben von nicht weniger als 5 Waisenkindern oder Kindern, deren Eltern das elterliche Sorgerecht entzogen wurde, „geschaffen" wird (§ 256-5 ukrFamilienGB). Die Gesamtzahl der Kinder, einschließlich eigener Kinder in solchen Familien darf 10 nicht überschreiten. Anfang 2008 gab es bereits 300 Kinderheime nach Familienart mit insgesamt 1960 Kindern, vgl. *Dolja* 2009, S. 197 f.

Straftaten zu laden. Sie haben überdies das Recht Maßnahmen zur Bekämpfung dieser Ursachen zu ergreifen.

Die Aufgaben der Ämter für Angelegenheiten Minderjähriger finden eine Ähnlichkeit und nahezu eine Entsprechung in den *deutschen* Jugendämtern. Jugendämter sind zur Wahrnehmung der Aufgaben (§ 2 SGB VIII) des Sozialgesetzbuches VIII „Kinder- und Jugendhilfe" durch jeden örtlichen Träger der Jugendhilfe einzurichten, die durch Landesgesetze bestimmt werden (§ 69 Abs. 3 SGB VIII). Es ist hierbei eine weitgehende Deckung der Aufgaben in Bezug auf Kinder und Jugendliche zu verzeichnen, wobei jedenfalls der Blickwinkel der ukrainischen Gesetzesregelungen eher auf dem Kind bzw. Jugendlichen liegt, als auf der Familie. Ein organisatorischer Unterschied ergibt sich dadurch, dass die Jugendgerichtshilfe als Teil der Jugendämter organisiert ist (§ 52 SGB VIII) und daher die Jugendämter an Jugendstrafverfahren beteiligt werden. Die ukrainische Gestaltung selbständiger Behörden hat für beide Institutionen Beteiligungsrechte im Strafverfahren gegen Jugendliche mit sich gebracht.

6.2.2   Kriminalmiliz für Angelegenheiten Minderjähriger[470]

Die dem ukrainischen Innenministerium zugeordnete Kriminalmiliz für Angelegenheiten Minderjähriger ist im Gegensatz zu den oben erwähnten Ämtern mit dem strafrechtlichen Ermittlungsverfahren gegen Jugendliche betraut. Ihre eigentlichen Aufgaben und Rechte sind durch § 5 des AmtBehInsG sowie in der gesetzlichen Regelung „Über die Kriminalmiliz für Angelegenheiten Minderjähriger" umschrieben. Nach Ziff. 1 dieser Regelung wurde die Kriminalmiliz für Angelegenheiten Minderjähriger mit dem Ziel der Kriminalprävention geschaffen. Zu dem im Gesetz festgelegten Pflichten bzw. Aufgaben und Rechten gehören u. a.:[471]

1)   Vorbeugungsmaßnahmen bzgl. der Kinder- und Jugendkriminalität;

---

470   Bis 1995 gab es im Innenministerium die Unterabteilungen der Kriminalmiliz für Angelegenheiten Minderjähriger (früher hieß es: Angelegenheiten *Jugendlicher*). Sie waren mit präventiven Aufgaben bzgl. Jugendlicher befasst. Am 24. Januar 1995 wurde durch das AmtBehInsG die Kriminalmiliz für Angelegenheiten Minderjähriger eingeführt, am 8. Juli 1995 wurde die Regelung durch das Ministerkabinett in Kraft gesetzt. Im Zusammenhang mit strukturellen Veränderungen wurde am 20. Juli 2002 das „Departement der Kriminalmiliz für Angelegenheiten Minderjähriger" als selbständige Abteilung des Innenministeriums geschaffen, vgl. http://mvs.gov.ua/mvs/control/uk/publish/article/46779, 07.03.2011. Im Jahr 2007 wurde die Bezeichnung „Jugendliche" durch „Minderjährige" (*дітии*) ersetzt, vgl. Änderungsgesetz Nr. 609-V vom 07.02.2007 und Änderungsverordnung Nr. 1015 vom 08.08.2007. Dennoch wird nachfolgend der Terminus *Jugendlicher* für die 14 bis unter 18-Jährigen verwendet.

471   Das AmtBehInsG sieht im § 5 nur Pflichten vor. Die Regelung über die Kriminalmiliz für Angelegenheiten Minderjähriger unterscheidet zwischen Aufgaben und Rechten.

2) Ermittlung, Einstellung und Aufklärung von Straftaten, die von Kindern bzw. Jugendlichen begangen werden;

3) Prüfung von Anzeigen wegen Straftaten, die durch Kinder und Jugendliche verübt wurden;

4) Vorbereitung eines Verfahrens und Durchführung von Ermittlungen in dem durch die Strafprozessordnung geregelten Rahmen;

5) Feststellung und Analyse von Ursachen und Bedingungen der begangenen Delikte, und im Rahmen ihrer Kompetenzen Maßnahmen zu deren Beseitigung, Mitwirkung an der rechtlichen Erziehung der Kinder bzw. Jugendlichen;

6) Fahndung nach verschwundenen Kindern und Jugendlichen bzw. Kindern, die ihre Familien verlassen haben oder die aus Bildungsanstalten und speziellen Einrichtungen für Kinder entwichen sind;

7) Feststellung von erwachsenen Personen, die an tatbestandsmäßigen Delikten der Kinder beteiligt waren bzw. diese zu Straftaten angestiftet haben;

8) Feststellung der Erwachsenen, die Kinderpornografie herstellen oder verbreiten;

9) Führung eines Registers, in dem Minderjährige aufgenommen werden, bei denen Präventionsarbeit nötig ist, etwa bei unter 18-jährigen Rechtsbrechern, darunter auch Entlassene aus Erziehungskolonien und aus speziellen Lehrerziehungseinrichtungen der sozialen Rehabilitation, von zur Bewährung (§ 104 ukrStGB) verurteilten Jugendlichen sowie von der strafrechtlichen Verantwortlichkeit befreiten Jugendlichen (mit Anwendung von „Zwangsmaßnahmen erzieherischer Einwirkung" nach § 97 i. V. m. § 105 ukrStGB); von Beschuldigten, die nicht in Untersuchungshaft genommen wurden sowie von Drogenabhängigen;

10) Feststellung der Eltern bzw. der sie vertretenden Personen, die sich ihrer Erziehungspflicht entziehen oder dazu nicht in der Lage sind;

11) Ladung der Minderjährigen, ihrer Eltern oder gesetzlichen Vertreter und anderer Personen in Strafsachen, und im Falle des Nichterscheinens deren Vorführung;

12) Besuch unter 18-jähriger Rechtsbrecher an ihrem Wohnort, Studienort oder Arbeitsort, um Gespräche mit ihnen oder mit ihren Erziehungsberechtigten zu führen;

13) Arbeitsorganisation der Aufnahme- und Einweisungsanstalten für Minderjährige;

14) Durchführung der Durchsuchung, Beschlagnahme und anderer Ermittlungshandlungen nach der Strafprozessordung;

15) Aufnahme von Protokollen zu Ordnungswidrigkeiten gegenüber Kindern, aber auch deren Eltern (gesetzlichen Vertretern), die ihre Pflichten bzgl. der Erziehung und Bildung nicht erfüllen, und Benachrichtigung der Ämter für Angelegenheiten Minderjähriger;

16) Soziale Betreuung von Jugendlichen, die eine Freiheitsstrafe ganz oder teilweise verbüßt haben.

Mit den in der obigen Aufzählung genannten Aufgaben 5, 10, 12 und 16 der Kriminalmiliz für Angelegenheiten Minderjähriger sind ähnliche Ansatzpunkte gewählt, wie sie der *deutschen* Jugendgerichtshilfe nach deutschem Recht zugewiesen sind. § 38 Abs. 2 S. 1 JGG weist den Vertretern der Jugendgerichtshilfe im Jugendstrafverfahren die Aufgabe zu, die erzieherischen, sozialen und fürsorgerischen Gesichtspunkte im Verfahren vor den Jugendgerichten zur Geltung zu bringen. Die Aufgaben werden dabei in die drei Bereiche Ermittlungshilfe, Kontrollfunktion und Betreuungshilfe eingeordnet.[472]

Die Arbeit erstreckt sich auf das Ermittlungsverfahren, wobei die Jugendgerichtshilfe die Persönlichkeit, die Entwicklung und die Umwelt des Jugendlichen ermittelt (§ 38 Abs. 2 S. 2 JGG). Diese Tätigkeit ist mit den unter 5, 10 und 12 dargestellten Aufgaben der Kriminalmiliz für Angelegenheiten Minderjähriger vergleichbar.

Ist ein Bewährungshelfer nicht dazu berufen, so ist in Deutschland die Jugendgerichtshilfe für die Kontrolle bspw. der Erfüllung von Weisungen und Auflagen zuständig und berichtet dem Jugendrichter im Falle schwerwiegender Verstöße (§ 38 Abs. 2 S. 5 u. 6 JGG). In diesem Bereich kommen der ukrainischen Kriminalmiliz für Angelegenheiten Minderjähriger keine Aufgaben zu.

Zur Betreuungshilfe kann der Jugendliche gem. § 10 Abs. 1 S. 3 Nr. 5 JGG der Aufsicht der Jugendgerichtshilfe als Betreuungshelfer unterstellt werden. Daneben arbeitet die Jugendgerichtshilfe während einer Bewährungszeit eng mit dem Bewährungshelfer zusammen (§ 38 Abs. 2 S. 8 JGG).[473] Sie bleibt mit dem Jugendlichen auch während des Vollzuges in Verbindung und nimmt sich seiner Wiedereingliederung an (§ 38 Abs. 2 S. 9 JGG). Die ukrainische Kriminalmiliz ist in diesem Bereich nur mit der Durchführung der sozialen Betreuung von Jugendlichen, die eine Freiheitsstrafe auf bestimmte Zeit verbüßt haben, befasst.

6.2.3   Anstalten, Einrichtungen und Zentren für Minderjährige

Das AmtBehInsG umfasst alle Einrichtungen, Anstalten, etc. (Erziehungskolonien, spezielle Lehrerziehungseinrichtungen der sozialen Rehabilitation, Zentren usw.), die einen Bezug zur Unterbringung und der erzieherischen oder rehabilitierenden Arbeit mit Minderjährigen haben. Das Gesetz enthält eine Liste (§ 1) der Einrichtungen und stellt in gesonderten Bestimmungen deren Arbeit dar. Zusätzlich gibt es separate Regelungen, Rahmenordnungen oder Gesetze (z. B. zu den Erziehungskolonien im ukrStrVollstrG), die Aufgaben, Pflichten und Rechte

---

472   Vgl. *Laubenthal/Baier/Nestler* 2010, Rn. 163.

473   Vgl. *Meier/Rössner/Schöch* 2007, § 13 Rn. 28; *Meier/Rössner/Trüg/Wulf* 2011 § 38 Rn. 10; *Brunner/Dölling* 2011, § 38 Rn. 1 und 15.

sowie die Arbeitsorganisation bzw. innere Ordnung bestimmen. Auf einige
dieser Regelungen wird direkt im AmtBehInsG verwiesen.

Umfasst werden folgende Anstalten und Einrichtungen:

1) Aufnahme- und Einweisungsanstalten des Innenministeriums (§ 7 AmtBehInsG).[474]

   Hier werden Minderjährige im Alter von elf bis unter 18 Jahren für maximal 30 Tage untergebracht. Es handelt sich dabei um Kinder, die vor dem Eintritt des Strafmündigkeitsalters (11 bis unter 14-Jährige) eine Straftat begangen haben, für die nach § 7-3 Abs. 3 ukrStPO eine Freiheitsstrafe von mehr als fünf Jahren vorgesehen ist und die unverzüglich isoliert werden müssen. Dies geschieht auf Grund eines durch den Staatsanwalt bestätigten Beschlusses des Ermittlungsorgans oder durch Gerichtsbeschluss. Auch werden hier solche Kinder eingewiesen, die auf Gerichtsbeschluss in die speziellen Anstalten für Kinder unterzubringen sind, sowie Kinder, die eine spezielle Schulausbildungsmaßnahme ohne Erlaubnis verlassen haben.

   Ferner sind dort Kinder, nach denen gefahndet wird, sowie Jugendliche, die eine Straftat im Strafmündigkeitsalter begangen haben (außer im Falle der Verhängung der „Zwangsmaßnahme erzieherischer Einwirkung", z. B. bei Einweisung in eine spezielle Lehrerziehungseinrichtung der sozialen Rehabilitation) unterzubringen.

   Alkohol- oder drogenabhängige Jugendliche sowie psychisch Kranke dürfen nicht in einer solchen Anstalt untergebracht werden.

2) Allgemeinbildende Schulen und Berufsschulen der sozialen Rehabilitation des Bildungsministeriums (§ 8 AmtBehInsG).[475]

   Hier werden Jugendliche im Alter von 11 bis 18 Jahren untergebracht, wenn dies als „Zwangsmaßnahme erzieherischer Einwirkung" angeordnet wurde.[476]

3) Medizinisch-soziale Rehabilitationszentren beim Gesundheitsministerium (§ 9 AmtBehInsG).[477]

   Hier soll die Behandlung von drogen- und/oder alkoholabhängigen

---

474 Die Regelung über Aufnahme- und Einweisungsanstalten wurde durch die Verordnung des *Ministerkabinetts der Ukraine* Nr. 384 vom 13.07.1996 in Kraft gesetzt.

475 Die Regelungen über Allgemeinbildende Schulen und Berufsschulen der sozialen Rehabilitation wurden durch die Verordnung des *Ministerkabinetts der Ukraine* Nr. 859 vom 13.10.1993 in Kraft gesetzt.

476 Siehe dazu *Kap. 8.*

477 Die Regelung über die medizinisch-sozialen Rehabilitationszentren für Jugendliche wurde durch die Verordnung *des Ministerkabinetts der Ukraine* Nr. 1072 vom 06.09.1996 in Kraft gesetzt.

Minderjährigen innerhalb von maximal zwei Jahren erfolgen. Diese Zentren sind aber bislang noch nicht eingerichtet worden!

4) Spezielle Lehrerziehungseinrichtungen des Strafvollzugsamtes, sogenannte Erziehungskolonien (§ 10 AmtBehInsG).[478] Hier verbüßen Jugendliche im Alter von 14 bis in der Regel unter 18 Jahren (dazu s. u. *Kap. 8.4.9*) ihre Freiheitsstrafe.[479]

5) Obdachloseneinrichtungen für Kinder und Jugendliche unter der Aufsicht und Organisation der Ämter für Angelegenheiten Minderjähriger (§ 11 AmtBehInsG).[480] Hier werden Minderjährige im Alter von 3 bis unter 18 Jahren untergebracht, die in schwierige Lebenssituationen geraten sind. Es ist innerhalb einer Stunde zu klären, ob das betreffende Kind in der Einrichtung verbleibt oder z. B. in ein Internat gebracht werden kann. Die Gesamtaufenthaltsdauer darf 90 Tage nicht überschreiten.

6) Zentren der sozial-psychologischen Rehabilitation für Kinder und Jugendliche unter der Aufsicht und Organisation der Ämter für Angelegenheiten Minderjähriger (§ 11-1 AmtBehInsG).[481] Hier werden Kinder im Alter von 3 bis 18 Jahren, die sich in schwierigen Lebenssituationen befinden, in stationärer oder ambulanter Behandlung untergebracht. Ihnen wird unter anderem soziale, psychologische, pädagogische, medizinische, rechtliche Hilfe geleistet, sowie Unterstützung bei der Integration in die Gesellschaft angeboten. Die maximale Dauer der stationären oder ambulanten Behandlung darf zwölf Monate nicht überschreiten. Alkohol- oder drogenabhängige Minderjährige und Minderjährige, die sich im alkoholisierten oder sonst berauschtem Zustand befinden, sowie psychisch Kranke werden hier nicht aufgenommen, ferner keine Jugendlichen, die eine Straftat begangen haben und die deshalb in Untersuchungshaft oder in eine Aufnahme- und Einweisungsanstalt zu nehmen sind. Die Rahmenordnung sieht dies auch gegenüber jungen Menschen mit „funktionellen Einschränkungen", d. h. Behinderungen, bis zur Vollendung des 35. Lebensjahres vor.

---

478 Die Erziehungskolonien sind im ukrStrVollstrG geregelt.

479 Siehe dazu *Kap. 8.*

480 Die Rahmenordnung für Obdachloseneinrichtungen für Kinder unter Aufsicht der Jugendämter wurde durch die Verordnung des *Ministerkabinetts der Ukraine* Nr. 565 vom 09.06.1997 in Kraft gesetzt.

481 Die Rahmenordnung über Zentren der sozial-psychologischen Rehabilitation für Kinder und junge Menschen mit funktionellen Einschränkungen wurde durch die Verordnung des *Ministerkabinetts der Ukraine* Nr. 877 vom 08.09.2005 in Kraft gesetzt.

7) Zentren der sozialen Rehabilitation (Jugenddörfer) für Minderjährige (§ 11-2 AmtBehInsG).[482]
Diese unterstehen den Ämtern für Angelegenheiten Minderjähriger. In diesen Zentren wohnen Waisenkinder, sowie Kinder, deren Eltern das elterliche Sorgerecht entzogen wurde, ferner Kinder, die in schwierige Lebenssituationen geraten sind und verwahrloste Kinder im Alter von 3 bis zu 18 Jahren. Ihnen wird hier Unterhalt, psychologische, pädagogische, medizinische sowie rechtliche und andere Hilfe gewährt.

6.2.4 Sozialerzieher

Wird ein Jugendlicher zu Freiheitsstrafe auf Bewährung oder zu einer nicht freiheitsentziehenden Strafe verurteilt, so entscheidet das Gericht über die Notwendigkeit der Beiordnung eines Sozialerziehers (§ 445 ukrStPO).

Das Institut des Sozialerziehers wurde mit der Regelung „Über Jugendsozialerzieher" schon im Jahr 1967 geschaffen.[483] Das Ziel dieses Institutes ist die Stärkung des Verantwortungsbewusstseins für das Gemeinwesen in der Erziehung von Jugendlichen, welche eine Rechtsverletzung begangen haben. Die Hauptaufgabe eines Sozialerziehers besteht darin, den Eltern oder den Personen, die sie vertreten, bei der Erziehung von jugendlichen Straftätern im Geiste der Achtung und Beachtung von Gesetzen und Regeln des „sozialistischen Zusammenlebens" Hilfe zu gewähren.[484] Das heißt, dass Eltern oder ihre gesetzlichen Vertreter von ihren Pflichten bzgl. der Erziehung eines Jugendlichen und von der Verantwortlichkeit für sein Verhalten nicht befreit werden.[485] Ein Sozialerzieher führt seine Arbeit in engem Kontakt mit Eltern oder gesetzlichen Vertretern eines Jugendlichen, mit gesellschaftlichen/sozialen Einrichtungen am Studien-, Arbeits- oder Wohnort des Jugendlichen, mit der Miliz sowie den Vertretern des Gemeinwesens/der Öffentlichkeit (*представники громадськості*) durch.[486]

---

482 Die Rahmenordnung über Zentren der sozialen Rehabilitation (Jugenddörfer) wurde durch die Verordnung des *Ministerkabinetts der Ukraine* Nr. 1291 vom 27.12.2005 in Kraft gesetzt.

483 Die Regelung über Sozialerzieher der Jugendlichen (in Kraft gesetzt durch Erlass des Präsidiums des Obersten Rats der UkrSSR) vom 26.08.1967, Nr. 284-VII.

484 Vgl. *Präsidium des Obersten Rats der UkrSSR 1967*, Ziff. 1. Obwohl die letzte Veränderung der Regelung mit Inkrafttreten des neuen ukrStGB stattfand und zwar nach etwa zehn Jahren der Unabhängigkeit der Ukraine, sind doch wesentliche Begriffe der sowjetischen Ukraine immer noch festzustellen. Dies verdeutlicht die fehlende Aktualität bzw. Überalterung der entsprechenden Regelung.

485 Vgl. *Präsidium des Obersten Rats der UkrSSR 1967*, Ziff. 3, Abs. 2.

486 Vgl. *Präsidium des Obersten Rats der UkrSSR 1967*, Ziff. 7, Abs. 1.

Sozialerzieher können besonders engagierte Arbeiter, Angestellte, „Kollektivwirtschaftsarbeiter", Vertreter von Künstlerorganisationen, Militärangehörige, Studenten, Rentner und andere Bürger sein, welche nach ihren persönlichen Eigenschaften befähigt sind, die ihnen auferlegten Pflichten zu erfüllen. Sie müssen die notwendigen allgemeinbildenden Schulabschlüsse bzw. sonstige Berufsabschlüsse aufweisen sowie Lebenserfahrung oder Erfahrung in der Arbeit mit Kindern. Sie müssen zustimmen die Pflichten eines Sozialerziehers auf sich zu nehmen.[487] Sozialerzieher, die gewissenhaft ihre Pflichten erfüllen, werden durch Urkunden belohnt. Ihnen wird Dank ausgesprochen oder sie werden auf einer Ehrentafel eingetragen oder sie erhalten eine Geldprämie, ein Wertgeschenk usw.[488]

Nach § 446 ukrStPO muss das Urteil ggf. zusätzliche Angaben bzgl. des Sozialerziehers enthalten. Im Tenor wird die Notwendigkeit der Bestimmung des Sozialerziehers in Fällen der Verhängung einer nicht freiheitsentziehenden Strafe oder der Befreiung von der Strafe mit der Erprobung (also Bewährung) gem. § 104 ukrStGB angegeben. In den Entscheidungsgründen müssen die Gründe für die Notwendigkeit der Bestimmung eines Sozialerziehers angegeben werden.

Ziffer 3 Abs. 1 der Regelung *„Über Sozialerzieher der Jugendlichen"* wird ein Sozialerzieher bestellt, wenn dies zur Vorbeugung der Verwahrlosung, der Begehung weiterer Straftaten sowie zur Besserung und Umerziehung eines Jugendlichen, als nötig erscheint, welcher:
- aus einer Strafanstalt entlassen wurde;
- bedingt, also zur Bewährung, (§ 104 ukrStGB), oder zu nicht freiheitsentziehenden strafrechtlichen Sanktionen verurteilt wurde oder wenn die Strafvollstreckung einer Freiheitsstrafe aufgeschoben wurde;
- eine Straftat begangen hat, aber infolge einer Amnestie oder der Unzweckmäßigkeit der Verhängung einer Kriminalstrafe entlassen wurde;
- eine Straftat begangen hat, gegen den aber aufgrund des Alters (fehlende Strafmündigkeit) keine Kriminalstrafe verhängt werden konnte oder der von der strafrechtlichen Verantwortlichkeit unter „Anwendung von Maßnahmen der gesellschaftlichen Einwirkung" verschont wurde;
- aus einer speziellen Lehrerziehungseinrichtung oder Heilerziehungseinrichtung entlassen wurde;
- eine Tat beging, welche die Anwendung von Maßnahmen der gesellschaftlichen Einwirkung oder administrative Strafen zur Folge hat;
- Spirituosen, Drogen und andere berauschende Mittel benutzt;

---

487 Vgl. *Präsidium des Obersten Rats der UkrSSR* 1967, Ziff. 2 Abs. 1; Vgl. auch *Plenum des Obersten Gerichts der Ukraine* 2006, Nr. 2, Ziff. 4.

488 Vgl. *Präsidium des Obersten Rats der UkrSSR* 1967, Ziff. 13 Abs. 1.

- systematisch eigenmächtig die Familie im Alter von unter 16 Jahren verlässt;
- „böswillig" Studium und Arbeit verweigert;
- sich systematisch mit Glücksspielen beschäftigt oder sonst ein antisoziales Leben führt.

Es ist allerdings festzuhalten, dass die Regelung, auf welcher die Bestimmungen in Bezug auf Sozialerzieher aufbauen, sehr veraltet ist, obwohl sie im Jahre 2001 mit Inkrafttreten des neuen ukrStGB noch einmal verändert wurde. In dieser Regelung werden zum Teil sehr veraltete Begriffe benutzt, die im eigentlichen Sinne in der sowjetischen Ukraine üblich waren wie z. B. „sozialistisches Zusammenleben", „Komsomolorganisation", „Vollzugsausschuss", „Kommissionen in Jugendsachen", die eigentlich Ende 1994 abgeschafft worden sind. Die ganze Struktur und Formulierung der Regelungen lässt eindeutig an ein schlicht unverändertes Dokument denken. Es ist kaum zu glauben, dass dieses Dokument noch rechtskräftig ist. *Sanin*, Richter und Vorsitzender des örtlichen Gerichts in der Stadt Bila Cerkow weist denn auch darauf hin, dass in der Praxis die Norm des § 445 ukrStPO über die Beiordnung eines Sozialerziehers nur selten angewandt wird.[489]

Dieses Institut könnte grundsätzlich mit der *deutschen* Jugendgerichtshilfe verglichen werden, wobei im Gegensatz zur deutschen Praxis engagierte Bürger auf freiwilliger Basis anstelle von ausgebildeten Fachleuten eingesetzt werden (§ 38 Abs. 1 JGG). Dieser Umstand und der bereits genannte stark in der sozialistischen Vergangenheit wurzelnde und damit veraltete Ansatz der Aufgabenbeschreibung erklärt möglicherweise, weshalb von dem Einsatz von Sozialerziehern nur selten Gebrauch gemacht wird.

6.2.5 Gerichtserzieher

Das AmtBehInsG sah bis Februar 2007 in § 6 Abs. 3 die Gründung eines Gerichtserzieherinstituts bei Gerichten vor, das mit der Kontrolle bzw. Begleitung der Urteilsvollstreckung gegenüber Jugendlichen betraut werden sollte. Dieses Institut war durch die Regelung über Gerichtserzieher, die am 15.11.1995 durch Anordnung des Obersten Gerichts der Ukraine, des Justizministeriums und des Bildungsministeriums in Kraft gesetzt wurde, geschaffen worden. Allerdings hatte diese Einrichtung in der Praxis keine Anwendung gefunden.[490] Absatz 3 des § 6 AmtBehInsG wurde Anfang 2007 aufgehoben.[491] Dennoch blieb er-

---

489 Vgl. *Sanin* 2007, S. 64.

490 Vgl. *Yemel'janova* 2005, S. 99; *Sanin* 2007, S. 60; *Beca* 2008, S. 60.

491 Vgl. das ukrainische Gesetz über die Vornahme von Änderungen der ukrainischen Rechtsvorschriften bzgl. Ämtern und Behörden für Jugendsachen und Sonderinstitutionen für Jugendliche vom 07.02.2007, Nr. 609-V, Ziff. 6.

staunlicherweise die aufgrund des Gesetzes geschaffene Regelung über Gerichtserzieher vom 15.11.1995[492] in Kraft. Fraglich ist daher, ob diese Regelung schlicht in Vergessenheit geraten war und irgendwann auch noch abgeschafft werden wird bzw. ersetzende Regelungen getroffen werden. Dies dürfte sich im Zusammenhang mit aktuellen Reformdebatten (s. u. *Kap. 9*) ergeben. Es bleibt daher aufgrund der unklaren Rechtslage trotzdem darstellenswert, was dieses Institut beinhaltete.

Das Gerichtserzieherinstitut war bei den Gerichten zur Durchsetzung von Maßnahmen bzgl. der Vollstreckung gerichtlicher Entscheidungen gegenüber Jugendlichen, ihren Eltern, Adoptiveltern bzw. ihres Vormundes oder Pflegers vorgesehen.[493]

Als Gerichtserzieher sollten Mitarbeiter der Gerichte, welche eine juristische oder pädagogische bzw. psychologische Hochschulausbildung und Arbeitserfahrung mit Jugendlichen hatten, durch Justizverwaltungsleiter in den Regionen bestellt werden.[494]

Ein Gerichtserzieher war durch das Gericht zu bestimmen, wenn dies zur Vorbeugung vor Verwahrlosung und vor neuen Straftaten (Rückfall) durch Jugendliche, gegenüber denen auf Grund ihres Alters keine Strafe verhängt werden kann, für notwendig erachtet wurde. Gleiches galt im Falle der Unzweckmäßigkeit der Anwendung einer strafrechtlichen Maßnahme (d. h. Kriminalstrafe) gegenüber Jugendlichen, wenn ihre Einweisung in eine spezielle Lehrerziehungseinrichtung nicht als notwendig erschien und im Falle der bedingten Verurteilung[495] oder bei Verurteilung zu einer nicht freiheitsentziehenden Sanktion, oder Verurteilung zur Freiheitsstrafe mit Aufschub der Strafvollstreckung.[496]

492 Vgl. die durch Anordnung Nr. 478/63/7/5 vom 15.11.1995 des *Obersten Gerichts, Justiz- und Bildungsministerium der Ukraine* in Kraft gesetzte Regelung über Gerichtserzieher.

493 Vgl. *Oberstes Gericht, Justiz- und Bildungsministerium der Ukraine* 1995, Ziff. 1.

494 Vgl. *Oberstes Gericht, Justiz- und Bildungsministerium der Ukraine* 1995, Ziff. 4, 5 und 6 Abs. 1.

495 Die Regelung 7.2. enthält den Begriff *„bedingt Verurteilte"*. Nach § 446 ukrStPO ist davon auszugehen, dass damit *„Bewährung"* gemeint ist. Aus der Kommentierung des § 9 ukrStPO bei *Maljarenko* 2005, § 9 Nr. 7 ist zu entnehmen, dass *Zwangserziehungsmaßnahmen* (auf Grund § 97 Abs. 1 ukrStGB) im Fall der Nichterfüllung aufgehoben werden und ein Jugendlicher zur strafrechtlichen Verantwortlichkeit gezogen wird.

496 Vgl. *Oberstes Gericht, Justiz- und Bildungsministerium der Ukraine* 1995, Ziff. 7, Abs. 1.

Ein Gerichtserzieher durfte Jugendliche nicht länger als zehn Tage betreuen. In jedem Gericht sollte wenigstens ein Gerichtserzieher vorhanden sein.[497] Eine maximale Zahl von Gerichtserziehern in einem Gericht war nicht festgelegt. Gerichtserzieher sollten an der Vollstreckung gerichtlicher Entscheidungen teilnehmen. Ihre Aufgabe bestand darin, die Ursachen und Bedingungen, welche zu der Begehung von gesetzwidrigen Handlungen beigetragen haben, zu beseitigen. Es war auch ihre Aufgabe, Jugendliche, die eine Tat begangen hatten, durch Herausbildung einer verantwortungsbewussten Einstellung zu normalem Verhalten zu erziehen. Überdies gehörte zu ihren Aufgaben die Gewährung von Hilfen für die Eltern und die anderen oben genannten Personen in der Erziehung der Jugendlichen.[498] Die Beiordnung eines Gerichtserziehers sollte die Eltern oder gesetzlichen Vertreter von ihren Pflichten zur Erziehung des Jugendlichen und von der Verantwortlichkeit für sein Verhalten jedoch nicht befreien.[499]

Im Grunde ähnelte die geplante Einführung eines Gerichtserzieherinstituts dem oben dargestellten Sozialerzieherinstitut.

Dieses Institut darf aufgrund seines Namens nicht mit dem *deutschen* Institut der *Jugendgerichtshilfe* verwechselt werden. Die Jugendgerichtshilfe ist ein „Prozessorgan eigener Art"[500] und hat in ihrer Funktion in erster Linie Ermittlungsaufgaben,[501] was im ukrainischen System nicht der Fall ist bzw. war. Jugendgerichtshilfe wird von den Jugendämtern im Zusammenwirken mit den Vereinigungen für Jugendhilfe ausgeübt (§ 38 Abs. 1 JGG). Sie erforschen und klären die Lebens- und Familienverhältnisse des Beschuldigten auf, mit dem Ziel in einer erzieherisch möglichst wirksamen Weise reagieren zu können (§ 43 JGG).[502] Die Jugendgerichtshilfe soll so früh wie möglich zum Verfahren herangezogen werden und eine Hilfe für das Gericht als auch für den Beschuldigten sein.[503]

6.3 Zusammenfassung

In der ukrainischen Gesetzgebung ist eine Jugendgerichtsbarkeit als solche nicht ausdrücklich vorgesehen. Obwohl das ukrGVG die Möglichkeit der Spezialisierung der Richter für die Verhandlung einzelner Sachgebiete im Rahmen der Ge-

---

497 Vgl. *Oberstes Gericht, Justiz- und Bildungsministerium der Ukraine* 1995, Ziff. 6, Abs. 1 und 2.

498 Vgl. *Oberstes Gericht, Justiz- und Bildungsministerium der Ukraine* 1995, Ziff. 3.

499 Vgl. *Oberstes Gericht, Justiz- und Bildungsministerium der Ukraine* 1995, Ziff. 7, Abs. 2.

500 Vgl. *Meier/Rössner/Schöch* 2007, § 13 Rn. 25.

501 Vgl. *Meier/Rössner/Schöch* 2007, § 13 Rn. 26; *Brunner/Dölling* 2011, § 38 Rn. 4a und 11.

502 Vgl. *Meier/Rössner/Schöch* 2007, § 13 Rn. 26; *Diemer/Schatz/Sonnen* 2011, § 38 Rn. 25.

503 Vgl. *Meier/Rössner/Schöch* 2007, § 13 Rn. 25; *Brunner/Dölling* 2011, § 38 Rn. 1.

schäftsverteilung vorsieht, sind jedoch keine separaten Jugendgerichte (auch nicht als Spruchkörper) vorgesehen. Das AmtBehInsG spricht zwar im § 6 über die Verhandlung von Jugendangelegenheiten bei Gerichten (siehe dazu oben). Dies lässt an die Möglichkeit der Schaffung von Jugendgerichten denken. Diese Norm regelt auch, dass die Jugendsachen durch einen speziell dafür beauftragten Richter (ggf. mehrere Richter) verhandelt werden, unter Teilnahme von Vertretern der Ämter, Behörden und Organe für Angelegenheiten Minderjähriger. In der Praxis hat diese Regelung bzgl. der Jugendgerichte und Jugendrichter bis jetzt aber keine organisatorische Umsetzung gefunden.

Der ukrainische Gesetzgeber bestimmt eine breite Palette von Ämtern, Organen, Diensten, Anstalten etc., die in Kinder- und Jugendangelegenheiten involviert sind. Sie sind im AmtBehInsG enthalten und sind oben kurz mit ihren Aufgaben und Pflichten dargestellt. Auf weitere detaillierte Normen mit den ausführlichen Bestimmungen ihrer Funktion wird im Gesetz verwiesen. Obwohl die Regelungen in diesem Bereich aufgrund der Vielfalt der Einrichtungen und ihrer Aufgabengestaltung auf den ersten Blick etwas verwirrend erscheinen mögen, bilden sie doch ein abgegrenztes und einheitliches System, wenn auch noch nicht alle Institutionen in der Praxis eingerichtet worden sind.

7. Jugendstrafverfahren

In der Ukraine gilt die alte Strafprozessordung aus Zeiten der Sowjetunion, die bereits am 28.12.1960 verabschiedet wurde. Sie ist am 01.04.1961 in Kraft getreten und erfuhr in der Folge zahlreiche Änderungen.

Nach § 2 ukrStPO besteht die Aufgabe sowohl des allgemeinen Strafverfahrens als auch des gegen Jugendliche geführten Verfahrens im Schutz der Rechte und gesetzlichen Interessen der natürlichen und juristischen Personen, die am Verfahren teilnehmen. Dies soll gewährleistet werden durch schnelle und vollständige Verbrechensaufklärung, die Feststellung der Schuldigen und die richtige Anwendung des Gesetzes. Jeder, der ein Verbrechen begangen hat, soll zur strafrechtlichen Verantwortung gezogen werden. Unschuldige sollen von dieser befreit werden.

Das Jugendstrafverfahren wird sowohl durch allgemeine – auch für Erwachsene geltende – Normen als auch durch einige spezielle Vorschriften der ukrainischen StPO geregelt. Ähnlich wie das ukrStGB enthält auch die ukrStPO einen separaten Abschnitt (Kapitel 36, §§ 432-449), der durch Ergänzungsgesetz vom 30.08.1971 eingeführt wurde und einzelne Regelungen zu den Besonderheiten des Jugendstrafverfahrens enthält. Nach § 432 Abs. 2 ukrStPO sind die Vorschriften dieses Kapitels bei Personen anzuwenden, die ihr 18. Lebensjahr noch nicht vollendet haben.

Allerdings enthält die ukrStPO auch in anderen Kapiteln weitere zu berücksichtigende jugendspezifische Normen, die ebenfalls Besonderheiten des Jugendstrafverfahrens regeln[504] und u. a. den rechtlichen Schutz des Jugendlichen garantieren:

- Die Beteiligung eines gesetzlichen Vertreters, der den Status eines Verfahrensteilnehmers hat (§ 441 ukrStPO);
- Die Pflichtanwesenheit eines Verteidigers (§ 45 Abs. 1 Nr. 1 ukrStPO);
- Die Erweiterung des Beweisgegenstandes im Verhältnis zu Erwachsenen (§ 433 ukrStPO);
- Im Fall der Begehung einer Straftat zusammen mit einem Erwachsenen erfolgt eine Abtrennung der Verfahren (§ 439 ukrStPO);
- Die Beiordnung eines Sozialerziehers (§ 445 ukrStPO);
- Die Möglichkeit der Anwendung von „Zwangsmaßnahmen erzieherischer Einwirkung" anstatt einer Kriminalstrafe (§ 447 ukrStPO);
- Die vorläufige Festnahme eines Jugendlichen und seine vorläufige Inhaftierung als Maßnahme der Verfahrenssicherung (§ 434 ukrStPO);
- Die Ladung eines jugendlichen Angeklagten (§ 437 ukrStPO);

---

504 Vgl. *Maljarenko* 2010, § 432, Nr. 3.

- Die Teilnahme von Vertretern der Ämter und der Kriminalmiliz für Angelegenheiten Minderjähriger[505] (§ 442 ukrStPO) sowie von Vertretern der Unternehmen, Stiftungen und anderen Institutionen (§ 443 ukrStPO) an einem Gerichtsverfahren;
- Die Beteiligung von Pädagogen oder von einem Arzt, Eltern oder anderen gesetzlichen Vertretern bei der ersten Eröffnung der Beschuldigung und bei der Vernehmung von einem jugendlichen Angeklagten, solange er das 16. Lebensjahr nicht vollendet hat, oder im Fall einer geistigen Behinderung (§ 438 Abs. 2 ukrStPO);
- Die Eröffnung der Beschuldigung und Vernehmung eines Jugendlichen in Anwesenheit eines Verteidigers (§ 438 Abs. 1 ukrStPO);
- Die Entfernung eines Jugendlichen aus dem Gerichtssaal während der Aufklärung von Umständen, die einen negativen Einfluss auf ihn haben könnten (§ 444 ukrStPO);
- Die Bekanntgabe des Ermittlungsergebnisses nach Beendigung des Ermittlungsverfahrens (§ 440 ukrStPO).

Ähnlich wie in der Ukraine deckt sich in *Deutschland* die Aufgabe des Jugendstrafverfahrens mit der Aufgabe des allgemeinen Strafverfahrens. In beiden Fällen geht es um „die Herbeiführung einer materiell richtigen, prozessordnungsmäßig zustande kommenden, Rechtssicherheit schaffenden Entscheidung über die Strafbarkeit des Beschuldigten."[506] Besonderheiten im *deutschen* Jugendstrafverfahren ergeben sich aus Art. 14 Abs. 4 des IPBPR da für Jugendliche „das Verfahren in einer Weise zu führen ist, die ihrem Alter entspricht und ihre Wiedereingliederung in die Gesellschaft fördert." Es sind die sozial geringere Handlungskompetenz, die Gefahr der intellektuellen und emotionalen Überforderung zu berücksichtigen sowie das Ziel der materiellen Sanktionen, auf den Jugendlichen erzieherisch einzuwirken und ihm den Weg zu einem Leben ohne Straftaten zu ermöglichen.[507]

505 In der ukrStPO ist die in *Kap. 6.2.2*, Fn. 470 dargestellte Umbenennung noch nicht nachvollzogen worden und trägt den Namen „Ämter in Angelegenheiten *Jugendlicher*" anstatt „Angelegenheiten *Minderjähriger*". In der Arbeit wird einheitlich der Begriff „Angelegenheiten Minderjähriger" für die Beschreibung des derzeitigen Rechtszustandes verwendet.

506 Vgl. *Meier/Rössner/Schöch* 2007, § 13 Rn. 15; *Roxin/Schünemann* 2009, § 1 Rn. 3.

507 Vgl. *Meier/Rössner/Schöch* 2007, § 13 Rn. 15.

7.1 Verfahren bzgl. verschiedener Altersgrenzen, Einstellung bzw. Einstellungsmöglichkeiten des Verfahrens

Vor einer detaillierten Erörterung des Jugendstrafverfahrens und seiner einzelnen Verfahrensstadien ist zunächst festzuhalten, dass der Ablauf eines Verfahrens vom Alter eines Jugendlichen abhängt.

Begeht eine Person im Alter von unter 11 Jahren eine „gesellschaftsgefährdende Handlung", so darf das Verfahren gar nicht eingeleitet werden und ein dennoch eingeleitetes Verfahren muss unmittelbar eingestellt werden (§ 6 Abs. 1 Nr. 5 ukrStGB).

Begeht eine Person im Alter von 11 Jahren bis zum Eintritt des Strafmündigkeitsalters (16 bzw. 14 Jahre) eine „gesellschaftsgefährdende Handlung", so wird das Verfahren nach den im 36. Kapitel enthaltenen Regelungen unter Berücksichtigung von §§ 7-1, 7-3 und 12 ukrStPO durchgeführt.

Begeht eine Person, im Alter von 16 bzw. 14 Jahren bis unter 18 Jahren eine Straftat, so wird das Verfahren nach allgemeinen Vorschriften der ukrStPO unter Berücksichtigung der im 36. Kapitel enthaltenen speziellen Vorschriften durchgeführt.[508]

Wenn eine Norm eine Sanktion vorsieht, die gegenüber einem Jugendlichen wegen seines Alters nicht angewendet werden kann, so wird er durch das Gericht unter Anwendung von „Zwangsmaßnahmen erzieherischer Einwirkung" von dieser Sanktion befreit oder das Verfahren wird nach § 7 ukrStPO (Befreiung von strafrechtlicher Verantwortlichkeit und Strafe als Ergebnis einer geänderten Ermittlungslage) eingestellt und der Jugendliche von der strafrechtlichen Verantwortlichkeit bzw. von der Strafe befreit.[509]

7.1.1 Verfahren bei einer „gesellschaftsgefährdenden Handlung" im Alter von unter 11 Jahren

Die ukrStPO sieht einige Regelungen vor, die den Beginn bzw. die Fortführung des weiteren Verfahrens bei Personen dieser Altersgruppe ausschließen. Dies gilt insbesondere, wenn sich im Laufe der Ermittlungen herausstellt, dass die „gesellschaftsgefährdende Handlung" durch eine Person begangen wurde, die ihr 11. Lebensjahr noch nicht vollendet hat. Es muss von der Einleitung eines Strafverfahrens abgesehen bzw. das bereits eingeleitete Strafverfahren eingestellt werden (§§ 6 Abs. 1 Nr. 5, 7-3 Abs. 4 ukrStPO). In diesem Fall stellt der Ermittler das Verfahren ein und informiert den Staatsanwalt sowie das Amt für Angelegenheiten Minderjähriger am Wohnort des Kindes. Das Amt für Angele-

---

508 Vgl. *Grošèvij/Kaplina* 2010, S. 535 f.

509 Vgl. dazu *Marčak/Ruljakov* 2008, S. 28.

genheiten Minderjähriger und andere Einrichtungen für Minderjährigen[510] führen mit solchen Kindern eine präventive und erzieherische Arbeit durch (§ 7-3
Abs. 4 ukrStPO).[511] Das Kind kommt unter die Beobachtung der Kriminalmiliz
für Angelegenheiten Minderjähriger. Diese Vorgehensweise erfordert keine
Zustimmung bzw. Genehmigung eines Staatsanwaltes.[512] Sowohl dem Minderjährigen als auch seinen Eltern oder gesetzlichen Vertretern muss die Möglichkeit gegeben werden, sich mit dem Verfahrensgegenstand und den Akten
vertraut zu machen. Sie haben das Recht auf Beiordnung eines Verteidigers
(§ 7-3 Abs. 2 ukrStPO). Gegenüber dieser Altersgruppe ist die Anwendung von
„Zwangsmaßnahmen erzieherischer Einwirkung" oder gar einer Strafe unmöglich.

7.1.2 Verfahren bei einer „gesellschaftsgefährdenden Handlung" von Personen im Alter von 11 bis unter 14 bzw. 16 Jahren (§ 7-3 Abs. 1, 2, 3; § 447 ukrStPO)

Minderjährige, die zum Zeitpunkt der Begehung einer gesellschaftsgefährdenden Handlung ihr 11. Lebensjahr (§ 7-3 Abs. 1 ukrStPO) vollendet, aber noch
nicht das Strafmündigkeitsalter i. S. d. § 22 ukrStGB (16 bzw. 14 Jahre) erreicht
haben, können nicht zur strafrechtlichen Verantwortlichkeit gezogen werden,
weil sie im Sinne des ukrStGB nicht als „Verbrechenssubjekt" (Straftäter)[513]
betrachtet werden können und demzufolge keine strafrechtliche Verantwortlichkeit tragen.

Im Falle der Begehung einer „gesellschaftsgefährdenden Handlung" durch
eine Person in diesem Alter, wird das Strafverfahren nach den Vorschriften des
36. Kapitels i. V. m. §§ 7-1, 7-3 und 12 ukrStPO durchgeführt. Am Anfang verlaufen die Einleitung des Verfahrens und das Vorverfahren nach allgemeinen
Grundsätzen (s. u. *Kap. 7.3.1*). Bei Feststellung von hinreichenden Beweisgrün-
den dafür, dass die „gesellschaftsgefährdende Handlung" durch eine Person begangen wurde, die unter diese Alterskategorie fällt, stellt der Ermittler die Strafsache durch eine begründete Verfügung ein. In diesem Fall wird eine „Zwangsmaßnahme erzieherischer Einwirkung" gegenüber dem Minderjährigen ange-

---

510 Einrichtungen für Minderjährige sind Schulen und Berufsschulen der sozialen Rehabilitation des Bildungsministeriums, medizinisch-soziale Rehabilitationszentren des
Gesundheitsministeriums, Obdachloseneinrichtungen/Jugendheime der Ämter für Angelegenheiten Minderjähriger, Aufnahme- und Einweisungsanstalten des Innenministeriums sowie Erziehungskolonien des Strafvollzugsdepartements, vgl. *Maljarenko*
2010, § 436 Nr. 3.

511 Vgl. auch *Vapnjarčuk* 2007, S. 184.

512 Vgl. *Maljarenko* 2010, § 7-3 Nr. 11.

513 Dazu s. o. *Kap. 5.1.*

wendet. Die Strafsache wird nach der Einstellung dem Staatsanwalt zugeleitet (§ 7-3 Abs. 1 ukrStPO). Der Staatsanwalt prüft anhand der entsprechenden Begründung die Vollständigkeit der durchgeführten Ermittlungen und die Gesetzmäßigkeit der Verfügung. Im Fall seines Einverständnisses mit dem Beschluss des Ermittlers leitet er den Vorgang danach weiter dem Gericht zu (§ 232-1 Abs. 1 Nr. 1 ukrStPO).[514]

Die Strafsache in dieser Altersgruppe gelangt somit bereits im Zustand der Einstellung an ein Gericht zur Klärung der Frage, ob eine „Zwangsmaßnahme erzieherischer Einwirkung" angewendet werden soll (§ 447 ukrStPO).[515] Ein Zwischenverfahren (s. u. *Kap. 7.3.2*), das die Zulassung der Anklage zum Inhalt hätte, gibt es bei dieser Altersgruppe nicht. Einige Regeln des Gerichtsverfahrens werden nicht angewendet, da Minderjährige dieser Altersgruppe nicht als Verdächtige (Angeklagte) angesehen werden. Folglich ist das Gerichtsverfahren vereinfacht.[516] Eine Anklageschrift wird nicht erstellt, eine förmliche Anklage mithin nicht zugestellt. Ein Plädoyer der Verteidigung (*судебные прения*) ist in solchen Fällen ebenso ausgeschlossen wie das letzte Wort des Angeklagten.

Wenn festgestellt wird, dass eine Person im Alter von 11 bis 14 Jahren eine „gesellschaftsgefährdende Handlung" begangen hat, die unter die Merkmale einer Straftat fällt, für welche im ukrStGB eine Freiheitsstrafe von mehr als fünf Jahren vorgesehen ist (schwere oder besonders schwere Tat nach § 12 Abs. 4 und 5 ukrStGB) und es demzufolge nötig ist, eine solche Person zu isolieren, so erfolgt dies nach der Verfügung des Ermittlers oder eines Ermittlungsorgans,[517] mit der Zustimmung eines Staatsanwaltes aufgrund eines begründeten Beschlusses des Gerichts. Die Person wird dann in einer Aufnahme- und Einweisungsanstalt für maximal 30 Tage untergebracht. Die Teilnahme eines Verteidigers ist in einem solchen Fall innerhalb von 24 Stunden ab dem Zeitpunkt der Unterbringung in der Aufnahme- und Einweisungsanstalt zu garantieren (§ 7-3 Abs. 3 ukrStPO).[518] Wenn nach dem Beschluss eines Gerichts gegen einen Minderjährigen eine „Zwangsmaßnahme erzieherischer Einwirkung" verhängt wird, die in der Unterbringung in einer speziellen Lehrerziehungseinrichtung (Schule oder Berufsschule der sozialen Rehabilitation) besteht, der betreffende Minderjährige allerdings eine weitere rechtswidrige Tat begeht,

---

514 Der Staatsanwalt kann den Beschluss des Ermittlers auch zurückweisen und ihm die Sache zu weiteren Ermittlungen zurückgeben, den Beschluss ändern oder einen neuen Beschluss erlassen ((§ 232-1 Abs. 1 Nr. 2, 3 ukrStPO).

515 Wenn das Gericht mit der Entscheidung eines Ermittlers oder Staatsanwalts nicht einverstanden ist, so kann es diesem die Sache gem. § 447 Abs. 2 ukrStPO mit einer Begründung zurückreichen.

516 Vgl. *Maljarenko* 2010, § 432 Nr. 2 a, § 447 Nr. 1 в.

517 Als Ermittlungsorgan tritt meistens die Miliz auf.

518 Vgl. *Tertišnik* 2007, S. 736.

so kann er in diesem Fall auch in einer Aufnahme- und Einweisungsanstalt untergebracht werden. Von dieser Anstalt wird er dann weiter in eine Schule bzw. Berufsschule der sozialen Rehabilitation gebracht (§ 447 Abs. 4 ukrStPO).

7.1.3 Verfahren bei Delikten von Jugendlichen im Alter von 16 bzw. 14 bis unter 18 Jahren (Kapitel 36, § 9 ukrStPO)

Wenn ein Jugendlicher eine Straftat im Strafmündigkeitsalter begangen hat, so wird das Strafverfahren nach den allgemeinen Regelungen mit Besonderheiten des 36. Kapitels ukrStPO durchgeführt.[519] Die Vorschriften dieses Kapitels beinhalten weitere Rechte und Garantien zum Schutz von Jugendlichen.[520]

Hier ist zunächst wichtig festzustellen, welche Verfahren eingestellt werden können und welche nicht im Zusammenhang mit der Verhängung von „Zwangsmaßnahmen erzieherischer Einwirkung" stehen.

Wie bereits im *Kap. 5* erwähnt wurde, gibt es zwei durch das Gesetz geregelte Möglichkeiten zur Verhängung von „Zwangsmaßnahmen erzieherischer Einwirkung". Die erste ist die *Befreiung* von der *strafrechtlichen Verantwortlichkeit* (§ 97 Abs. 1 ukrStGB). In diesem Fall ist die Einstellung des Verfahrens während der Gerichtssitzung vorgesehen. Gem. § 9 ukrStPO erstellt der Staatsanwalt, aber auch der Ermittler mit Zustimmung eines Staatsanwaltes auf Grund § 97 Abs. 1 ukrStGB einen begründeten Beschluss über die Übergabe des Verfahrens an das Gericht für die Entscheidung der Frage über die Befreiung eines Jugendlichen von der strafrechtlichen Verantwortlichkeit und die Anwendung von „Zwangsmaßnahmen erzieherischer Einwirkung". Aufgrund und gem. § 438 ukrStPO wird eine Anklage gegen den Jugendlichen erstellt und gem. § 440 ukrStPO werden alle Unterlagen in der Sache vorgelegt. Danach wird die Sache durch den Staatsanwalt an das Gericht übergeben (§ 9 Abs. 1 ukrStPO), das im Fall ausreichender Gründe den Beschluss über die Einstellung des Verfahrens trifft mit der Absicht der Anwendung von „Zwangsmaßnahmen erzieherischer Einwirkung" (§ 9 Abs. 2, § 282 ukrStPO).

Im Falle der Nichtzustimmung zu der Entscheidung der Ermittlungsorgane kann das Gericht das Verfahren als gerichtliches Verfahren fortführen oder dieses an die Staatsanwaltschaft oder an den Ermittlungsführer zurückreichen (§ 447 Abs. 2 ukrStPO).

Die zweite Möglichkeit ist die Befreiung eines Jugendlichen, der eine geringe oder mittelschwere Tat beging, von *einer Kriminalstrafe* mit der Absicht der Anwendung von „Zwangsmaßnahmen erzieherischer Einwirkung" (§ 105 Abs. 1 ukrStGB). In diesem Fall kann das Verfahren nicht eingestellt werden. Es kommt in diesem Fall zu einem Strafurteil mit der Maßgabe der Befreiung von

---

519 Vgl. *Groševij/Kaplìna* 2010, S. 536.

520 Vgl. *Maljarenko* 2010, § 432 Nr. 2 б.

der Verbüßung einer Strafe durch die Anwendung von „Zwangsmaßnahmen erzieherischer Einwirkung".

Im *Kap. 5.2.4* wurden bereits die Gründe für die Befreiung von der strafrechtlichen Verantwortlichkeit dargestellt. Die ukrStPO regelt im § 7-1 die Gründe für die Einstellung eines Strafverfahrens durch das Gericht und damit die Befreiung von der strafrechtlichen Verantwortlichkeit. Diese Gründe sind: Reue (§ 45 ukrStGB), Täter-Opfer-Ausgleich (§ 46 ukrStGB), die Anwendung von „Zwangsmaßnahmen erzieherischer Einwirkung" nach § 447 ukrStPO und die Bürgschaft eines Unternehmenskollektivs (§ 47 ukrStGB).

Die Einstellung eines Verfahrens und damit die Befreiung von der strafrechtlichen Verantwortlichkeit bei Reue wird nach § 7-2 ukrStPO geregelt. Der Staatsanwalt oder der Ermittler mit Zustimmung des Staatsanwaltes haben das Recht bei Vorhandensein von Gründen aus § 45 ukrStGB (dazu s. o. *Kap. 5.2.4*) mit einer begründeten Verfügung die Strafsache dem Gericht zuzuleiten für die Entscheidung der Frage einer Befreiung des Beschuldigten von der strafrechtlichen Verantwortlichkeit. Wenn eine Strafsache mit der Anklageschrift bei dem Gericht eingegangen ist, jedoch die Einstellungsgründe aus § 45 ukrStGB vorliegen, beschließt das Gericht das Strafverfahren einzustellen.

§ 8 ukrStPO regelt die Einstellung des Verfahrens aufgrund eines Täter-Opfer-Ausgleichs nach § 46 ukrStGB. Der Ablauf ist genauso wie in § 7-2 ukrStPO.

§ 9 ukrStPO regelt die Einstellung des Verfahrens aufgrund der Anwendung von „Zwangsmaßnahmen erzieherischer Einwirkung". Gleichzeitig wird der Jugendliche von der strafrechtlichen Verantwortlichkeit befreit. Der Staatsanwalt oder der Ermittler mit Zustimmung des Staatsanwalts reicht aufgrund § 97 Abs. 1 ukrStGB mit einer begründeten Verfügung die Strafsache an das Gericht für die Entscheidung der Frage bzgl. der Befreiung eines Jugendlichen von der strafrechtlichen Verantwortlichkeit. In diesem Fall wird nach §§ 438, 440 ukrStPO eine Anklage erhoben und er dadurch mit der Verfahrensmaterie vertraut gemacht. Die Strafsache wird mit einer Liste der geladenen Personen durch einen Staatsanwalt an das Gericht geschickt. Bei Vorliegen der Gründe nach § 97 Abs. ukrStGB in der Strafsache mit Anklageschrift, wird das Gericht im Gerichtsverfahren einen Beschluss über die Einstellung des Verfahrens verkünden.

§ 10 ukrStPO regelt die Einstellung eines Verfahrens infolge einer Bürgschaft durch ein Unternehmenskollektiv bzw. eine Institution oder Organisation/Firma. Durch die Beantragung einer solchen Bürgschaft kann ein Jugendlicher von der strafrechtlichen Verantwortlichkeit befreit werden. Der Staatsanwalt – oder der Ermittler mit der Zustimmung des Staatsanwalts – hat das Recht, bei Vorliegen der in § 47 ukrStGB benannten Gründe mit einer begründeten Verfügung die Strafsache an das Gericht zu senden. Das Gericht wiederum hat dann zu entscheiden, ob der Beschuldigte von der strafrechtlichen Verantwortlichkeit befreit und in die Bürgschaft eines Kollektivs übergeben werden soll.

Das Kollektiv wird durch den Staatsanwalt oder den Ermittler über die Umstände der begangenen Straftat informiert. Bei Vorliegen der Gründe des § 47 ukrStGB beschließt das Gericht die Einstellung des Verfahrens.

7.1.4 Einstellung des Jugendstrafverfahrens nach dem deutschen Recht

In Deutschland gibt es in den verschiedenen Verfahrensstadien die nachfolgend dargestellten Möglichkeiten, ein gegen einen Jugendlichen geführtes Strafverfahren einzustellen. Dabei hat diese Möglichkeit vor allem nicht nur das Gericht, wie dies in der Ukraine der Fall ist (§ 7-1 ukrStPO), sondern auch der Jugendstaatsanwalt.

Im *deutschen* System ergeben sich die Reaktionsmöglichkeiten zur informellen Erledigung von Jugendstrafverfahren (sog. Diversion)[521] im Stadium des Ermittlungsverfahrens aus § 45 JGG (durch den Jugendstaatsanwalt) und im Stadium des Zwischen- und Hauptverfahrens aus § 47 JGG (durch den Jugendrichter).[522]

7.1.4.1 Einstellung im Vorverfahren

Im Vorverfahren gem. § 45 JGG gibt es drei Möglichkeiten das Jugendstrafverfahren einzustellen: Die erste Möglichkeit ist die Einstellung i. S. d. *Non-Intervention*,[523] d. h. die folgenlose Einstellung[524] (§ 45 Abs. 1 JGG). Hier kann der Jugendstaatsanwalt bei Vorliegen der Voraussetzungen des § 153 StPO unter Verzicht auf jede Sanktionierung von der Verfolgung absehen. Eine solche Einstellung bedarf keiner richterlichen Zustimmung. Der Jugendstaatsanwalt entscheidet hier in eigener Verantwortung.[525] Die Voraussetzungen des § 153 StPO sind gegeben, wenn es sich bei der Tat um ein Vergehen handelt, die Schuld des Täters als gering zu betrachten ist und kein öffentliches Verfolgungsinteresse besteht.[526]

---

521 *Diversion* aus dem englischen bedeutet die Ablenkung, Umleitung oder Wegführung. Diese Bezeichnung ist in das deutsche Strafsystem übernommen worden und trägt die Bedeutung der Ersetzung der förmlichen Sanktionierung, siehe dazu *Meier/Rössner/Schöch* 2007, § 7 Rn. 2; *Ostendorf* 2009, Rn. 95.

522 Vgl. *Meier/Rössner/Schöch* 2007, § 7 Rn. 5; *Laubenthal/Baier/Nestler* 2010, Rn. 281, 283 und 303.

523 Vgl. *Laubenthal/Baier/Nestler* 2010, Rn. 284.

524 Vgl. *Meier/Rössner/Schöch* 2007, § 7 Rn. 6 ff.

525 Vgl. *Meier/Rössner/Schöch* 2007, § 7 Rn. 8; *Brunner/Dölling* 2011, § 45 Rn. 17; *Diemer/Schatz/Sonnen* 2011, § 45 Rn. 13.

526 Die folgenlose Einstellung soll vor allem dann in Betracht kommen, wenn es sich um jugendtypisches Fehlverhalten mit geringem Schuldgehalt und geringen Auswirkungen

Die zweite Möglichkeit das Jugendstrafverfahren im Vorverfahren informell einzustellen ist die *Intervention mittels erzieherischer Maßnahmen*[527] bzw. die Einstellung nach Durchführung oder Einleitung erzieherischer Maßnahmen[528] nach § 45 Abs. 2 JGG. Erzieherische Maßnahmen können hier z. B. Taschengeldentzug sein (Maßnahmen der Erziehungsberechtigten); Bestellung eines Erziehungsbeistandes (familien- oder vormundschaftsrichterliche Maßnahmen); Ausschluss von Klassenveranstaltungen (pädagogische Maßnahmen), usw. Dies sind keine Erziehungsmaßregeln i. S. d. § 9 JGG.

Einer solchen erzieherischen Maßnahme gleichgestellt ist das Bemühen des Jugendlichen, einen Ausgleich mit dem Verletzten (Täter-Opfer-Ausgleich) zu erreichen (§ 45 Abs. 2 S. 2 JGG). Diese Verfahrenseinstellung ist, anders als im § 45 Abs. 1 JGG, mit einer *Intervention* verbunden. Die erste Voraussetzung für die Verfahrenseinstellung ist, dass die erzieherische Maßnahme bereits durchgeführt oder eingeleitet ist. Die zweite Voraussetzung ist, dass der Jugendstaatsanwalt weder eine Beteiligung des Jugendrichters nach § 45 Abs. 3 JGG noch die Erhebung der Anklage für erforderlich hält (§ 45 Abs. 2 S. 1 JGG).[529] Bei Vorliegen dieser Voraussetzungen muss der Jugendstaatsanwalt das Verfahren einstellen. Hierbei hat er kein Ermessen, sondern er entscheidet bei der Prüfung der Einstellungsmöglichkeiten im Rahmen eines ihm von der Norm eingeräumten Beurteilungsspielraums.[530]

Für das Absehen von der Verfolgung bedarf es hier ebenso wie im § 45 Abs. 1 JGG keiner Zustimmung des Jugendrichters. Ein Geständnis des Jugendlichen ist hier nicht erforderlich.[531] Der Jugendliche darf aber den Tatvorwurf

---

handelt, wenn der Jugendliche erstmals auffällig geworden ist und zur weiteren Einwirkung auf ihn über die bereits von der Entdeckung der Tat und dem Ermittlungsverfahren ausgehenden Wirkungen hinaus keine erzieherischen Maßnahmen erforderlich sind, RLJGG zu § 45 JGG Nr. 2; siehe dazu auch *Ostendorf* 2009, Rn. 99, vgl. *Meier/ Rössner/Trüg/Wulf* 2011, § 45 Rn. 18 f.

527 Vgl. *Laubenthal/Baier/Nestler* 2010, Rn. 285.

528 Vgl. dazu *Meier/Rössner/Schöch* 2007, § 7 Rn. 9 f. und 13 ff.; *Diemer/Schatz/Sonnen* 2011, § 45 Rn. 15; *Brunner/Dölling* 2011, § 45 Rn. 18; *Meier/Rössner/Trüg/Wulf* 2011, § 45 Rn. 21.

529 Vgl. dazu *Meier/Rössner/Schöch* 2007, § 7 Rn. 12 und 19; *Brunner/Dölling* 2011, § 45 Rn. 19; *Diemer/Schatz/Sonnen* 2011, § 45 Rn. 16 f.; *Meier/Rössner/Trüg/Wulf* 2011, § 45 Rn. 31.

530 Vgl. dazu *Meier/Rössner/Schöch* 2007, § 7 Rn. 20; *Laubenthal/Baier/Nestler* 2010, Rn. 286; *Diemer/Schatz/Sonnen* 2011, § 45 Rn. 19.

531 Vgl. *Laubenthal/Baier/Nestler* 2010, Rn. 286. Im Falle der Staatsanwaltsintervention ist ein Einverständnis des Beschuldigten erforderlich siehe Rn. 297.

nicht ernstlich bestreiten.[532] Hier kann die Einstellung in geeigneten Fällen auch bei Verbrechen (z. B. Raub) erfolgen.[533]

Eine weitere Einstellungsmöglichkeit im Stadium des Ermittlungsverfahrens ist nach § 45 Abs. 3 JGG die mit richterlicher Mitwirkung im Vorverfahren[534] bzw. die Einstellung nach Durchführung eines *formlosen jugendrichterlichen Erziehungsverfahrens*.[535] Dieses kann erst dann in Betracht kommen,[536] wenn die Erledigung mit Non-Intervention oder mit Intervention i. S. d. § 45 Abs. 2 JGG nicht ausreichend erscheint, es aber keiner Anklageerhebung bedarf und die Einschaltung des Jugendrichters zur Einwirkung auf den Betroffenen ange-zeigt ist; oder wenn der Jugendstaatsanwalt eine Ahndung durch förmliches Urteil für entbehrlich hält und der Beschuldigte die Tat gestanden hat. In diesem Fall kann der Jugendstaatsanwalt beim Jugendrichter im Stufenverhältnis[537] stehende Maßnahmen anregen. Diese sind: Erteilung einer Ermahnung; Auferlegung von Weisungen nach § 10 Abs. 1 S. 3 Nr. 4, 7 und 9 (Erbringung einer Arbeitsleistung, Bemühen um einen Täter-Opfer-Ausgleich, Teilnahme an einem Verkehrsunterricht); Erteilung von Auflagen i. S. d. § 15 JGG (einer Wiedergutmachungs-, Entschuldigungs- oder Geldzahlungsauflage). Der Ju-gendrichter ist an die Anregung des Jugendstaatsanwalts nicht gebunden. Eine Verpflichtung des Jugendstaatsanwalts zur Einstellung besteht nur dann, wenn der Jugendrichter der Anregung des Jugendstaatsanwalts entsprochen hat und der Jugendliche den Weisungen oder Auflagen nachgekommen ist (§ 45 Abs. 3 S. 2 JGG).[538]

7.1.4.2 Einstellung nach Anklageerhebung

Wenn die Anklage eingereicht ist, so liegt sowohl im Stadium des Zwischenver-fahrens als auch während des Hauptverfahrens die Kompetenz, das Verfahren einzustellen beim Gericht. Zu prüfen sind dann die Voraussetzungen des § 47 JGG.[539] Der Richter hat grundsätzlich die gleichen Einstellungsmöglichkeiten

---

532 RLJGG Nr. 3 S. 4 zu § 45 JGG.

533 Vgl. dazu *Meier/Rössner/Schöch* 2007, § 7 Rn. 20; *Laubenthal/Baier/Nestler* 2010, Rn. 286; *Eisenberg* 2010, § 45 Rn. 19a.

534 Vgl. *Laubenthal/Baier/Nestler* 2010, Rn. 298 ff.

535 Vgl. *Meier/Rössner/Schöch* 2007, § 7 Rn. 24 ff.; *Diemer/Schatz/Sonnen* 2011, § 45 Rn. 20

536 Vgl. *Meier/Rössner/Schöch* 2007, § 7 Rn. 24; *Eisenberg* 2010, § 45 Rn. 23 f.

537 Vgl. *Meier/Rössner/Schöch* 2007, § 7 Rn. 27.

538 Vgl. *Meier/Rössner/Schöch* 2007, § 7 Rn. 28; *Ostendorf* 2009, § 45 Rn. 17 f.; *Eisenberg* 2010, § 45 Rn. 29.

539 Vgl. *Laubenthal/Baier/Nestler* 2010, Rn. 303; *Ostendorf* 2009, § 47 Rn. 9 und 11.

wie diese dem Jugendstaatsanwalt nach § 45 JGG im Vorverfahren zur Verfügung stehen.

Hinzu kommt eine vierte Möglichkeit nach § 47 Abs. 1 S. 1 Nr. 4 JGG ein Verfahren einzustellen und zwar wenn es sich herausstellt, dass bei einem Jugendlichen zum Tatzeitpunkt nicht die notwendige Reife i. S. d. § 3 S. 1 JGG für seine strafrechtliche Verantwortlichkeit vorlag.[540]

Die zuletzt genannte Einstellungsmöglichkeit ist mit dem ukrainischen Recht vergleichbar. Allerdings geht es dort um die Einstellung des Verfahrens bei unter 11-jährigen Minderjährigen mit weiterer Information des Amtes für Angelegenheiten Minderjähriger und die Einstellung des Verfahrens bei unter 16- (bzw. 14-)Jährigen mit Anwendung von „Zwangsmaßnahmen erzieherischer Einwirkung".

7.2 Verfahrensbeteiligte

Verfahrensbeteiligte sind im ukrainischen Strafverfahren gegen Jugendliche der Beschuldigte, der gesetzliche Vertreter, der Verteidiger, das Gericht, der Staatsanwalt, die Vertreter der Ämter und der Kriminalmiliz für Angelegenheiten Minderjähriger sowie Vertreter von Unternehmen, Stiftungen und anderen Institutionen. Nach § 36 JGG werden in Deutschland für das Verfahren in Jugendstrafsachen Jugendstaatsanwälte bestellt, die genauso wie die Jugendrichter erzieherisch befähigt und in der Jugenderziehung erfahren sein sollen (§ 37 JGG).[541] In der Ukraine ist dies nicht in gleicher Weise gesetzlich geregelt. Daher ist ein Jugendstaatsanwalt im ukrainischen Recht nicht vorgesehen.

7.2.1 Gesetzliche Vertreter

Während des Hauptverfahrens ist die Teilnahme des gesetzlichen Vertreters[542] wünschenswert, da es dadurch möglich ist detaillierter die Lebens- und Erziehungsbedingungen des jugendlichen Beschuldigten zu klären.[543] Die Ladung

---

540 Vgl. *Laubenthal/Baier/Nestler* 2010, Rn. 309; *Eisenberg* 2010, § 47 Rn. 5; *Ostendorf* 2009, § 47 Rn. 9.

541 In der Praxis bleibt dies allerdings oft unberücksichtigt. Siehe dazu *Laubenthal/Baier/ Nestler* 2010, Rn. 154; *Eisenberg* 2010, § 36 Rn. 13; *Ostendorf* 2009, § 36 Rn. 8.

542 Gem. § 32 Abs. 10 sind gesetzliche Vertreter Eltern, Vormund, Pfleger oder Vertreter der Vormundschaft oder Pflegschaft unter deren Aufsicht sich die Person befindet. Dem Gesetzeswortlaut ist zu entnehmen, dass solche Personen, wie Adoptiveltern oder ältere Geschwister bzw. Großeltern etc. nicht als gesetzliche Vertreter an dem Prozess teilnehmen dürfen. Jugendliche werden jedoch oft von diesen unterhalten bzw. im Leben unterstützt. In der Wissenschaft besteht daher die Frage, ob man den Kreis der gesetzlichen Vertreter nicht erweitern sollte, vgl. dazu *Kopetyuk* 2006a, S. 72 f.

543 Vgl. *Sanìn* 2007, S. 63.

des gesetzlichen Vertreters zum Gerichtsverfahren ist obligatorisch.[544] Gleichwohl hindert die Abwesenheit des gesetzlichen Vertreters nicht das Gerichtsverfahren selbst, wenn das Gericht seine Teilnahme nicht für notwendig hält. In diesem Fall hört das Gericht die anderen Teilnehmer an (Amt und Kriminalmiliz für Angelegenheiten Minderjähriger, Organisationen etc. §§ 442, 443). Danach entscheidet es über die weitere Notwendigkeit der Teilnahme des gesetzlichen Vertreters bei der Verteidigung der Interessen des Jugendlichen und zur Feststellung der Wahrheit in der Sache.[545] Die Entscheidung über die Ladung des gesetzlichen Vertreters gehört zum Zwischenverfahren (s. o. *Kap. 7.4.2*). Nachdem der Jugendliche sein 18. Lebensjahr vollendet hat, endet die Funktion des gesetzlichen Vertreters, weil der Beschuldigte nunmehr rechtlich volle Handlungsfähigkeit erwirbt.[546] Das Gericht hat das Recht sowohl beide Eltern als auch nur einen Elternteil zum Gerichtsverfahren zuzulassen.[547]

Die gesetzlichen Vertreter können als Zeugen gehört werden, wenn dies notwendig erscheint. In diesem Fall werden sie als Zeugen zuerst gehört, da sie während des gesamten Verfahrens im Gerichtssaal verbleiben (§ 441 Abs. 3 ukrStPO).[548] Gem. Art. 63 der ukrainischen Verfassung haben sie keine Verpflichtung, Aussagen gegen Familienangehörige und nahe Verwandte zu machen.[549] Allerdings tragen sie eine strafrechtliche Verantwortlichkeit für bewusst falsche Informationen (§ 384 ukrStGB).

Wenn festgestellt wird, dass ein gesetzlicher Vertreter den Interessen des jugendlichen Beschuldigten schaden könnte, wird er vom Gerichtsverfahren ausgeschlossen (§ 441 Abs. 4).

Im *deutschen* Jugendstrafrecht gebietet § 50 Abs. 2 JGG, dass der Vorsitzende des Jugendgerichts die Erziehungsberechtigten und die gesetzlichen Vertreter laden soll. Erziehungsberechtigte und gesetzliche Vertreter haben in der Hauptverhandlung ein Anwesenheitsrecht (§ 67 Abs. 1 JGG).[550] Wie im ukrainischen Recht können sie von der Verhandlung zeitweilig ausgeschlossen werden. Dies geschieht (gem. § 51 Abs. 2 JGG), wenn erhebliche erzieherische Nachteile drohen, oder sie verdächtig sind an der Verfehlung des Angeklagten

---

544 Vgl. *Maljarenko* 2010, § 441 Nr. 1.

545 Vgl. *Maljarenko* 2010, § 441 Nr. 7.

546 Vgl. *Maljarenko* 2010, § 441 Nr. 6.

547 Vgl. *Maljarenko* 2010, § 441 Nr. 3; *Plenum des Obersten Gerichts der Ukraine* 2004b, Ziff. 4 Abs. 3.

548 Vgl. *Maljarenko* 2010, § 441 Nr. 4.

549 Vgl. auch *Kopetyuk* 2009, S. 100.

550 Vgl. *Laubenthal/Baier/Nestler* 2010, Rn. 238; *Eisenberg* 2010, § 67 Rn.11.

beteiligt gewesen zu sein, oder wenn durch ihre Anwesenheit die Ermittlung der Wahrheit beeinträchtigt wird, etc.[551]

7.2.2 Verteidiger

Das Recht auf einen Verteidiger ist durch die ukrainische Verfassung in Art. 59 gewährleistet. Da einem Jugendlichen wegen seines Alters und psychologischer Besonderheiten die Lebenserfahrung fehlt bzw. es für ihn schwierig ist, sich allein mit den strafprozessrechtlichen Fragen auseinanderzusetzen,[552] sieht der Gesetzgeber gem. § 438 Abs. 1 i. V. m. § 45 Abs. 1 ukrStPO sowohl bereits teilweise im Vorverfahren als auch spätestens im Gerichtsverfahren in Jugendsachen die Anwesenheit eines Pflichtverteidigers vor.[553] Dies gilt unabhängig davon, ob der Jugendliche zur Zeit des Gerichtsverfahrens bereits das 18. Lebensjahr vollendet hat.[554]

Bei der Verletzung des Rechtes auf einen Verteidiger wird die Sache zur Durchführung eines zusätzlichen Vorverfahrens zurückverwiesen. Wenn bereits ein Urteil gesprochen worden ist, so ist das Urteil aufzuheben und die Sache zur Durchführung eines erneuten Vorverfahrens zurückzuverweisen (§§ 370 Abs. 2 Nr. 3, 246 Abs. 1, 281 Abs. 1 ukrStPO).[555]

Als Verteidiger können gem. § 44 Abs. 2 ukrStPO folgende Personen zugelassen werden: Personen die ein Zeugnis über das Recht haben, eine Anwaltstätigkeit in der Ukraine auszuüben oder *andere Fachleute auf dem Gebiet des Rechts*. Diese sind solche, die eine Befugnis zur rechtlichen Hilfeleistung als Verteidiger haben, entweder persönlich oder im Auftrag von juristischen Personen.[556] Die nahen Verwandten eines Jugendlichen können auch als Verteidiger

---

551 Vgl. *Meier/Rössner/Schöch* 2007, § 13 Rn. 39a; *Brunner/Dölling* 2011, § 51 Rn. 13.

552 Vgl. *Kopetyuk* 2009, S. 101.

553 Vgl. *Kopetyuk* 2006a, S. 74; *Sanìn* 2007, S. 62.

554 Vgl. *Lobojko* 2008, S. 518 f.; *Maljarenko* 2010, § 45 Nr. 3; *Sanìn* 2007, S. 62; *Plenum des Obersten Gerichts der Ukraine* 2004b, Ziff. 2 Abs. 2.

555 Vgl. *Maljarenko* 2010, § 438 Nr. 2.

556 Nach der Entscheidung des ukrainischen Verfassungsgerichts Nr. 13-рп/2000 vom 16.11.2000 war § 44 Abs. 1 ukrStPO in seiner ursprünglichen Fassung verfassungswidrig. Nach diesem ursprünglichen Inhalt der Norm konnten als Verteidiger *nur* Personen auftreten, die das Zeugnis für das Recht einer Anwaltstätigkeit in der Ukraine hatten. Das ukrainische Verfassungsgericht erklärte, dass Verteidiger im Strafprozess jeder Fachmann auf dem Gebiet des Rechts sein kann, wenn er *nach einem Gesetz* ein Recht auf eine Gewährung der Rechtshilfe persönlich oder im Auftrag einer juristischen Person hat. In diesem Zusammenhang wurde die Norm ergänzt. Allerdings erkannte das *Plenum des Obersten Gerichts* in Ziff. 5 der „Verordnung" Nr. 8 vom 24.10.2003 („Über die Anwendung der Gesetzgebung, die die Verteidigung im Strafgerichtsverfahren gewährleistet") die Praxis der Gerichte an, die bei Abwesenheit dieses *speziellen*

auftreten,[557] ferner sein Vormund oder sein Pfleger. Im Gegensatz zu einem Rechtsanwalt bzw. anderen Fachmann auf dem Gebiet des Rechts, die im beliebigen Verfahrensstadium zugelassen werden können, werden Eltern bzw. der Vormund oder Pfleger eines Beschuldigten (gesetzliche Vertreter) nur ab dem Moment der Vorlage von Materialien der vorgerichtlichen Ermittlung zur Aktenansicht zugelassen. Außerdem können Eltern als Verteidiger nur zusammen bzw. gleichzeitig mit einem Verteidiger bzw. Fachmann auf dem Gebiet des Rechts (gem. § 44 Abs. 4 ukrStPO) auftreten,[558] da die Anwesenheit eines Verteidigers bei Taten von Jugendlichen, die das 18. Lebensjahr noch nicht vollendet haben, gem. § 45 Abs. 1 Nr. 1 ukrStPO Pflicht ist. Verdächtige, Beschuldigte und Angeklagte haben das Recht auf mehrere Verteidiger (§ 47 Abs. 2 ukrStPO).

Der späteste Zeitpunkt des Eintritts eines Verteidigers in ein Jugendstrafverfahren ist der Zeitpunkt der Erhebung der Anklage. Wenn ein Jugendlicher vor der Anklageerhebung als Verdächtiger (§ 43-1 Abs. 1 Nr. 1 und 2 ukrStPO) festgenommen wird oder ihm gegenüber eine vorläufige Maßnahme der Verfahrenssicherung gewählt wird, dann wird der Verteidiger innerhalb von 24 Stunden ab dem Zeitpunkt der Verlesung des Festnahmeprotokolls bzw. des Beschlusses über die Anwendung einer vorläufigen Maßnahme bestellt (§ 45 Abs. 1 Nr. 1 ukrStPO).[559]

In einem Verfahren mit Anwendung von „Zwangsmaßnahmen erzieherischer Einwirkung" wird der Verteidiger nach § 45 Abs. 1 Nr. 6 ukrStPO ab dem Zeitpunkt vor der ersten Vernehmung des Jugendlichen bzw. ab dem Zeitpunkt der Unterbringung in der Aufnahme- bzw. Einweisungsanstalt bestellt. Es ist anzumerken, dass bei Minderjährigen im Alter von 11 bis 16 bzw. 14 Jahren ein Verteidiger ab dem Zeitpunkt der Bekanntmachung des Beschlusses (постановление) über die Einstellung der Sache mit Aktenansicht zugelassen wird. Im Falle der Unterbringung eines Jugendlichen in die Aufnahme- und Einweisungsanstalt ist ein Anwalt innerhalb von 24 Stunden nach der Unterbringung heranzuziehen.[560]

Gem. § 106 Abs. 3 ukrStPO ist bei einer Festnahme dem Jugendlichen sein Recht auf einen Verteidiger ab dem Zeitpunkt der Festnahme mitzuteilen. Gem. §§ 21, 43 Abs. 2, Abs. 43-1 Abs. 2 ukrStPO besteht das Recht eines Verdächti-

---

Gesetzes solche Fachleute zur Verteidigung in Strafsachen nicht zulassen. Dieses *spezielle Gesetz* gibt es in der Ukraine jedoch immer noch nicht, vgl. dazu *Maljarenko* 2010, § 44 Nr. 4, § 47 Nr. 2; *Tertišnik* 2008, S. 193 ff.; *Vapnjarčuk* 2007, S. 47.

557 In Bezug auf Jugendliche sind nach § 32 Abs. 11 ukrStPO solche nahen Verwandten etwa Eltern, Eheleute, Geschwister, Großeltern.

558 Vgl. *Kopetyuk* 2009, S. 99.

559 Vgl. *Sanìn* 2007, S. 62; *Tertišnik* 2007, S. 733.

560 Vgl. *Tertišnik* 2007, S. 735 f.; *Kopetyuk* 2009, S. 98 f.

gen oder Beschuldigten auf einen Verteidiger vor seiner ersten Vernehmung. Ein Jugendlicher kann auf einen bestimmten Verteidiger verzichten, allerdings nicht auf die Verteidigung selbst. In einem solchem Fall hat der Jugendliche das Recht, innerhalb eines Tages (im Ermittlungsstadium) und innerhalb von drei Tagen (im Stadium des gerichtlichen Verfahrens) einen anderen Verteidiger zu benennen. Im anderen Falle wird ein Verteidiger durch das Strafrechtsorgan bestellt (§ 46 Abs. 4 i. V. m. § 47 Abs. 4 Nr. 1 ukrStPO).[561] Ein Verteidiger kann auch dann durch ein Strafrechtsorgan bestellt werden, wenn ein Verdächtiger, Beschuldigter oder Angeklagter einen solchen möchte, aber nicht imstande ist, ihn zu beauftragen, beispielsweise, weil er zahlungsunfähig ist oder keinen Verteidiger kennt usw. (§ 47 Abs. 4 Nr. 2 ukrStPO).[562]

Erwähnungswert ist, dass die Kosten bei einer „Bestimmung" bzw. „Bestellung" eines Verteidigers durch ein Ermittlungsorgan gem. § 93 Abs. 6 ukrStPO der Staat trägt. Diese Regelung wurde nach dem ukrainischen Gesetz „Über Änderungen in der ukrStPO" Nr. 2533-III vom 21.06.2001 in die ukrStPO eingeführt (Punkt I, Ziff. 41). Früher mussten die Kosten für einen Pflichtverteidiger (sog. „Verteidiger durch Bestimmung") von der angeklagten Person getragen werden. Diese Änderung ist sinnvoll in Bezug auf mittellose Beschuldigte.[563]

Zur Bestellung eines Verteidigers enthält § 47 Abs. 3 ukrStPO eine Regelung, wonach ein Ermittler oder ein Gericht einen Verteidiger in *vorschriftsmäßiger Ordnung* durch einen Rechtsanwaltszusammenschluss (Rechtsanwaltskammer) bestellen kann. Allerdings enthält weder die ukrStPO noch das ukrainische Gesetz über die Rechtsanwaltschaft vom 19.12.1992 eine solche *Ordnung* für die Bestellung eines Verteidigers.

In der Praxis zeigt sich, dass Jugendliche in der Regel immer wieder von den gleichen Verteidigern vertreten werden, die als Wahlverteidiger von ihnen benannt werden.[564]

Die Anwesenheit eines Verteidigers ist grundsätzlich auch im *deutschen* Jugendstrafverfahren vorgesehen. Im Gegensatz zum ukrainischen System ist sie aber nicht obligatorisch. § 68 Nr. 1 JGG ordnet an, dass dem Jugendlichen ein Pflichtverteidiger zu bestellen ist, wenn einem Erwachsenen ein Pflichtverteidiger zu bestellen wäre.[565] Hiermit sind die in § 140 Abs. 1 und 2 StPO geregelten Vorschriften auch für Jugendliche in Bezug genommen, wobei etwa § 140 Abs. 2 StPO hinsichtlich der genannten unbestimmten Rechtsbegriffe der „Schwierigkeit der Sach- und Rechtslage" mit Blick auf Jugendliche im

561 Vgl. dazu *Sanin* 2007, S. 63.
562 Vgl. *Maljarenko* 2010, § 47 Nr. 4.
563 Vgl. dazu *Romanyuk* 2003, S. 63.
564 Vgl. *Sanin* 2007, S. 63.
565 Vgl. *Ostendorf* 2009, Rn. 75.

Vergleich zu Erwachsenen jugendgemäß, d. h. weitergehend zugunsten einer Pflichtverteidigung auszulegen ist. Darüber hinaus regeln § 68 Nr. 2-5 JGG weitere Fälle, in denen ein Pflichtverteidiger zu bestellen ist.[566] Eine allgemeine Verpflichtung zur Bestellung eines Pflichtverteidigers für Jugendliche, wie im ukrainischen Recht, ist dem *deutschen* Recht somit nicht zu entnehmen.

Als Verteidiger können im *deutschen* Recht nach § 138 Abs. 1 StPO Rechtsanwälte und Rechtslehrer an einer deutschen Hochschule mit der Befähigung zum Richteramt gewählt werden. Andere Personen können nach § 138 Abs. 2 StPO nur mit Genehmigung des Gerichts bestellt werden. Im Falle einer notwendigen Verteidigung können sie nur mit einem der in Abs. 1 genannten Verteidiger gemeinsam agieren (§ 138 Abs. 2 S. 2 StPO). Insoweit bestehen weitgehende Parallelen zum ukrainischen Recht, wobei dieses eine notwendige Verteidigung regelmäßig annimmt.

Gem. § 69 JGG kann aber Jugendlichen nach *deutschem* Recht auch ein Beistand bestellt werden, wenn nicht eine Wahlverteidigung besteht oder ein Fall der notwendigen Verteidigung gegeben ist. Der hierbei zugelassene Personenkreis ist offen und wird nur negativ abgegrenzt, indem ungeeignete Personen durch das Gesetz genannt werden. Nach § 69 Abs. 2 StPO ist dies der Fall, wenn ein Nachteil für die Erziehung des Beschuldigten zu erwarten wäre. Der Beistand hat eine eigene Rolle als Verfahrensbeteiligter und erhält eigene Rechte im Verfahren, die zum Teil denen des Verteidigers entsprechen.[567] Die Möglichkeit der Bestellung eines Beistandes findet in der deutschen Praxis kaum Anwendung[568] und ist aber als struktureller Unterschied zum ukrainischen Recht aufgrund der eingeräumten Selbständigkeit erwähnenswert. Eine solche selbständige Rolle hat aufgrund der allgemein notwendigen Verteidigung im ukrainischen Recht andererseits keinen Raum.

7.2.3 Vertreter der Ämter und Kriminalmiliz für Angelegenheiten Minderjähriger (§ 442 ukrStPO) sowie Vertreter von Unternehmen, Stiftungen und anderen Institutionen (§ 443 ukrStPO)

Mit dem Ziel der Gewährleistung der Rechte und gesetzlichen Interessen eines Jugendlichen *müssen* Vertreter des Amtes für Angelegenheiten Minderjähriger und der Kriminalmiliz für Angelegenheiten Minderjähriger (§ 442 Abs. 1 Satz 1 ukrStPO) sowie Vertreter von Unternehmen, Stiftungen und anderen Institutio-

---

566 Vgl. *Laubenthal/Baier/Nestler* 2010, Rn. 245; *Ostendorf* 2009, Rn. 75.

567 Vgl. *Laubenthal/Baier/Nestler* 2010, Rn. 259; *Brunner/Dölling* 2011, § 69 Rn. 1.

568 Vgl. *Laubenthal/Baier/Nestler* 2010, Rn. 261; *Meier/Rössner/Trüg/Wulf* 2011, § 69 Rn. 1.

nen[569] (§ 443 Abs. 1 Satz 1 ukrStPO) durch das Gericht über Zeit und Ort des Gerichtsverfahrens und über begangene Taten des Jugendlichen *benachrichtigt werden*. Das Gericht *hat das Recht*, die genannten Vertreter zum Gerichtsverfahren zu laden (§§ 442 Abs. 1 Satz 2, 443 Abs. 1 Satz 2 ukrStPO). Ihr Nichterscheinen hindert die Durchführung des Gerichtsverfahrens nicht.

Die Teilnahme der Vertreter der Ämter und der Kriminalmiliz für Angelegenheiten Minderjähriger aus dem Wohn-, Arbeits- bzw. Studienort des Angeklagten ist zweckdienlich sowohl für die Aufklärung von Ursachen und Bedingungen der Begehung der Tat als auch bzgl. der Maßnahmen der Umerziehung, welche gegenüber dem Jugendlichen angewendet werden sollen.[570] Ihre Teilnahme ist ebenso gut für die Aktivierung der prophylaktischen Arbeit mit den Jugendlichen sowie für die Kontrolle ihres Verhaltens während der Vollstreckung der nichtfreiheitsentziehenden Strafe.[571]

Unternehmen, Stiftungen und andere Institutionen werden zum Gerichtsverfahren mit dem Zweck der Verstärkung der erzieherischen Einwirkung des gerichtlichen Verfahrens geladen, aber auch für die vollständige Aufklärung von Fakten, die die Persönlichkeit und das Verhalten des Jugendlichen charakterisieren, seine Erziehungsbedingungen sowie Studien- und Arbeitsbedingungen.[572]

Vertreter der Kriminalmiliz für Angelegenheiten Minderjähriger und Ämter für Angelegenheiten Minderjähriger sind keine Prozessbeteiligten im klassischen Sinn. Das Gesetz teilt ihnen nur einige prozessuale Rechte zu.[573] Diese sind: Beschwerdeberechtigung, Fragen an den Angeklagten, an seine gesetzlichen Vertreter, das Opfer, die Zeugen, den Sachverständigen. Sie können ihre Meinung bzgl. der Form der Umerziehung des Angeklagten äußern. Diese Rechte werden im Vorbereitungsteil des gerichtlichen Verfahrens erklärt (§ 442 Abs. 2 ukrStPO). Benannte Vertreter haben das Recht im Gerichtssaal anwesend zu sein und mit Erlaubnis des Gerichts Erklärungen abzugeben (§ 442 Abs. 3 ukrStPO).

Vertreter von Unternehmen, Stiftungen und anderen Institutionen nehmen keine selbständigen prozessualen Rechte in Anspruch. Sie haben nur das Recht, wie die Vertreter der Kriminalmiliz und Ämter für Angelegenheiten Minderjähriger im Gerichtssaal anwesend zu sein und mit Erlaubnis des Gerichts Erklärungen abzugeben (§ 443 Abs. 2 Satz 1 ukrStPO). Sie äußern die Meinung des Kollektivs bzw. der Organisationen und geben Informationen über den Ange-

---

569 Mit „anderen Institutionen" sind bspw. Vormundschafts- und Pflegschaftsorgane, Organe des Gesundheitswesens, gesellschaftliche Einrichtungen aus dem Wohnort bzw. Studienort eines Jugendlichen gemeint.

570 Vgl. *Maljarenko* 2010, § 442 Nr. 3.

571 Vgl. *Sanin* 2007, S. 64.

572 Vgl. *Maljarenko* 2010, § 443 Nr. 1.

573 Vgl. *Maljarenko* 2010, § 442 Nr. 5.

klagten, seine Eltern, über die angewendeten Maßnahmen, die einen vorbeugenden oder erzieherischen Charakter haben sowie andere Umstände, die mit der Feststellung und Beseitigung von Ursachen und Bedingungen, die zu der begangenen Tat beigetragen haben, verbunden sind.[574]
Soweit notwendig können all diese Vertreter als Zeugen vernommen werden (§§ 442 Abs. 4, 443 Abs. 2 Satz 2). Der Richter erlässt diesbezüglich einen Beschluss und belehrt die Zeugen u. a. über die Folgen wissentlich falscher Aussagen.[575]
Trotz der positiven Ergebnisse, die im Endeffekt mit der Teilnahme der erwähnten Vertreter erzielt werden können, lassen die Gerichte das Nichterscheinen solcher Vertreter im Gerichtsverfahren sowie das Versäumnis der Benachrichtigung von Ort und Zeit des Gerichtsverfahrens folgenlos.[576]

7.3 Ablauf des Jugendstrafverfahrens

7.3.1 Ermittlungsverfahren

Jedes Verfahren beginnt mit einem Ermittlungsverfahren und ist gem. § 111 ukrStPO ohne Ausnahmen auch in allen Jugendstrafsachen durchzuführen.[577] Gem. § 112 ukrStPO sind in Jugendsachen die Ermittler des Innenministeriums für das Ermittlungsverfahren zuständig, es sei denn die Untersuchung spezieller Delikte gehört zur ausschließlichen Kompetenz der Staatsanwaltschaft (z. B. Tötungsdelikte usw.). Allerdings weist das Gerichtskollegium des Obersten Gerichts der Ukraine in Strafsachen darauf hin, dass i. S. d. Abs. 1 und 2 des § 112 ukrStPO in Tötungssachen, die durch Jugendliche begangen wurden, das Ermittlungsverfahren sowohl durch die Ermittler des Innenministeriums als auch durch die Ermittler der Staatanwaltschaft durchgeführt werden kann. Darin liegt keine Verletzung der ukrStPO.[578] Nach *deutscher* Rechtsprechung werden dagegen die Ermittlungen in Jugendstrafsachen nur vom Jugendstaatsanwalt geleitet (§ 36 JGG).[579]
Das Ermittlungsverfahren muss innerhalb von zwei Monaten abgeschlossen werden. In besonders schweren Fällen und bei Unmöglichkeit eines entsprechend zeitigen Abschlusses kann das Ermittlungsverfahren bis auf drei bzw.

574 Vgl. *Maljarenko* 2010, § 443 Nr. 4.

575 Vgl. *Maljarenko* 2010, §§ 442 Nr. 4, 443 Nr. 5.

576 Vgl. *Sanìn* 2007, S. 64.

577 Vgl. auch *Tertišnik* 2008, § 111 S. 418.

578 Vgl. Informationsblatt des Obersten Gerichts der Ukraine Nr. 2 (24) 2001, S. 14 f.; *Maljarenko* 2005, § 432 Nr. 5; *Maljarenko* 2010, § 432 Nr. 4.

579 Vgl. *Meier/Rössner/Schöch* 2007, § 13 Rn. 34; *Brunner/Dölling* 2011, § 36 Rn. 2 f.

sechs Monate verlängert werden. Eine weitere Verlängerung ist nur in Ausnahmefällen zulässig (§ 120 Abs. 1, 2, 3 ukrStPO).

Das *deutsche* Jugendstrafrecht kennt solche starren Fristen nicht. Gleichwohl herrscht der Beschleunigungsgrundsatz,[580] wie er etwa im § 43 Abs. 1 S. 1 JGG oder in § 72 Abs. 5 JGG zum Ausdruck kommt.[581] Ein lang andauerndes Verfahren ist ein erheblicher Belastungsfaktor für den betroffenen Jugendlichen. Daher besteht in der deutschen Wissenschaft und Praxis große Übereinstimmung darin, „dass aus der Perspektive einer effektiven Einwirkung auf den straffällig gewordenen Jugendlichen ein schnelles Einschreiten anzustreben ist".[582]

Der „Beschleunigungsgrundsatz" ist überdies in Ziff. 20.1 der Beijing Rules enthalten und lautet: „Jeder Fall ist von Anfang an zügig und ohne jede unnötige Verzögerung zu behandeln".

7.3.1.1 Aussonderung des Jugendstrafverfahrens in ein separates Verfahren (§ 439 ukrStPO)

Wenn ein Jugendlicher ein Delikt zusammen mit einem Erwachsenen begeht, so werden i. d. R. zwei getrennte Verfahren durchgeführt. Dies gilt allerdings nur im Stadium des Ermittlungsverfahrens. Hierzu gibt es in der Praxis allerdings nicht immer die Möglichkeit. In Anbetracht dessen, dass in manchen Fällen diese Abtrennung zur mangelnden Vollständigkeit und Objektivität der Ermittlung in der Sache führt, hat der Gesetzgeber die Möglichkeiten der Abtrennung eingegrenzt (§ 439 Abs. 1 i. V. m. § 26 Abs. 2 ukrStPO). War ein Erwachsener Organisator, Anstifter oder Komplize eines Deliktes, so ist es in diesem Fall unmöglich das Jugendstrafverfahren abzutrennen. Es ist aber möglich, das Verfahren gegenüber einem Jugendlichen abzutrennen, wenn er nur in einigen Episoden der kriminellen Aktivitäten teilgenommen hat oder wenn er Komplize, Hehler oder Nichtdenunziant war.[583] Wenn das Jugendstrafverfahren – obwohl es möglich gewesen wäre – nicht in ein separates Verfahren nach § 439 ukrStPO abgetrennt wurde, oder umgekehrt, das Verfahren trotz der Forderungen des Gesetzgebers (§ 26 ukrStPO) abgetrennt wurde, so müssen Staatsanwalt und Gericht diese Verfahren für ergänzende Ermittlungen zurückgeben um die aufgetretenen Fehler zu beseitigen.

---

580 Der Beschleunigungsgrundsatz gilt nach Art. 6 Abs. 1 S. 1 EMRK bereits im Erwachsenenstrafrecht: „Jede Person hat ein Recht darauf, dass, über eine gegen sie erhobene strafrechtliche Anklage (…) innerhalb angemessener Frist verhandelt wird". Siehe dazu auch *Ostendorf* 2009, Rn. 57.

581 Vgl. *Eisenberg* 2010, § 55 Rn. 37.

582 Vgl. *Jugendstrafrechtsreform-Kommission* 2002, S. 17; vgl. dazu auch RLJGG Nr. 6 zu § 43 JGG.

583 Vgl. *Maljarenko* 2010, § 439 Nr. 1.

7.3.1.2 Maßnahmen der vorläufigen Verfahrenssicherung (§§ 149, 436 ukrStPO)

Liegen gem. § 148 Abs. 2 ukrStPO ausreichende Anhaltspunkte vor, dass ein Jugendlicher, als Verdächtiger, Beschuldigter, Angeklagter oder Verurteilter, der das Strafmündigkeitsalter erreicht hat, versuchen wird, sich der Ermittlung, dem Gericht, oder der Erfüllung der prozessualen Entscheidungen zu entziehen, oder dafür, dass er die Feststellung der Wahrheit in der Sache behindert oder weitere Straftaten begehen wird, so kann nach § 149 ukrStPO eine der folgenden allgemein zulässigen Maßnahmen der vorläufigen Verfahrenssicherung angeordnet werden:

1) Verpflichtung zur Nicht-Ausreise (*подписка о невыезде*).

   § 151 ukrStPO sieht die Beschränkung von Rechten und Freiheiten eines Jugendlichen vor, wobei die Verpflichtung besteht, den ständigen Wohnort oder den aktuellen Aufenthaltsort nicht ohne die Erlaubnis des Ermittlers zu verlassen. Bei Verstoß gegen diese Regelung, wird sie durch eine strengere Maßnahme der Verfahrenssicherung ersetzt.

2) Persönliche Bürgschaft (*личное поручительство*).

   Nach § 152 ukrStPO können volljährige Bürger eine persönliche Bürgschaft übernehmen, wenn sie „hohe moralische Eigenschaften" aufweisen, regelmäßig einer Arbeit nachgehen und ihren gesellschaftlichen Pflichten nachkommen, die eine Autorität im Kollektiv oder im Wohnort innehat und die in der Lage sind, das entsprechende Verhalten des Jugendlichen sowie sein Erscheinen nach der Ladung der Rechtsorgane zu gewährleisten. Die persönliche Bürgschaft kann nur bei freiwilliger Zustimmung der Bürgen angeordnet werden. Wenn ein Jugendlicher von den Anweisungen der Ermittlungsorgane und des Gerichts abweicht, so kann dem Bürgen eine Geldbuße auferlegt werden. Diese Maßnahme der Verfahrenssicherung sieht keine Beschränkungen der Rechte und Freiheiten des Jugendlichen vor.[584] Die Zahl der Bürgen muss mindestens zwei betragen.

3) Bürgschaft einer gesellschaftlichen Einrichtung oder eines Arbeitskollektivs (*поручительство общественной организации или трудового коллектива*).

   Nach § 154 ukrStPO bleibt ein Jugendlicher im Arbeitskollektiv oder in einer gesellschaftlichen Einrichtung, die sich für ein entsprechendes Verhalten des Jugendlichen und sein rechtzeitiges Erscheinen vor den Ermittlungsorganen oder dem Gericht verpflichten. Diese Entscheidung über die Bürgschaft muss durch das Kollektiv selbst oder den Vorstand getroffen werden, nicht durch ihre Vorgesetzten. Wenn sie nicht in der Lage sind, das Entsprechende zu leisten, so müssen sie

---

584   Vgl. *Maljarenko* 2010, § 152 Nr. 1, 2, 3.

diese Bürgschaft zurücknehmen und dies demjenigen, der diese Maßnahme verhängt hat, mitteilen.

4) Kaution/Verpfändung (*залог*).

Nach § 154-1 ukrStPO besteht die Verpfändung in der Einzahlung auf ein Konto des Ermittlungsorgans oder des Gerichts, oder in der Übergabe anderer wertvoller Sachen. Ziel ist es, zu gewährleisten, dass der Jugendliche der Pflicht, nicht ohne die Erlaubnis des Ermittlers oder des Gerichts den ständigen bzw. aktuellen Wohnort zu verlassen sowie nach der Ladung zu erscheinen, nachkommt.

Bei der Verpfändung wird die Schwere der begangenen Tat berücksichtigt, die Persönlichkeit eines Jugendlichen sowie sein Alter, sein Familienstand und seine materiellen Verhältnisse (§ 150 ukrStPO). Auf Verpfändung wird immer dann entschieden, wenn andere mildere verfahrenssichernde Maßnahmen, das entsprechende Verhalten und die Erfüllung der prozessualen Pflichten des Jugendlichen nicht gewährleisten können, und es für die Inhaftnahme keine Gründe gibt bzw. diese unzweckmäßig ist.[585] Die Verpfändung verfällt dem Staat, wenn ein Jugendlicher seine Pflichten nicht erfüllt. Dabei hat das Gericht kein Recht, die Verpfändung als Erfüllung des Urteils zu einem Teil der Geldstrafe zu machen.[586] Das Gesetz sieht die Anordnung der Verpfändung anstatt der Inhaftnahme nur in Ausnahmefällen vor: Bei Personen, die schwerer Gewaltstraftaten oder organisierter Kriminalität beschuldigt werden sowie gegen Rückfalltäter und Personen, die früher versucht haben, sich einem Strafverfahren zu entziehen.[587]

5) Untersuchungshaft (*заключение под стражу*).

Nach § 434 ukrStPO i. V. m. §§ 148, 150, 155 ukrStPO ist diese verfahrenssichernde Maßnahme gegenüber einem Jugendlichen nur dann anzuordnen, wenn dies durch die Schwere der Tat begründet ist und wenn andere, mildere verfahrenssichernde Maßnahmen zwecklos erscheinen.[588] Die Eltern eines Jugendlichen, bzw. seine gesetzlichen Vertreter müssen über seine Festnahme informiert werden. Eine Mitteilung erfolgt auch an seinen Studien- oder Arbeitsplatz (§ 161 ukrStPO).[589]

Die Beschuldigten werden in Untersuchungshaftanstalten untergebracht. Die Verhaftung besteht in der physischen Isolierung von der

---

585 Vgl. *Plenum des Obersten Gerichts der Ukraine* 1999, Ziff. 2.

586 Vgl. *Plenum des Obersten Gerichts der Ukraine* 1999, Ziff. 12.

587 Vgl. *Plenum des Obersten Gerichts der Ukraine* 1999, Ziff. 13.

588 Vgl. *Plenum des Obersten Gerichts der Ukraine* 2004b, Ziff. 3; *Plenum des Obersten Gerichts der Ukraine* 2004a, Ziff. 3.

589 Zum Untersuchungshaftvollzug s. u. *Kap. 8.3.2.*

Gesellschaft. Diese verfahrenssichernde Maßnahme kann nur durch einen Beschluss eines Richters (Gerichtsbeschluss) angeordnet werden (§ 165 Abs. 1 ukrStPO).[590] Wie bereits erwähnt, dürfen die 11- bis 16- bzw. 14-Jährigen für maximal 30 Tage in Aufnahme- und Einweisungsanstalten untergebracht werden.[591]

Außer den eben dargestellten verfahrenssichernden Maßnahmen sieht das ukrainische Prozessrecht in § 436 ukrStPO zwei weitere Arten von Maßnahmen vor, die allerdings nur gegenüber einem Jugendlichen anzuordnen sind.[592] Diese sind:

1) Übergabe eines Jugendlichen unter die Aufsicht seiner Eltern, seines Vormunds oder Pflegers;[593]
2) Übergabe unter die Aufsicht der Kindereinrichtung, in der der Jugendliche erzogen wird.

In beiden Fällen wird gem. § 436 ukrStPO eine schriftliche Verpflichtung derjenigen Personen abgegeben, die sich zur Gewährleistung eines ordentlichen Verhaltens eines Jugendlichen verpflichten und sein Erscheinen vor dem Ermittler, dem Staatsanwalt oder dem Gericht gewährleisten. Wenn diese verfahrenssichernden Maßnahmen durch Initiative des Ermittlungsorgans, des Ermittlers oder des Staatsanwalts angeordnet werden, so ist eine schriftliche Verpflichtung sowohl der beaufsichtigenden Personen als auch der Verwaltung notwendig. Diese verfahrenssichernden Maßnahmen können aber auch auf Antrag von Eltern, Vormund bzw. Pfleger oder der Kindereinrichtung angeordnet werden. Wenn Jugendliche den Aufnahme- und Einweisungsanstalten oder Erziehungskolonien übergeben werden, so ist eine schriftliche Verpflichtung nicht nötig, da es zu deren Hauptaufgabe gehört, die Erfüllung dieser Pflichten durch die Jugendlichen sicher zu stellen (§ 7 Abs. 2 AmtBehInsG).[594]
Alle erwähnten Personen haben das Recht, die übertragene Pflicht abzulehnen. Dann wird mit einer begründenden Ablehnung über die Anordnung

590 Vgl. *Maljarenko* 2010, § 165 Nr. 10.

591 Vgl. *Tertišnik* 2008, § 434 S. 958.

592 Vgl. *Plenum des Obersten Gerichts der Ukraine* 2004b, Ziff. 3.

593 Gem. § 243 Abs. 2 ukrFamilienGB ist ein Vormund für die Jugendlichen bis zur Vollendung des 14. Lebensjahres als Betreuer vorgesehen, ab dem Alter von 14 Jahren bis zur Vollendung des 18. Lebensjahrs ein Pfleger.

594 Vgl. *Maljarenko* 2010, § 436 Nr. 4; siehe auch *Innenministerium der Ukraine* 1996, Ziff. 1.

einer anderen verfahrenssichernden Maßnahme entschieden.[595] Bei Anordnung dieser vorläufigen Maßnahme müssen der Ermittler und das Gericht sich vergewissern, dass durch die erwähnten Personen das ordnungsgemäße Benehmen des Jugendlichen und dessen Erscheinen vor dem Ermittler, dem Staatsanwalt und dem Gericht sichergestellt sind.[596] Im Falle der Verletzung der Aufsichtspflicht durch Eltern/Vormund/Pfleger wird ihnen eine Geldbuße auferlegt (§ 436 Abs. 3 i. V. m. § 153 ukrStPO). Gegenüber den Personen der Kindereinrichtung können Disziplinarmaßnahmen angeordnet werden.

Zu den verfahrenssichernden Maßnahmen gehört auch die sogenannte *vorübergehende verfahrenssichernde Maßnahme* (временные меры пресечения) der *Verhaftung* (§ 106 ukrStPO), welche auch in der Inhaftnahme in *Polizeihaft* (*Изолятор Тимчасового Тримання*) bestehen kann. In Art. 29 der ukrainischen Verfassung ist vorgesehen, dass die dafür durch das Gesetz bevollmächtigten Staatsorgane diese verfahrenssichernde Maßnahme dann anordnen können, wenn es notwendig ist weiteren Straftaten vorzubeugen. Die Begründetheit muss innerhalb von 72 Stunden durch ein Gericht geprüft werden. Liegt keine Begründetheit vor, so muss der Festgenommene gem. § 106 Abs. 6 Nr. 1 ukrStPO frei gelassen werden.

Diese Art der vorläufigen Maßnahme hat das Ziel, über eine längerfristige verfahrenssichernde Maßnahme zu entscheiden, wie etwa die *Untersuchungshaft*.[597] Der einzige Unterschied zur *Untersuchungshaft* nach § 149 ukrStPO ist der, dass die vorläufige Maßnahme durch einen Ermittler (§ 115 Abs. 1) diesen nur berechtigt, den Verdächtigen für allenfalls 72 Stunden *ohne* gerichtliche Überprüfung zu inhaftieren. Bei zusätzlichen Erkenntnissen über die Persönlichkeit des Inhaftierten oder bei weiterem Ermittlungsbedarf kann ein Richter diese Inhaftierung auf bis zu zehn Tage[598] und nach Antrag des Beschuldigten auf bis zu 15 Tage verlängern (§ 165-2 Abs. 8). Es kann nämlich im Interesse des Beschuldigten sein, eine Verhaftung um wenige Tage zu verlängern, um durch weitere Erkenntnisse des Ermittlers in der Zwischenzeit eine sonst längere *Untersuchungshaft* zu vermeiden.

Festzuhalten ist jedoch, dass § 165-2 Abs. 8 ukrStPO den in Art. 29 Abs. 3 der ukrainischen Verfassung und den in den §§ 106 Abs. 6, 165-2

---

595 Vgl *Maljarenko* 2010, § 436 Nr. 6 und 7.

596 Vgl. *Maljarenko* 2010, § 436 Nr. 1 und 2.

597 Vgl. *Lobojko* 2008, S. 189.

598 Allerdings sieht die ukrainische Verfassung in Art. 29 keine Verlängerung der Inhaftierung vor. Auch die Europäische Menschenrechtskonvention, unterzeichnet in Rom am 4.11.1950, sieht keine Verlängerung vor. Art. 5 Abs. 4 EMRK lautet: „Jede Person, die festgenommen oder der die Freiheit entzogen ist, hat das Recht zu beantragen, dass ein Gericht unverzüglich über die Rechtmäßigkeit des Freiheitsentzugs entscheidet und ihre Entlassung anordnet, wenn der Freiheitsentzug nicht rechtmäßig ist". Vgl. dazu auch *Lobojko* 2008, S. 191, Fn. 1.

Abs. 3 ukrStPO geregelten Vorschriften widerspricht. Nach denen muss der
Festgenommene sofort frei gelassen werden, wenn innerhalb von 72 Stunden
vom Zeitpunkt der Festnahme an keine begründete Gerichtsentscheidung über
die Anordnung der Inhaftnahme vorgewiesen wird. Diese Regelung widerspricht
zudem auch Art. 5 Abs. 4 EMRK.

Das *deutsche* System der Anordnung vorläufiger Maßnahmen sieht im § 71
Abs. 1 JGG vor, bis zur Rechtskraft des Urteils durch den Richter vorläufige
Anordnungen über die Erziehung des Jugendlichen zu treffen oder die Gewährung von Leistungen nach dem SGB VIII (Leistungen der Jugendhilfe) anzure-
gen.[599] Die vorläufigen Maßnahmen sind tendenziell mit Weisungen i. S. d.
§ 10 JGG vergleichbar.[600] Dies könnte grundsätzlich mit der in der Ukraine bekannten Verpflichtung zur Nicht-Ausreise, der persönlichen Bürgschaft oder der
Bürgschaft einer gesellschaftlichen Einrichtung bzw. eines Arbeitskollektivs im
weiten Sinne vergleichbar sein.

Nach § 71 Abs. 2 JGG kann auch die einstweilige Unterbringung in einem
„geeigneten"[601] Heim der Jugendhilfe mittels eines sog. Unterbringungsbefehls
des Jugendrichters angeordnet werden. Dies erfolgt dann, wenn die Heimunterbringung den Betroffenen vor einer weiteren Gefährdung seiner Entwicklung
(insbesondere Begehung neuer Straftaten) bewahren soll.[602] Es muss sich hierbei nicht um ein „geschlossenes" Heim handeln.[603] Notwendig ist eine vorhe-
rige Abstimmung mit der Jugendhilfe, da ein richterlicher Unterbringungsbefehl
ein Heim der Jugendhilfe nicht zur Aufnahme eines Jugendlichen zwingen
kann.[604] Diese Möglichkeit der Anordnung einer Maßnahme zur Verfahrenssicherung ist dem ukrainischen System nicht bekannt.

Ähnlich wie im ukrainischen Recht wird die Untersuchungshaft angeordnet,
wenn andere Maßnahmen nicht als zweckerfüllend erscheinen, d. h. nach *deutschem* Recht darf die Untersuchungshaft nur dann verhängt und vollstreckt,
wenn ihr Zweck nicht durch eine vorläufige Anordnung über die Erziehung oder
durch andere Maßnahmen erreicht werden kann (§ 72 Abs. 1 S. 1 JGG). Vor der
Haftentscheidung ist möglichst eine Stellungnahme der Jugendgerichtshilfe ein-
zuholen (§ 72a JGG). Für einen 14- bis 15-jährigen Jugendlichen ist die Verhängung der Untersuchungshaft wegen Fluchtgefahr nur zulässig, wenn er sich

---

599 Vgl. *Meier/Rössner/Schöch* 2007, § 13 Rn. 35.

600 Vgl. *Laubenthal/Baier/Nestler* 2010, Rn. 319; *Ostendorf* 2009, Rn. 123.

601 Die Geeignetheit richtet sich nach dem Normzweck des § 71 Abs. 2 S. 1 JGG, den Ju-
     gendlichen vor einer weiteren Gefährdung seiner Entwicklung zu bewahren und vor der
     Begehung von Wiederholungstaten zu schützen, vgl. *Eisenberg* 2010, § 71 Rn. 7;
     Ostendorf 2009, Rn. 124; *Laubenthal/Baier/Nestler* 2010, Rn. 325.

602 Vgl. *Laubenthal/Baier/Nestler* 2010, Rn. 322; *Brunner/Dölling* 2011, § 71 Rn. 7.

603 Vgl. *Meier/Rössner/Schöch* 2007, § 13 Rn. 35; *Laubenthal/Baier/Nestler* 2010, Rn. 325.

604 Vgl. *Ostendorf* 2009, Rn. 124.

dem Verfahren bereits entzogen hatte oder Anstalten zur Flucht getroffen hat oder im Geltungsbereich des JGG keinen festen Wohnsitz oder Aufenthalt hat.[605] Ist der Vollzug der Untersuchungshaft im Einzelfall unumgänglich, kann der erlittene Freiheitsentzug auf die spätere Sanktion eines Jugendarrestes bzw. einer Jugendstrafe angerechnet werden (§§ 52, 52a JGG).[606]

7.3.1.3 Bekanntgabe der Beschuldigung und Vernehmung eines jugendlichen Angeklagten (§ 438 ukrStPO)

In § 438 Abs. 1 ukrStPO ist die Bekanntgabe der Beschuldigung und im 12. Kapitel, §§ 140-143 ukrStPO, die Vernehmung des Jugendlichen geregelt, bei der die Anwesenheitspflicht eines Verteidigers erforderlich ist (§§ 140 Abs. 1, 143 Abs. 3, 438 Abs. 1 ukrStPO).

Gem. § 142 ukrStPO muss der Ermittler den Jugendlichen über die Rechte aufklären, die er während des vorgerichtlichen Verfahrens hat. Solche sind z. B. das Recht zu wissen, welcher Tat er beschuldigt wird, das Recht Angaben zur Sache zu machen oder nicht, sein Ablehnungsrecht bzgl. des Ermittlers, des Staatsanwaltes, eines Sachverständigen usw. Wenn es notwendig ist kann die Anklage geändert oder ergänzt werden.[607] In diesem Fall muss der Ermittler gem. § 141 Abs. 1 ukrStPO die Anklage neu erheben. Dies gewährleistet dem Beschuldigten das Recht zur Kenntnis, welcher Taten er beschuldigt wird und das Recht Erklärungen zur neuen Anklage abzugeben.[608]

Die Vernehmung eines Beschuldigten nach § 143 ukrStPO besteht darin, dass der Beschuldigte zur Tageszeit, und nicht später als 24 Stunden nach der Bekanntgabe der Beschuldigung verhört werden muss. Ein Beschuldigter wird in den Räumen des Ermittlers vernommen oder falls notwendig an dem Ort, an dem sich der Beschuldigte befindet. Mehrere Beschuldigte werden getrennt voneinander vernommen. Anfangs muss der Ermittler dem Beschuldigten die Frage stellen, ob er sich als schuldig im Sinne der erhobenen Anklage bezeichnet. Es ist ihm verboten, suggestive Fragen[609] zu stellen.

---

605 Vgl. *Laubenthal/Baier/Nestler* 2010, Rn. 329.

606 Vgl. *Meier/Rössner/Schöch* 2007, § 13 Rn. 36.

607 Eine Notwendigkeit der Änderung der Anklage besteht in zwei Fällen: 1) wenn im Beschluss über die Anklage ein Fehler bzgl. der Verbrechensqualifikation geschehen ist; 2) wenn neue Umstände festgestellt wurden, die die ursprüngliche Qualifikation ändern oder sich wesentlich von den angegebenen im ursprünglichen Beschluss unterscheiden, vgl. dazu *Maljarenko* 2010, § 141 Nr. 1.

608 Vgl. *Maljarenko* 2010, § 141 Nr. 3.

609 In Formulierungen, welche eine Antwort oder einen Teil einer Antwort oder ein Vorsagen enthalten.

§ 438 Abs. 2 ukrStPO sieht während der Vernehmung oder der Bekanntgabe der Beschuldigung eine Möglichkeit der Beteiligung von Pädagogen oder Ärzten, Eltern oder anderen gesetzlichen Vertretern eines Jugendlichen vor. Dies gilt, wenn der Jugendliche das 16. Lebensjahr noch nicht vollendet hat oder wenn er als geistig behindert anzusehen ist. Dies geschieht nach Ermessen des Ermittlers bzw. Staatsanwalts oder auf Antrag des Verteidigers.[610] Der Teilnahme der erwähnten Personen liegt die Überlegung zugrunde, dass diese der Wahrheitsermittlung und vollständigen Angaben des Jugendlichen dienen. Dafür ist es notwendig vorher aufzuklären, welche Beziehung zwischen Eltern, Pädagogen, der Administration der Bildungsanstalt und dem Jugendlichen besteht.[611]

Die Anwesenheit eines Pädagogen oder Arztes ist in denjenigen Fällen notwendig, in denen das pädagogische, psychologische oder medizinische Wissen hilfreich ist.[612] Diese Personen haben das Recht, dem jugendlichen Beschuldigten Fragen zu stellen und ihre Meinung dazu zu äußern. Der Ermittler kann die Frage ablehnen, was in das Protokoll eingetragen werden muss. Wenn Eltern oder andere gesetzliche Vertreter negativ auf einen Jugendlichen einwirken, bzw. diesen an einer Vernehmung hindern, so haben der Ermittler und der Staatsanwalt das Recht, sie von der Vernehmung auszuschließen.[613] Der Ermittler hat die Eltern, den Pädagogen und den Arzt über ihre Rechte und Pflichten aufzuklären (§§ 438, 128-1 ukrStPO).

7.3.1.4   Ergänzung des Beweisgegenstandes (§ 433 ukrStPO)

Umstände, die dem Beweis in einer Strafsache unterliegen, sind in §§ 64, 23 ukrStPO umschrieben: Tatgeschehen (Zeit, Ort, etc.); Schuld und Motive; Schwere der Tat und strafmildernde oder straferschwerende Umstände; Art und Umfang des verursachten Schadens. Dementsprechend müssen Ursachen und Bedingungen ermittelt werden, welche zu der Begehung der Tat beigetragen haben (§ 23 ukrStPO). Dies gilt allgemein für alle Strafsachen, darunter auch Jugendstrafsachen.[614]

In Jugendstrafsachen und bei Personen, die noch nicht das Strafmündigkeitsalter erreicht haben, hat der Beweisgegenstand einige ergänzende konkretisierte Besonderheiten, welche in § 433 ukrStPO geregelt sind und auf jeden Fall festgestellt werden müssen: Das genaue Alter eines Jugendlichen (Datum, Monat, Geburtsjahr), was durch entsprechende Dokumente wie Geburtsurkunde

---

610 Der Antrag kann auch von dem Beschuldigten oder seinem gesetzlichen Vertreter gestellt werden, vgl. dazu *Maljarenko* 2010, § 438 Nr. 3.
611 Vgl. *Maljarenko* 2010, § 438 Nr. 3.
612 Vgl. *Lobojko* 2008, S. 524.
613 Vgl. *Tertišnik* 2007, S. 734.
614 Vgl. *Sanin* 2007, S. 61; *Vapnjarčuk* 2007, S. 66.

oder Personalausweis oder mit Hilfe einer Begutachtung bestätigt werden kann;[615] Der Zustand seiner Gesundheit und die allgemeine Entwicklung; Angaben zu seiner Persönlichkeit und seinen Lebens- und Erziehungsbedingungen; Umstände, die negativ auf einen Jugendlichen gewirkt haben; Vorhandensein von erwachsenen Anstiftern und anderen Personen,[616] die ihn zu Straftaten verleitet haben.[617]

Stellt sich im Zwischenverfahren heraus, dass das vorgerichtliche Verfahren in wesentlichen Bereichen unvollständig war, so wird die Sache für zusätzliche Ermittlungen zurückgegeben (§ 246 ukrStPO).[618] Wenn die Unvollständigkeit während des gerichtlichen Verfahrens unmöglich zu beseitigen ist, so reicht das Gericht auf eigene Initiative oder nach den Anträgen der Parteien die Sache für zusätzliche Ermittlungen zurück (§ 281 Abs. 1, 2 ukrStPO).[619]

Um bestimmte Informationen erhalten zu können, z. B. über den gesundheitlichen Zustand eines Jugendlichen, seine Lebens- und Erziehungsbedingungen usw., sieht der Gesetzgeber in § 433 Abs. 2 ukrStPO die Möglichkeit einer Vernehmung seiner Eltern oder seiner anderen gesetzlichen Vertreter, außerdem der Vertreter des Amtes und der Kriminalmiliz für Angelegenheiten Minderjähriger, der Vertreter von Unternehmen, Institutionen und Organisationen, in denen er studierte oder arbeitete und anderer Personen als Zeuge vor.[620]

---

615 Vgl. *Maljarenko* 2010, § 433, Nr. 2.

616 In Jugendsachen ziehen die Ermittler oft die Frage der Tatbeteiligung Erwachsener nicht ausreichend in Betracht. Dies geschieht regelmäßig etwa schon nach bloßer Äußerung eines Jugendlichen, dass die Initiative bei der Begehung der Tat allein bei ihm selbst lag. Anderweitigen Informationen über die Verhältnisse zwischen Erwachsenen und Jugendlichen wird oft nicht die gebotene Aufmerksamkeit geschenkt, vgl. dazu *Segedìn* 2004, S. 22 f.

617 Bezüglich der ergänzenden Beweisgegenstände in Jugendsachen achtet das *Plenum des Obersten Gerichts der Ukraine* in der „Verordnung" Nr. 2 vom 27.02.2004 in Ziff. 2 darauf, dass Gerichte überprüfen müssen, ob in den Beschlüssen genau und konkret die Heranziehung des Jugendlichen als Angeklagten vermerkt und in der Anklageschrift enthalten ist, worin genau die Heranziehung bestand, darunter die Art und Weise der Tatbegehung. Wenn Erwachsene eine Tat zusammen mit einem Jugendlichen begangen haben, so soll die Rolle jedes Tatbeteiligten beschrieben werden. Die strafrechtliche Verantwortlichkeit tritt ein bei Kenntnis des Strafmündigkeitsalters als auch dann, wenn der Erwachsene davon wissen musste oder davon wissen konnte (Ziff. 4). Allerdings wird in der Praxis von den Ermittlern diesen Forderungen oft nicht nachgegangen, und die Staatsanwälte bestehen häufig nicht auf der Sorgfalt des vorgerichtlichen Verfahrens, vgl. dazu *Segedìn* 2004, S. 24.

618 Vgl. *Plenum des Obersten Gerichts der Ukraine* 2004a, Ziff. 2.

619 Vgl. *Maljarenko* 2010, § 433 Nr. 1; *Sanìn* 2007, S. 61; *Yacun* 2003, S. 104; *Dëmin/ Juldašev* 2005, S. 58.

620 Vgl. *Maljarenko* 2010, § 433 Nr. 5; *Sanìn* 2007, S. 62; *Marčak/Ruljakov* 2008, S. 22.

Ähnlich wie in der Ukraine enthält auch das *deutsche* JGG eine Regelung zum *Umfang der Ermittlungen.* § 43 Abs. 1 JGG regelt die sog. *Persönlichkeits-ermittlung*[621] bzgl. eines beschuldigten Jugendlichen. „Nach Einleitung des Verfahrens sollen so bald wie möglich die Lebens-, Familienverhältnisse, der Werdegang, das bisherige Verhalten des Beschuldigten und alle übrigen Umstände ermittelt werden, die zur Beurteilung seiner seelischen, geistigen und charakterlichen Eigenart dienen können". Wie bereits oben im *Kap. 6.2.2* erwähnt wurde, gehört die Persönlichkeitserforschung in Deutschland zu den Aufgaben der Jugendgerichtshilfe (§ 38 Abs. 2 JGG).[622]

7.3.1.5 Weg der Bekanntmachung der Beschuldigung bei Beendigung der Ermittlungen gegenüber einem Jugendlichen (§ 440 ukrStPO)

Gem. § 440 Abs. 1 ukrStPO verläuft die Ankündigung über die Beendigung des vorgerichtlichen Verfahrens gegenüber einem Jugendlichen und der Möglichkeiten der Akteneinsicht nach §§ 218-222 ukrStPO unter der Pflichtanwesenheit seines Verteidigers. Mit Genehmigung des Ermittlers können auch die gesetzlichen Vertreter des Jugendlichen anwesend sein (§ 440 Abs. 2 ukrStPO). Hervorzuheben ist, dass vom Zeitpunkt der Verfügung über den Abschluss der Ermittlungen nahe Verwandte als Verteidiger, aber nur zusammen mit einem sog. „gesetzlichen" Verteidiger auftreten können (§ 44 Abs. 4 ukrStPO).[623] Im Vergleich zum Verteidiger besteht für den gesetzlichen Vertreter kein Recht sich mit den Verfahrensmaterialien allein bzw. separat vom Angeklagten vertraut zu machen.[624] Der Ermittler kann auch der Teilnahme des gesetzlichen Vertreters bei Bekanntmachung der Verfahrensmaterialien widersprechen, wenn die Gefahr besteht, dass er eine negative Wirkung auf den Angeklagten ausüben oder seinen Interessen schaden wird.[625]

Die Bekanntmachung mit den Verfahrensmaterialien geschieht, nachdem die Opfer, Zivilkläger und Zivilbeklagte sich damit vertraut gemacht haben (§ 218 Abs. 1 i. V. m § 217 ukrStPO). Der Ermittler klärt darüber auf, dass der Angeklagte einen Antrag auf die Ergänzung des vorgerichtlichen Verfahrens stellen kann. Sowohl dem Verteidiger als auch dem Angeklagten steht nach §§ 218 Abs. 2, 219 ukrStPO das Recht zu, Kopien zu machen und Anträge zu stellen.

---

621 Vgl. *Laubenthal/Baier/Nestler* 2010, Rn. 234.

622 Vgl. *Laubenthal/Baier/Nestler* 2010, Rn. 267.

623 Dazu s. o. *Kap. 7.2.2.*

624 Vgl. *Tertišnik* 2007, S. 735; *Tertišnik* 2008, § 440 S. 963; *Lobojko* 2008, S. 527.

625 Vgl. *Tertišnik* 2007, S. 735.

Der Verteidiger hat das Recht mit dem Angeklagten unter vier Augen zu sprechen und ihm den Inhalt der Anklage zu erklären usw. (§ 219 ukrStPO).

7.3.2 Zwischenverfahren

Am Ende des Ermittlungsverfahrens reicht der Ermittler die von ihm verfasste Anklageschrift an den Staatsanwalt weiter, wenn dieser das Verfahren nicht selber geführt hat. Der Staatsanwalt prüft und entscheidet gem. §§ 228, 229 ukrStPO, ob er die Anklageschrift bestätigt, selber ergänzt bzw. ändert (§ 231 ukrStPO) oder eine neue verfasst, ob er das Verfahren einstellt oder die Anklage für weitere Ermittlungen bzw. Änderungen an den Ermittler zurückreicht.

Das Zwischenverfahren beginnt mit der Einreichung der Anklage durch den Staatsanwalt an das zuständige Gericht (§ 232 Abs. 1 ukrStPO). Es ist ein Stadium des Strafverfahrens, in dem der Richter die Verfahrensmaterialien prüft und im gerichtlich prozessualen Wege das Vorhandensein oder die Abwesenheit von genügenden faktischen und juristischen Gründen für die Durchführung eines gerichtlichen Verfahrens prüft. Der Richter entscheidet in diesem Stadium somit nicht über die Schuldigkeit des Angeklagten. Wenn alles geklärt ist, so erlässt er einen Eröffnungsbeschluss über das gerichtliche Verfahren und erfüllt somit die notwendige Vorarbeit für dieses Verfahren.[626]

Für alle Strafsachen gibt es denselben Weg des Zwischenverfahrens. Innerhalb von zehn Tagen – im Falle der Schwierigkeit der Sache innerhalb von 30 Tagen –, nach Eingang der Anklage bei Gericht muss der Termin für eine Verhandlung im Zwischenverfahren bestimmt werden (§ 241 ukrStPO). Alle Strafsachen werden durch einen Einzelrichter,[627] in Pflichtanwesenheit eines Staatsanwaltes geprüft (§ 240 Abs. 1 ukrStPO).[628] Andere Teilnehmer werden über diesen Tag benachrichtigt. Jedoch verhindert ihre Abwesenheit nicht das die Verhandlung im Zwischenverfahren (§ 240 Abs. 1 ukrStPO). Wenn ein Jugendlicher einen Antrag auf Teilnahme im Zwischenverfahren stellt, so ist nach *Marčak/Rulyakov* seine Teilnahme dann zusammen mit seinem Verteidiger vorgeschrieben.[629] Allerdings gibt es dafür keine gesetzliche Grundlage.

Die Aufgabe des Zwischenverfahrens liegt – wie oben erwähnt – darin, zu prüfen, ob das vorgerichtliche Verfahren gesetzmäßig durchgeführt wurde, ob genug Beweise gegenüber der angeklagten Person vorliegen und ob über die Verfahrenssache im gerichtlichen Verfahren verhandelt werden kann.[630]

---

626 Vgl. *Vapnjarčuk* 2007, S. 141.

627 Bei einer Berufung werden sie durch das Gerichtskollegium geprüft.

628 Die Anwesenheit des Staatsanwaltes ist bei privaten Anklagen nicht zwingend vorgeschrieben, vgl. *Maljarenko* 2010, § 240 Nr. 1.

629 Vgl. *Marčak/Ruljakov* 2008, S. 12.

630 Vgl. *Tertišnik* 2008, § 237 S. 686; *Vapnjarčuk* 2007, S. 141.

Gem. § 244 ukrStPO trifft der Richter nach den Ergebnissen dieser Prüfung eine entsprechende Entscheidung. Nach § 253 ukrStPO erarbeitet er die Fragen, die mit der Vorbereitung der Sache zu dem gerichtlichen Verfahren verbunden sind. Dabei wird die Frage der Schuld des Angeklagten in diesem Stadium nicht berücksichtigt.

Gem. § 237 ukrStPO hat ein Richter die Gerichtszuständigkeit festzustellen. Er prüft weiter, ob keine Gründe für eine Einstellung oder das Ruhen der Sache vorliegen; ob die Anklageschrift den Anforderungen der ukrStPO entspricht; ob keine Gründe für die Änderung, Aufhebung oder Wahl der Maßnahme der vorläufigen Verfahrenssicherung vorliegen, etwa eine Festnahme begründet ist, unter der Berücksichtigung, dass diese Maßregel nur in Ausnahmefällen angewendet wird. Auch hat er zu prüfen, dass während des vorgerichtlichen Verfahrens keine groben Fehler gemacht wurden, ohne Beseitigung derer die Sache nicht zum gerichtlichen Verfahren zugelassen werden kann. Ergänzend ist in Jugendsachen festzustellen, ob ausreichende und zugelassene Beweise für eine volle und allseitige Feststellung solcher Umstände gesammelt wurden, die die Besonderheiten der Beweisgegenstände[631] in der Sache eines Jugendlichen (§§ 64, 433 ukrStPO) betreffen,[632] und ob ein Verteidiger von Anfang an anwesend war, da seine Teilnahme im Jugendstrafverfahren vorgeschrieben ist (§§ 45, 438 ukrStPO), unabhängig davon, ob der Jugendliche im Moment des Verfahrens sein 18. Lebensjahr vollendet hat oder nicht.

Der Richter muss auch Maßnahmen zur Sicherstellung der Teilnahme eines Verteidigers während des gerichtlichen Verfahrens ergreifen. Bei Verletzung der Vorschriften zur Regelung der Verteidigung muss der Richter gem. § 246 Abs. 1 ukrStPO die Sache für ein weiteres vorgerichtliches Verfahren zurückverweisen.[633]

Zu überprüfen ist auch, ob gegenüber den erwachsenen Personen, die einen Jugendlichen in die Begehung von Straftaten hineingezogen haben, eine Anklage erhoben wurde, die auch die Frage enthält, ob es Gründe für die Qualifikation der Tätigkeit des Angeklagten nach einer strafrechtlichen Norm gibt, welche die Verantwortlichkeit für eine schwerere Tat vorsieht, und ob eine Anklage eingereicht wurde, die vorher nicht bekannt gemacht worden ist.[634]

Die Gerichte sind weiter verpflichtet, die Forderungen der §§ 441, 442, 443 ukrStPO zu erfüllen. Diese betreffen die pflichtgemäße Benachrichtigung

---

631 Gem. § 433 Abs. 1 sind solche: genaues Alter eines Jugendlichen, sein gesundheitlicher Zustand, Angaben zu seiner Persönlichkeit, seinen Lebensbedingungen, derjenigen Umstände, die negativ auf ihn wirkten, Vorhandensein von erwachsenen Anstiftern (s. o. *Kap. 7.2.6*).

632 Vgl. *Plenum des Obersten Gerichts der Ukraine* 2004b, Ziff. 5.

633 Vgl. *Marčak/Ruljakov* 2008, S. 11f.; *Plenum des Obersten Gerichts der Ukraine* 2004b, Ziff. 2 Abs. 1, 2, 5.

634 Vgl. *Marčak/Ruljakov* 2008, S. 12.

der gesetzlichen Vertreter, des Amtes und der Kriminalmiliz für Angelegenheiten Minderjähriger, der Unternehmen, Institutionen oder Organisationen, an denen der Jugendliche studierte oder arbeitete, über Zeit und Ort des gerichtlichen Verfahrens. Die Nichterfüllung dieser Forderungen gilt als Verletzung der Rechte des jugendlichen Angeklagten und kann Grund für eine Urteilsaufhebung sein.[635]

In der Regel kann das Zwischenverfahren innerhalb eines Tages durchgeführt werden. Der Beschluss über die Bestimmung der Sache für ein gerichtliches Verfahren unterliegt nicht der Berufung (§ 245 Abs. 3 ukrStPO).

Auch das *deutsche* Strafverfahrensrecht kennt ein Zwischenverfahren, das in den §§ 199-211 StPO geregelt ist. Auch in Deutschland beginnt das Zwischenverfahren mit der Einreichung der Anklageschrift (§ 199 StPO). Allerdings ist der Aufgabenbereich des Gerichts in diesem Verfahrensabschnitt nicht so deziert gesetzlich umschrieben wie in der Ukraine. Er unterscheidet sich dennoch inhaltlich nicht von den Aufgaben der ukrainischen Gerichte.

Nach Anhörung des Angeschuldigten gem. § 201 StPO entscheidet das Gericht – u. U. nach weiterer Aufklärung des Sachverhalts durch Anordnung einzelner Beweiserhebungen (§ 202 StPO), ob das Hauptverfahren zu eröffnen (§ 203 StPO) oder abzulehnen (§ 204 StPO) ist. Anders als im ukrainischen Jugendstrafverfahren ist ein Erörterungstermin mit den Verfahrensbeteiligten nicht obligatorisch. Nur für den Fall, dass das Gericht die Eröffnung des Hauptverfahrens erwägt, kann es nach § 202a StPO den Stand des Verfahrens mit den Verfahrensbeteiligten erörtern, soweit dies geeignet erscheint, das Verfahren zu fördern. Der wesentliche Inhalt dieser Erörterungen ist aktenkundig zu machen.

7.3.3 Hauptverfahren

7.3.3.1 Übersicht über den Verlauf des Hauptverfahrens

Nach Abschluss des Zwischenverfahrens dürfen nicht mehr als zehn Tage – in schwierigen Fällen nicht mehr als 20 Tage –, vergehen, bis das Gericht die Hauptverhandlung anberaumt (§ 256 ukrStPO). Das Hauptverfahren in Jugendsachen verläuft nach den allgemeinen Regeln für Erwachsene, die in den Kapiteln 24-28 ukrStPO geregelt sind.

Kapitel 24 enthält allgemeine Bestimmungen zum Hauptverfahren, z. B. die Unabänderlichkeit der Gerichtsbesetzung (§ 258 ukrStPO), die Unmittelbarkeit des Verfahrens und den Mündlichkeitsgrundsatz (§ 257 ukrStPO) sowie die allgemeinen Regelungen zur äußeren Ordnung des Verfahrens (§ 271 ukrStPO).

Das Hauptverfahren beginnt mit dem *vorbereitenden Teil der Gerichtsverhandlung* (Kapitel 25 ukrStPO). Das Ziel des Gerichts besteht darin, den angemessenen Verlauf aller Etappen der Gerichtsverhandlung zu gewährleisten. Es sollen die Bedingungen geschaffen werden, die für den weiteren Verlauf des

---

635 Vgl. *Plenum des Obersten Gerichts der Ukraine* 2004b, Ziff. 4 Abs. 1.

Verfahrens notwendig sind: Die Eröffnung des Gerichtsverfahrens (§ 283 ukrStPO); die Überprüfung des Erscheinens der Parteien (§ 284 ukrStPO); Aufklärung des Dolmetschers (wenn dieser teilnimmt) über seine Pflichten (§ 285 ukrStPO); die Feststellung der angeklagten Person sowie der rechtzeitigen Überreichung der Anklageschriftkopie (§ 286 ukrStPO); Ankündigung der Gerichtsbesetzung und Aufklärung über das Recht der Ablehnung von Gerichtspersonen (§ 287 ukrStPO); Lösung der Frage des eventuellen Nichterscheinens eines der Teilnehmer des Verfahrens (§§ 288-292 ukrStPO); Entfernung der Zeugen aus dem Gerichtssaal (§ 293 ukrStPO); Aufklärung über Rechte und Pflichten der Verfahrensteilnehmer (§§ 294, 295 ukrStPO); Antrag und Genehmigung von Beweisanträgen (§ 296 ukrStPO).

Die nächste Etappe ist die *Beweisaufnahme* (Kapitel 26 ukrStPO). Sie macht den größten Teil des Hauptverfahrens aus. Hier erfolgt unter Teilnahme der Parteien die Erhebung der Beweismittel, die für die Feststellung der Schuld und Bestrafung des Angeklagten notwendig sind. Die Beweisaufnahme beginnt mit der Verlesung der Anklage durch den Staatsanwalt (§ 297 ukrStPO). Danach folgen die Aufklärung des Angeklagten über den wesentlichen Inhalt der Anklage (§ 298 ukrStPO), die Klärung der Meinung der Verfahrensteilnehmer bzgl. der zu erhebenden Beweise und ihrer Reihenfolge (§ 299 ukrStPO), die Vernehmung des Angeklagten (§ 300 ukrStPO), die Aufklärung von Rechten und Pflichten der Zeugen und des Opfers (§ 302 ukrStPO) sowie die Vernehmung von Zeugen (§ 303 ukrStPO) und des Opfers (§ 308 ukrStPO).

Ein weiterer selbstständiger Teil des Strafgerichtsverfahrens besteht sodann in der Bewertung der begangenen Tathandlungen des Angeklagten durch die Teilnehmer. Nach dem Plädoyer des Staatsanwalts, des Vertreters der Nebenklage bzw. des Opfers erfolgen das Plädoyer des Verteidigers sowie eine eventuelle Äußerung des Angeklagten.

Hierbei werden die vor Gericht ermittelten Beweise in Bezug auf Schuld oder Unschuld des Angeklagten bzgl. der Qualifikation der Handlungen bzgl. der Strafmaßnahmen und anderer Fragen analysiert, die das Gericht bei der Urteilsfindung berücksichtigen muss (§ 318 ukrStPO).

Nach den Plädoyers und vor der Beratung des Gerichts gibt der Richter dem Angeklagten Gelegenheit für das *letzte Wort*. Dies ist eine freiwillige öffentliche Rede des Angeklagten, in der er seine Meinung zu der Anklage und der Beweisaufnahme äußern kann (§ 319, Kapitel 27 ukrStPO).

Das Hauptverfahren endet mit dem Verfahren der Urteilsverkündung. Dieses besteht aus der Beratung der Richter unter absolutem Ausschluss anderer Personen, das Treffen der Entscheidung, die Abfassung und Verkündung des Urteils (Kapitel 28 ukrStPO).

Bezüglich der Verfahrensdauer sind durch den Gesetzgeber keine bestimmten Fristen festgesetzt. Nach der Europäischen Menschenrechtskonvention wird über eine strafrechtliche Anklage innerhalb *angemessener Frist* verhandelt (Art. 6 Abs. 1 EMRK). Nach *Lobojko* werden diese Forderungen häufig verletzt.[636] Diese Behauptung lässt sich auch aus dem Schreiben des Präsidenten des Obersten Gerichts der Ukraine entnehmen,[637] in dem er sich an die Vorsitzenden der Gerichte der ersten Instanz (vgl. § 21 Abs. 1 ukrGVG) und der Gerichte der zweiten Instanz wendet.[638] In diesem Schreiben wird die Aufmerksamkeit der Richter auf die Entscheidungen des Europäischen Gerichtshofs für Menschenrechte gelenkt, die sich auf die Verletzung der Menschenrechte durch die ukrainischen Gerichte im Hinblick auf die überlange Verfahrensdauer beziehen.[639]

Das 36. Kapitel ukrStPO regelt zusätzliche Vorschriften, welche nur in Jugendsachen in Betracht gezogen werden und welche zusätzliche Garantien und Rechte eines Jugendlichen vorsehen. Jugendverfahren müssen von hochqualifizierten Richtern durchgeführt werden, die für diese Verfahren bestimmt werden können.[640]

In den großen inhaltlichen Linien verläuft der Gang der Hauptverhandlung im *deutschen* Strafverfahren – auch im Jugendstrafverfahren – gem. 243 StPO nicht anders als im ukrainischen Recht. Anders als im ukrainischen Recht beginnt allerdings nach § 244 Abs. 1 StPO die Beweisaufnahme formal erst nach der Vernehmung des Angeklagten.

7.3.3.2   Öffentlichkeit des Gerichtsverfahrens

Bezüglich des Öffentlichkeitsprinzips sieht das ukrainische Strafprozessrecht in § 20 Abs. 1 ukrStPO eine öffentliche Sitzung an allen Gerichten vor. Davon kann nur abgesehen werden, wenn die Öffentlichkeit der Sitzung den Interessen der Wahrung eines Staatsgeheimnisses oder anderer durch Gesetz geschützter Geheimnisse widerspricht.[641]

---

636 Vgl. *Lobojko* 2008, S. 406.

637 Vgl. das Schreiben des Obersten Gerichts der Ukraine vom 25.01.2006, Nr. 1-5/45.

638 Dem Gericht der ersten Instanz sind alle Strafsachen übertragen, außer den Fällen, in denen die übergeordneten Gerichte und Militärgerichte zuständig sind (§ 33 ukrStPO). Dem Gericht der zweiten Instanz sind Fälle über Straftaten zugewiesen und zur Verhandlung in erster Instanz übertragen, für die eine lebenslange Strafe vorgesehen ist sowie diejenigen gegen die Nationale Sicherheit (§ 34 Abs. 1 Nr. 1, 2 ukrStPO).

639 So wurden innerhalb von acht Jahren (1997-2005) sechs Entscheidungen gegen die Ukraine gefällt, in einigen Fällen überschritt die Verfahrenslänge 5, 7 oder sogar 10 Jahre. Noch 40 weitere Fälle waren diesbezüglich in der Verhandlung, vgl. das Schreiben des Obersten Gerichts der Ukraine vom 25.01.2006, Nr. 1-5/45, Abs. 2 und 3.

640 *Vgl. Marčak/Ruljakov* 2008, S. 16.

641 § 20 Abs. 2 sieht eine geschlossene Sitzung auch bei Sexualdelikten und auch in anderen Strafsachen vor mit dem Ziel der Vorbeugung der Offenbarung der Daten über intime Seiten des Lebens der beteiligten Personen etc.

In *Jugendsachen* sieht die ukrStPO im § 20 Abs. 2 eine *nicht öffentliche* Sitzung vor, allerdings nur für solche Jugendliche, die ihr 16. Lebensjahr noch nicht vollendet haben. Die Regelung des § 447 Abs. 2, 3 ukrStPO könnte hier jedoch zu Zweifeln führen. Abs. 3 lautet: „Die Verhandlung der in Abs. 2 dieser Norm genannten Fälle (diese Normen sind die §§ 7-3 und 9 der ukrStPO), werden in einem *öffentlichen gerichtlichen Verfahren* unter Anwesenheitspflicht eines Staatsanwaltes und Verteidigers durchgeführt...".

Hier muss daher noch einmal auf diese Normen zurückgegriffen werden. § 9 ukrStPO sieht die Möglichkeit der Regelung der Anwendung von „Zwangsmaßnahmen erzieherischer Einwirkung" gegenüber 16- bzw. 14- bis 18-jährigen Jugendlichen vor. § 7-3 ukrStPO enthält jedoch die Regelung der Notwendigkeit der Anwendung von „Zwangsmaßnahmen erzieherischer Einwirkung" gegenüber 11- bis 16- bzw. 14-Jährigen, was eigentlich das Öffentlichkeitsprinzip in Jugendsachen dieser Alterskategorie strikt ausschließt. Nach *Omel'janenko* kann ein Richter im Hinblick auf § 20 ukrStPO (Öffentlichkeitsprinzip) jedoch mit einem begründeten Beschluss die Sache zu einem nicht öffentlichen Verfahren machen.[642] Die internationalen Standards sehen den Ausschluss der Öffentlichkeit generell für Personen vor, die das 18. Lebensjahr noch nicht erreicht haben (Art. 40b vii der Convention on the Rights of the Child und Nr. 8 der Beijing Rules). Die neue ukrainische StPO 2012 will allerdings diesen Verstoß beseitigen und schreibt im zukünftigen § 27 Abs. 2 Nr. 1 nunmehr die Nichtöffentlichkeit der Verhandlung für Personen unter 18 Jahren vor.

Das *deutsche* Jugendstrafverfahren sieht dementsprechend in § 48 Abs. 1 JGG die Nichtöffentlichkeit der Hauptverhandlung gegen einen Jugendlichen vor. Sind in der Hauptverhandlung gegen einen Jugendlichen auch Heranwachsende (§ 1 Abs. 2 JGG), eine Person zwischen dem vollendeten 18. und dem vollendeten 21. Lebensjahr, oder Erwachsene angeklagt, so ist nach § 48 Abs. 3 JGG die Öffentlichkeit der Hauptverhandlung vorgesehen. Diese kann allerdings ausgeschlossen werden, wenn dies im Interesse der Erziehung jugendlicher Angeklagter geboten ist. In einer Hauptverhandlung gegen einen Heranwachsenden kann nach § 109 Abs. 1 S. 4 JGG die Öffentlichkeit ausgeschlossen werden, wenn dies im Interesse des Heranwachsenden geboten ist. Das deutsche Recht ermöglicht überdies gegenüber Heranwachsenden unter bestimmten Umständen die Anwendung von Jugendstrafrecht (§ 105 Abs. 1 JGG).[643]

---

642 Vgl. *Omel'janenko* 2002, S. 42.

643 Vgl. *Laubenthal/Baier/Nestler* 2010, Rn. 353 ff.; *Meier/Rössner/Trüg/Wulf* 2011, § 105 Rn. 22 ff.

7.3.3.3   Ladung eines jugendlichen Angeklagten (§ 437 ukrStPO)

Jugendliche Angeklagte werden zum Ermittler, Staatsanwalt oder Gericht per Vorladung, Telefon, Fernschreiber (*телефонограмма*) oder Telegramm in der Regel gerichtet an seine Eltern oder andere gesetzliche Vertreter geladen (§ 437 Abs. 1, § 134 ukrStPO). Wenn der Jugendliche unter Arrest steht, so wird er durch die Administration der Untersuchungshaft geladen (§ 437 Abs. 2 ukrStPO). Die Auswahl einer der Ladungsformen hängt von den Ortsbedingungen, Verbindungsmitteln, der Persönlichkeit des Angeklagten und dem Ort seines Aufenthaltes ab.[644] Der gesetzliche Vertreter wird über seine Pflicht bzgl. der Gewährleistung des Erscheinens des Jugendlichen belehrt.[645]

Die Norm des § 437 Abs. 1 Satz 2 ukrStPO sieht auch einen *anderen Weg* der Ladung vor, der nur unter bestimmten Umständen zugelassen ist. Dies ist die Vorführung. Gem. § 136 Abs. 2 ukrStPO kann die Vorführung nur in Fällen angewendet werden, in denen der Angeklagte schon im Ermittlungsverfahren nicht erschienen ist oder keinen festen Wohnsitz hat. Nach *Maljarenko*, wird die Vorführung auch im Fall der Notwendigkeit unverzüglicher Vernehmung des Angeklagten oder bei Zweckmäßigkeit der Durchführung einer Vernehmung in Abwesenheit eines gesetzlichen Vertreters erforderlich. Letzteres ist gegeben, wenn es einen Grund für eine mögliche negative Einwirkung auf einen Jugendlichen gibt.[646]

Im *deutschen* Jugendstrafverfahren erfolgt die Ladung des Angeklagten durch eine an ihn persönlich gerichtete Ladung.[647]

7.3.3.4   Beiordnung eines Sozialerziehers (§ 445 ukrStPO)

Wenn das Gericht zur Entscheidung kommt die Freiheitsstrafe eines Jugendlichen zur Bewährung auszusetzen oder diesen zu einer nicht freiheitsentziehenden Strafe zu verurteilen, so muss das Gericht über die Notwendigkeit einer Beiordnung eines *Sozialerziehers* (s. o. *Kap. 6.2.4*) entscheiden (§ 445 ukrStPO). Die Beiordnung eines Erziehers ist auch neben einer oder mehreren „Zwangsmaßnahmen erzieherischer Einwirkung" (s. o. *Kap. 5.2.3*) vorgesehen (§ 105 Abs. 4 ukrStGB).

644   Vgl. *Maljarenko* 2010, § 134 Nr. 1.

645   Vgl. *Maljarenko* 2010, § 437 Nr. 1.

646   Vgl. *Maljarenko* 2010, § 437 Nr. 2.

647   Vgl. *Eisenberg* 2009, § 50 Rn 11.

7.3.3.5 Entfernung eines Jugendlichen aus dem Gerichtssaal (§ 444 ukrStPO)

Nachdem das Gericht die Meinung des Verteidigers, des gesetzlichen Vertreters und des Staatsanwaltes angehört hat, hat es nach § 444 ukrStPO das Recht, durch einen Beschluss den Jugendlichen bei der Aufklärung von Umständen, die einen negativen Einfluss[648] auf ihn haben können, auf Zeit aus dem Gerichtssaal zu entfernen.[649] Nach Erörterung dieser Umstände, die in der Abwesenheit des Jugendlichen geklärt wurden, berichtet der Vorsitzende dem Angeklagten nach seiner Rückkehr in den Gerichtssaal über die Ergebnisse, wenn diese Umstände mit seiner Beschuldigung verbunden sind, aber nur soweit dies sich auf die Erziehung des Jugendlichen nicht negativ auswirkt.[650] Diese Regelungen entsprechen im *deutschen* Jugendstrafverfahren auch der Vorschrift des § 51 JGG.

7.3.3.6 Aufklärung durch das Gericht bei Anwendung von „Zwangsmaßnahmen erzieherischer Einwirkung" (§ 448 ukrStPO) und Einlegung des Rechtsmittels nach § 449 ukrStPO

Nachdem das Gericht die Meinung von Staatsanwalt und Verteidiger in der Sache, die gem. § 232-1 Abs. 1 Nr. 1 ukrStPO[651] bei Gericht eingegangen ist, angehört hat, zieht sich das Gericht zur Beratung zurück, um folgende Fragen gem. § 448 ukrStPO aufzuklären: Ob die „gesellschaftsgefährdende Handlung", derentwegen ein vorgerichtliches Verfahren durchgeführt wurde, festgestellt werden konnte, ob diese Person schuldig ist und welche der „Zwangsmaßnahmen erzieherischer Einwirkung" gegenüber der Person angewendet werden muss. Hierüber wird ein Beschluss gefasst.

Nach § 449 ukrStPO kann gegen einen solchen Gerichtsbeschluss zur Anordnung bzw. Nichtanordnung von „Zwangsmaßnahmen erzieherischer Einwirkung" (§§ 447, 448 ukrStPO), die von örtliche Gerichten ausgesprochen werden,

---

648 Unter *Umständen, die einen negativen Einfluss auf einen Jugendlichen haben können*, sind Angaben zu verstehen, die seine Eltern oder andere Personen, die für die Erziehung des Angeklagten zuständig sind, kompromittieren. Weiter können derartige Umstände tatbezogen sein, z. B. auf Tatbeteiligte bezogen oder auf Taten, an denen der Jugendliche nicht teilgenommen hat, aber auch Angaben über intime Deatils des Lebens von Tatbeteiligten, vgl. *Maljarenko* 2010, § 444 Nr. 3.

649 Das Gericht hat das Recht sowohl aus eigener Initiative als auch auf Antrag der Teilnehmer (allerdings nur des Verteidigers, der gesetzlichen Vertreter und des Staatsanwalts) des gerichtlichen Verfahrens einen Jugendlichen aus dem Gerichtssaal zu entfernen, vgl. *Maljarenko* 2010, § 444 Nr. 1.

650 Vgl. *Maljarenko* 2010, § 444 Nr. 2 und 4.

651 Dazu gehören die Fälle der §§ 7-3 und 9 ukrStPO, dazu s. o. *Kap. 7.1.2* und *7.1.3*.

ein Rechtsmittel gem. § 347 Abs. 1 Nr. 2 ukrStPO zu einer höheren gerichtlichen Instanz eingelegt werden.[652]

Das Recht zur Einlegung eines Rechtsmittels steht dem Jugendlichen selbst, dem gesetzlichen Vertreter und dem Verteidiger des Jugendlichen soweit zu, als dessen Interessen berührt werden (§ 348 Abs. 1 Nr. 3 ukrStPO). Die Einlegung des Rechtsmittels steht aber auch dem Staatsanwalt zu, der im gerichtlichen Verfahren der ersten Instanz teilgenommen hat, sowie dem Staatsanwalt, der die Anklageschrift bestätigt hat (§ 348 Abs. 1 Nr. 8 ukrStPO) sowie dem Opfer und seinem Vertreter, soweit deren Interessen berührt werden (§ 348 Abs. 1 Nr. 9 ukrStPO). Das Rechtsmittel ist innerhalb von 15 Tagen nach Verkündung des Beschlusses bzw. des Urteils einzulegen (§ 349 Abs. 3 ukrStPO).[653]

7.4 Zusammenfassung

Das vorgerichtliche und gerichtliche Verfahren gegenüber straffälligen Jugendlichen wird nach den allgemeinen Vorschriften der ukrStPO durchgeführt. Außerdem sind im Kapitel 36 ukrStPO zusätzliche Regelungen vorgesehen, die nur in Bezug auf Jugendliche gelten und die den Schutz ihrer Rechte und gesetzlichen Interessen gewährleisten.

Bei einer Gesamtbetrachtung des Jugendstrafverfahrens in der Ukraine ist aber festzuhalten, dass die einschlägige Gesetzgebung zum Teil noch veraltet ist. Zwar sind nach der Unabhängigkeit der Ukraine Ergänzungen erfolgt, die den prozessualen Ablauf des Jugendstrafverfahrens positiv beeinflusst haben. Teilweise sind in den Vorschriften über die Justizorgane aber immer noch sozialistische Ansichten erkennbar, so z. B. in den oben erwähnten und in *Kap. 6.2.4* dargestellten Regelungen über die Tätigkeit der *Jugendsozialerzieher*.

Als gesetzliche Vertreter Jugendlicher sieht der Gesetzgeber Eltern, den Vormund, Pfleger bzw. deren Vertreter vor. Adoptiveltern, Geschwister und Großeltern sind vom Gesetzgeber nicht als Vertreter vorgesehen. Die Rechte des gesetzlichen Vertreters sind ausführlich erst im gerichtlichen Verfahren gegeben, notwendig bleibt es, ihre Rechte auch im vorgerichtlichen Verfahren zu konkretisieren.[654]

Der Verteidiger wird gem. § 45 Abs. 1 ukrStPO vom Zeitpunkt der Anerkennung der Person als Verdächtiger an oder ab Einreichung der Anklageschrift zugelassen.

Die Verhängung von „Zwangsmaßnahmen erzieherischer Einwirkung" sieht der Gesetzgeber in § 448 Abs. 1 Nr. 2 ukrStPO vor, wenn die betreffende Person der begangenen Tat für schuldig befunden wurde.

652 Vgl. *Maljarenko* 2010, § 449 Nr. 1.

653 Vgl. *Maljarenko* 2010, § 449 Nr. 4.

654 Vgl. dazu *Kopetyuk* 2006a, S. 73.

Bei der Anwendung von „Zwangsmaßnahmen erzieherischer Einwirkung" fällt insbesondere die Nichtübereinstimmung des materiellen Rechts mit dem Prozessrecht auf. So sieht § 105 ukrStGB bei der Begehung von Taten „geringer oder mittlerer Schwere" die Befreiung von der Strafe und die Anwendung von „Zwangsmaßnahmen erzieherischer Einwirkung" vor. Es können hiernach sowohl eine als auch mehrere Maßnahmen angewendet werden. § 447 Abs. 1 ukrStPO sieht dagegen die Anwendung von nur *einer* „Zwangsmaßnahme erzieherischer Einwirkung" mit der Einstellung des Verfahrens und demzufolge die Befreiung von der strafrechtlichen Verantwortlichkeit vor.[655]

Die Verhängung von „Zwangsmaßnahmen erzieherischer Einwirkung" durch das Gericht betrifft Jugendliche im Alter von 11 bis unter 16 (14) und von 16 (14) bis unter 18 Jahren. Allerdings können nur Jugendliche im Strafmündigkeitsalter, also 16- (14-) bis unter 18-Jährige, nach § 18 Abs. 1 ukrStGB als *„Subjekt einer Straftat"* und damit *strafrechtlich verantwortlich* angesehen werden.[656]

Nach dem Gesetzeswortlaut der ukrStPO ist davon auszugehen, dass das faktische Strafmündigkeitsalter bereits ab der Vollendung des 11. Lebensjahrs eintritt. Dies lässt sich aus der Möglichkeit der Verhängung von „Zwangsmaßnahmen erzieherischer Einwirkung" und nicht nur einer Heimunterbringung o. ä. gegenüber diesen Personen schlussfolgern. Daneben wird dieser Gedanke dadurch gestützt, dass auch die Möglichkeit besteht, einen Jugendlichen bereits ab seinem vollendeten 11. Lebensjahr in eine Schule der sozialen Rehabilitation einzuweisen. Dies hat die Isolierung eines Jugendlichen zur Folge und diese Maßnahme gilt daher als eine der härtesten „Zwangsnahmen erzieherischer Einwirkung". Erwähnenswert erscheint auch die Auffassung von *Burdin*,[657] wonach die Härte dieser Zwangsmaßnahme nicht nur durch die Einschränkungen,[658] sondern auch aus der Historie heraus zu verstehen ist, in der diese (in unterschiedlichen Bezeichnungen) immer schon als eine Art des Freiheitsentzuges betrachtet wurde. Das Verfahren kann also bereits gegenüber 11- bis 16- (14)-Jährigen eröffnet werden, theoretisch können diese aber keine „Subjekte der Tat" sein.[659]

Aus der dargestellten Verfahrensregelung in Jugendstrafsachen ist hervorzuheben, dass der Lauf des Verfahrens von der jeweiligen Altersgruppe abhängt. Hat ein Jugendlicher sein 11. Lebensjahr noch nicht vollendet, wird ein Verfahren nicht eröffnet, ein eröffnetes Verfahren muss sofort eingestellt werden

---

655 Vgl. dazu auch *Omel'janenko* 2002, S. 53 f.

656 Vgl. dazu *Kopetyuk* 2006b, S. 83.

657 Vgl. *Burdin* 2004a, S. 94.

658 Siehe dazu ausführlich *Kap. 8.*

659 Vgl. dazu auch *Kopetyuk* 2006b, S. 83.

(§ 6 Abs. 1 Nr. 5 ukrStPO). Wenn ein Jugendlicher sich im Alter von 11 bis unter 16 (14) Jahren befindet, so wird das Verfahren im vorgerichtlichen Verfahren eingestellt und dem Gericht die Akte zur Auswahl einer „Zwangsmaßnahme erzieherischer Einwirkung" übersandt (§ 7-3 Abs. 1 ukrStPO). Wenn eine „gefährliche Tat" geschehen ist, für welche im ukrStGB eine Freiheitsstrafe von mehr als fünf Jahren vorgesehen ist, so wird die Person in einer Aufnahme- und Einweisungsanstalt für bis zu 30 Tagen untergebracht. Im Falle der letzten Altersgruppe von 16 (14) bis unter 18 Jahre wird die Anklageschrift dem Gericht übersandt und dann spricht das Gericht ein Urteil, oder der Jugendliche kann von der strafrechtlichen Verantwortlichkeit befreit werden und es werden „Zwangsmaßnahmen erzieherischer Einwirkung" angeordnet (§§ 9 Abs. 1, 447 ukrStPO).

Das Plenum des Obersten Gerichts in der Ukraine empfiehlt in seiner „Verordnung" vom 16.04.2004 Nr. 5. Ziff. 21, dass die Gerichte auf jede Weise die Tätigkeit der gesellschaftlichen Organisationen unterstützen, die einen Täter-Opfer-Ausgleich organisieren und bereits im Vorfeld eines gerichtlichen Verfahrens eine Einigung bzw. einen Ausgleich zwischen dem straffälligen Jugendlichen (Täter) und dem Opfer anstreben.[660] Solchen Organisationen sind die notwendigen Informationen zu verschaffen. Über das Vorhandensein solcher Organisationen im Ort sind die Angeklagten und ihre gesetzlichen Vertreter zu informieren. Dies soll dem Opfer und dem Täter die Möglichkeit geben, sich für eine Lösung des Konflikts und die Erreichung eines Ausgleichs an solche Organisationen zu wenden. Die Erreichung einer Einigung zwischen dem Opfer und dem Täter mit Hilfe solcher Organisationen und die Entschädigung des materiellen und immateriellen Schadens des Opfers können als Gründe für die Einstellung des Verfahrens bzw. eine Strafmilderung dienen.

Das Zwischenverfahren ist obligatorisch. Dieses wird durch den Richter durchgeführt, welcher über die Schuld der Person noch nicht entscheiden darf. Die Anwesenheit eines Staatsanwalts ist verpflichtend. Andere Verfahrensbeteiligte werden über das Zwischenverfahren benachrichtigt, ihre Abwesenheit hindert allerdings den Fortgang des Verfahrens nicht. Bezüglich des vorgerichtlichen Verfahrens gilt das Zwischenverfahren als Kontrolle. Bzgl. des gerichtlichen Verfahrens gilt das Zwischenverfahren als organisatorisch vorbereitend.[661] Auf das Zwischenverfahren folgt das Hauptverfahren. Über dessen Verlauf ist oben (*Kap. 7.3.3.1*) bereits kurz berichtet worden.

---

660 In Deutschland ist ein Täter-Opfer-Ausgleich in den dafür geeigneten Fällen von den Strafverfolgungsorganen vorrangig anzustreben (§ 2 JGG, § 155a StPO), vgl. *Meier/ Rössner/Schöch* 2007, § 7 Rn. 11.

661 Vgl. *Vapnjarčuk* 2007, S. 141.

8. Vollstreckung und Vollzug freiheitsentziehender Maßnahmen an Jugendlichen: Gesetzliche Regelungen und Vollzugspraxis

Das ukrainische Strafvollstreckungssystem ging aus dem Rechtssystem der ehemaligen Sowjetunion und seiner etwa 70-jährigen Entwicklung hervor. Mit der Unabhängigkeitserklärung der Ukraine im Jahr 1991 und den ihr folgenden demokratischen Umgestaltungen in der Gesellschaft bzw. der Anpassung an internationale Rechtsnormen, Standards und Prinzipien, ist ein tiefgreifender Wandel des Strafvollstreckungssystems eingeleitet worden.[662]

Strafvollstreckung und *Strafvollzug* werden in der Ukraine anders als im in Deutschland üblichen Sprachgebrauch verwendet. Während das *deutsche* Strafvollzugsgesetz den Vollzug der Freiheitsstrafe in Justizvollzugsanstalten und der freiheitsentziehenden Maßregeln der Besserung und Sicherung regelt (§ 1 StVollzG), gelten die Vorschriften der Strafvollstreckungsordnung für die Vollstreckung von Urteilen und ihnen gleichstehenden Entscheidungen, die auf eine Strafe, Nebenstrafe, Nebenfolge oder Maßregel der Besserung und Sicherung lauten (§ 1 StVollstrO), also über die Vollstreckung von Freiheitsstrafen hinaus auch für die Vollstreckung von Geld- und Ersatzfreiheitsstrafen, von ambulanten Maßregeln der Besserung und Sicherung und der Vollstreckung anderer Rechtsfolgen. Während sich der Begriff Strafvollzug in Deutschland auf den *stationären* Vollzug in speziellen Vollzugsanstalten bezieht und die *Art und Weise* der Durchführung von freiheitsentziehenden Kriminalsanktionen regelt, umfasst der Begriff der Strafvollstreckung die Einleitung und Überwachung der Realisierung des Urteilsspruches. Regelungsgegenstand der StVollstrO ist daher die Durchführung der Strafvollstreckung durch die zuständigen Behörden, nicht aber die *inhaltliche* Ausgestaltung der Freiheitsstrafe.[663] Der Begriff der Strafvollstreckung und der des Strafvollzugs werden daher in Deutschland nicht deckungsgleich verwandt.

Im ukrainischen Recht ist eine dem *deutschen* Recht vergleichbare begriffliche Unterscheidung nicht klar genug ausgedrückt, was auch dadurch dokumentiert wird, dass das *Strafvollstreckungsgesetzbuch* vom 01.01.2004 (im Folgenden: ukrStVollstrG) beide Formen der Vollstreckung umschreibt.[664]

---

662 Vgl. *Kozlov/Nikìtìn/Strelkov* 2008, S. 10; *Bogatir'ov* 2008, S. 56.

663 Vgl. *Kaiser/Schöch* 2003, Rn. 1 und 17.

664 Eine vergleichbare Regelung enthalten z. B. auch das litauische Strafvollstreckungsgesetzbuch vom 27.06.2002 und das russische vom 01.07.1997. Ähnlich wie in der Ukraine regeln diese Gesetzbücher sowohl den Vollzug als auch die Vollstreckung unter einem gemeinsamen Begriff „Vollstreckung", vgl. *Sakalauskas* 2006, S. 79 f.; *Rieckhof* 2008, S. 78.

Das ukrStVollstrG regelt die Vollstreckung der Urteile, die keine Freiheitsstrafe vorsehen (z. B. Geldstrafe, Berufsverbot, gemeinnützige Arbeiten, Besserungsarbeiten, Vermögenskonfiskation), den Vollzug der zeitigen Freiheitsstrafe
an Erwachsenen und Jugendlichen, den Vollzug der lebenslangen Freiheitsstrafe, die vorzeitige Entlassung, das „Regime",[665] die Bedingungen der Verbüßung
in den Kolonien, stellt die Strafvollstreckungseinrichtungen und -organe sowie
die Kontrolle ihrer Tätigkeit dar, beschreibt die Kolonientypen, usw. Wie man
sieht, regelt das ukrStVollstrG anders als in Deutschland neben dem Vollzug der
Freiheitsstrafe auch die Vollstreckung alternativer Sanktionen.[666] Damit ist es
nicht nur Strafvollzugs-, sondern entsprechend der wörtlichen Übersetzung aus
dem Ukrainischen ein Strafvollstreckungsgesetzbuch.[667]
Das nachfolgende Kapitel enthält außerdem eine Darstellung und kritische
Anmerkungen zu den gesetzlichen Regelungen und tatsächlichen Abläufen der
vorläufigen Unterbringung in der Polizei- und in der Untersuchungshaft. Sie
stellen als freiheitsentziehende Maßnahmen einen wesentlichen Eingriff in die
Rechte der Betroffenen dar.

8.1 Gesetzliche Grundlagen

8.1.1 Das ukrainische Gesetz über den staatlichen
Strafvollstreckungsdienst vom 23.06.2005

Das ukrainische Gesetz über den staatlichen Strafvollstreckungsdienst vom
23.06.2005 (im Folgenden: ukrStVollstrDienstG) bestimmt die rechtlichen Grundlagen der Organisation und der Tätigkeit des staatlichen Strafvollstreckungsdienstes, dessen Struktur, Aufgaben und Befugnisse.[668] Die Tätigkeit des Strafvollstreckungsdienstes basiert gem. § 2 ukrStVollstrDienstG auf den Grundprinzipien
der Gesetzlichkeit, der Achtung der Rechte und Grundfreiheiten der Bürger, des
Humanismus[669] und der Unparteilichkeit, der Einzelleitung,[670] der Kollegialität

---

665   Dazu siehe Fn. 815.

666   Siehe dazu mit Blick auf Russland *Rieckhof* 2008, S. 78, Fn. 380.

667   Das ukrainische Wort Vollstreckung „*виконання*" (vykonannja) richtet sich an die
       staatlichen Organe, die den gesamten Komplex der Rechtsbeschränkungen der
       jeweiligen strafrechtlichen Sanktion realisieren, das Wort „*відбування*" (vidbuvannja)
       hingegen wendet sich an die Verurteilten und meint die Verbüßung der Strafe. Diese
       Erklärung ist aus dem Russischen entnommen, die deckungsgleich für das Ukrainische
       ist, vgl. *Rieckhof* 2008, S. 78, Fn. 382.

668   Vgl. *Bogatir'ov* 2008, S. 66.

669   Das vom Gesetzgeber hier verwendete Wort „Humanismus" ist im strafrechtlichen
       Bereich mit „Respekt und würdevoller Behandlung" gleichzusetzen, vgl. *Gončarenko*
       2007, S. 136; siehe auch Fn. 679.

bei wichtigen Entscheidungen und des Zusammenwirkens mit anderen staatlichen Organen sowie mit wohltätigen und religiösen Einrichtungen, und schließlich auf der Öffnung für die Kontrolle durch die Gesellschaft (wörtlich übersetzt: *demokratische Zivilkontrolle*).

Das Personal des Strafvollstreckungsdienstes muss sich an die Normen der professionellen (berufsspezifischen) Ethik halten und sich gegenüber den Verurteilten und Insassen angemessen verhalten. Grausame und unmenschliche Behandlung oder solche, die die Menschenwürde verletzt, ist mit dem Dienst und der Arbeit in Strafvollstreckungsorganen, Anstalten oder in der Untersuchungshaft nicht vereinbar (§ 16 Abs. 1 ukrStVollstrDienstG).

Nach § 6 Abs. 1 ukrStVollstrDienstG übt der staatliche Strafvollstreckungsdienst rechtsanwendende und somit zugleich rechtswahrende (*правозастосовні та правоохоронні*) Funktionen aus. Dieser Dienst besteht aus einem zentralen Organ mit speziellem Status (Strafvollzugsamt, s. u. *Kap. 8.2.1*), das die Leitung über die Strafvollstreckungseinrichtungen und -organe ausübt.

8.1.2 Das neue ukrainische Strafvollstreckungsgesetz vom 1.1.2004

Am 11. Juli 2003 wurde das neue Strafvollstreckungsgesetz vom damaligen Präsident *Kučma* erlassen und ist am 1. Januar 2004 in Kraft getreten. Dieses Gesetz löste das *„Besserungsarbeitsgesetzbuch der UkrSSR"*[671] vom 1. Juni 1971 ab. Das erste Besserungsarbeitsgesetzbuch der UkrSSR wurde im Jahr 1925 erlassen.[672]

Das ukrStVollstrG regelt Ordnung und Bedingungen des Vollzugs sowie der Vollstreckung der alternativen Strafsanktionen. Das Ziel ist der Schutz der Interessen der Bürger, der Gesellschaft und des Staates, indem Bedingungen für die „Besserung" und die „Resozialisierung" der Verurteilten (Spezialprävention) geschaffen werden. Als weitere Ziele werden genannt: Die Verhinderung neuer Straftaten sowohl durch die Verurteilten (spezialpräventiv) als auch durch andere Personen (generalpräventiv) sowie Verhinderung von Folter, unmenschlicher Behandlung und anderer, die Menschenwürde der Verurteilten verletzender Maßnahmen (§ 1 Abs. 1 ukrStVollstrG).

---

670 Das vom Gesetzgeber verwendete Wort „Einzelleitung" (*єдиноначальність*) bedeutet das Prinzip der Leitung auf der Basis einer dem Leiter der Anstalt übertragenen breiten Palette von Kompetenzen, für deren Ergebnisse er die persönliche Verantwortung trägt, vgl. *Šemšučenko* 1999, S. 415. Der Hintergrund dafür liegt in der früheren stark militärisch ausgerichteten internen Anstaltshierarchie.

671 Das Besserungsarbeitsgesetzbuch der UkrSSR basierte auf den „Grundsätzen der Besserungsarbeitsgesetzgebung der UdSSR und der Unionsrepubliken" vom 11. Juli 1969, vgl. dazu *Rieckhof* 2006, S. 38 ff.

672 Vgl. *Bogatir'ov* 2008, S. 65; *Kozlov/Nikitin/Strelkov* 2008, S. 17.

Die Verabschiedung des neuen ukrStVollstrG setzte die Besserung der Verurteilten als Vollzugsziel der Bestrafung fest. Dies entspricht auch der allgemeinen Richtung der Humanisierung der neuen Strafvollstreckungsgesetzgebung und nicht nur die Verfolgung der Vergeltung und Abschreckung.[673]
Unter der „Besserung" des Verurteilten ist nach § 6 Abs. 1 ukrStVollstrG der Prozess der positiven Änderungen erfasst, die in seiner Persönlichkeit stattfinden und die „Bereitschaft zum selbständigen rechtstreuem Verhalten" erzeugen. Dies entsteht in der Formulierung ukrainischer Strafvollzugswissenschaftler infolge von „Korrekturen" durch die Zwangseinwirkung auf den Verurteilten.[674] Die Besserung ist eine notwendige Bedingung der „Resozialisierung", unter der eine bewusste Wiederherstellung des Sozialstatus' eines Verurteilten als einem vollberechtigten Gesellschaftsmitglied sowie seine Rückkehr zu einem selbstständigen, straffreien Leben in der Gesellschaft zu verstehen ist (§ 6 Abs. 2 ukrStVollstrG).[675] Die wesentlichen Mittel zur Besserung und Resozialisierung der Verurteilten sind: die festgelegte Ordnung der Strafvollstreckung und der Strafverbüßung (Haftregime),[676] gemeinnützige Arbeit, Sozialerziehungsarbeit,[677] das Erlangen einer Allgemeinbildung und einer Berufsausbildung sowie Maßnahmen der „gesellschaftlichen Einwirkung" (§ 6 Abs. 3 ukrStVollstrG).
Die *deutsche* Regelung (§ 2 StVollzG) ist demgegenüber allgemeiner, aber auch eindeutiger gefasst. Der deutsche Gesetzgeber versteht unter Resozialisierung „die Befähigung des Gefangenen, künftig in sozialer Verantwortung ein Leben ohne Straftaten zu führen".[678]
Auch das ukrStVollstrG enthält wie das ukrStVollstrDienstG die *Prinzipien* der Strafvollstreckungsgesetzgebung. In § 5 werden die Prinzipien der Gesetzlichkeit, der Gerechtigkeit, des Humanismus,[679] der Demokratie, der Gleichheit

---

673 Vgl. *Denisova* 2008, S. 213.

674 Vgl. *Stepanyuk* 2008, § 6 Nr. 1.

675 Vgl. *Stepanyuk* 2008, § 6 Nr. 2.

676 Vgl. *Stepanyuk* 2008, § 6 Nr. 4.

677 Die Sozialerziehungsarbeit mit zur Freiheitsstrafe Verurteilten ist gerichtet auf die Entwicklung einer positiven Einstellung zur Arbeit, zur Einhaltung von Normen und „anderen Traditionen des menschlichen Zusammenlebens", auf die Erhöhung ihres „Bildungs- und Kulturniveaus" etc. (§ 123 Abs. 1 ukrStVollstrG).

678 Vgl. *Laubenthal* 2011, Rn. 140, vgl. auch § 2 StVollzG des Bundes. Nach Erlass der Strafvollzugsgesetze der Länder besteht z. T. Uneinigkeit darüber, inwieweit die Resozialisierung als alleiniges Vollzugsziel Geltung beansprucht oder inwieweit der Schutz der Allgemeinheit dem Resozialisierungsprinzip gegenüber gleichrangig ist, vgl. *Boers/Schaerff* 2008, S. 317 ff.

679 Das Prinzip des Humanismus erscheint vor allem in den Grundprinzipien der Strafvollstreckungsgesetzgebung sowie in internationalen Übereinkommen zum Schutze der

der Verurteilten vor dem Gesetz, des Respekts der Rechte und Freiheiten eines Menschen, der gegenseitigen Verantwortlichkeit des Staates und des Verurteilten, der Differenzierung[680] und Individualisierung[681] der Vollstreckung von Strafen, der rationalen Anwendung von Zwangsmaßnahmen und der Einübung rechtstreuen Verhaltens, der Verbindung von Strafe und erzieherischer Einflussnahme[682] sowie der Unterstützung der Tätigkeit der Strafvollstreckungseinrichtungen und -organe durch gesellschaftliche Vereinigungen genannt.

In der Ukraine gewannen diese Prinzipien im Laufe der Durchführung der Rechtsreformen und der Reform des Strafvollstreckungssystems an Bedeutung und wurden zum ersten Mal in der Geschichte der nationalen Strafvollstreckungsgesetzgebung umgesetzt.[683] Einige Grundprinzipien basieren auf internationalen Übereinkommen/Dokumenten z. B. der EMRK[684] oder dem IPBPR[685] und sind auch in der ukrainischen Verfassung verankert.[686] Die in Art 10 Abs. 1 IPBPR verankerte „menschliche und mit Achtung vor der dem Menschen innewohnenden Würde" gebotenen Behandlung ist in Art. 28 Abs. 2 ukrVerfassung und § 8 Abs. 1 Nr. 2 ukrStVollstrG übernommen worden.

Zu den *Aufgaben* der Strafvollstreckungsgesetzgebung der Ukraine gehören gem. § 1 Abs. 2 ukrStVollstrG die Festlegung der Prinzipien der Strafvollstreckung, des Rechtsstatus der Verurteilten, ihrer Rechte und Pflichten, der Anwendung von Maßnahmen mit dem Ziel der Besserung und Vorbeugung von „asozialem" Verhalten, der Organisation des Systems der Strafvollstreckungseinrichtungen und -organe, deren Funktionen und Tätigkeiten, der Aufsicht und der Kontrolle über die Strafvollstreckung sowie der Unterstützung der gesellschaftlichen Vereinigungen, der detaillierten Regelung der Bedingungen der

---

Menschenrechte und zur Behandlung von Gefangenen. Das Verbot von Gewalt, Folter und erniedrigender Behandlung sind hierbei die wesentlichen Aspekte.

680 Unter *Differenzierung* ist die Aufteilung der Gefangenen in verschiedene Gruppen zu verstehen. Gegenüber einzelnen Gruppen bzw. Gefangenen in unterschiedlichen „Regimen" erfolgt die Strafeinwirkung (d. h. die Anwendung von Zwangsmaßnahmen sowie von Mitteln der Besserung von Verurteilten) in Abhängigkeit von verschiedenen Faktoren wie Schwere der begangenen Straftat, vorangegangener krimineller Karriere, Schuldform, Verhalten während des Strafvollzuges, vgl. *Stepanyuk* 2008, § 5 Nr. 9.

681 Unter *Individualisierung* ist die Berücksichtigung individueller Besonderheiten des Verurteilten und seiner Behandlung gemeint, was bei der Wahl von Maßnahmen gegenüber jedem Einzelnen von wichtiger Bedeutung ist, vgl. *Stepanyuk* 2008, § 5 Nr. 9.

682 Die Vollstreckung aller Sanktionen soll mit verschiedenen „Erziehungsmaßnahmen" (Arbeit, Ausbildung, berufliche Ausbildung, etc.) verbunden sein, vgl. *Stepanyuk* 2008, § 5 Nr. 11.

683 Vgl. *Bogatir'ov* 2008, S. 60; *Stepanyuk* 2008, § 5 Nr. 1.

684 Die EMRK wurde in der Ukraine am 17.07.1997 ratifiziert.

685 Der IPBPR wurde noch durch die UkrSSR am 12.11.1973 ratifiziert.

686 Z. B. Humanismus: Art. 3 Abs. 1, Art. 28 Abs. 2; Gleichheit: Art. 21.

Vollstreckung und des Vollzuges, der „Entlassung von der Verbüßung der Strafe", der Entlassenenhilfe sowie der Kontrolle und Aufsicht Entlassener.

8.2 Die Struktur des Strafvollstreckungssystems: Strafvollstreckungseinrichtungen und -organe

Die allgemeine Struktur des Strafvollstreckungssystems und -dienstes ist im ukrStVollstrDienstG bestimmt. Das System besteht aus einem Zentralstrafvollstreckungsorgan mit speziellem Status (im Folgenden: Strafvollzugsamt), seinen territorialen Verwaltungsorganen, der Strafvollstreckungsinspektion, den Strafvollstreckungseinrichtungen, Untersuchungshaftanstalten, militärischen Einrichtungen, Bildungseinrichtungen, Einrichtungen der Gesundheitsfürsorge und anderen Institutionen, Einrichtungen und Organisationen, die für Vollstreckungsaufgaben geschaffen wurden (§ 6 Abs. 1 ukrStVollstrDienstG).

Das ukrStVollstrG beinhaltet in Kapitel 3 des ersten Abschnitts Vorschriften über Strafvollstreckungseinrichtungen und -organe. Zu den Strafvollstreckungsorganen gehören nach § 11 Abs. 1 ukrStVollstrG das Strafvollzugsamt, seine territorialen Verwaltungsorgane (Regionalleitung und Abteilungen) und die Strafvollstreckungsinspektion. Nach § 11 Abs. 2 und 3 ukrStVollStrG sind Strafvollzugseinrichtungen: Arresthäuser, Besserungszentren, Besserungskolonien und Erziehungskolonien (sog. Gefängnisse für Jugendliche) (vgl. *Abb. 2*). Diese Einrichtungen werden durch das Strafvollzugsamt gegründet und aufgelöst (§ 11 Abs. 8 ukrStVollstrG). Abschnitt 3 des Gesetzes regelt im Detail die Strafvollstreckung in Form der Freiheitsstrafe sowie die Vollstreckung der Freiheitsstrafe gegenüber jugendlichen Verurteilten in Kapitel 21.

In § 92 Abs. 1 ukrStVollstrG ist eine getrennte Unterbringung von zu Freiheitsstrafe verurteilten Männern und Frauen, Jugendlichen und Volljährigen festgelegt.

Die Strafen in Form der Geldstrafe und Vermögenskonfiskation werden durch den Vollstreckungsdienst des Justizministeriums vollstreckt (§ 12 ukrStVollstrG). Dieser Dienst ist weder Strafvollstreckungseinrichtung noch -organ.[687]

---

687 Vgl. *Stepanyuk* 2008, § 11 Nr. 9.

Abbildung 2: Die Struktur des Strafvollstreckungssystems in der Ukraine

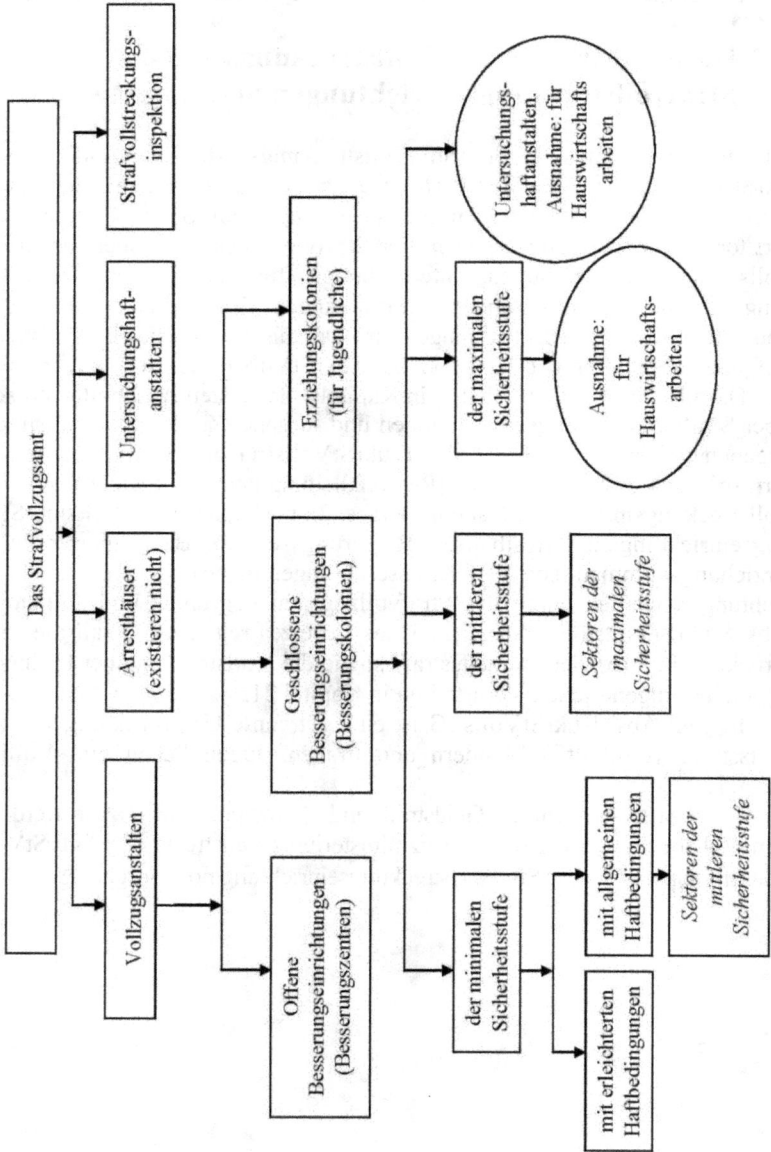

8.2.1 Das Strafvollzugsamt als Zentralorgan

In der Ukraine waren früher, wie in anderen ehemaligen sowjetischen Republiken, alle Strafvollstreckungsbehörden dem Innenministerium unterstellt. Im April 1998 wurde das Strafvollzugsamt[688] (seit Dezember 2010 heißt es Staatlicher Strafvollzugsdienst) als separates Strafvollstreckungsorgan des ukrainischen Innenministeriums geschaffen.[689] Ein Jahr später (März 1999) wurde das Strafvollzugsamt ganz aus der Struktur des Innenministeriums ausgegliedert.[690]

Im Jahre 1995 war die Ukraine dem Europarat beigetreten und hatte demzufolge eine Reihe von Verpflichtungen auf sich genommen. Unter anderem sollte sie auch bis zum Ende des Jahres 1998 die Strafvollstreckung und den Strafvollzug in die Verwaltung des Justizministeriums übergeben.[691] Erneute Aufrufe in den Jahren 2001, 2003 und 2005 durch die Parlamentarische Versammlung des Europarats[692] an die ukrainische Regierung, die Strafvollstreckung in das Justizministerium zu überführen, stießen u. a. auf die Weigerung der Verwaltung des Strafvollzugsamtes.[693] Auch nach dem Regierungswechsel im Jahr 2005, mit dem die sogenannte „Orange Revolution" an die Regierung kam, wurde die Frage der Überführung erneut angesprochen. Allerdings hielten einige Politiker die Ausgliederung des Strafvollzugsamtes aus dem Innenministerium für eine gegenüber dem Europarat in vollem Umfang erfüllte Verpflichtung.[694]

Der Präsident der Ukraine *Yuščenko* ordnete in seinem Erlass über die Konzeption zur Verwirklichung der Mitgliedschaft im Europarat unter anderem die Durchsetzung der Einordnung des Strafvollzugsamtes in das Justizministerium bis zum 01.04.2006 an.[695] In der Folge setzte das Ministerkabinett in seiner

---

688 Vgl. den Erlass des ukrainischen Präsidenten (*Yanukovyč*) Nr. 1085/2010: Über die Optimierung des Systems der Zentralbehörden der Exekutive.

689 Erlass des ukrainischen Präsidenten über die Schaffung des staatlichen Strafvollzugsamtes Nr. 344/98 vom 22.04.1998.

690 Erlass des ukrainischen Präsidenten über die Ausschließung des staatlichen Strafvollzugsamtes aus der Unterordnung im ukrainischen Innenministerium Nr. 248/99 vom 12.03.1999; vgl. auch *Yacišin* 2008, S. 101; *Končakovs'ka* 2009, S. 261.

691 Vgl. *Council of Europe* 1995, Nr. 11 vii.

692 Vgl. *Europarat* 2001, Nr. 11 i; *Europarat* 2003, Nr. 8 i; *Europarat* 2005, Nr. 13.7; vgl. auch *Stepanyuk/Yakovec'* 2006, S. 25.

693 *Ukrainisches Justizministerium*, Nachrichten vom 27.11.2007, http://www.minjust. gov.ua/0/11525, zuletzt abgerufen am 22.03.2011.

694 Vgl. *Bukalov* 2007a, S. 21; *Bukalov* 2005, S. 7 f. Nr. 29; *Bukalov* 2007, S. 3 Nr. 5.

695 Erlass des ukrainischen Präsidenten über den Maßnahmenplan zur Verwirklichung der ukrainischen Pflichten und Verbindlichkeiten bzgl. der Mitgliedschaft im Europarat Nr. 39/2006 vom 20.01.2006.

Verordnung[696] vom 17.05.2006[697] fest, dass die Tätigkeit des Strafvollzugs-amtes vom Ministerkabinett, und dort durch den Justizminister koordiniert und gesteuert wird.[698]

Im Frühjahr 2007 wurde ein Gesetzentwurf vorbereitet, der vorsah, das Strafvollzugsamt wesentlich dem Justizministerium unterzuordnen. Allerdings wurde dieser Entwurf parlamentarisch nicht erörtert, da das Parlament aufgelöst wurde.[699] Das Strafvollzugsamt ist daher bis heute (2011) nicht dem Justizmi-nisterium zugeordnet. Es ist dem Ministerkabinett als selbständige Behörde untergeordnet.

Die Tätigkeit des Strafvollzugsamtes wird damit vom Ministerkabinett, und hier durch den Justizminister koordiniert und gesteuert. Der Leiter des Strafvoll-zugsamtes wurde bis zum Dezember 2010 vom Ministerkabinett auf Vorschlag des Ministerpräsidenten[700] (§ 8 Abs. 2 ukrStVollstrDienstG) ernannt und ent-lassen. Den Personalvorschlag für die Leitung machte der Justizminister.[701] Seit Dezember 2010 wird das Strafvollzugsamt und seine Vertreter vom Präsidenten der Ukraine auf Vorschlag des Premierministers ernannt und entlassen,[702] was eine noch stärkere Zentralisierung zu Lasten der Beteiligung des Justizminis-teriums bedeutet.

Aufgaben und Funktionen des Strafvollzugsamtes waren zunächst in der Regelung über das Strafvollzugsamt der Ukraine von 1998 enthalten,[703] die

---

696 Die Verordnung des ukrainischen Ministerkabinetts bzw. Regierungsverordnung (*пос-танова Кабінету Міністрів України*) ist eine unter dem Gesetz stehende Regelung (*подзаконный акт*). Sie wird im Rahmen der Befugnisse des Ministerkabinetts nach Art. 116 ukr. Verfassung erlassen. Die Verordnung des Ministerkabinetts hat einen verbindlichen Charakter und kann nur durch den Präsidenten aufgehoben werden, vgl. *Gončarenko* 2007, S. 441; *Šemšučenko* 2001, S. 8.

697 Verordnung des ukrainischen Ministerkabinetts über die Eintragung von Änderungen in die Liste der Zentralorgane der ausführenden Gewalt (Exekutive), deren Tätigkeit vom Ministerkabinett durch zuständige Minister koordiniert und gesteuert wird Nr. 683 vom 17.05.2006.

698 Vgl. *Ministerkabinett der Ukraine* 2009, Ziff. 1.

699 Vgl. *Bukalov* 2007a, S. 21.

700 Diese Regelung wurde im April 2009 durch das ukrainische Gesetz über Änderungen und die Unwirksamkeit bestimmter Rechtsvorschriften der Ukraine bzgl. der Tätigkeit des Staatlichen Strafvollzugsdienstes in der Ukraine Nr. 1254-VI vom 14.04.2009 geändert. Früher wurde der Vorsitzende des Strafvollzugsamtes vom Präsidenten der Ukraine nach dem Vorschlag des Premierministers ernannt und entlassen.

701 Vgl. *Strafvollzugamt der Ukraine* 2009, Ziff. 7 Abs. 1.

702 Vgl. das ukrainische Verfassungsanpassungsgesetz Nr. 2592-VI vom 07.10.2010.

703 Erlass des ukrainischen Präsidenten betreffend die Regelung über das Strafvollzugsamt in der Ukraine Nr. 827/98 vom 31.07.1998, die inzwischen *außer Kraft* getreten ist.

durch den Erlass des Präsidenten in Kraft gesetzt wurde. Am 01.01.2004 trat das neue ukrainische Strafvollstreckungsgesetzbuch in Kraft. Am 11.07.2007 setzte das Ministerkabinett eine neue Regelung Nr. 916 über das Strafvollzugsamt in Kraft. Der ukrainische Präsident unterbrach mit seinem Erlass Nr. 677/2007 vom 02.08.2007 die Geltung dieser Regelung. Er erklärte in seiner Vorlage an das Verfassungsgericht vom 02.08.2007, dass er die Regelung für verfassungswidrig halte. Die Verordnung des Ministerkabinetts bestimmt die Grundlagen der Tätigkeit des Strafvollzugsamts. Dies widerspricht der Norm des § 92 Abs. 1 Nr. 14 der ukrainischen Verfassung, nach der die Organisation und die Tätigkeit der Strafvollzugsorgane und Institutionen ausschließlich durch das Gesetz bestimmt werden (Abs. 7 des Erlasses). Die beanstandete Regelung wurde gem. Verordnung des Ministerkabinetts Nr. 1403 vom 24.12.2007 über „die Abschaffung der Akte des Ministerkabinetts", deren Wirkung durch Erlass des Präsidenten unterbrochen wurde, beseitigt.

Schließlich verabschiedete das Ministerkabinett durch seine Verordnung vom 10.06.2009 Nr. 587 eine neue Regelung über das ukrainische staatliche Strafvollzugsamt. Diese Regelung trat einen Monat später, am 10.07.2009, in Kraft. Der Erlass des Präsidenten Nr. 827/98 vom 31.07.1998 wurde damit außer Kraft gesetzt.

Man sieht an diesem Verlauf, dass sehr chaotische Zustände in der „Aufteilung" der Aufgaben um das Strafvollzugsamt bestehen. Dies führt nicht unbedingt zu einer ergiebigen und konsequenten Arbeit in einem System, das eigentlich sehr auf die Einhaltung der Menschenrechte ausgerichtet sein soll.

Nach den vorgenannten entsprechenden Forderungen des Europarats zur Eingliederung in das Justizministerium hatte sich die Ukraine noch im Jahre 1995 verpflichtet dieser Forderung nachzukommen.[704] Mit einer entsprechenden Ausgliederung des Strafvollzugssystems aus dem Innenministerium hat die Ukraine im Jahre 1998 diese Forderung allenfalls zur Hälfte erfüllt und hat ein *separates* Strafvollzugsamt als vorübergehenden Schritt[705] geschaffen. Die Eingliederung in das Justizministerium ist auch nach mehreren Hinweisen des Europarats jedoch bis heute (Stand: März 2011) nicht erfolgt. Sowohl das Strafvollzugsamt selbst als auch einige Politiker sind jedoch der Ansicht, dass mit der Ausgliederung des Amtes aus dem Innenministerium die Forderung des Europarats erfüllt sei.[706]

---

704   Vgl. *Bukalov* 2005, Nr. 29.

705   Vgl. *Bukalov* 2007, Nr. 3.

706   Vgl. *Bukalov* 2005, Nr. 29.

8.2.1.1   Besserungskolonien

Besserungskolonien sind geschlossene Vollzugsanstalten. Hier verbüßen gem.
§ 18 ukrStVollstrG Volljährige ihre Freiheitsstrafe. Die Besserungskolonien
unterteilen sich in vier verschiedene Sicherheitsstufen (vgl. *Abb. 2*). Mit diesem
Prinzip der Unterteilung in Sicherheitsstufen bleibt das ukrainische Vollzugs-
recht noch sowjetischen Vorstellungen verbunden. Allerdings widerspricht dies
dem in Nr. 102.2 der europäischen Strafvollzugsgrundsätze verankerten Grundsatz der Einheitsstrafe. Dort heißt es: „Die Freiheitsstrafe ist allein durch den
Entzug der Freiheit eine Strafe. Der Strafvollzug darf daher die mit der Freiheitsstrafe zwangsläufig verbundenen Einschränkungen nicht verstärken".

So gibt es Besserungskolonien der *minimalen* Sicherheitsstufe mit *erleich-
terten* Haftbedingungen. Hier werden Gefangene untergebracht, die erstmals für
Fahrlässigkeitsdelikte sowie Delikte geringer Schwere und mittlerer Schwere zu
Freiheitsstrafe verurteilt wurden sowie die Gefangenen, die von den Besserungskolonien der minimalen Sicherheitsstufe mit *allgemeinen* Haftbedingungen
und von Besserungskolonien der *mittleren* Sicherheitsstufe hierher überführt
wurden (§ 18 Abs. 2 Nr. 1 ukrStVollstrG).

Weiter gibt es Besserungskolonien der *minimalen* Sicherheitsstufe mit *allgemeinen* Haftbedingungen. Hier werden männliche Gefangene untergebracht,
die zum ersten Mal zu freiheitsentziehenden Sanktionen für eine Straftat geringer und mittlerer Schwere verurteilt wurden als auch Frauen, die für Straftaten
geringer Schwere und mittlerer Schwere sowie für schwere und besonders
schwere Straftaten verurteilt wurden. Hier können auch die aus den Erziehungskolonien nach § 147 ukrStVollstrG überführten Gefangenen untergebracht werden (§ 18 Abs. 2 Nr. 2 ukrStVollstrG).

Durch die letzte Gesetzesänderung 2010 wurden die Normen zu den Sicherheitsstufen ergänzt. So können in den Besserungskolonien der *minimalen* Sicherheitsstufe mit *allgemeinen* Haftbedingungen *Abteilungen der mittleren Sicherheitsstufe* für Frauen im Fall der Verbüßung längerer Freiheitsstrafen
geschaffen werden (§ 11 Abs. 6 S. 2, § 18 Abs. 2 Nr. 2 ukrStVollstrG) (*Abb. 2*).[707]

In den Besserungskolonien der *mittleren* Sicherheitsstufe werden sowohl zu
lebenslangen Strafen verurteilte Frauen untergebracht, als auch Frauen, bei denen die bis zum Jahr 2000 mögliche Todesstrafe[708] oder eine lebenslange Strafe
durch Begnadigung oder Amnestie in eine zeitige Freiheitsstrafe umgewandelt
wurde. Hier werden auch zu Freiheitsstrafe für schwere oder besonders schwere

---

707   Vgl. das ukrainische „Gesetz über die Änderungen im ukrStVollstrG bzgl. der Wahrung
       der Rechte der Gefangenen in Strafvollzugsanstalten" Nr. 1828-VI vom 21.01.2010,
       Ziff. 4 und 5.

708   Die Todesstrafe wurde im Jahre 2000 abgeschafft, vgl. das „Gesetz über Änderungen im
       ukrainischen Straf- und Strafprozessgesetzbuch und im Arbeitsbesserungsgesetzbuch
       der Ukraine" Nr. 1483-III vom 22.02.2000.

Straftaten *erstmals* verurteilte Männer untergebracht sowie Männer, die in der Zeit der Verbüßung ihrer Freiheitsstrafe eine vorsätzliche Straftat der mittleren Schwere begangen haben. Ferner werden hier Gefangene untergebracht, die aus den Besserungskolonien der *maximalen* Sicherheitsstufe überführt wurden (§ 18 Abs. 2 Nr. 3 ukrStVollstrG).

Die Gesetzesänderung des Jahres 2010 brachte auch im Bereich dieser Sicherheitsstufe Ergänzungen. So können in den Besserungskolonien der *mittleren* Sicherheitsstufen *Abteilungen der maximalen Sicherheitsstufe* für Männer im Fall der Verbüßung längerer Freiheitsstrafen geschaffen werden (§§ 11 Abs. 6 S. 1, 18 Abs. 2 Nr. 3 ukrStVollstrG).[709]

In den Besserungskolonien der *maximalen* Sicherheitsstufe werden zu lebenslanger Freiheitsstrafe verurteilte Männer untergebracht sowie Männer, bei denen die frühere Todesstrafe in eine lebenslange Strafe umgewandelt wurde und Männer, bei denen die Todesstrafe oder lebenslange Freiheitsstrafe durch Begnadigung oder Amnestie durch eine zeitige Freiheitsstrafe ersetzt wurde. Hier werden auch Männer, die für die Begehung vorsätzlicher besonders schwerer Straftaten verurteilt wurden sowie Männer, die in der Zeit der Verbüßung ihrer Freiheitsstrafe eine vorsätzliche schwere oder besonders schwere Straftat begangen haben und Männer, die aus disziplinarischen Gründen aus den Besserungskolonien der *mittleren* Sicherheitsstufe überführt wurden, untergebracht (§ 18 Abs. 2 Nr. 4 ukrStVollstrG).

Es ist anzumerken, dass nach § 86 ukrStVollstrG die Bestimmung der Art der Kolonie allein dem Strafvollzugsamt zusteht. Früher war dies die Aufgabe des Richters. Seit dem Jahr 2001 unterliegt diese Bestimmung den sog. „Regionalkommissionen" (*Регіональні комісії*). Sie werden bei jeder Strafvollstreckungsverwaltung auf Oblast'-Ebene geschaffen. Solche Regionalkommissionen existieren nur in der Ukraine und sind in den anderen ehemaligen Sowjetrepubliken nicht bekannt. Damit gelten diese Kommissionen als reine „ukrainische Innovation".[710] Bis jetzt fehlt jegliche kritische Betrachtung zur funktionellen Einordnung oder Nützlichkeit solcher Kommissionen. Einerseits könnte dies zwar als positiv und nützlich angesehen werden, da niemand die Wirklichkeit in den Kolonien besser einschätzen kann, als die Bediensteten dieser Kolonien selbst oder die mit ihrer Verwaltung beauftragte Behörde. Andererseits ist mit der Verlagerung der Entscheidungskompetenz vom Richter auf die Verwaltung funktionell eine Verschiebung zwischen den Staatsgewalten zu verzeichnen. Da die Zuweisung zu einem bestimmten Strafregime in erster Linie auf Strafzumessungskriterien der Schwere der Tat beruht, handelt es sich eigentlich um eine genuin richterliche Aufgabe. Wären die Kriterien stärker

[709] Vgl. das ukrainische Gesetz über die Änderungen im ukrainischen ukrStVollstrG bzgl. der Wahrung der Rechte der Gefangenen in Strafvollzugsanstalten Nr. 1828-VI vom 21.01.2010, Ziff. 4 und 5.

[710] Vgl. *Stepanyuk* 2008, § 86 Nr. 2.

vollzugsbezogen, beispielsweise im Hinblick auf eine sichere Unterbringung, die „Gefährlichkeit" von Gefangenen, wäre die Übertragung der Zuweisungs- kompetenz auf die vollzugsnäheren Regionalkommissionen eine sachlich ver- tretbare Organisationsform, wie sie ähnlich auch in Deutschland existiert (vgl. z. B. die Kompetenzen der Aufnahmeabteilungen in den Anstalten).

8.2.1.2   Erziehungskolonien

Die zu Freiheitsstrafe verurteilten Jugendlichen verbüßen ihre Strafe gem. § 19 ukrStVollstrG in sog. *Erziehungskolonien* (*Abb. 2*).[711] Diese sind einheitlich und sehen im Gegensatz zum Erwachsenenvollzug keine unterschiedlichen Si- cherheitsstufen vor (s. u. *Kap. 8.4*).[712]

8.2.1.3   Besserungszentren

Besserungszentren sind offene Vollzugsanstalten.[713] Hier wird die Freiheitsbe- schränkung gegenüber volljährigen Verurteilten für die Begehung geringer und mittelschwerer Straftaten vollstreckt. Auch werden hier Verurteilte unterge- bracht, deren Freiheitsstrafe nach § 82 ukrStGB wegen guter Führung gemildert wurde.[714] Außerdem werden diejenigen Verurteilten hier untergebracht, die nach § 389 ukrStGB gegen Auflagen im Rahmen nicht freiheitsentziehender Maßnahmen verstoßen haben (z. B. bei Nichtzahlung von Geldstrafe oder bei der Nichterfüllung von Besserungsarbeiten).

8.2.1.4   Arresthäuser

In bislang noch nicht existierenden Arresthäusern soll nach § 15 ukrStVollstrG eine Strafsanktion in Form des Arrestes vollstreckt werden. Derzeit wird er in den Untersuchungshaftanstalten vollstreckt.[715] Hier könnten sowohl Jugend- liche ab dem 17. Lebensjahr als auch Erwachsene ihre Arreststrafe nach § 51 Abs. 1 ukrStVollstrG verbüßen (s. u. *Kap. 8.6*). Sie sind getrennt unterzubringen.

---

711   Erziehungskolonien sind Haftanstalten für jugendliche Straftäter.
712   Vgl. auch *Stepanyuk* 2008, § 143 Nr. 2.
713   Vgl. *Stepanyuk* 2008, § 16 Nr. 1.
714   Außerdem gibt es andere Formen der Milderung, z. B. gemeinnützige Arbeit, Besse- rungsarbeiten.
715   Vgl. *Stepanyuk* 2008, § 50, Nr. 1.

8.2.1.5 Untersuchungshaftanstalten

Die Untersuchungshaftanstalten für die Unterbringung Verdächtiger, Beschuldigter und Angeklagter sowie noch nicht rechtskräftig Verurteilter sind Bestandteil des Strafvollzugssystems. Die gesetzliche Regelung für den Vollzug findet sich in einem separaten ukrainischen Untersuchungshaftvollzugsgesetz vom 30.06.1993 (im Folgenden: ukrUHG).

8.2.2 Strafvollstreckungsinspektionen

Die Strafvollstreckung der ambulanten Sanktionen obliegt gleichfalls der Strafvollstreckungsinspektion des Strafvollzugsamtes. Diese sind: der Entzug des Rechts zur Ausübung bestimmter Ämter oder einer bestimmten Tätigkeit (Berufsverbot) sowie die Ableistung von gemeinnütziger Arbeit und Besserungsarbeit (dazu oben *Kap. 5*). In der Ukraine gibt es 703 Strafvollstreckungsinspektionen (Stand: 2010).[716] Schließlich stehen auch die zur Bewährung Verurteilten sowie von der Freiheitsstrafe befreite schwangere Frauen und Frauen mit Kindern im Alter von unter drei Jahren (§ 13 Abs. 2 ukrStVollstrG) unter der Kontrolle der Strafvollstreckungsinspektionen. Daneben übt die Inspektion die Bewährungsaufsicht aus.

§ 10 Abs. 3 ukrStVollstrDienstG weist darauf hin, dass die weitere Regelung über die Strafvollstreckungsinspektion durch das Strafvollzugsamt in Kraft gesetzt werden muss. Dies ist bis heute nicht geschehen.

Wurde eine Person zu gemeinnütziger Arbeit oder Besserungsarbeit verurteilt oder wurde eine Strafe zur Bewährung ausgesetzt,[717] so bestimmt die Strafvollstreckungsinspektion selbst – und nicht das Gericht – in welchen Abständen/Zeitintervallen und an welchen Tagen der Verurteilte sich zu melden hat (§ 13 Abs. 3 ukrStVollstrG).

Seit der Zeit des zaristischen Russlands sind verschiedene Perioden der Entwicklung der alternativen Sanktionen in der Ukraine zu verzeichnen. *Bogatir'ov* spricht von den folgenden vier Etappen.[718]

Die Entwicklung beginnt nach dem bolschewistischen Umsturz im Oktober 1917 in den Jahren bis 1930. Das Hauptziel war die Besserung der Verurteilten. Als Hauptmittel der Besserung war die gemeinnützige Arbeit vorgesehen. Dies spiegelte sich auch in der neuen Bezeichnung der Strafvollstreckung als „Besserungsarbeitsrecht" wider.[719] Allerdings war die gemeinnützige Arbeit noch mit Freiheitsentzug verbunden. Zwei Jahre später wurden diese Maßnahmen ohne

---

716 Vgl. *Košinec'* 2008, S. 3.

717 Vgl. *Plenum des Obersten Gerichts der Ukraine* 2003b, Ziff. 9 Abs. 3.

718 Vgl. *Bogatir'ov* 2004, S. 63-68.

719 Vgl. *Bogatir'ov* 2004, S. 63.

Freiheitsentzug vollstreckt, was dem Staat zusätzliche Kosten und organisatorische Anstrengungen ersparte. Im Jahr 1922 trat das Strafgesetzbuch der Ukrainischen SSR in Kraft. Zum ersten Mal wurde hier auf der legislativen Ebene eine erschöpfende Liste der alternativen Sanktionen vorgesehen, darunter Ausweisung aus der UkrSSR, Zwangsarbeiten ohne Freiheitsentzug, bedingte Verurteilung, Vermögenseinziehung, Geldstrafe, Entzug bestimmter Rechte, Verlust des Arbeitsplatzes, Ehrverlust.[720] Aufgabe des „Besserungsarbeitsgesetzbuches" der UkrSSR von 1925 war die Verwirklichung der Kriminalpolitik durch Organisation des Vollzugs der Freiheitsstrafe und Zwangsarbeiten ohne Freiheitsentzug.[721] Dieses Gesetzbuch basierte auf den geltenden Grundlagen der Strafgesetzgebung der UdSSR und der Unionsrepubliken vom 31. Oktober 1924.

Die zweite Periode, in den Jahren 1930-1950, zeichnet sich durch Verschärfung der repressiven Maßnahmen aus. In Folge dessen wurde die Anwendung von alternativen Sanktionen weitgehend zurückgedrängt.[722] Vorwiegend wurde Freiheitsstrafe verhängt. In dieser Periode wurde die bedingt-vorzeitige Entlassung abgeschafft und die Erziehungsarbeit in den Hintergrund gedrängt bzw. deutlich weniger berücksichtigt.[723] Anfang 1941 waren die ukrainischen Gefängnisse überfüllt. In Gefängnissen saßen überwiegend Gefangene, die aufgrund häufig unbegründeter, politisch bedingter Repressalien verurteilt worden waren.

In den Jahren 1950-1990 gewann der Gedanke der Humanisierung an Bedeutung. Im Jahre 1960 wurde auf der Basis der *Grundsätze der Strafgesetzgebung der UdSSR und der Unionsrepubliken* vom 25.12.1958 ein neues Strafgesetzbuch der UkrSSR erlassen. In diesem wurden Ziele wie Besserung und Umerziehung der Verurteilten festgelegt.[724] Im Jahre 1970 wurde das auf den Grundlagen der Besserungsarbeitsgesetzgebung der UdSSR und der Unionsrepubliken vom 11.07.1969 basierende neue Besserungsarbeitsgesetzbuch der UkrSSR erlassen. Dies regelte den Vollzug der Freiheitsstrafe, der Verbannung und der Besserungsarbeiten ohne Freiheitsentzug.[725]

---

720 Vgl. *Bogatir'ov* 2004, S. 64.

721 Vgl. *Bogatir'ov* 2004, S. 64.

722 Vgl. *Bogatir'ov* 2004, S. 65.

723 Vgl. *Bogatir'ov* 2006, S. 8.

724 Vgl. *Bogatir'ov* 2004, S. 66. Allerdings ist es aus heutiger Sicht problematisch, diese Entwicklung als „Humanisierung" zu bezeichnen, denn „Besserung" war im Sinne ideologischer Erziehung zum Sozialismus gemeint und die Besserungsmethoden bestanden (zumindest bei freiheitsentziehenden Sanktionen) vor allem in harter, entbehrungsreicher (Zwangs-)Arbeit.

725 Vgl. *Bogatir'ov* 2004, S. 66.

In den 1990er Jahren begann die gegenwärtige Etappe der Entwicklung.[726]
Damals gab es noch die Priorität der Zwangsarbeit im Strafvollzug. Diese wurde
aber nach und nach abgeschafft. Im ukrainischen Besserungsarbeitsgesetzbuch
vom 1970 wurden über 100 Änderungen und Ergänzungen vorgenommen. Etwa
ein Drittel davon betrafen die alternativen Sanktionen. Das ukrStGB 2001 er-
weiterte das System der alternativen Sanktionen, u. a. wurden gemeinnützige
Arbeiten, Arrest und Freiheitsbeschränkung[727] aufgenommen.[728] Heute erfolgt
die obligatorische Heranziehung zur Arbeit z. B. bei der bedingten Verurteilung
zum Freiheitsentzug oder bei der bedingten Entlassung aus den Strafanstal-
ten.[729] Grundsätzlich gilt gem. Art. 43 Abs. 3 S. 1 der ukrainischen Verfassung
ein Zwangsarbeitsverbot. Im Falle einer gerichtlich angeordneten Freiheitsentziehung ist hingegen Zwangsarbeit zulässig (vgl. Art. 43 Abs. 3 S. 2).

Bisher ist die Entwicklung der alternativen Sanktionen aber längst nicht abgeschlossen. Die frühere Priorität von Arbeit als Strafe wirkt heutzutage noch in
solchen Sanktionen wie Besserungs- und gemeinnützige Arbeit nach. Doch absolut gesehen wurde diese Sanktion gegenüber Jugendlichen nicht allzu oft verhängt. Eine rasante Steigerung der Anwendung dieser Sanktion zeigt allerdings
das Jahr 2009: Bei der gemeinnützigen Arbeit gab es immerhin 357 Anwendungsfälle, im Jahr davor waren es erst 56.

Aus *Tabelle 6* ist zu entnehmen, dass die Gesamtzahl der Anwendung von
alternativen Sanktionen in absoluten Zahlen seit 2002 bis 2004 erst deutlich zu-,
jedoch dann bis einschließlich 2009 abnahm.

Die Sanktion des Entzugs des Rechts, eine bestimmte Arbeit oder bestimmte
Tätigkeit auszuüben (§ 98 Abs. 2 ukrStGB) findet innerhalb von acht Jahren fast
keine Anwendung, weil sie in der Regel der Sache nach gar nicht in Frage kommt.

Auch Besserungsarbeiten nach § 100 Abs. 2 ukrStGB werden nicht häufig
angewendet. Vor allem in den letzten drei Jahren wurden sie fast gar nicht verhängt. Die Anwendung von gemeinnütziger Arbeit nach § 100 Abs. 1 ukrStGB
hat dagegen – wie oben bereits erwähnt – deutlich zugenommen.

Die größte Zahl von alternativen Sanktionen macht die Aussetzung der Freiheitsstrafe zur Bewährung aus. Obwohl die Anwendung dieser Sanktion in den
letzten drei Jahren deutlich zurückgegangen ist, ist zu berücksichtigen, dass auch
die Gesamtzahl der Anwendung der alternativen Sanktionen nach absoluten
Zahlen allgemein deutlich zurückgegangen ist. Im Vergleich zum Jahr 2004 ist
die Gesamtzahl in den letzten drei Jahren um mehr als die Hälfte reduziert
worden. Mangels hinreichender empirischer Untersuchungen lassen sich zur
Zeit keine näheren Gründe dafür benennen. Jedoch kann man in Verbindung mit

---

726   Vgl. *Bogatir'ov* 2004, S. 63 ff.

727   Siehe zur Freiheitsbeschränkung *Kap. 5.2.2*, Fn. 283.

728   Vgl. *Bogatir'ov* 2006, S. 9.

729   Vgl. *Bogatir'ov* 2004, S. 67.

den in *Kap. 4* beschriebenen seit 2003 in besonderem Maß rückläufigen Kriminalitätszahlen davon ausgehen, dass der Rückgang von Sanktionierungen in erster Linie durch die Entwicklung der Kriminalität bedingt ist. Ferner dürften auch demographische Gründe (rückläufige Geburtenrate) eine – wenngleich nicht entscheidende – Rolle spielen (s. o. *Kap. 4*).

Tabelle 6: **Anzahl der Jugendlichen, die zur Vollstreckung von alternativen Sanktionen bei der Strafvollstreckungsinspektion registriert sind**

Jahr	2002	2003	2004	2005	2006	2007	2008	2009
Gesamte Zahl der Verurteilten zu alternativen Strafen	6.547	8.143	11.474	8.087	7.591	4.985	5.602	4.503
Entzug des Rechts, eine bestimmte Arbeit oder bestimmte Tätigkeit auszuüben (§ 98 Abs. 2 ukrStGB)	0	0	4	0	1	0	2	2
Gemeinnützige Arbeit (§ 100 Abs. 1 ukrStGB)	12	33	54	32	37	13	56	357
Besserungsarbeiten (§ 100 Abs. 2 ukrStGB)	9	5	10	4	3	0	1	1
Freiheitsstrafe zur Bewährung (§ 104 ukrStGB)	6.378	8.087	11.402	8.050	7.549	4.972	5.543	4.143
Bedingte Verurteilung (§ 45 ukrStGB vom Jahr 1960)[a]	69	13	3	1	1	-	-	-
Verurteilte mit dem Aufschub der Vollstreckung der Strafe (§ 46-1 ukrStGB vom Jahr 1960)[a]	79	5	1	-	-	-	-	-

a   Strafen, die noch vor dem Inkrafttreten des neuen Strafgesetzbuches verhängt wurden (sog. Übergangstäter, die ihre Strafen vollständig erbracht haben). Nach dem neuen ukrStGB sind diese Strafen nicht mehr vorgesehen.

Quelle: Angaben der Strafvollstreckungsinspektion.

8.3 Vorläufige Unterbringung in Polizei- und in Untersuchungshaft

8.3.1 Vorläufige Unterbringung im „Isolator der zeitweiligen Haft"[730] des Innenministeriums (Polizeihaft)

8.3.1.1 Die gesetzlichen Regelungen

In der Polizeihaft befinden sich Personen während der Inhaftierung in der Erwartung der Anklageerhebung. In bestimmten Fällen, etwa wenn ein Bedarf zur Durchführung weiterer Ermittlungen besteht, können die Inhaftierten auch nach Anklageerhebung wieder in der Polizeihaftanstalt untergebracht werden (§ 4 Abs. 1 ukrUHG, § 155 Abs. 2 ukrStPO).

Wie bereits im *Kapitel 7.2.2* (über die Polizeihaft als vorübergehende verfahrenssichernde Maßnahme) erwähnt wurde, darf ein Verdächtiger in Ausnahmefällen ohne einen richterlichen Beschluss/eine gerichtliche Überprüfung für maximal 72 Stunden[731] (§§ 106 Abs. 1 und 10, 155 Abs. 3 ukrStPO) in einer Polizeihaftanstalt festgehalten werden. Dies ist nur dann möglich, wenn eine Person am Tatort gefasst wurde, wenn Augenzeugen, auch das Opfer, direkt auf diese Person hinweisen sowie, wenn auf der Kleidung des Verdächtigen Tatspuren entdeckt wurden (§ 106 Abs. 1 ukrStPO).

In anderen Fällen ist die Inhaftnahme nur dann möglich, wenn der Verdächtige versucht zu fliehen oder wenn er keinen festen Wohnsitz hat bzw. seine Identität nicht festgestellt werden konnte (§ 106 Abs. 2 ukrStPO).

Über die Festnahme muss ein Protokoll aufgenommen werden, in dem die Gründe, das Motiv, die Zeit, das genaue Datum und der Ort der Festnahme, Erläuterungen des Festgenommenen, die Zeit der Protokollaufnahme, die Belehrung über das Recht einen Verteidiger ab dem Moment der Festnahme zu haben (§ 106 Abs. 3 ukrStPO), aufgeführt werden. Die Polizei hat nach gegenwärtigem

---

730 Es ist anzumerken, dass die Gesetzgebung verschiedene Namen für die Polizeihaft enthält. So verwendet z. B. § 155 ukrStPO einen Begriff wie (wörtliche Übersetzung) *Plätze der Erhaltung von Festgenommenen*. § 4 ukrUHG nennt den Begriff *Isolator der zeitweiligen Haft*. Obwohl die ukrStPO mehrmals geändert wurde, blieb der Begriff stehen. Fraglich ist, warum der Gesetzgeber sprachlich verschiedene Begriffe für eine und dieselbe Anstalt verwendet. Eine mögliche Erklärung könnte darin bestehen, dass der ukrainische Strafgesetzgeber bisher nur partielle Reformen der verschiedenen Bereiche der Kriminalnormen vorgenommen hat. Zu einer vereinheitlichenden Gesamtreform ist es bisher nicht gekommen.

731 Bei zusätzlichen Erkenntnissen über die Persönlichkeit des Inhaftierten oder bei weiterem Ermittlungsbedarf kann ein Richter diese Inhaftierung auf bis zu 10 Tage und auf Antrag des Verdächtigen/Beschuldigten auf bis zu 15 Tage verlängern (§ 165-2 Abs. 8 ukrStPO), dazu s. o. *Kap. 7.3.1.2.*

Recht unverzüglich, aber nicht später als nach zwei Stunden (§ 5 Abs. 6 GB über die Miliz vom 20.12.1990) einen der Verwandten des Verdächtigen zu benachrichtigen (§ 106 Abs. 5 ukrStPO).

Nach spätestens 72 Stunden wird der Verdächtige entweder freigelassen, eine andere Maßnahme der vorläufigen Verfahrenssicherung angewendet, oder er wird dem Richter für die Entscheidung zur weiteren Unterbringung in der Untersuchungshaft überstellt (§ 106 Abs. 6 ukrStPO).

Die Festgenommenen werden erst in den polizeilichen Kreisämtern und später in der Polizeihaftanstalt untergebracht. Das Innenministerium unterhält 501 Polizeihaftanstalten (Stand: 2008). Mehr als die Hälfte sind sanierungsbedürftig.[732] Sie sind insgesamt mit 10.400 Plätzen ausgestattet.[733] Durchschnittlich werden ca. 7.000 Inhaftierte in Polizeihaft gehalten.[734] Eine genauere Auswertung von Daten der polizeilichen Inhaftierung Jugendlicher ist leider derzeit nicht möglich, da entsprechende Zahlen nicht zugänglich gemacht wurden.

Die Bedingungen zum Festhalten der Inhaftierten in den Polizeihaftanstalten sind im Grundsatz die gleichen wie in den Untersuchungshaftanstalten (zu den Untersuchungshaftanstalten s. u. *Kap. 8.3.2*). Seit Dezember 2008 besteht aber die Anordnung des ukrainischen Innenministeriums über die Inkraftsetzung der Regelungen für die innere Ordnung (*внутрішній розпорядок*) in Polizeihaftanstalten.[735] Der Unterschied zwischen Polizeihaftbedingungen und Untersuchungshaftbedingungen besteht seitdem nur darin, dass die Lebensmittel und die wichtigsten notwendigen sonstigen Sachen (*предмети першої необхідності*) der Inhaftierten durch die Milizangestellten gekauft werden (Nr. 3.1.5 der Regelung).

8.3.1.2   Die Haftbedingungen in den Polizeihaftanstalten – Kritik

In den polizeilichen Haftanstalten werden die meisten Vorfälle von Folter (physische und psychische Gewalt)[736] bzw. brutaler Misshandlung der Festgenommenen erkennbar.[737] Die Haftbedingungen in einigen Polizeihaftanstalten sind unmenschlich. So gibt es z. B. in den Räumen einer Polizeihaftanstalt in der Stadt Feodosija keine Fenster. In anderen Anstalten bestehen Probleme mit

---

732   Vgl. *Yablons'ka* 2006, S. 18.

733   Vgl. *Bukalov* 2009, Nr. 4.

734   Vgl. *Bukalov* 2008, Nr. 3; *Yablons'ka* 2006, S. 18.

735   Die durch die Anordnung des ukrainischen Innenministeriums in Kraft gesetzten Regeln über die innere Ordnung in Polizeihaftanstalten des ukrainischen Innenministeriums Nr. 638 vom 02.12.2008.

736   Vgl. *Yablons'ka* 2006, S. 14.

737   Vgl. *Bukalov* 2005, S. 4, 7, Nr. 13, 23; *Yablons'ka* 2006, S. 14 ff., 35, S. 18 f; *CPT* 2002, S. 14; *CPT* 2011, S. 16.

frischer Luft, Trinkwasser und Toiletten.[738] Jugendliche sind nach dem Aufenthalt unter solchen Bedingungen gesundheitlich und vor allem psychisch stark beeinträchtig.[739] Es gibt indes keine separaten Informationen, die die Behandlung der Jugendlichen in Polizeihaftanstalten betreffen. Das Gesetz über die Miliz[740] (im Folgenden: ukrMGB) sowie die ukrStPO enthalten keine besonderen Vorschriften bzgl. der Festnahme von Jugendlichen. Es ist davon auszugehen, dass sie meistens zusammen mit Erwachsenen untergebracht werden. Es ist auch nicht auszuschließen, dass die Polizei auf eigene Initiative über die separate Unterbringung entscheidet, soweit der Platz dafür vorhanden ist.

In der Praxis werden die Verwandten der Festgenommenen oft spät oder gar nicht informiert, das Aufnahmeprotokoll wird erst später als vorgeschrieben aufgenommen und eine Aufklärung des Inhaftierten durch die Polizeibeamten über seine Rechte findet nicht statt.[741] Die Festnahme erfolgt oft ohne die in § 106 Abs. 1 ukrStPO festgesetzten Gründe.[742] Die Behandlung in der Haft ist viel zu hart. Obwohl die Versorgung mit Nahrungsmitteln nach § 5 ukrMGB vorgesehen ist, treten immer wieder Probleme mit der Ernährung auf.[743]

Beweise für die Misshandlung in der Polizeihaft vorzulegen, ist oft unmöglich. Es ist bekannt, dass Festgenommene aufgefordert werden eine Erklärung abzugeben, dass sie keine Ansprüche gegen die Polizeibeamten haben, was später die Feststellung der Wahrheit behindert. Die Festgenommenen, die Gerechtigkeit auf dem „gesetzlichen Wege" durch Gerichte und Staatsanwaltschaften suchen, benötigen oft Monate um die grausamen Methoden in solchen Anstalten „an das Tageslicht" zu bringen.[744]

---

738 Vgl. *Yablons'ka* 2006, S. 35; *CPT* 2002, S. 22; *CPT* 2011, S. 27.

739 Vgl. *Yablons'ka* 2006, S. 45.

740 Im zaristischen Russland hieß es Polizei. Nach der Oktoberrevolution hieß die heutige Miliz in der Ukrainischen Volksrepublik „Volksmiliz" (1917), „Staatswache" (1918 unter *Hetman Skoropadskyj*), und in der west-ukrainischen Volksrepublik „Staatsgendarmerie". Seit 1919, d. h. den Zeiten der Sowjetmacht, bis heute übernimmt die sog. „Miliz" die polizeilichen Funktionen, vgl. dazu *Šemšučenko* 2002, S. 639 f.; vgl. auch *Šemšučenko* 2001, S. 702.

741 *CPT* 2002, S. 18 f.; in seinem Bericht über den Besuch im Jahr 2009 stellte das Anti-Folter-Komitee des Europarats (CPT) fest, dass sich im Vergleich zu den vorangegangenen Besuchen 2005 (*CPT* 2007) und 2007 (*CPT* 2009) vieles verbessert hat, jedoch gab es nach wie vor zahlreiche Fälle körperlicher Misshandlung in der Polizeihaft, vgl. *CPT* 2011, S. 16.

742 Vgl. *Yablons'ka* 2006, S. 11 ff.

743 Vgl. *Bukalov* 2005, S. 4, Nr. 14; *CPT* 2002, S. 22.

744 Vgl. *Bukalov* 2005, S. 6, Nr. 20; *Yablons'ka* 2006, S. 19 f.; die Praxis entsprechende Erklärungen abzugeben, dass nicht gefoltert worden sei, wird vom Anti-Folter-Komitee des Europarats scharf kritisiert und ihre Abschaffung gefordert, vgl. *CPT* 2011, S. 18.

Die Parlamentarische Versammlung des Europarats rief in ihrer Resolution Nr. 1466 vom 05.10.2005 die neue ukrainische Regierung (*Kap. 8.2.1*) zur Verbesserung der demokratischen Kontrolle über Rechtsschutzorgane auf, darunter zur Ermittlung bei Folter und Verfolgung sowie der Bestrafung der rechtswidrig handelnden Personen (Ziff. 13.11).

Bei der Bewertung dieser Zustände ist es aber auch wichtig, nicht nur die schlechte Behandlung durch die Polizisten zu erwähnen, sondern auch ihre Position als Beamte und Bürger. Der Bericht,[745] der von sogenannten Mobilgruppen (siehe unten *Kap. 8.3.1.3*) im Jahr 2008 vorgelegt wurde, spricht dafür, dass das nicht immer positive Verhältnis der Polizeibeamten zu ihrer Arbeit seine Ursache oft in ihren schlechten Lebensbedingungen hat. Es zeigt sich, dass in 14 Polizeiämtern 30% der Beamten ohne eigene Wohnung sind, d. h. (ggf. mit ihren eigenen Familien) noch bei ihren Eltern leben müssen. Auf der Krim steigt der Anteil auf bis zu 68%. Die Verbesserung der materiellen Lage in den Familien ist ein Problem für 40% der Polizeibeamten in 20 Polizeiämtern. „Diese schwierigen Bedingungen, in welchen die Polizeibeamten wohnen, arbeiten und nicht viel Erholung haben, geben Anhaltspunkte für ihr Selbstverständnis zur Arbeit sowie den Einfluss auf ihr Verhältnis zu den Gesetzen, besonders im Bereich der Einhaltung der Menschenrechte".[746] Es kommt aber auch vor, dass die Vorsitzenden der Polizeiämter selber die Polizeibeamten zur Verletzung der Menschenrechte „auffordern".[747]

Komplikationen gibt es bei der Überführung der an Tuberkulose erkrankten Inhaftierten aus der Polizeihaftanstalt in die Untersuchungshaftanstalt. Im Jahre 2004 beispielsweise konnten 739 Inhaftierte wegen ihrer Erkrankung nicht in die Untersuchungshaftanstalten übernommen werden. Dies ist auf eine Reihe von normativ-rechtlichen Dokumenten des Strafvollzugsamtes zurückzuführen, die die Überführung von Erkrankten in die Untersuchungshaft nicht zulässt. Das führt zur Überschreitung der maximal zulässigen Dauer des Aufenthalts in der Polizeihaft (drei oder zehn Tage). Außerdem sind die Polizeihaftanstalten nicht für die Betreuung erkrankter Menschen eingerichtet, was dementsprechend zur Verbreitung von Infektionen und Erkrankungen führt.[748]

Die Erkrankung an Tuberkulose und an AIDS ist für die Ukraine ein ernstes Problem. Zwar sinkt die Zahl der tuberkulosekranken Gefangenen langsam,[749] aber die Zahl der an AIDS Erkrankten steigt.[750] Am 01.01.2004 waren 9.080

---

745 Der Bericht ist teilweise in *Bukalov* 2009, Nr. 9-11 dargestellt.

746 Vgl. *Bukalov* 2009, Nr. 9.

747 Vgl. *Bukalov* 2009, Nr. 10.

748 Vgl. *Bukalov* 2005, S. 6, Nr. 21; *Yablons'ka* 2006, S. 20.

749 Vgl. *Končakovs'ka* 2009, S. 261.

750 Vgl. *Šinal'skij* 2006, S. 9.

Gefangene wegen Tuberkuloseerkrankungen registriert. Bis zum 01.01.2010 ist diese Zahl auf 5.667 gesunken. Am 01.01.2004 waren insgesamt 1.917 Gefangene an AIDS erkrankt, bis zum 01.01.2010 war dieser Wert auf 6.069 Fälle gestiegen.[751] Was jugendliche Gefangene betrifft, so liegen keine Daten vor. Die hier erwähnte *Pereval'sker* Erziehungskolonie scheint davon nicht betroffen zu sein.

Das Ministerkabinett erteilte in Ziff. 2 einer Anordnung[752] dem Strafvollzugsamt den Auftrag zur Annahme von Inhaftierten, die an Tuberkulose erkrankt sind. Das Finanzministerium, Bildungsministerium, Innenministerium, Wirtschaftsministerium und das Justizministerium wurden zusammen mit dem Strafvollzugsamt verpflichtet, unter Berücksichtigung internationaler Standards ein Projekt zur Reform des Strafvollzugssystems für 2005-2010 zu erarbeiten. In diesem Projekt sollte auch die Schaffung von spezialisierten Krankenhäusern in den Untersuchungshaftanstalten extra für die Behandlung von an Tuberkulose erkrankten Inhaftierten vorgesehen werden. Nach der im Jahre 2006 geäußerten Ansicht von *Košinec'*, bis September 2009 Vorsitzender des Strafvollzugsamts, ist die Schaffung von solchen Krankenhäusern in jeder Untersuchungshaftanstalt unmöglich. Unter anderem seien Gründe dafür der Mangel an Sanitätsbereichen und Bauplätzen und insbesondere die hohen erforderlichen Investitionen.[753]

Dass sich die Situation seit 2006 wesentlich verbessert hat, kann mangels empirischer Daten nicht abschließend beurteilt werden, ist aber zu bezweifeln.

Bestünde das Problem mit infizierten Inhaftierten nur in der Polizeihaft, so wäre dies allein schon schwierig genug. Doch tatsächlich ist in den Untersuchungshaftanstalten die Situation nicht viel besser. Der ukrainische Ombudsmann hat in seinem 5. Bericht über die Menschenrechte die schwierige Situation in Bezug auf die medizinische Versorgung in einigen Untersuchungshaftanstalten in der Ukraine geschildert. So führte die Überführung von erkrankten Inhaftierten aus der Polizeihaft in die Untersuchungshaft zur Ansteckung und in der Folge auch zum Tode einiger Inhaftierter. So wurden im Jahr 2005 151 Todesfälle als Folge der Erkrankung registriert, im Jahr 2006 177 und im Jahr 2007 119 Todesfälle.[754]

---

751 Vgl. *Bukalov* 2010, Nr. 74-76.

752 Vgl. Anordnung Nr. 419-p vom 05.07.2004.

753 So *Košinec'* 2006, S. 60, http://www.dcaf.ch/_docs/enforcementreform_ukr/File14.pdf, 12.01.2011.

754 Vgl. Beauftragte für Menschenrechte (*Korpačova*) 2008, Punkt 2 und 3.

8.3.1.3 Die Haftbedingungen in den Polizeihaftanstalten – Positive Entwicklungen

Allerdings sind positive Änderungen der Polizeihaftbedingungen auf der Gesetzesebene zu verzeichnen. So wurde z. B. 2005 die Dauer der Benachrichtigungsfrist von Angehörigen verkürzt.[755] Nach § 5 Abs. 6 ukrMGB sind Verwandte des Inhaftierten nunmehr durch die Miliz innerhalb von zwei Stunden nach der Inhaftierung zu informieren. Früher – vor 2005 sollte die Benachrichtigung innerhalb von 24 Stunden nach der Inhaftierung erfolgen.

Wenn ein Inhaftierter dies fordert, so sind ein Verteidiger, aber auch die Schul- oder Arbeitsadministration zu benachrichtigen. Außerdem regelt diese Norm die Garantie auf das Recht, vom Moment der Inhaftierung oder des Arrestes an sich selbst zu verteidigen und die Hilfe eines Verteidigers in Anspruch zu nehmen. Wenn ein Inhaftierter oder Arrestierter nach einem Verteidiger verlangt, so haben z. B. die Polizisten (Milizionäre) kein Recht Erklärungen oder Aussagen zu verlangen bevor der Verteidiger erscheint.[756] Auch ist eine Regelung über die Versorgung mit Essen drei Mal am Tag enthalten. Im Notfall sind Maßnahmen bzgl. unverzüglicher medizinischer oder anderer Hilfe zu treffen.

Die positiven Veränderungen sind auch in der Schaffung der sogenannten *Mobilgruppen* sichtbar geworden. Im Jahr 2005, zunächst als Experiment in einigen Regionen geschaffen, sind diese Mobilgruppen seit 2006 landesweit tätig.[757]

Die Mobilgruppen wurden nach den Anforderungen im Gesetz vom 19.06.2003 über die demokratische Kontrolle der Organisation des Militärs und der rechtsschützenden Staatsorgane geschaffen. Ziel ihrer Tätigkeit ist die Verbesserung der Effektivität der Teilnahme der Gesellschaft bei der Verwirklichung der Kontrolle über die Einhaltung der Gesetzmäßigkeit und die Schaffung der Bedingungen für die Demokratisierung und Transparenz der Tätigkeit der Organe der inneren Angelegenheiten. Außerdem ist die Vorbeugung und Verhinderung von Verletzungen der Grundrechte und Freiheiten sowie die Verteidigung der gesetzlichen Rechte der Menschen und Bürger, und dadurch auch die Aktivierung der Teilnahme der Ukraine an den Prozessen der europäischen Integration anzustreben.[758]

---

755 Vgl. die Reform zur Verstärkung des rechtlichen Schutzes der Bürger und Einführung von Mechanismen der Realisierung der Grundrechte der Bürger auf die Unternehmertätigkeit *(Anmerkung: Unternehmertätigkeit ist in der ukrainischen Verfassung geregelt, Art. 42)*, die Unantastbarkeit der Person, die Sicherheit, die Achtung der Menschenwürde, die Rechtshilfe, etc. im Gesetz Nr. 2322-IV vom 12.01.2005.

756 Vgl. *Bukalov* 2008, Nr. 4.

757 Vgl. *Bukalov* 2008, Nr. 6, 7; *Bukalov* 2009, Nr. 5 ff.

758 Vgl. *Innenministerium der Ukraine* 2006a, Präambel.

In diesen Mobilgruppen sind Vertreter der Behörden und Bürgerrechtler tätig. Die Tätigkeit der Mobilgruppen ist in der „Regelung über die Organisation der ständigen funktionellen Mobilgruppen für das Monitoring zur Gewährleistung der Rechte und Freiheiten des Menschen und Bürgers in der Tätigkeit der Organe der inneren Angelegenheiten",[759] geregelt. Sie üben Beobachterfunktionen aus. Sie besuchen periodisch die polizeilichen Bezirksdirektionen und Polizeihaftanstalten und untersuchen die Haftbedingungen, insbesondere die Einhaltung der Menschenrechte im Umgang mit den Inhaftierten. Die Ergebnisse der Mobilgruppen sind in so genannten Monitoring-Berichten zusammengefasst und tragen einen empfehlenden Charakter. Die in den Berichten enthaltenen Informationen über Menschenrechtsverletzungen können auch der Grund für die Durchführung einer obligatorischen Dienstkontrolle sein, d. h. ein Verfahren wird gegen einen konkreten Beamten bzw. mehrere Beamten durchgeführt.[760]

8.3.2 Untersuchungshaft des Strafvollzugsamtes

8.3.2.1 Die gesetzlichen Regelungen

Die Unterbringung in der Untersuchungshaftanstalt des ukrainischen Strafvollzugsamtes findet aufgrund eines richterlichen Beschlusses statt (§ 165-2 Abs. 5 Nr. 2 ukrStPO, § 4 Abs. 1 ukrUHG). Sie ist im ukrainischen Untersuchungshaftvollzugsgesetz (ukrUHG) näher geregelt.

Die Untersuchungshaft ist eine verfahrenssichernde Maßnahme gegen den Beschuldigten, Angeklagten oder Verdächtigen im Falle des Verdachts der Begehung einer Straftat, welche mit Freiheitsstrafe (nach § 155 Abs. 1 ukrStPO von mehr als drei Jahren Freiheitsentzug) bedroht ist, oder gegen einen Verurteilten, gegen den das Urteil noch nicht rechtskräftig ist (§ 1 Abs. 1 ukrUHG). Mitarbeiter des Strafvollzugsamtes streben allerdings an, dass die Untersuchungshaft erst in den Fällen angewendet wird in denen mehr als *fünf* Jahre Freiheitsstrafe verhängt werden können.[761]

Das Ziel der Unterbringung in der Untersuchungshaftanstalt ist die Verhinderung der Vereitelung der Ermittlungen, des gerichtlichen Verfahrens und der Urteilsfindung durch die Untersuchungshäftlinge, aber auch die Sicherstellung der Wahrheitsfeststellung in einer Strafsache oder die Vorbeugung weiterer

---

759 Vgl. Fn. 758; das Anti-Folter-Komitee des Europarats hat die Einrichtung dieses Kontrollorgans und die von der Regierung veranlasste Entlassung von Milizangehörigen, die wegen Misshandlungen Gefangener überführt wurden, positiv gewürdigt, vgl. *CPT* 2011, S. 17; gleichwohl sei das noch nicht ausreichend gewesen, um die Missstände gänzlich zu beseitigen. Daher werden ein klares „Zero-tolerance"-Konzept und eine verbesserte Ausbildung des Personals zur Verhinderung von Misshandlungen gefordert.

760 Vgl. *Innenministerium der Ukraine* 2006a, Ziff. 1.4.

761 Vgl. *Kalašnik* 2008, S. 10; *Kalašnik* 2009, S. 61.

schwerer Straftaten und schließlich auch eine Sicherung der Urteilsvollstreckung (§ 2 ukrUHG).

Grundlage für die Untersuchungshaft ist der oben erwähnte begründete Gerichtsbeschluss über die Anordnung der Untersuchungshaft (dazu s. o. *Kap. 7.3.1.2*) als verfahrenssichernde Maßnahme, der gemäß ukrStGB und ukrStPO getroffen wurde (§ 3 ukrUHG).

Die Untersuchungshaftanstalten erfüllen in Ausnahmefällen auch die Vollzugsaufgabe der Besserungskolonien der minimalen Sicherheitsstufe mit allgemeinen Haftbedingungen und der Besserungskolonien der mittleren Sicherheitsstufe[762] bzgl. verurteilter Täter, die für die Erledigung von Hauswirtschaftsarbeiten[763] in der Untersuchungshaftanstalt verbleiben können (§ 18 Abs. 3 ukrStVollstrG) (vgl. hierzu auch *Abb. 2*). Diese Möglichkeit besteht nur bei erstmals zu Freiheitsstrafe Verurteilten, für Verurteilte, die eine Straftat nicht großer bzw. mittlerer Schwere oder eine schwere Straftat begangen haben. Die Häftlinge können nur mit ihrer Zustimmung nach Anordnung des Untersuchungshaftleiters in der Untersuchungshaftanstalt verbleiben (§ 89 Abs. 1, 2 ukrStVollstrG). In diesem Fall werden sie isoliert von anderen Untersuchungshäftlingen untergebracht (§ 89 Abs. 3 ukrStVollstrG).[764]

In der Ukraine gibt es 32 Untersuchungshaftanstalten. Der größte Teil von ihnen wurde noch vor mehr als 100 Jahren erbaut und ist daher in einem desolaten Zustand.[765] Im April 2008 stellte der damalige Justizminister *N. Oniščuk* fest, dass keine der Strafvollzugsanstalten den europäischen Standards entsprach.[766] Die Untersuchungshaftanstalten befinden sich meistens in zentralen Stadtbezirken. Das Ministerkabinett plant aber die Schaffung einer zwischenbehördlichen Arbeitsgruppe, die sich mit der Frage einer Verlegung der Untersuchungshaftanstalten in Gebiete außerhalb der Zentren der großen Städte auseinandersetzen soll.[767]

Die Untersuchungshäftlinge werden in *Kleinhafträumen* (маломісна камера) oder *Hafträumen für mehrere Häftlinge* (загальна камера) untergebracht

---

762 Zu den verschiedenen Sicherheitsstufen der Besserungskolonien s. o. *Kap. 8.2.1.1*.

763 *Hauswirtschaftsarbeiten* in den Untersuchungshaftanstalten erledigt das Arbeitspersonal, das aus Gefangenen besteht. Die Gefangenen erledigen dies auf dem Territorium der Untersuchungshaftanstalt und nicht im Gefängnis (Besserungskolonie bzw. Erziehungskolonie), vgl. dazu *Stepanyuk* 2008, § 18 Nr. 5; *Bogatir'ov* 2008, S. 145 f.

764 Die Verurteilten können auch in die Besserungskolonien der maximalen Sicherheitsstufe verlegt werden. Der Unterschied besteht nur darin, dass in diesen Fällen das Strafvollzugsamt entscheidet (§ 89 ukrStVollstrG).

765 Vgl. *Košinec'* 2008, S. 5; *Kalašnik* 2008, S. 9.

766 Vgl. *ukrainisches Justizministerium* 2008, http://www.minjust.gov.ua/0/15401, 22.06.2011; dazu siehe auch *Končakovs'ka* 2009, S. 260.

767 Vgl. *Kalašnik* 2008, S. 9.

(§ 8 Abs. 1 S. 1 ukrUHG). Wie viele Häftlinge tatsächlich in einer Zelle untergebracht sind, kann nur vermutet werden. Der Gesetzgeber selber gibt nicht vor, wie viele Häftlinge in derartigen Zellen untergebracht werden dürfen. Es gibt auch keine Kommentierung zum ukrainischen Untersuchungshaftgesetz aus der man diese Information entnehmen könnte. Laut Auskunft der Vollzugsbeamten einer Untersuchungshaft in der Stadt Lugansk sind *Kleinhafträume* für bis zu sechs und *Hafträume für mehrere Personen* für mindestens 20 Personen vorgesehen.

In Ausnahmefällen, etwa zum Zweck der Geheimhaltung der Ermittlungen oder zum Schutz der Untersuchungshäftlinge vor möglichen Angriffen auf ihr Leben, oder zur Vorbeugung der Verübung neuer Straftaten u. ä., werden diese in Einzelzellen untergebracht. Allerdings gilt diese Regelung nicht für Jugendliche. Wenn eine Gefahr für Jugendliche entsteht, so werden sie einfach in eine andere Klein- oder Gemeinschaftszelle verlegt (§ 8 Abs. 1 S. 2 und 3 ukrUHG).

Nach § 8 Abs. 3 ukrUHG sind Jugendliche getrennt von Erwachsenen unterzubringen. In Ausnahmefällen ist, wenn dies der Vorbeugung eines Verstoßes gegen das Haftregime[768] dient, mit Zustimmung der Staatsanwaltschaft eine Unterbringung von maximal zwei Erwachsenen zusammen mit den Jugendlichen zugelassen. Die Erwachsenen müssen in solchen Fällen Ersttäter bzgl. geringer bzw. mittelschwerer Straftaten sein. Der Gesetzgeber ordnet an, dass Ersttäter von anderen schon mehrfach in Erscheinung getretenen Straftätern getrennt untergebracht werden. Ebenso werden Personen, die wegen schwerer oder besonders schwerer Straftaten verfolgt werden, getrennt von anderen untergebracht. Personen, die bereits früher eine Freiheitsstrafe verbüßt haben, werden getrennt von zum ersten Mal Inhaftierten (Erstverbüßern) untergebracht (§ 8 Abs. 5, 6 und 7 ukrUHG). Allerdings regelt das Gesetz nicht ausdrücklich, ob diese Regelungen nur die Erwachsenen betreffen. Daher ist davon auszugehen, dass diese Regelungen auch gegenüber Jugendlichen anzuwenden sind.

Die jugendlichen Untersuchungshäftlinge haben das Recht auf täglich zwei Stunden Bewegung im Freien (§ 9 Abs. 1 Nr.3 ukrUHG).[769] Die Dauer des Spazierganges kann als eine der Motivationsmaßnahmen bei vorbildlich gutem Benehmen um eine Stunde verlängert werden (§ 14 Abs. 1 Nr. 3 ukrUHG).

Weiter regelt § 9 ukrUHG das Recht auf Empfang von Paketen und Geldüberweisungen. Die Untersuchungshäftlinge dürfen Nahrungsmittel, Artikel des täglichen Bedarfs sowie unbeschränkt Zeitschriften und Bücher über ein Handelsnetz auf Bestellung (im monatlichen Zeitraum) in Höhe des Betrages eines Mindestarbeitslohnes 744 UAH (Stand: Ende 2009) (ca. 70 €)[770] kaufen. Als

---

768 S. u. Fn. 772.

769 Erwachsene haben Anspruch nur auf eine Stunde täglich Bewegung im Freien (§ 9 Abs. 1 Nr. 3 ukrUHG).

770 Vgl. § 55 des ukrainischen Haushaltsgesetzes für 2009 Nr. 835-VI vom 26.12.2008.

Motivationsmaßnahme bei vorbildlichem Benehmen kann der Betrag um 25% erhöht werden (§ 14 Abs. 1 Nr. 4 ukrUHG). Die Untersuchungshäftlinge haben das Recht auf Benutzung eigener Kleidung und Schuhe. Auch können sie die Papiere oder Aufzeichnungen bzgl. ihrer Strafsachen bei sich haben. Die Benutzung von Fernsehgeräten, die sie von Verwandten bekommen haben, ist gestattet. Weiter haben sie das Recht auf Benutzung von Brettspielen, Zeitungen und Büchern aus der Untersuchungshaft-Bibliothek oder wenn diese über ein Handelsnetz gekauft wurden.

Die Untersuchungshäftlinge haben das Recht auf acht Stunden Ruhezeit. Währenddessen dürfen sie außer in unaufschiebbaren Fällen nicht für Untersuchungshandlungen in Anspruch genommen werden. Nach § 9 Abs. 3 ukrUHG haben junge Bürger im Alter von 14 bis 35 Jahren das Recht auf psychologisch-pädagogische Hilfe durch Fachleute des Zentrums für Soziale Dienste für Familie, Kinder und junge Menschen. Erstaunlicherweise sind hier Menschen im Alter bis zu 35 Jahren gemeint, möglicherweise weil sie häufig so lange von ihren Familien abhängig sind.

Nach § 11 ukrUHG darf die Fläche eines Haftraums pro inhaftierte Person 2,5 m² nicht unterschreiten.[771] Die Häftlinge werden kostenlos verpflegt, darunter Essen, individueller Schlafplatz, Bettwäsche und anderes. In notwendigen Fällen werden den Inhaftierten Kleidung und Schuhe nach vorgeschriebenem Muster bereitgestellt. Sie werden auch medizinisch versorgt.

Mit der schriftlichen Genehmigung des Ermittlers oder des Gerichtes kann ein Mal im Monat ein Besuch der Eltern oder anderer Personen von einer Stunde bis zu vier Stunden Dauer stattfinden. Der Besuch wird durch die Verwaltung der Untersuchungshaftanstalt visuell kontrolliert. Bei Verstößen kann der Besuch vorzeitig abgebrochen werden. Ein Verteidiger kann den Untersuchungshäftling ohne Einschränkung auch unter vier Augen sprechen (§ 12 Abs. 1, 3, 4 ukrUHG).

Nach § 13 ukrUHG können die Untersuchungshäftlinge mit Genehmigung der jeweiligen Person oder des Organs, das je nach Verfahrensstand zuständig ist, korrespondieren (§ 13 Abs. 1 ukrUHG). Beschwerden, Erklärungen und Briefe der Untersuchungshäftlinge werden durch Mitarbeiter der Administrationen der Untersuchungshaftanstalten durchgesehen bzw. durchgelesen. Die Beschwerden, Erklärungen und Briefe unterliegen keiner Kontrolle, wenn sie an den Beauftragten für Menschenrechte, den Europäischen Gerichtshof für Menschenrechte und auch andere entsprechende Organe der internationalen Organisationen, in welchen die Ukraine Mitglied ist, an beauftragte Personen solcher internationalen Organisationen oder den Staatsanwalt adressiert sind. Sie müssen innerhalb eines Tages weitergeleitet werden (§ 13 Abs. 2 ukrUHG).

---

771 Bei schwangeren Frauen oder Frauen, die Kinder bei sich haben, dürfen 4,5 m² nicht unterschritten werden (§ 11 Abs. 2 ukrUHG).

Jugendliche, die „böswillig" gegen das Haftregime[772] der Untersuchungs-haftanstalt verstoßen, können für bis zu fünf Tage in einer Arrestzelle unter-gebracht werden (§ 15 Abs. 2 ukrUHG).[773]

Der Gesetzgeber regelt im § 16 ukrUHG die Bedingungen der Arbeit und die Bezahlung für die geleistete Arbeit der Untersuchungshäftlinge. Allerdings sieht das Gesetz keine Abgrenzung zwischen Jugendlichen und Erwachsenen vor. Mit der Genehmigung des Untersuchungsführers bzw. Gerichtes können Untersuchungshäftlinge zur Arbeit auf dem Untersuchungshaftterritorium her-angezogen und sollten dann grundsätzlich gesetzesgemäß bezahlt werden. Al-lerdings können Untersuchungshäftlinge auch zur Arbeit ohne Bezahlung heran-gezogen werden. Diese Regelung verstößt gegen die Unschuldsvermutung nach Art. 10 Abs. 2 a) IPBPR. Diese zugewiesene Arbeit betrifft nur die Schaffung von gemeinschaftsverträglichen hygienischen Bedingungen (*санітарно-побутові умови*), das heißt vor allem das Putzen der Untersuchungshaftanstalt. Derartige Arbeit wird im Wechsel erledigt und darf nicht länger als zwei Stun-den pro Tag dauern.

Außer bei Erwachsenen im Rentenalter sieht der Gesetzgeber generell eine Möglichkeit der Anwendung von physischen und speziellen Maßnahmen gegen-über den Untersuchungshäftlingen vor (z. B. Zwangsjacken, Handschellen, Trä-nengas), auch Schusswaffen[774] (§ 18 Abs. 1 ukrUHG). Gegenüber Jugendlichen ist die Anwendung solcher Maßnahmen verboten (§ 18 Abs. 6, 8, 10 ukrUHG).

Das Untersuchungshaftgesetz enthält im Weiteren die Regelungen zu der Hausordnung und dem Entlassungsverfahren sowie zum Arbeitslohn, der medi-zinischen Versorgung und dem Briefwechsel der inhaftierten Personen.

Grundlage für die Entlassung aus der Untersuchungshaft ist die Aufhebung, das Ersetzen des Haftbefehls oder der Ablauf der Höchstdauer der Untersu-chungshaft, sofern die Dauer nicht gesetzesgemäß verlängert wurde (§ 20 Abs. 1 ukrUHG).

Die Untersuchungshaftdauer während des vorgerichtlichen Ermittlungsver-fahrens darf in der Regel zwei Monate nicht überschreiten (§ 156 Abs. 1 ukrStPO). Wenn es unmöglich war innerhalb dieses sowohl für Erwachsene als auch für Jugendliche gleichen festgelegten Zeitraums das Ermittlungsverfahren

---

772 § 7 Abs. 1 ukrUHG definiert als „Regime" (*режим*) die Ordnung und die Bedingungen der Festnahme von in Haft genommenen Personen sowie die Aufsicht über diese Personen mit dem Ziel der Sicherstellung der vorläufigen Inhaftnahme. Nach Abs. 2 dieser Norm besteht die Hauptforderung des Regimes in den Untersuchungshaft-anstalten in der Isolation der in Haft genommenen Personen, dauernder Aufsicht und getrennter Unterbringung.
Es gibt keine Kommentierung zu diesem Gesetz, daher ist hier allein auf die im Gesetz gegebene Aufklärung zurückzugreifen. Siehe dazu *Rieckhof* 2008, S. 84, Fn. 408.

773 Die entsprechende Zeit beträgt für Erwachsene zehn Tage.

774 Schusswaffen tragen nur die Bediensteten, die auf den Wachtürmen eingesetzt sind.

zu beenden und wenn es für die Aufhebung oder das Ersetzen der Untersuchungshaft durch eine andere, mildere, verfahrenssichernde Maßnahme keine Gründe gibt, so kann die Untersuchungshaft auf bis zu vier Monate, neun Monate bzw. auf bis zu 18 Monate verlängert werden. Allerdings kann die Verlängerung auf bis zu neun bzw. 18 Monate nur in schweren und besonders schweren Fällen angeordnet werden (§ 156 Abs. 2 ukrStPO). Die Dauer der Untersuchungshaft bestimmt sich vom Moment der Inhaftierung an. Wenn allerdings vorher die Festnahme des Verdächtigen (gemeint ist die Polizeihaft) erfolgte, so wird die Dauer vom Moment der Festnahme an berechnet (§ 156 Abs. 4 Satz 1 ukrStPO).

Jugendliche verbringen durchschnittlich bis zu ein Jahr in Untersuchungshaft während sie auf ein Gerichtsverfahren warten, was sehr weit über die vorgeschriebenen Grenzen hinausgeht.[775] Hervorhebenswert ist, dass die Haftbedingungen in der Untersuchungshaft im Vergleich zu den Haftbedingungen in den Strafvollzugsanstalten (darunter Erziehungskolonien für Jugendliche) härter sind. Oft haben die Untersuchungshäftlinge keine Möglichkeit zum Briefwechsel und zu Besuchen, oder die Untersuchungshaftmitarbeiter verbieten z. B. ohne Aufklärung über die Gründe den Müttern die Unterhaltung mit ihren Kindern.[776]

Die Untersuchungshaft wird zwar in der Regel in den Fällen angewendet, in denen bei Verurteilung eine Freiheitsstrafe von über drei Jahren gesetzlich vorgesehen ist. In Ausnahmefällen gibt es aber auch die Möglichkeit, Untersuchungshaft in Fällen mit einer Straferwartung von unter drei Jahren anzuwenden (§ 155 Abs. 1 ukrStPO). Hierzu gehören Fälle, in denen mit großer Wahrscheinlichkeit davon ausgegangen werden kann, dass andere verfahrenssichernde Maßnahmen (dazu s. o. *Kap. 7.3.1.2*) nicht den erwünschten Erfolg haben, etwa wenn Verdächtige keinen festen Wohnsitz haben, bei Alkoholmissbrauch oder andauernden kriminellen Handlungen.[777]

In der Untersuchungshaft haben die Jugendlichen die Möglichkeit mit Hilfe des Bildungsministeriums das Schulprogramm weiter zu verfolgen.[778] Allerdings funktioniert dies nur in 18 von 32 Untersuchungshaftanstalten.[779]

Die Aufsicht über die Einhaltung der Gesetzgebung in den Untersuchungshaftanstalten hat die Staatsanwaltschaft (§ 22 ukrUHG).

---

775 Vgl. *Yablons'ka* 2006, S. 22.

776 Vgl. *Yablons'ka* 2006, S. 23 f.

777 Vgl. *Maljarenko* 2005, § 155 Nr. 3; *Plenum des Obersten Gerichts* 2003a, Ziff. 3 Abs. 3.

778 Vgl. *Kalašnik* 2009, S. 63.

779 Vgl. *Yablons'ka* 2006, S. 30.

8.3.2.2 Die Haftbedingungen in den Untersuchungshaftanstalten – Kritik

Ähnlich wie in den Polizeihaftanstalten werden die Haftbedingungen in der Untersuchungshaft gleichfalls als grausam und erniedrigend bewertet.[780] Es kommt vor, dass auch jugendliche Häftlinge geschlagen werden.[781] Das Problem der Behandlung von Erkrankungen, vor allem bei Tuberkulose ist ebenso erschreckend[782] wie in den Polizeihaftanstalten. Die überlange Dauer der Unterbringung in der Untersuchungshaft ist ein ernsthaftes Problem für den Staat.[783]

Die Anordnung der Untersuchungshaft erfolgt in der Ukraine unverhältnismäßig häufig. Oft wird die Untersuchungshaft auch gegenüber denjenigen, die eine Straftat geringer Schwere begangen haben, angewendet. Nach Ansicht von *Bukalov* „werden die Inhaftierten höchstwahrscheinlich aus ‚Bequemlichkeit' der Ermittler in der Untersuchungshaftanstalt untergebracht und nicht weil es notwendig war oder weil keine anderen Maßnahmen als erfolgreich in Betracht kamen".[784] Besondere statistische Daten bzgl. Jugendlicher in den Untersuchungshaftanstalten sind nicht zugänglich.

---

780 So haben die drei Bürgerrechtler *Jevgen Zaharov* (Ukrainian Helsinki Human Rights Union/Ukrainische Helsinki Menschenrechtsunion, Charkover Gruppe zum Schutz der Menschenrechte), *Oleksandr Bukalov* (Donetskij Memorial - Penitentiary Society of Ukraine/Strafvollzugsgesellschaft) und *Oleksandr Beca* (unabhängiger Experte für Strafvollzugsfragen) in einer öffentlichen Petition an den ukrainischen Präsidenten, *Yuščenko*, an die Premierministerin *Tymošenko*, und an den Vorsitzenden des ukrainischen Parlaments *Yacenyuk*, ihre Bestürzung über systematische und massenweise Verletzungen der Menschenrechte in Strafvollzugsanstalten zum Ausdruck gebracht (vgl. *Bukalov* 2009, Nr. 123-125).
Nachdem innerhalb von vier Monaten keine Reaktion der Regierung einging, haben sich die Autoren der Petition nochmals an die Regierung gewandt. Es kam wieder keine ausdrückliche Reaktion. Das Sekretariat des Präsidenten teilte nur mit, dass diese Petition an das getadelte Strafvollzugsamt zur Beantwortung weitergeleitet wurde, wonach auch das Amt antwortete, dass solche Fälle in Strafvollzugsanstalten nicht auftreten. Auch eine dritte Anfrage führte nicht zu einer qualifizierten Antwort (vgl. *Bukalov* 2009, Nr. 126-132). Es ist wohl davon auszugehen, dass sich die Politik den Missständen im Strafvollzug nicht widmen möchte.

781 So wurden etwa im März 2008 in der Untersuchungshaftanstalt Nr. 31 drei Jugendliche grausam verprügelt, weil sie die Mitarbeiter der Anstalt an der Wegnahme ihrer Matratzen hinderten. Die Prozedur des Wegnehmens von Matratzen wird regelmäßig als „Erziehungsmaßnahme" angewendet, vgl. *Bukalov* 2009, Nr. 112.

782 Vgl. dazu *Končakovs'ka* 2009, S. 260.

783 Vgl. *Mar'janovs'kij* 2001, S. 33 ff.

784 Vgl. *Bukalov* 2007, S. 21, Nr. 93-95; *Bukalov* 2005, S. 29, Nr. 170-174; *Bukalov* 2010, Nr. 28; *Yablons'ka* 2006, S. 23; siehe dazu auch *Černova* 2009, S. 77.

Zur Gesamtsituation in der Ukraine ist folgendes festzuhalten. Die Auslastung in den ukrainischen Untersuchungshaftanstalten ist unterschiedlich. So waren 2009 18 Untersuchungshaftanstalten unterbelegt und 14 überbelegt.[785] Die Inhaftnahme wird häufig ungerechtfertigt angeordnet.[786] Dies ergibt sich aus den Zahlen der Entlassenen, die aufgrund gerichtlicher, nicht mit Freiheitsentzug verbundenen Sanktionen, aus der Untersuchungshaft entlassen wurden (vgl. *Tabelle 7*).

Im Laufe eines Jahres wird beinahe jeder vierte von neu aufgenommenen Untersuchungshäftlingen entlassen.[787] Hauptgründe dafür sind die bereits oben erwähnten Anordnungen von Sanktionen ihnen gegenüber, die nicht mit Freiheitsstrafe verbunden sind, oder die Verhängung von kurzen Freiheitsstrafen, die die Inhaftierten in der Regel bereits durch einen entsprechend langen Aufenthalt in einer Untersuchungshaftanstalt „abgesessen" haben.[788]

---

785 Vgl. *Bukalov* 2010, Nr. 27.

786 Vgl. *Bukalov* 2010, Nr. 28.

787 Vgl. *Bukalov* 2010, Nr. 28.

788 Vgl. *Bukalov* 2010, Nr. 28.

Tabelle 7: Anzahl der Inhaftierten in den U-Haftanstalten und Gründe derer Entlassung

Jahr	Gesamtzahl Anfang des Jahres	Darunter Jugendliche	Innerhalb des Jahres aufgenommen	Darunter Jugendliche	Nach U-Haft in Erziehungskolonien eingewiesen	Gesamtzahl der Entlassenen (% der im Jahr aufgenommenen)	Anzahl der Entlassenen				
							Aufgrund Nichtverurteilung zu Freiheitsstrafe	In Folge Ersetzens der U-Haft	Aufgrund Überschreitung der Höchstdauer/ U-Haft	Aufgrund gerichtlicher Verfahrenseinstellung oder Freispruchs	Aufgrund Verfahrenseinstellung durch Ermittlungsorgane
2002	43.223	2.105	-	-	-	15.379	8.600	2.702	3.881	115	81
2003	-a	-	-	-	-	-	8.405	2.686	4.038	77	-
2004	-	-	-	-	-	14.186 (19,3%)	8.392	2.103	3.604	46	-
2005	-	-	-	-	-	15.040	8.487	2.250	3.987	293	-
2006	33.279	1.220	59.559	3.332	1.748	13.270 (22,3%)	7.346	2.109	3.673	120	-
2007	32.619	1.237b	56.645	2.893	1.451	13.288 (23,5%)	7.441	2.219	3.450	103	-
2008	32.110	-	57.350	2.771	1.216	12.886 (22,5%)	6.527	2.466	3.810	60	-
2009	34.148	-	60.432	2.242	1.045	13.604 (22,5%)	6.230	2.336	4.916	107	15

a   Keine Angaben/Daten konnten nicht aufgefunden werden.
b   Angaben auf den 01.02.2007.
Quelle: Angaben sind zum Teil vom Strafvollzugsamt bereitgestellt; vgl. auch Bukalov 2007, S. 26; Bukalov 2010, Nr. 28.

8.4 Besonderheiten des Jugendstrafvollzugs

Das ukrStVollstrG vom 01.01.2004 (zuletzt geändert im Januar 2010)[789] regelt die Strafvollzugsordnung und die Strafvollstreckungsordnung sowohl für Jugendliche als auch für Erwachsene. Wie das ukrStGB und die ukrStPO enthält auch dieses Gesetz ein separates 21. Kapitel (§§ 143-149) über die Vollzugsordnung der freiheitsentziehenden Sanktionen gegenüber Jugendlichen.[790] Im Hinblick auf den besonderen psycho-sozialen Status Jugendlicher hat der ukrainische Gesetzgeber die von der internationalen Gemeinschaft erarbeiteten Dokumente zum Schutz der Rechte Jugendlicher, wie im ganzen ukrStVollstrG auch hier, gegenüber Jugendlichen, berücksichtigt und ausgearbeitet. Insoweit sind die Konvention über die Rechte des Kindes vom 20. November 1989 sowie Regeln der Vereinten Nationen zum Schutz von Jugendlichen unter Freiheitsentzug vom 14. Dezember 1990 (im Folgenden: Havanna-Regeln) und die Mindestgrundsätze für die Jugendgerichtsbarkeit (im Folgenden: Beijing-Regeln) vom 10. Dezember 1985 zu erwähnen. Das Kapitel des ukrStVollstrG ist vor allem auf den Schutz der Recht Jugendlicher und ihre Wiedereingliederung in die Gesellschaft, nicht so sehr auf die Bestrafung für die begangene Tat orientiert.[791]

8.4.1 Unterbringung

Mit Rechtskraft des Strafurteils werden Jugendliche in eine Erziehungskolonie eingewiesen, wenn sie zu diesem Zeitpunkt das 18. Lebensjahr noch nicht vollendet haben. Straftäter, die als Jugendliche eine Straftat begangen haben, jedoch erst nach Vollendung des 18. Lebensjahres abgeurteilt werden, werden direkt im Erwachsenenstrafvollzug der *minimalen* Sicherheitsstufe mit *allgemeinen* Haftbedingungen untergebracht.[792]

In den Erziehungskolonien verbüßen sowohl diejenigen Jugendlichen ihre Strafe, die zu ihrer freiheitsentziehenden Strafe erstmalig verurteilt worden sind, als auch die Jugendlichen, die bereits zuvor zu einer freiheitsentziehenden Strafe verurteilt wurden. Eine separate Unterbringung der Gefangenen (darunter auch Verurteilte für fahrlässige Taten) sieht der Gesetzgeber nicht vor.[793] Heute (Stand: 2010) gibt es in der Ukraine zehn Erziehungskolonien. Neun davon sind Erziehungskolonien für männliche und eine ist für weibliche Jugendliche. Rück-

---

789 Das ukrainische Gesetz über die Änderungen des ukrStVollstrG bzgl. der Wahrung der Rechte der Gefangenen in Strafvollzugsanstalten Nr. 1828-VI vom 21.01.2010.

790 In diesem Kapitel wird auch der Frauenstrafvollzug geregelt.

791 Vgl. *Bogatir'ov* 2008, S. 259.

792 Vgl. *Stepanyuk* 2008, § 143 Nr. 1.

793 Vgl. *Stepanyuk* 2008, § 143 Nr. 2.

fällige wurden früher in der Erziehungskolonie der Stadt Mariupol' in der Donezker Region untergebracht.[794] Im Jahr 2008 wurde diese Erziehungskolonie für männliche Jugendliche geschlossen und die Verurteilten in die restlichen neun Erziehungskolonien verteilt.[795] Differenzierungskriterien wie Straflänge, Erst- und Rückfalltäter, kurze oder lange Freiheitsstrafen werden nicht mehr in Bezug genommen, weil dies überflüssig bzw. veraltet erscheint.

8.4.2 Erzieherische Einwirkung

Das ukrStVollstrG sieht vor, dass jugendliche Gefangene im Alter von 14 bis unter 18 Jahren ihre Freiheitsstrafe in einer Erziehungskolonie verbüßen, die in der Regel am nächsten zum jeweiligen Wohnort liegt (§ 93 Abs. 1 ukrStVollstrG).[796] Dies hat besondere Bedeutung für die Erhaltung der sozialen Beziehungen und hilft der Wiedereingliederung nach der Freilassung.[797] Zu berücksichtigen ist allerdings, dass es in der ganzen Ukraine nur eine einzige Erziehungskolonie für jugendliche Frauen gibt. Sie liegt in der südlichen Ukraine im Zaporiz'ka Oblast, Stadt Melitopol.

Das 19. Kapitel des ukrStVollstrG widmet sich der erzieherischen Einwirkung auf die Strafgefangenen. Nach § 6 Abs. 3 ukrStVollstrG ist die Erziehungsarbeit eines der wesentlichen Mittel der Besserung und der Resozialisierung der Verurteilten.[798] Das ukrStVollstrG definiert im § 123 Abs. 1 die *sozialerzieherische Arbeit* mit zu Freiheitsentzug Verurteilten. Das Strafvollzugspersonal und andere soziale Institutionen arbeiten zur Erreichung des Besserungs- und Resozialisierungsziels der Gefangenen zusammen. Dazu werden folgende Ziele formuliert: Die Integration in das Arbeitsleben, Einübung von Rechtstreue und anderer in der Gesellschaft anerkannter Verhaltensregeln sowie die Erhöhung des Allgemeinbildungs- und „Kulturniveaus". Bei der Bestimmung des Grades der Besserung der Verurteilten sowie bei der Anwendung von Motivations- und Disziplinarmaßnahmen wird die Teilnahme der Verurteilten an durchgeführten erzieherischen Maßnahmen berücksichtigt (§ 123 Abs. 2 ukrStVollstrG). Die Teilnahme an den im Tagesablauf der Strafvollzugsanstalten vorgesehenen erzieherischen Maßnahmen ist obligatorisch (§ 123 Abs. 3 ukrStVollstrG). Die genannten Regelungen gelten für Erwachsene und Jugendliche gleichermaßen, die Unterscheidung zwischen Resozialisierung und Erzie-

---

794 Vgl. *Bogatir'ov* 2008, S. 259 f.

795 Nach der mündlichen Mitteilung der wohltätigen Organisation (*Благодійний фонд „Підліток"*) „*Teenager*" Stadt Lugansk.

796 S. Nr. 17.1. der Europäische Strafvollzugsgrundsätze Rec(2006)2 http://www.ulme-recho.de/Broschueren/europa-strafvollzug.pdf, 25.11.2010.

797 Vgl. *Denisova* 2008, S. 232.

798 Vgl. *Stepanyuk* 2008, § 123 Nr. 2; *Bogatyr'ov* 2008, S. 84.

hung, die im *deutschen* Strafvollzugsrecht gemacht wird, gibt es im ukrainischen System nicht.

Nach § 124 Abs. 1 ukrStVollstrG findet in den Strafvollzugsanstalten auch eine Erziehung in den Bereichen der Moral, des Rechts, der Arbeit, der Ästhetik, des Sports, der Gesundheit und anderer Bereiche statt, welche Bedeutung für die „Ausbildung einer Lebenskultur" haben.

8.4.3 Materielle Alltagsversorgung

Die Größe der für einen jugendlichen Verurteilten zur Verfügung stehenden Fläche darf 4 m² nicht unterschreiten (§ 115 Abs. 1 urkStrVollstrG).[799] Einzelzellen sind im Gesetz nicht vorgesehen. Die Zellen sind blockförmige Räume[800] und haben meist eine Größe von ca. 80-85 m² und enthalten ungefähr 15 bis 20 Betten.[801] Die jugendlichen Gefangenen erhalten ein individuelles Bett und die dazu gehörige Bettwäsche. Die Verurteilten werden je nach Geschlecht und den jahreszeitlichen und klimatischen Verhältnissen mit Kleidung, Wäsche und Schuhen versorgt (§ 115 Abs. 2 ukrStVollstrG). Essen, Kleidung, Wäsche sowie Versorgungs- und Nebenkosten (*комунально-побутові послуги*) werden den jugendlichen Verurteilten kostenlos zur Verfügung gestellt (§ 115 Abs. 4 ukrStVollstrG). Den Verurteilten wird Anstaltskleidung nach vorgeschriebenem Muster bereitgestellt (§ 102 Abs. 4 ukrStVollstrG).

8.4.4 Haftbedingungen

Zu den Besonderheiten des Jugendstrafvollzugs in Erziehungskolonien gehören folgende Regelungen: Nach § 143 Abs. 1 ukrStVollstrG haben Jugendliche das Recht monatlich 100% des Mindestlohns (744 UAH (ca. 64 €; Stand: Ende

---

799 Bis Januar 2010 enthielt diese Norm für unterschiedliche Gefangene verschiedene Flächengrößen. In einer Besserungskolonie sah der Gesetzgeber für einen volljährigen männlichen Gefangenen nur mindestens 3 m² Fläche vor, für weibliche Gefangene 4 m². Im Januar 2010 wurde die Norm geändert und damit beträgt jetzt die Fläche 4 m² sowohl für Männer als auch für Frauen und Jugendliche, vgl. das ukrainische Gesetz über die Änderungen des ukrStVollstrG bzgl. der Wahrung der Rechte der Gefangenen in Strafvollzugsanstalten vom 21.01.2010, Nr. 1828-VI, Ziff. 23.

800 Die Bezeichnung „blockförmige Räume" ist erst seit Januar 2010 durch die Änderung im Gesetz enthalten, vgl. das ukrainische Gesetz über die Änderungen des ukrStVollstrG bzgl. der Wahrung der Rechte der Gefangenen in Strafvollzugsanstalten Nr. 1828-VI vom 21.01.2010, Ziff. 23.

801 So z. B. in der Erziehungskolonie *Pereval'sk* in der Lugansker Region. Die hier geschilderten Daten sammelte die Verfasserin bei einem persönlichen Besuch der erwähnten Erziehungskolonie zusammen mit der wohltätigen Organisation „*Teenager*". Ein Schlafraum in der Besserungskolonie (für Volljährige) Nr. 18 in Charkiv enthält 30 bis 40 Betten, vgl. hierzu auch *Brenzikofer* 2004, S. 222.

2009) von ihrem in der Erziehungskolonie verdienten Geld für den Erwerb von Nahrungsmitteln und von Gegenständen der Grundversorgung auszugeben. Monatlich verdienen die jugendlichen Gefangenen mindestens 75% des Monatslohns (§ 120 Abs. 3 ukrStVollstrG). Nach § 108 Abs. 1 ukrStVollstrG haben arbeitsunfähige Jugendliche dieses Recht auch bzgl. des Geldes, das sie überwiesen bekommen oder anders erhalten haben.[802] Die Höhe der Summe ist unklar.

Den zu Freiheitsstrafe verurteilten Jugendlichen werden ein kurzer Besuch von höchstens vier Stunden (§ 110 Abs. 1 ukrStVollstrG) von nahen Verwandten ein Mal im Monat und ein längerer Besuch von höchstens drei Tagen (§ 110 Abs. 1 ukrStVollstrG) durch diese Verwandten ein Mal in drei Monaten gestattet (§ 143 Abs. 1 Nr. 2 ukrStVollstrG). Das Gespräch wird durch die Verwaltung überwacht.[803] Auf Wunsch des Verurteilten können die längeren Besuche durch mehrere kurze Besuche ersetzt werden (§ 110 Abs. 6 ukrStVollstrG). Vor den Änderungen im ukrStVollstrG im Januar 2010 war auch die Zahl der Annahme von Paketen (neun Pakete pro Jahr für jugendliche Gefangene) und Päckchen (vier pro Jahr) bestimmt. Für die volljährigen Gefangenen hing die Zahl der Pakete und Päckchen von der Sicherheitsstufe der Besserungskolonie ab.[804] Ab Anfang des Jahres 2010 wird die Zahl sowohl der Pakete als auch Päckchen nicht mehr begrenzt (§ 112 Abs. 1 ukrStVollstrG).

Es ist zu betonen, dass bestimmte Fragen der jeweils vollzogenen Strafvollstreckung und Strafverbüßung (Arrest, Freiheitsbeschränkung, Freiheitsstrafe) durch behördliche „Regeln der Inneren Ordnung der Strafvollstreckungseinrichtungen" (weiter Regeln 275) konkretisiert werden. Bei diesen Regeln handelt es sich um vom Strafvollzugsamt erlassene Verwaltungsvorschriften (vgl. insbesondere die Regeln vom 25.12.2003).[805] So haben z. B. nach Ziff. 72 und 73 der Regeln 275 die Gefangenen die Möglichkeit, Video- und Kinofilme sowie Fernsehsendungen anzuschauen oder Radiosendungen zu hören. Gefangenen ist erlaubt die Bibliothek der Strafvollzugsanstalt zu nutzen (Ziff 74).

Die Bedingungen für Telefongespräche sowie die übrigen angesprochenen Haftbedingungen sind sowohl für Erwachsene als auch für die jugendlichen Gefangenen gleich. Der Gesetzgeber macht hier keine Unterschiede. So war nach § 110 Abs. 5 ukrStVollstrG die Anzahl der Telefongespräche auf vier im Jahr begrenzt. Die Dauer eines jeden Gesprächs durfte 15 Minuten nicht überschreiten. Das Personal der Strafvollzugsanstalten überwacht jedes Gespräch,

---

802 Vgl. *Stepanyuk* 2008, § 108 Nr. 3.

803 Vgl. *Stepanyuk* 2008, § 143 Nr. 4.

804 So hatten in der minimalen Sicherheitsstufe die Gefangenen das Recht auf sieben Pakete und vier Päckchen, in der mittleren Sicherheitsstufe auf sechs Pakete und vier Päckchen und in der maximalen Sicherheitsstufe auf fünf Pakete und zwei Päckchen (§§ 138-140 ukrStVollstrGB alter Fassung).

805 Vgl. *Stepanyuk* 2008, § 107 Nr. 1; *Bogatir'ov* 2008, S. 67.

das aus eigenen Mitteln bezahlt wird. Telefongespräche zwischen Insassen sind verboten.

Die Regelung bzgl. der Beschränkung der Anzahl der Telefongespräche im § 110 Abs. 5 ukrStVollstrG galt noch bis 01.01.2012, inzwischen ist diese Begrenzung aufgehoben. Die Insassen haben damit das Recht auf eine unbegrenzte Anzahl von Telefongesprächen. Auch die frühere Möglichkeit nach § 110 Abs. 6, 2. HS ukrStVollstrG, die kürzeren Besuche durch Telefongespräche zu ersetzen wurde Anfang 2012 aufgehoben.[806]

§ 109 ukrStVollstrG befasst sich mit der geistigen, kulturellen und ästhetischen Entwicklung sowie der Befriedigung der künstlerischen und ästhetischen Bedürfnisse der Gefangenen. Diese Norm unterscheidet ebenfalls nicht zwischen Erwachsenen und jugendlichen Gefangenen und macht ihre Regelungen auch nicht von den jeweiligen Haftbedingungen abhängig. Einerseits sieht § 109 Abs. 1 ukrStVollstrG das Recht der Insassen vor, *unbegrenzt* Literatur und Schreibutensilien sowohl empfangen zu dürfen als auch im Handel mit eigenen Mitteln zu erwerben und Zeitungen und Zeitschriften zu abonnieren. Andererseits enthält § 109 Abs. 3 ukrStVollstrG eine Begrenzung der Bücher und Zeitschriften bei einem Insassen auf zehn Stück. Haben sie mehr, so werden die überzähligen Stücke mit Zustimmung des Insassen der Bibliothek übergeben. Anderenfalls muss der Insasse die übrigen Bücher etc. auf eigene Kosten seinen Verwandten schicken (§ 109 Abs. 4 ukrStVollstrG). Auch das Recht auf Schreibutensilien wird nach der Hausordnung eingeschränkt. Die Insassen dürfen keine farbigen Stifte haben, um die Fälschung von Dokumenten und Geldscheinen zu verhindern.[807]

Nach § 111 Abs. 1 ukrStVollstrG kann den jugendlichen Gefangenen erlaubt werden die Erziehungskolonie auf die Dauer von nicht länger als sieben Tagen (zusätzlich max. drei Tage für den Weg hin und zurück) auf ukrainischem Territorium zu verlassen. Der Grund dafür sind ausschließlich der Tod oder eine schwere bedrohliche Krankheit eines nahen Verwandten sowie Naturkatastrophen, durch die ein erheblicher materieller Schaden beim Verurteilten oder seiner Familie verursacht wurde.

Nach § 113 Abs. 1 ukrStVollstrG sind Briefwechsel und Telegramme aus eigenen Mitteln unbegrenzt erlaubt. Der Briefwechsel zwischen in freiheitsentziehenden Anstalten nicht miteinander verwandten Inhaftierten ist nur mit Erlaubnis der Verwaltung der Strafvollzugsanstalt zulässig. Bis vor kurzem unterlag jede Korrespondenz der Zensur. Das Gesetz wurde am 21.01.2010 ergänzt. Die Zensur der Korrespondenz betrifft nun gem. § 113 Abs. 3 ukrStVollstrG nur die zu Freiheitsstrafe Verurteilten der Besserungskolonien der minimalen Si-

---

806 Vgl. das ukrainische Gesetz über die Änderungen des ukrStVollstrG bzgl. der Wahrung der Rechte der Gefangenen in Strafvollzugsanstalten Nr. 1828-VI vom 21.01.2010, Ziff. 19.

807 Vgl. *Stepanyuk* 2008, § 109 Nr. 4.

cherheitsstufe mit allgemeinen Haftbedingungen sowie Besserungskolonien der mittleren und maximalen Sicherheitsstufe.[808] Bezüglich der Korrespondenz in den Erziehungskolonien gibt es daher keine ausdrückliche Regelung mehr. Nach § 113 Abs. 4 ukrStVollstrG bestand eine Ausnahme nur für den Briefwechsel mit Staatsorganen hinsichtlich der Verteidigung der Menschenrechte und für den Briefwechsel mit internationalen Organisationen, in denen die Ukraine Mitglied ist.

Schließlich sieht § 114 ukrStVollstrG das Recht vor, unbegrenzt Geldüberweisungen von Verwandten zu empfangen und an sie zu versenden. Für die Versendung von Geld an andere Personen benötigen die Gefangenen die Erlaubnis der Verwaltung der Strafvollzugsanstalt.

Nach § 107 Abs. 1 ukrStVollstrG haben alle Gefangenen das Recht über die Freizeit, die ihnen im Tagesablauf zugewiesen wurde, zu verfügen und diese selbst zu gestalten. Nach § 129 Abs. 3 ukrStVollstrG darf die Freizeit täglich zwei Stunden nicht unterschreiten.

Aufenthalt im Freien in Erziehungskolonien hat der Gesetzgeber nicht geregelt. Auch in den Regeln 275 ist dies nicht ausdrücklich festzustellen, so wie dies für die zum Arrest verurteilten Personen ausdrücklich sowohl im Gesetz als auch in den Regeln vorgesehen ist. Für die Jugendlichen beträgt der tägliche Außenaufenthalt zwei Stunden (für die Erwachsenen eine Stunde). Ziff. 7 Abs. 8 der Regeln 275 sieht unter anderem in Erziehungskolonien jeweils einen Hof für den Außenaufenthalt der Insassen vor.

8.4.5 Lockerungen der Haftbedingungen

Nach mindestens einem Viertel der Verbüßung der Freiheitsstrafe, bei „angemessenem Benehmen und gewissenhaftem Verhalten" in Bezug auf Arbeit und Ausbildung, haben die jugendlichen Gefangenen das Recht auf Lockerung der Haftbedingungen (§ 143 Abs. 2 ukrStVollstrG). Ihnen kann erlaubt werden, zusätzlich 60% des Mindestlohns auszugeben und einmal in drei Monaten zusätzlichen Besuch zu empfangen, den der Vollzugsleiter außerhalb der Erziehungskolonie zu verbringen erlauben kann. Noch bis vor kurzem (Januar 2010) konnten diese Jugendlichen zusätzlich drei Pakete und vier Päckchen jährlich erhalten. Wie bereits erwähnt wurde, ist nach den Änderungen vom Januar 2010 gem. § 112 Abs. 1 ukrStVollstrG allen zu einer Freiheitsstrafe Verurteilten der Empfang einer unbegrenzten Zahl von Paketen und Päckchen gestattet.[809]

Es ist zu betonen, dass nach den gesetzlichen Vorschriften die Verbesserung der Haftbedingungen im Ermessen der Erziehungskolonieverwaltung steht. Das

---

808 Vgl. das ukrainische Gesetz über die Änderungen des ukrStVollstrG bzgl. der Wahrung der Rechte der Gefangenen in Strafvollzugsanstalten Nr. 1828-VI vom 21.01.2010, Ziff. 22.

809 Vgl. das ukrainische Gesetz über die Änderungen des ukrStVollstrG bzgl. der Wahrung der Rechte der Gefangenen in Strafvollzugsanstalten Nr. 1828-VI vom 21.01.2010, Ziff. 21.

heißt, nur sie trägt die Verantwortung der richtigen bzw. der falschen Beurteilung des Verhaltens der Jugendlichen und dessen Verhalten bei der Ausbildung und Arbeit.[810]

8.4.6 Motivationsmaßnahmen als erzieherische Einwirkung

Der Gesetzgeber sieht außer allgemeinen Motivationsmaßnahmen, wie z. B. Dank, Auszeichnung mit einer Urkunde, Geldprämie, Preisverleihung, zusätzlicher kurzer Besuch oder langer Besuch, vorzeitige Aufhebung von früheren Disziplinarmaßnahmen (§ 130 ukrStVollstrG), für Jugendliche in § 144 Abs. 1 ukrStVollstrG zusätzliche Motivationsmaßnahmen vor. Jugendliche haben die Möglichkeit kulturelle oder sportliche Veranstaltungen außerhalb des Bereichs der Erziehungskolonie in Begleitung von Mitarbeitern zu besuchen. Ihnen kann auch das Treffen mit ihren Eltern oder anderen nahen Verwandten außerhalb der Kolonie gestattet werden. Das Treffen darf nur innerhalb der Gegend stattfinden, in der die Kolonie gelegen ist.[811] Die Dauer des anstaltsexternen Aufenthalts bestimmt der Anstaltsleiter. Sie darf insgesamt acht Stunden nicht überschreiten. Es ist verboten diese Besuche nach 20 Uhr durchzuführen (§ 144 Abs. 2 ukrStVollstrG). Das Recht auf ein anstaltsexternes Treffen mit Eltern oder anderen nahen Verwandten wird zu Lasten von kurzen Besuchen gewährt.[812] Dem Gefangenen wird ein Ausweis über die Erlaubnis eines anstaltsexternen Aufenthalts ausgehändigt.[813] Die Gefangenen unterliegen vor dem Verlassen der Anstalt und nach der Rückkehr in die Anstalt der kompletten Durchsuchung in Gegenwart eines Arztes.[814]

8.4.7 Disziplinarmaßnahmen als erzieherische Einwirkung

Für einen Verstoß gegen *die festgelegte Ordnung und die Bedingungen der Strafverbüßung* (Vollzugsregime)[815] können gegenüber Jugendlichen nach

---

810 Vgl. *Stepanyuk* 2008, § 143 Nr. 5.

811 Vgl. *Stepanyuk* 2008, § 144 Nr. 2.

812 Vgl. *Stepanyuk* 2008, § 144 Nr. 3; *Bogatir'ov* 2008, S. 269.

813 Vgl. *Bogatir'ov* 2008, S. 269.

814 Vgl. *Stepanyuk* 2008, § 144 Nr. 4.

815 § 6 Abs. 3 ukrStVollstrG definiert als *Regime* die festgelegte Ordnung der Strafvollstreckung und der Strafverbüßung. Hier wird das ukrainische Wort *режим* (režym - Regime) mit den deutschen Begriffen Haft- oder Vollzugsregime wiedergegeben. Ähnlich wie in Russland sind hier im Wesentlichen die rechtlichen Rahmenbedingungen der einzelnen Institutionen gemeint, vgl. dazu *Rieckhof* 2008, S. 84, Fn. 408.

§ 145 ukrStVollstrG verschiedene Disziplinarmaßnahmen verhängt werden: Warnung, Rüge, strenge Rüge, Versagung der Lockerung von Haftbedingungen. Die härteste Maßnahme besteht in der Unterbringung in einer Isolationszelle für die Dauer von bis zu zehn Tagen.[816] Diese Disziplinarmaßnahme verstößt gegen Regel Nr. 67 der Havanna-Regeln[817] sowie gegen die Regel Nr. 95.2 der European Rules for Juvenile Offenders Subject to Sanctions or Measures von 2008 (im Folgenden: ERJOSSM), wenn die Unterbringung in der Isolationszelle in der Weise erfolgen würde, dass sie in einer Dunkelzelle oder sonst in einer unmenschlichen oder entwürdigenden Weise vollzogen würde.[818] Darüberhinaus verstößt die ukrainische Regelung der Verlegung in eine Isolationszelle gegen die ERJOSSM, die in Nr. 95.3 eine Unterbringung in einer gesonderten Arrestzelle generell untersagen. Angesichts der von der Praxis geforderten Beibehaltung einer Form der Absonderung aus disziplinarischen Gründen sieht Regel Nr. 95.4 ERJOSSM als Kompromisslösung eine zeitlich möglichst kurz zu bemessende Absonderung im eigenen Haftraum als Disziplinarmaßnahme vor.[819]

Ob die Jugendlichen die Einrichtung zur Ausbildung oder zur Arbeit verlassen dürfen entscheidet die Verwaltung der Kolonie.[820] Auf jeden Fall dürfen sie täglich eine Stunde ins Freie (Ziff. 88 der Regeln 275). Eine weitere Disziplinarmaßnahme, außerplanmäßiger Dienst zum Aufräumen der Räume und des Territoriums der Kolonie, wurde mit der letzten Änderung im Januar 2010 abgeschafft,[821] was als positive Entwicklung zu bewerten ist. Auch bei

---

Nach § 102 Abs. 1 ukrStVollstrG ist die Isolation der Verurteilten Hauptforderung des *Regimes*, vgl. *Stepanyuk* 2008, § 102, Nr. 2. Weiter gewährleistet das Regime die ständige Aufsicht über die Verurteilten, die Erfüllung der ihnen auferlegten Pflichten, die Ausübung ihrer Rechte und gesetzlichen Interessen, die Sicherheit der Verurteilten und des Personals, die getrennte Unterbringung der verschiedenen Kategorien von Verurteilten, die verschiedenen Bedingungen der Unterbringung in Abhängigkeit von der Art der Kolonie, die Änderung der Vollzugsbedingungen.

816 Bei den Erwachsenen beträgt die Unterbringung in einer Isolationszelle maximal 15 Tage, vgl. § 132 Abs. 1 ukrStVollstrG.

817 Die Regel Nr. 67 lautet: „Alle Disziplinarmaßnahmen, die in einer grausamen, unmenschlichen oder entwürdigenden Behandlung bestehen, sind streng verboten; dazu gehören (…), isolierende Einzelhaft und jede andere Strafe, die die leibliche oder geistige Gesundheit des betroffenen Jugendlichen beeinträchtigen kann".

818 Vgl. *ERJOSSM*-commentary zu Rule Nr. 95.

819 Vgl. dazu *Dünkel* 2011b, S. 150 f., der die Abschaffung der Unterbringung in einer disziplinarischen Arrestzelle auch aus deutscher Sicht für „revolutionär" hält.

820 Vgl. *Bogatir'ov* 2008, S. 90.

821 Abs. 1 Nr. 30 des ukrainischen Gesetzes Nr. 1828-V vom 21.01.2010.

Erwachsenen wurde diese Disziplinarmaßnahme aufgehoben (vgl. § 132 Abs. 1 ukrStVollstrG).[822]

Eine internationale Norm, Ziff. 28.1 der Mindestgrundsätze der Vereinten Nationen für die Behandlung der Gefangenen vom 30.08.1955 lautet: „No prisoner shall be employed, in the service of the institution, in any disciplinary capacity". Fraglich bleibt allerdings, ob der Gesetzgeber beim Inkrafttreten des ukrStVollstrG im Jahr 2004 diese internationale Regelung einfach nicht berücksichtigt hat. In diesem Zusammenhang ist anzumerken, dass diese Regelung in der Untersuchungshaft immer noch gilt (§ 15 Abs. 1 Nr. 2 ukrUHG).[823]

Eine Disziplinarmaßnahme kann bis spätestens zehn Tage nach der Feststellung des Verstoßes verhängt werden. Wenn im Zusammenhang mit dem Verstoß eine Nachprüfung nötig war, so kann die Verhängung nach deren Beendigung erfolgen, aber nicht später als sechs Monate nach dem Tag des Verstoßes.[824] Gegen eine Disziplinarmaßnahme kann eine Beschwerde eingelegt werden, allerdings hindert dies nicht die Vollstreckung der Disziplinarmaßnahme (§ 134 Abs. 13 ukrStVollstrG). Im Gesetz wird nicht ausdrücklich geregelt an wen die Beschwerde zu richten ist. Bei der Verhängung der Disziplinarmaßnahme gibt die Verwaltung der Kolonie dem Jugendlichen die Möglichkeit, darüber nahe Verwandte, einen Verteidiger oder andere zum Rechtsbeistand ermächtigte Personen (s. o. *Kap. 7.2.2*) zu benachrichtigen.[825] Gegenüber Jugendlichen ist es verboten, physische oder andere Gewalt auszuüben, Waffen oder Zwangsjacken anzuwenden (§ 106 Abs. 3 ukrStVollstrG).[826]

Nicht alle, aber einige Disziplinarmaßnahmen sowie Motivationsmaßnahmen gegenüber Jugendlichen werden außer durch den Leiter der Erziehungskolonie, seinen Stellvertreter und seinen direkten Vorgesetzten, auch durch Erzieher und Obererzieher des sozial-psychologischen Dienstes in der Anstalt[827] verhängt bzw. angewendet. Sie haben das Recht gegenüber Jugendlichen einen Dank, eine Warnung oder Rüge in mündlicher Form auszusprechen sowie eine

---

822 Gem. Abs. 1 Nr. 30 des ukrainischen Gesetzes über die Änderungen des ukrStVollstrG bzgl. der Wahrung der Rechte der Gefangenen in Strafvollzugsanstalten vom 21.01.2010, Nr. 1828-V.

823 Vgl. dazu *Bukalov* 2009, Nr. 134.

824 Vgl. *Stepanyuk* 2008, § 145 Nr. 2.

825 Vgl. *Stepanyuk* 2008, § 145 Nr. 5.

826 Gegen Erwachsene können derartige Maßnahmen, abgesehen von Erwachsenen im Rentenalter, Invaliden und schwangeren Frauen, angewendet werden.

827 Dem sozial-psychologischen Dienst einer Anstalt obliegt die Aufgabe, optimale Bedingungen für die Verbüßung einer Freiheitsstrafe zu gewährleisten und mit den Gefangenen sozial-psychologisch mit dem Ziel zu arbeiten, rechtstreues Verhalten zu fördern und Normen des sozialen Zusammenlebens einzuüben, vgl. *Stepanyuk* 2008, § 96 Nr. 4.

gegen ihn auferlegte Disziplinarmaßnahme vorzeitig aufzuheben. Der Obererzieher kann auch eine durch den Erzieher auferlegte Disziplinarmaßnahme aufheben (§ 146 ukrStVollstrG).

8.4.8 Resozialisierung jugendlicher Gefangener

In der Erziehung und Resozialisierung der jugendlichen Verurteilten spielen gesellschaftliche Einrichtungen, religiöse und Wohltätigkeitsorganisationen eine bedeutende Rolle. Die Gesetzgebung sieht in § 149 ukrStVollstrG eine Teilnahme des Gemeinwesens bzw. der Öffentlichkeit bei der Erziehung und Resozialisierung der verurteilten Jugendlichen vor. In den Erziehungskolonien werden aus Vertretern von Staatsorganen, Gemeinden und gesellschaftlichen Einrichtungen sog. „Treuhandräte"[828] (піклувальна рада) gebildet. Es ist ihre Aufgabe, bei der Organisation der erzieherischen Prozesse in der Erziehungskolonie, bei der Lösung von Fragen des sozialen Schutzes der Insassen sowie der Arbeitsbeschaffung und der Eingliederung der Insassen, die vor ihrer Entlassung stehen, mitzuwirken. Treuhandräte versammeln sich mindestens ein Mal in drei Monaten.[829]

Außer den Treuhandräten, die mit dem Ziel der Verbesserung der erzieherischen Einwirkung auf die Gefangenen und der Hilfeleistung für die Kolonieverwaltung vorgesehen sind, sind auch Elternbeiräte aus den Vätern oder anderen gesetzlichen Vertretern der Gefangenen vorgesehen (§ 149 Abs. 2 ukrStVollstrG). Die Mütter der Jugendlichen sind erstaunlicherweise im Gesetz nicht erwähnt.

Zu der Erziehungstätigkeit mit den Gefangenen können auch andere gesellschaftliche Institutionen und Gemeinschaften herangezogen werden (§ 25 Abs. 1 ukrStVollstrG). Ihr Engagement besteht in der Durchführung verschiedener Sozialprojekte, wie z. B. Verbesserung der Bedingungen der Unterbringung der jugendlichen Gefangenen, der materiell-technischen Basis ihrer Ausbildung, der Versorgung mit sinnvoller Beschäftigung und ihrer kulturellen Entwicklung.

Eine der Hauptmaßnahmen der Besserung und Resozialisierung der jugendlichen Gefangenen ist die Erhöhung ihres Allgemeinbildungsniveaus und das Erlernen eines Berufes. Darüber hinaus sind in allen Erziehungskolonien allgemeinbildende Schulen vorhanden.[830] Es gibt ein großes Problem der Alphabetisierung der jugendlichen Gefangenen. So kommen viele Jugendliche ins

---

828 Die Tätigkeit der Treuhandräte ist in der durch die Verordnung des Ministerkabinetts Nr. 429 vom 01.04.2004 in Kraft gesetzte Regelung über Treuhandräte in speziellen Lehrerziehungseinrichtungen festgelegt.

829 Vgl. *Stepanyuk* 2008, § 149 Nr. 1, 2, 5.

830 Vgl. *Bogatir'ov* 2008, S. 276.

Gefängnis, die noch nie „ein Buch in der Hand gehalten haben".[831] Daher existieren in den Gefängnissen[832] sog. „Klassen der Angleichung". Hier werden die jugendlichen Gefangenen unterschiedlichen Alters auf ein Schulniveau gebracht. Auch die Berufsschulen sind ein Bestandteil der Erziehungskolonien. Hier ist das System der Berufsausbildung auf die Lehrausbildung ausgerichtet. Es werden solche Fachgebiete angeboten, die auf dem Arbeitsmarkt aktuell nachgefragt sind. Jeder jugendliche Gefangene hat die Möglichkeit, einen Beruf zu erlernen, der ihm die Möglichkeit bietet, nach der Entlassung leichter Arbeit zu finden und damit die Voraussetzung für ein selbständiges Leben nach der Entlassung zu schaffen. Nach dem Abschluss erhalten sie Abschlusszeugnisse.[833] Diese enthalten keine Hinweise, dass die Ausbildung bzw. die Schule in einer Erziehungskolonie abgeschlossen wurde.

Außerdem steht den Gefangenen die Möglichkeit offen, an Hochschulen ein Fernstudium zu absolvieren.[834] Diese Möglichkeit ist ziemlich neu und trifft oft auf mangelnde Bereitschaft der Hochschulen solche Jugendliche auszubilden.[835] Aus finanziellen Gründen gibt es Schwierigkeiten bei der Besorgung der Fachliteratur für die Kolonie, da die Möglichkeit der Nutzung öffentlicher Bibliotheken für dort untergebrachte Jugendliche verständlicherweise fehlt. Für die Ablegung der Prüfungen wird, je nach Verbesserungsgrad und -aussichten eines jugendlichen Gefangenen, unterschiedlich entschieden. Nach dem geschilderten Beispiel der *Pereval'sker* Erziehungskolonie: Manchmal kommen die Dozenten in die Erziehungskolonie, in anderen Fällen werden die Gefangenen durch die Mitarbeiter der Kolonie in die Hochschule begleitet. Das größte Hindernis liegt hier aber wiederum in der finanziellen Ausstattung. Die beschriebene *Pereval'sker* Kolonie liegt z. B. außerhalb der Stadt.

Ein wichtiges Element der Resozialisierung ist auch die Schaffung angemessener Bedingungen für die Jugendlichen zu Ruhe und Erholung, sinnvoller Gestaltung der Freizeit und Teilnahme am kulturellen Gesellschaftsleben in den Erziehungskolonien. Hier gibt es „Zentren der kulturellen Entwicklung" und Bibliotheken. Kommunale Vertreter besuchen die Erziehungskolonien zur Durchführung von Konzerten, Festivals der Laienkunst mit Namen „Der rote

---

831 Aus der mündlichen Mitteilung der Schulleiterin der *Pereval'sker* Erziehungskolonie in der Lugansker Region.

832 Beispielhaft wird hier über die *Pereval'sker* Erziehungskolonie in der Lugansker Region berichtet.

833 Vgl. *Yančuk* 2006, S. 38, *Bogatir'ov* 2008, S. 276.

834 Vgl. *Yančuk* 2006, S. 38, *Bogatir'ov* 2008, S. 276.

835 Das Beispiel ist wiederum aus der Erfahrung der *Pereval'sker* Erziehungskolonie genommen.

Schneeball" (*Червона Калина*),[836] Sportwettkämpfe und Festveranstaltungen, an denen die jugendlichen Gefangenen selber mitwirken.[837]

Daher ist die Bezeichnung *Erziehungs*kolonie nicht zufällig gewählt worden, denn in solchen Anstalten (im Vergleich zu Anstalten, in denen erwachsene Gefangene untergebracht sind) wird den verschiedenen Formen der psychologisch-pädagogischen und erzieherischen Einwirkung mehr Aufmerksamkeit gewidmet sowie der Unterbringung unter Berücksichtigung des Alters, der individuellen Besonderheiten sowie der psychischen und physischen Verfassung der Jugendlichen.[838]

Wichtiger Bestandteil der Besserung und Resozialisierung der Jugendlichen in den Erziehungskolonien ist deren Vorbereitung auf die Entlassung und Hilfe für die Rückkehr in die Gesellschaft. Die Vorbereitung für Jugendliche, die sich „gut benehmen und fleißig in der Ausbildung und Arbeit sind", beginnt sechs Monate vor der Entlassung (§ 94 Abs. 5 ukrStVollstrG). Die Jugendlichen werden in eine spezielle Abteilung (§ 94 Abs. 1 ukrStVollstrG) für die Wiedereingliederungsmaßnahme (*дільниця соціальної адаптації*) verlegt. Jugendliche, die beispielsweise während der Verbüßung ihrer Strafe vorsätzlich mittelschwere Straftaten begehen, oder „schwierige" Jugendliche, die eine medizinische Behandlung unterbrochen haben werden nicht in den erwähnten Abteilungen untergebracht.[839] Sie nehmen an lernpsychologisch orientierten Trainingskursen teil. Hauptaufgabe dieser Maßnahmen ist die Einführung einer Reihe „aktiv belehrend-praktischer Methoden", die auf die Verbesserung der sozialen Kompetenzen der Jugendlichen gerichtet sind, wie etwa die Vertretung der eigenen Rechte, die Kenntnis und die Entwicklung von Gewohnheiten zur Lösung von lebenspraktischen Fragen, konfliktvermeidendes Verhalten und ein bewusstes Gesundheitsverhalten. Diese Idee spiegelt die Regel Nr. 59 der Havanna-Regeln sowie später der Regel Nr. 100.1 der ERJOSSM wider und wird in der Ukraine auch in der Praxis umgesetzt.

Die jugendlichen Gefangenen haben während dieser Zeit auch die Möglichkeit einen Arbeitsplatz außerhalb der Kolonie zu finden. Ihnen kann ferner ein Treffen mit ihren Verwandten außerhalb der Kolonie erlaubt werden, oder der Besuch kultureller Veranstaltungen.[840] Generell ist für Jugendliche eine breitere

---

836 Eine Art des Wettbewerbes unter allen Gefangenen in den Erziehungskolonien. Die Jugendlichen lesen z. B. Gedichte vor, singen Lieder, zeigen ihre choreographischen Fähigkeiten oder spielen Theater.

837 Vgl. *Yančuk* 2006, S. 38 f., *Bogatir'ov* 2008, S. 276 f.

838 Vgl. *Denisova* 2008, S. 232.

839 Vgl. *Stepanyuk* 2008, § 94 Nr. 9.

840 Dieses Programm wurde unter Mithilfe der Vertretung der Kinderorganisation der Vereinten Nationen (UNICEF) erarbeitet, vgl. *Yančuk* 2006, S. 38; *Bogatir'ov* 2008, S. 277.

Palette von Motivationsmaßnahmen und Kontakten mit der Außenwelt vorgesehen als für Erwachsene.[841]

8.4.9 Verlegung Jugendlicher aus Erziehungskolonien in Besserungskolonien

Verurteilte Jugendliche nach Vollendung des 18. Lebensjahres werden in der Regel zur weiteren Verbüßung aus der Erziehungskolonie in eine Besserungskolonie der minimalen Sicherheitsstufe mit allgemeinen Haftbedingungen verlegt (§ 147 Abs. 1 ukrStVollstrG). Die Entscheidung über die Verlegung des Verurteilten erfolgt durch das Strafvollzugsamt nach Anhörung (*за рішенням*) des pädagogischen Beirats[842] und auf Vorschlag des Leiters der Erziehungskolonie in Abstimmung mit dem Amt für Angelegenheiten Minderjähriger (§ 147 Abs. 2 ukrStVollstrG).

§ 93 ukrStVollstrG enthält das Prinzip der Verbüßung der zu Freiheitsstrafe Verurteilten in einer Strafvollzugsanstalt. Darüber hinaus sieht die Norm des § 148 Abs. 1 ukrStVollstrG für die jugendlichen Verurteilten die *Möglichkeit* vor, zum Zweck der weiteren Erziehung und des Abschlusses einer Ausbildungsmaßname, zur Verbüßung ihrer Freiheitsstrafe bis zum Ende der Strafzeit in der Erziehungskolonie zu verbleiben, jedoch höchstens bis zur Vollendung des 22. Lebensjahres.[843] Der Verbleib von verurteilten Jugendlichen nach Vollendung des 18. Lebensjahres in der Erziehungskolonie erfolgt auf Vorschlag des pädagogischen Beirats durch Beschluss des Leiters der Erziehungskolonie in obligatorischer[844] Abstimmung mit dem Amt für Angelegenheiten Minderjähriger (§ 148 Abs. 2 ukrStVollstrG).

---

841 Vgl. *Bogatir'ov* 2008, S. 259.

842 Der pädagogische Beirat ist (*педагогічна рада*) ein ständig funktionierendes kollegiales Organ der Erziehungskolonie. Seine Hauptaufgabe ist die Begutachtung der Fragen und Vorschläge der Kolonieverwaltung bzgl. der Organisation der sozial-erzieherischen und psychologischen Arbeit mit Gefangenen sowie der Optimierung des Lern- und Erziehungsprozesses. Die personelle Zusammensetzung wird vom Leiter der Erziehungskolonie für ein Jahr genehmigt. Der pädagogische Beirat wird vom Vertreter des Kolonieleiters im Bereich der Sozial-, Erziehungs- und psychologischen Arbeit geleitet. Der pädagogische Beirat trifft sich mindestens zweimal im Monat. Die mit dem Leiter der Erziehungskolonie abgestimmten Entscheidungen sind verbindlich für die Mitarbeiter der Kolonie, vgl. *Stepanyuk* 2008, § 147 Nr. 2.

843 Vgl. *Bogatir'ov* 2008, S. 265. Zu den Parallelen im deutschen und sonstigen ausländischen Recht vgl. *Dünkel/Stańdo-Kawecka* 2011, S. 1789, 1792 ff., vgl. dazu ferner auch *ERJOSSM* commentary zu Rule Nr. 59.3.

844 Die obligatorische Abstimmung mit dem Jugendamt gibt ihm die Möglichkeit eine gesellschaftliche Kontrolle bzgl. der angemessenen Lösungen bestimmter Fragen durch die Erziehungskolonieverwaltung auszuüben, vgl. *Stepanyuk* 2008, § 148 Nr. 4; *Bogatir'ov* 2008, S. 266.

Hinsichtlich der Verurteilten, die nach Vollendung des 18. Lebensjahres in den Erziehungskolonien verblieben sind, gelten die gleichen Vollzugsbedingungen, die Normen der Verpflegung und der materiellen Alltagsversorgung wie für unter 18-Jährige (§ 148 Abs. 3 ukrStVollstrG). Nur die Formen des Erziehungsprozesses können geändert werden. Dies hängt von Altersbesonderheiten der Verurteilten, ihren Interessen, geistigen und anderen Bedürfnissen (*духовна потреба*) sowie der Notwendigkeit der lebenspraktischen Vorbereitung auf die Zeit nach der Entlassung ab. Ausnahmen gibt es auch hinsichtlich der Arbeitsbedingungen, die nach der Arbeitsgesetzgebung geregelt sind.[845]

Nach der Auslegung des § 148 Abs. 1 ukrStVollstrG sieht die Gesetzgebung eine bloße Möglichkeit des Verbleibens in der Erziehungskolonie nach Vollendung des 18. Lebensjahres vor. Das Verbleiben in der Erziehungskolonie oder die Verlegung in die Besserungskolonie ist in das Ermessen der Vollzugsverwaltung gestellt. Wenn sie davon ausgeht, dass die weitere Verbüßung in der Erziehungskolonie für solche Verurteilten unzweckmäßig ist, beantragt sie in diesem Fall die Verlegung in die Besserungskolonie der minimalen Sicherheitsstufe mit allgemeinen Haftbedingungen und fügt eine begründende Erklärung bei.[846]

8.5 Die Entwicklung der Jugendstrafvollzugspopulation 1991-2010

8.5.1 Die Entwicklung der Gefangenenraten

Die Gefangenenrate der Ukraine ist im europäischen Vergleich sehr hoch, das zeigt die Statistik des Europarats. Danach befanden sich nach dem Stand vom 01.09.2009 insgesamt 146.394 Gefangene (einschl. Untersuchungshaft) in Strafvollzugsanstalten der Ukraine. Das waren 318,5 Gefangene pro 100.000 Einwohner. Zum 01.09.2009 hatte die Ukraine 45.963,4 Mio.[847] Einwohner (zur demografischen Entwicklung siehe *Tabelle 1*). Zum Vergleich hatte Russland 620,6 Insassen pro 100.000 Einwohner (141,904 Mio. Einwohner). In Deutschlands Strafvollzugsanstalten waren es 89,3 pro 100.000 Einwohner (bei 82,002 Mio. Einwohnern). Der Mittelwert der verglichenen Mitgliedsstaaten des Europarats lag bei 143,8 Gefangenen pro 100.000 Einwohner.[848]

Die höchsten Gefangenenzahlen in der Ukraine wurden im Jahre 2000 mit 449,4 pro 100.000 Einwohner erreicht (*Tabelle 8*). Im Vergleich zu 1991 hat

---

845 Vgl. *Stepanyuk* 2008, § 148 Nr. 6.

846 Vgl. *Stepanyuk* 2008, § 148 Nr. 5; *Bogatir'ov* 2008, S. 266.

847 Vgl. *Aebi/Delgrande* 2011, S. 26.

848 Vgl. *Aebi/Delgrande* 2011, S. 26.

sich die Zahl etwa um das 2,3-fache erhöht. Nachdem im internationalen Vergleich die Ukraine in den letzten Jahren[849] sehr hohe Gefangenenraten aufwies, ist inzwischen – abgesehen vom Jahr 2010 – ein kontinuierlicher Rückgang sowohl in absoluten Zahlen als auch in Raten nach Bevölkerungsanteilen zu verzeichnen (vgl. *Tabelle 8*). So sank die Rate ab dem Jahr 2000 und erreichte im Jahr 2008 316,0 pro 100.000. Die Rate hat sich damit im Vergleich zu 2000 um ca. 30% verringert. Obwohl die Zahlen (sowohl absolute als auch die Raten) ab 2000 sanken, ist trotzdem eine deutliche Zunahme der Gefangenenrate – etwa um die Hälfte im Jahr 2007 im Vergleich zu 1991 – festzustellen. Am Ende des Jahres 2010 ist die Rate auf 336,4 pro 100.000 angestiegen und lag damit im Vergleich zum Jahr 2008 um 6,5% höher (vgl. *Tabelle 8*).

Nach der Information über Jugendliche in Erziehungskolonien, die das Strafvollzugsamt in der Form eines Berichtes im April 2009 auf seiner Internetseite veröffentlichte, sind insgesamt ca. 1.500 Jugendliche, darunter 101 weibliche Jugendliche, in Erziehungskolonien untergebracht.[850] Damit war ein weiterer Rückgang in absoluten Zahlen zu verzeichnen, da die absolute Zahl der jugendlichen Gefangenen im Jahre 2007 noch 1.902 betrug. Bei der Gefangenenrate pro 100.000 Jugendliche im Alter von 15 bis 17 Jahren[851] lässt sich eine vergleichbare Entwicklung erkennen, wie in Bezug auf die Gesamtbevölkerung, d. h. die Raten sanken von einem Höchststand von fast 180 im Jahr 1995 kontinuierlich weiter ab – 2007 lagen sie erstmals unter 100. Die absoluten Zahlen sanken gleichfalls jedes Jahr. So betrug Ende des Jahres 2010 die absolute Zahl der Jugendlichen 1.434 in Erziehungskolonien. Pro 100.000 15-17-jährige Jugendliche stieg die Rate seit 2007 allerdings um etwa 6% auf 93,9 leicht an.

Damit ist davon auszugehen, dass diese Entwicklungen bei den Jugendlichen in vergleichbaren Verläufen wie in Bezug auf die Gesamtbevölkerung vonstattengegangen sind und jedenfalls keine wesentlichen Besonderheiten durch einen Geburtenrückgang zu verzeichnen sind.[852]

---

849 Vgl. *Aebi* 2005, S. 20; *Aebi/Stadnic* 2007, S. 19; *Aebi/Delgrande* 2007, S. 26; *Aebi/Delgrande* 2009, S. 33; *Aebi/Delgrande* 2010, S. 42.

850 Vgl. http://www.kvs.gov.ua/punish/control/uk/publish/category?cat_id=45687.

851 Im Zeitraum der Recherche (Januar 2008 – März 2011) war die Altersgruppe der 14-Jährigen in der Bevölkerungsstatistik nicht gesondert ausgewiesen.

852 Zu den Gefangenenraten im internationalen Quer- und Längsschnittvergleich Europas vgl. *Dünkel* 2009, S. 32 ff.; *Dünkel/Lappi-Seppälä/Morgenstern/van Zyl Smit* 2010, S. 1023 ff.

Tabelle 8: Entwicklung der Gefangenenraten 1986-2010

Jahr	Gesamtzahl der Gefangenen in Strafvollzugsanstalten am 31.12 d. J. einschl. U-Haft (in Tausend)	Gefangene pro 100.000 der Bevölkerung	Jugendliche Gefangene in Erziehungskolonien (in Tausend)	Pro 100.000 der 15-17[a]-jährigen Bevölkerung
1986	135.290	k. A.	k. A.	k. A.
1987	99.321	k. A.	k. A.	k. A.
1988	88.807	k. A.	k. A.	k. A.
1989	91.322	177,5	k. A.	k. A.
1990	94.554	183,3	k. A.	k. A.
1991	110.538	214,0	3.479	156,2
1992	126.040	243,3	2.777	125,2
1993	138.970	267,3	3.140	141,4
1994	161.036	310,5	3.275	149,1
1995	172.163	334,5	3.902	179,3
1996	168.528	330,0	3.913	177,6
1997	163.441	323,0	3.903	177,5
1998	206.191	410,4	3.392	153,2
1999	218.083	437,5	3.326	145,7
2000	222.254	449,4	k. A.	k. A.
2001	192.293	392,1	2.687	112,1
2002	197.641	409,7	2.889	122,6
2003	191.677	401,1	2.882	126,8
2004	188.465	397,2	3.236	143,4
2005	170.923	363,0	2.698	126,1
2006	160.725	344,0	2.215	108,7
2007	149.690	322,0	1.902	98,5
2008	145.946	316,0	1606	88,0
2009	147.716	321,4	1.499	87,7
2010	154.027	336,4	1.434	93,9

a   Im Zeitraum der Recherche (Januar 2008 – März 2011) war die Altersgruppe der 14-Jährigen in der Bevölkerungsstatistik nicht gesondert ausgewiesen.

Quelle: UNICEF Country profiles 2009; *Bukalov* 2007, S. 28; *Bukalov* 2010, Nr. 24; Donetskij Memorial, http://www.ukrprison.org.ua/index.php?r=6, 07.07.2011; Strafvollzugsamt der Ukraine.

8.5.2 Gefangene nach der Deliktsstruktur

Der Rückgang der Gesamtzahl Jugendlicher in Strafvollzugsanstalten ist nicht unbedingt auf einen Rückgang von Gewalttaten zurückzuführen. Die Gesamtzahl der im Jahr 2007 wegen vorsätzlicher Tötung verurteilten jugendlichen Gefangenen ist seit 1991 um 68,8% gestiegen (vgl. *Tabelle 9*). Allerdings sind die absoluten Zahlen nach wie vor relativ niedrig und machten 2007 lediglich 8,2% der Gesamtpopulation des Jugendstrafvollzugs aus. Bei den Insassen wegen vorsätzlicher schwerer Körperverletzung ist seit 1991 ein Rückgang um 19,1% zu verzeichnen. Die Zahl der Freiheitsentziehungen wegen Vergewaltigung ist erheblich gesunken. Im Vergleich zu 1991 verbüßten 2007 um 89,4% weniger jugendliche Insassen eine Freiheitsstrafe wegen Vergewaltigung. Die Zahl der wegen Raub zu Freiheitsstrafe verurteilten Jugendlichen ist 2007 im Vergleich zu 1991 nur um insgesamt 0,5% gestiegen und damit nach einem vorübergehenden Anstieg konstant geblieben. Die höchste Zahl der Verurteilungen wegen Raubes fiel auf die Mitte der 1990er Jahre (1994-1997). Bei Betrachtung der absoluten Zahlen für Raubüberfall ist zwar ein Rückgang vorhanden, dieser fällt indes sehr gering aus. In prozentualer Hinsicht ist ein Rückgang um 7,6% zu erkennen. Auch die Verurteilungen wegen Raubüberfalls wiesen in der Mitte der 1990er Jahre (1994-1997) einen Höhepunkt auf. Seitdem ging die Zahl der Verurteilten kontinuierlich zurück.

Wegen Diebstahls kamen in absoluten Zahlen in den Jahren 2006 und 2007 fast um die Hälfte weniger Jugendliche ins Gefängnis als in den 1990er Jahren. Prozentual gesehen ist auch ein Rückgang im Vergleich zu 1991 um 53,2% zu verzeichnen. In diesem Fall ist auch festzustellen, dass wie bei Raub und Raubüberfall (dazu s. o. *Kap. 5*, Fn. 263), der Höhepunkt der Strafverbüßung in Gefängnissen wegen Diebstahls in den Jahren 1995-1999 lag. Allerdings blieb die Gefangenenzahl sowohl absolut gesehen als auch prozentual in den letzten Jahren ziemlich hoch und sank erst in den Jahren 2006 und 2007.

Die damit erkennbare Veränderung der deliktspezifischen Insassenstruktur mit einem Rückgang von Verurteilten wegen gewaltloser Eigentumsdelikte und einem prozentualen Anstieg der Gewaltdelikte entspricht der Beobachtung in westeuropäischen Ländern, z. B. Deutschland, wonach Eigentums- und Vermögensdelikte vermehrt mit ambulanten Sanktionen (Diversion und erzieherische Sanktionen bzw. Strafaussetzung zur Bewährung) geahndet werden.[853]

---

853 Vgl. für Deutschland *Dünkel* 2011a, S. 569 f.

Tabelle 9: Deliktsstruktur der verurteilten Jugendlichen in Erziehungskolonien

Jahr	Gesamtzahl der zur Freiheitsstrafe verurteilten Jugendlichen (männl. und weibl.)	Vorsätzliche Tötung	Vorsätzliche schwere Körperverletzung	Vergewaltigung	Raub	Raubüberfall	Diebstahl	Rowdytum	Andere Straftaten
1991	3.479	93 (2,7)ᵃ	110 (3,2)	764 (22,0)	395 (11,4)	303 (8,7)	1.480 (42,5)	214 (6,2)	120 (3,4)
1992	2.777	97 (3,5)	61 (2,2)	611 (22,0)	299 (10,8)	230 (8,3)	1.016 (36,6)	215 (7,7)	248 (8,9)
1993	3.140	94 (3,0)	91 (2,9)	467 (14,9)	356 (11,3)	345 (11,0)	1.358 (43,2)	193 (6,1)	206 (6,6)
1994	3.275	85 (2,6)	87 (2,7)	242 (7,4)	509 (15,6)	406 (12,4)	1.526 (46,6)	191 (5,8)	229 (7,0)
1995	3.902	91 (2,3)	81 (2,1)	266 (6,8)	521 (13,3)	454 (11,6)	1.988 (51,0)	196 (5,0)	305 (7,8)
1996	3.913	120 (3,1)	92 (2,3)	241 (6,2)	507 (13,0)	545 (13,9)	1.985 (50,7)	251 (6,4)	172 (4,4)
1997	3.903	133 (3,4)	115 (2,9)	218 (5,6)	533 (13,7)	501 (12,8)	1.977 (50,6)	255 (6,5)	171 (4,4)

Delikte

Jahr	Gesamtzahl der zur Freiheitsstrafe verurteilten Jugendlichen (männl. und weibl.)	Delikte							
		Vorsätzliche Tötung	Vorsätzliche schwere Körperverletzung	Vergewaltigung	Raub	Raubüberfall	Diebstahl	Rowdytum	Andere Straftaten
1998	3.392	139 (4,1)	132 (3,9)	152 (4,5)	433 (12,8)	416 (12,3)	1.771 (52,2)	237 (7,0)	112 (3,3)
1999	3.326	151 (4,5)	109 (3,3)	140 (4,2)	404 (12,1)	435 (13,1)	1.673 (50,3)	233 (7,0)	181 (5,4)
Entwicklung in % 1991-1999	-4,4	+62,4	-0,9	-81,7	+2,3	+43,5	+13,0	+8,9	+50,8
2001	2.687	176 (6,5)	85 (3,2)	87 (3,2)	323 (12,0)	353 (13,1)	1.404 (52,2)	130 (4,8)	134 (5,0)
2002	2.889	171 (5,9)	86 (3,0)	83 (2,9)	359 (12,4)	355 (12,3)	1.629 (56,4)	89 (3,1)	117 (4,0)
2003	2.882	136 (4,7)	98 (3,4)	82 (2,8)	413 (14,3)	362 (12,6)	1.529 (53,0)	68 (2,4)	194 (6,7)
2004	3.236	150 (4,6)	103 (3,2)	78 (2,4)	492 (15,2)	308 (9,5)	1.940 (60,0)	69 (2,1)	190 (5,9)

Jahr	Gesamtzahl der zur Freiheitsstrafe verurteilten Jugendlichen (männl. und weibl.)	Delikte								
		Vorsätzliche Tötung	Vorsätzliche schwere Körperverletzung	Vergewaltigung	Raub	Raubüberfall	Diebstahl	Rowdytum	Andere Straftaten
2005	2.698	149 (5,5)	103 (3,8)	67 (2,5)	462 (17,1)	292 (10,8)	1.419 (52,6)	41 (1,5)	165 (6,1)
2006	2.215	145 (6,5)	110 (5,0)	79 (3,6)	448 (20,2)	292 (13,2)	971 (43,8)	26 (1,2)	144 (6,5)
2007	1.902	157 (8,2)	89 (4,7)	81 (4,3)	397 (20,9)	280 (14,7)	693 (36,4)	40 (2,1)	165 (8,7)
Entwicklung in % 2001-2007	-29,2	-10,8	+4,7	-6,9	+22,9	-20,7	-50,6	-69,2	+23,1
Entwicklung in % 1991-2007	-45,3	+68,8	-19,1	-89,4	+0,5	-7,6	-53,2	-82,7	+37,5

a   Bei den in Klammern gesetzten Werten handelt es sich um Prozentwerte.
Quelle: Angaben des Strafvollzugsamts in der Ukraine.

8.5.3 Gefangene nach der zu verbüßenden Haftzeit

Nach § 102 Abs. 1 ukrStGB beträgt die minimale Freiheitsstrafe bei jugendlichen Verurteilten sechs Monate. Wie in der *Tabelle 10* deutlich festzustellen ist, lag der Anteil der Jugendlichen, die lediglich eine kurze Freiheitsstrafe (bis ein Jahr) verbüßten, im Durchschnitt der Jahre 1991 bis 2007 unter einem Prozent. Die Anteile derjenigen, die eine Freiheitsstrafe von einem bis zu zwei Jahren verbüßten, lagen durchschnittlich bei 8,8%. Der Anteil von Verurteilten mit Freiheitsstrafe von zwei bis drei Jahren lag bei 20,7%. Auch der Anteil von Verurteilten mit Freiheitsstrafe von über fünf Jahren betrug im Durchschnitt 20,5%. Der größte Anteil (49,0%), entfiel auf die Verbüßung einer Freiheitsstrafe von drei bis fünf Jahren.

Bemerkenswert ist, dass die Zahl langer Freiheitsstrafen von mehr als drei Jahren tendenziell zugenommen hat (von 1991 59,5% auf 82,5% im Jahr 2007), was aber Ausdruck der veränderten Insassenstruktur (prozentual bezogen auf die Gesamtpopulation mehr Gewalt- und weniger Diebstahlsdelikte, s o *Kap. 8.5.2*) und nicht einer härteren Strafzumessungspraxis sein dürfte.

Tabelle 10:   Gefangene nach der zu verbüßenden Haftzeit

Jahr	Gesamtzahl der verur- teilten Ju- gendlichen	Bis zu 1 Jahr	1 bis 2 Jahre	2 bis 3 Jahre	3 bis 5 Jahre	Mehr als 5 Jahre
1991	3.479	8 (0,2)[a]	409 (11,8)	994 (28,6)	1.401 (40,3)	667 (19,2)
1992	2.777	12 (0,4)	283 (10,2)	658 (23,7)	1.226 (44,2)	598 (21,5)
1993	3.140	41 (1,3)	373 (11,9)	738 (23,5)	1.412 (45,0)	576 (18,3)
1994	3.275	22 (0,7)	270 (8,2)	812 (24,8)	1.540 (47,0)	631 (19,3)
1995	3.902	49 (1,2)	416 (10,7)	876 (22,4)	1.743 (44,7)	818 (21,0)
1996	3.913	29 (0,7)	380 (9,7)	921 (23,5)	1.681 (43,0)	902 (23,1)
1997	3.903	17 (0,4)	358 (9,1)	859 (22,0)	1.801 (46,1)	868 (22,2)
1998	3.392	30 (0,8)	332 (9,7)	662 (19,5)	1.696 (50,0)	672 (19,8)

Jahr	Gesamtzahl der verurteilten Jugendlichen	Bis zu 1 Jahr	1 bis 2 Jahre	2 bis 3 Jahre	3 bis 5 Jahre	Mehr als 5 Jahre
1999	3.326	28 (0,8)	346 (10,4)	697 (21,0)	1.674 (50,3)	581 (17,5)
2001	2.687	14 (0,5)	319 (11,8)	476 (17,7)	1.407 (52,3)	471 (17,5)
2002	2.889	15 (0,5)	291 (10,1)	467 (28,7)	1.504 (52,1)	612 (21,2)
2003	2.882	18 (0,6)	192 (6,7)	413 (27,0)	1.813 (62,9)	446 (15,5)
2004	3.236	15 (0,5)	192 (5,9)	388 (12,0)	1.982 (61,2)	659 (20,4)
2005	2.698	14 (0,5)	157 (5,8)	358 (13,3)	1.576 (58,4)	593 (22,0)
2006	2.215	13 (0,6)	105 (4,7)	264 (11,9)	1.380 (62,3)	453 (20,5)
2007	1.902	12 (0,6)	90 (4,7)	231 (12,1)	1.032 (54,3)	537 (28,2)
Durchschnitt % 1991-2007		0,6	8,8	20,7	49,0	20,5

a   Bei den in Klammern gesetzten Werten handelt es sich um Prozentwerte bezogen auf die jeweilige Gesamtpopulation eines Jahres.

Quelle: Angaben des Strafvollzugsamts.

8.5.4 Gefangene nach der Altersstruktur

Die meisten jugendlichen Gefangenen gehörten im Durchschnitt von 1991 bis 2007 zur Altersgruppe der 17- bis 18-Jährigen. Ihr Anteil betrug 40,3% (vgl. *Tabelle 11*). Der Anteil der Jugendlichen im Alter von 14 bis 16 Jahren betrug im Durchschnitt 10,2%. Der Anteil der jugendlichen Gefangenen von 16 bis 17 Jahren und älter als 18 Jahre betrug durchschnittlich 24,6% bzw. 24,7%.

Tabelle 11: Altersstruktur der verurteilten Jugendlichen in Erziehungskolonien

Jahr	Gesamtzahl der verurteilten Jugendlichen	Altersgruppen							
		Alter von 14 bis 16	%	Alter von 16 bis 17	%	Alter von 17 bis 18	%	Älter als 18 Jahre	%
1991	3.479	328	9,4	766	22,0	1.212	34,9	1.173	33,7
1992	2.777	144	5,2	437	15,7	989	35,6	1.207	43,5
1993	3.140	285	9,1	572	18,2	1.203	38,3	1.080	34,4
1994	3.275	397	12,1	829	25,3	1.273	38,9	776	23,7
1995	3.902	335	8,6	1.031	26,4	1.749	44,8	787	20,2
1996	3.913	530	13,5	904	23,1	1.618	41,3	861	22,0
1997	3.903	528	13,5	919	23,5	1.555	39,8	901	23,1
1998	3.392	395	11,6	779	23,0	1.436	42,3	782	23,0
1999	3.326	312	9,4	743	22,3	1.430	43,0	841	25,3
Durchschnitt 1991-1999			10,3		22,1		39,9		27,6
2001	2.687	360	13,4	762	28,4	1.052	39,1	513	19,1
2002	2.889	354	12,3	821	28,4	1.205	41,7	509	17,6
2003	2.882	326	11,3	839	29,1	1.268	44,0	449	15,6
2004	3.236	370	11,4	897	27,7	1.279	39,5	617	19,1

Jahr	Gesamtzahl der verurteilten Jugendlichen	Altersgruppen							
		Alter von 14 bis 16	%	Alter von 16 bis 17	%	Alter von 17 bis 18	%	Älter als 18 Jahre	%
2005	2.698	230	8,5	862	31,9	1.085	40,2	521	19,3
2006	2.215	167	7,5	593	26,8	919	41,5	536	24,2
2007	1.902	115	6,0	405	21,3	770	40,5	612	32,2
Durchschnitt 2001-2007			10,0		27,6		40,9		21,0
Durchschnitt 1991-2007			10,2		24,6		40,3		24,7

Quelle: Angaben des Strafvollzugsamts in der Ukraine.

8.5.5 Vorstrafenbelastung der Gefangenen

Bezüglich der Vorstrafenbelastung der jugendlichen Gefangenen (vgl. *Tabelle 12*) ist festzustellen, dass im Durchschnitt der Jahre 1991 bis 2007 mit 97,8% der Anteil derjenigen überwog, die zum ersten Mal eine Freiheitsstrafe verbüßten. Unter den zum ersten Mal zu einer Freiheitsstrafe verurteilten Jugendlichen waren 20,3% Jugendliche, die zuvor bedingt bestraft wurden und etwa genau so viele, die vorher den Aufschub einer Strafe erhalten hatten (19,6%). Die Zahl der Rückfalltäter mit Hafterfahrung (Mehrfachtäter) lag im Durchschnitt folglich bei nur 2,2%.

Die Einordnung der beschriebenen Entwicklung des Vollzuges in Bezug auf die Gefangenenzahlen und der Art der Delikte folgt weitgehend den bereits im *4. Kapitel* dargestellten Erwägungen, weshalb darauf verwiesen werden kann.

8.5.6 Ausbildungs- und Arbeitsverhältnisse der Verurteilten vor der aktuellen Inhaftierung

Hinsichtlich der Ausbildungs- und Arbeitsverhältnisse der zu einer Freiheitsstrafe verurteilten Jugendlichen ergibt sich folgende Situation (vgl. *Tabelle 13*): Festzustellen ist, dass in den 1990er Jahren der größte Anteil der Insassen der Erziehungskolonien sich nicht in einer Ausbildung befand und nicht gearbeitet hat (50,5%). Im Zeitraum von 2001 bis 2007 sank dieser Anteil und lag im Durchschnitt der Jahre 1991 bis 2007 bei 37,8%.

Bei den in Schulen und anderen Bildungsanstalten lernenden verurteilten Jugendlichen entwickelte sich die Situation umgekehrt. In den 1990er Jahren lag deren Anteil im Durchschnitt bei 31%. Im Zeitraum von 2001 bis 2007 hingegen stieg dieser Anteil und erreichte einen Durchschnitt von 54,4%.

Der Anteil der Jugendlichen, die vor der Verurteilung eine Arbeit hatten, betrug in den 1990er Jahren 20,5%. Er sank von 2001 bis 2007 und erreichte im Durchschnitt 6,8%.

Für die Jahre 1991-2007 ergeben sich daher im Durchschnitt folgende Ergebnisse: Der Anteil der Jugendlichen, die nicht gearbeitet und nicht studiert haben betrug 45%. Der Anteil der jugendlichen Verurteilten, die vor der Verurteilung in einer allgemeinbildenden Schule ausgebildet wurden, lag bei 41,3% und war damit nicht viel geringer als bei denjenigen, die ohne Schule oder Beschäftigung waren. Der Anteil der berufstätigen Jugendlichen lag bei 14,6%. Dieser geringe Anteil könnte sich durch geringe Zahlen der arbeitenden Jugendlichen bzw. durch Arbeit als „Schwarzarbeiter" (nicht „offizielle Arbeitsverhältnisse") oder durch das Alter erklären.

Tabelle 12: Vorstrafenbelastung der Insassen in den Erziehungskolonien

Jahr	Gesamtzahl der verurteilten Jugendlichen	Verbüßung der Freiheitsstrafe						Mehrmals verurteilt	%
		Zum ersten Mal	%	Unter Jugendlichen die zum ersten Mal die Freiheitsstrafe verbüßen					
				Bedingte Vorstrafe	%	Hatten Aufschub der Strafe	%		
1991	3.479	3.427	98,5	97	2,8	943	27,1	52	1,5
1992	2.777	2.725	98,1	179	6,4	806	29,0	52	1,9
1993	3.140	3.072	97,8	73	2,3	700	22,3	68	2,2
1994	3.275	3.228	98,6	173	5,3	744	22,7	47	1,4
1995	3.902	3.829	98,1	182	4,7	801	20,5	73	1,9
1996	3.913	3.847	98,3	108	2,8	671	17,1	66	1,7
1997	3.903	3.840	98,4	243	6,2	771	19,7	63	1,6
1998	3.392	3.310	97,6	227	6,7	696	20,5	82	2,4
1999	3.326	3.229	97,1	314	9,4	693	20,8	97	2,9
Durchschnitt 1991-1999			98,1		5,2		22,2		1,9
2001	2.687	2.613	97,2	450	16,7	689	25,6	74	2,7

Jahr	Gesamtzahl der verurteilten Jugendlichen	Verbüßung der Freiheitsstrafe							
		Zum ersten Mal	%	Unter Jugendlichen die zum ersten Mal die Freiheitsstrafe verbüßen				Mehrmals verurteilt	%
				Bedingte Vorstrafe	%	Hatten Aufschub der Strafe	%		
2002	2.889	2.793	96,7	811	28,1	561	19,4	96	3,3
2003	2.882	2.805	97,3	1.017	35,3	520	18,0	77	2,7
2004	3.236	3.157	97,6	1.643	50,8	159	4,9	111	3,4
2005	2.698	2.667	98,9	1.405	52,1	439	16,3	31	1,1
2006	2.215	2.158	97,4	961	43,4	305	13,8	57	2,6
2007	1.902	1.868	98,2	881	46,3	266	14,0	34	1,8
Durchschnitt 2001-2007			97,6		39,8		16,3		2,5
Durchschnitt 1991-2007			97,8		20,3		19,6		2,2

Quelle: Angaben des Strafvollzugsamts in der Ukraine.

Tabelle 13: Ausbildungs- und Arbeitsverhältnisse der verurteilten Jugendlichen in Erziehungskolonien vor der aktuellen Inhaftierung

Jahr	Gesamtzahl der verurteilten Jugendlichen	Vor der Verurteilung					
		Studierten in allgemeinbildenden Schulen und anderen Bildungsanstalten	%	Arbeiteten in Betrieben und anderen Unternehmen	%	Haben nicht studiert und nicht gearbeitet	%
1991	3.479	1.154	33,2	1.046	30,1	1.279	36,8
1992	2.777	840	30,2	855	30,8	1.082	39,0
1993	3.140	800	25,5	917	29,2	1.422	45,3
1994	3.275	935	28,5	590	18,0	1.748	53,4
1995	3.902	1.164	29,8	591	15,1	2.115	54,2
1996	3.913	1.090	27,9	1.515	38,7	2.235	57,1
1997	3.903	1.218	31,2	393	10,0	2.294	58,7
1998	3.392	1.159	34,1	220	6,4	1.934	57,0
1999	3.326	1.295	38,9	196	5,9	1.770	53,2
Durchschnitt 1991–1999			31,0		20,5		50,5

214

Jahr	Gesamtzahl der verurteilten Jugendlichen	Vor der Verurteilung					
		Studierten in allgemeinbildenden Schulen und anderen Bildungsanstalten	%	Arbeiteten in Betrieben und anderen Unternehmen	%	Haben nicht studiert und nicht gearbeitet	%
2001	2.687	1.324	49,3	202	7,5	1.111	41,3
2002	2.889	1.367	47,3	119	4,1	1.367	47,3
2003	2.882	1.486	51,6	128	4,4	1.245	43,2
2004	3.236	1.843	57,0	142	4,4	1.250	38,6
2005	2.698	1.360	50,4	308	11,4	995	36,9
2006	2.215	1.249	56,4	247	11,2	750	33,9
2007	1.902	1.306	68,7	94	4,9	448	23,6
Durchschnitt 2001-2007			54,4		6,8		37,8
Durchschnitt 1991-2007			41,3		14,6		45,0

Quelle: Angaben des Strafvollzugsamts in der Ukraine.

8.6 Vollstreckung des Arrests gegen Jugendliche

Wie bereits im *Kap. 5.2.2.4* dargestellt wurde, kann Arrest nach §§ 101, 60 Abs. 3 ukrStGB ab einem Alter von 16 Jahren angeordnet werden. Diese Sanktion kann also sowohl Jugendliche von 16 bis unter 18 Jahren treffen als auch Erwachsene. Arrest bedeutet für die Verurteilten nach §§ 101, 60 Abs. 1 ukrStGB die strikte Isolierung. Unter Isolierung ist die strenge bzw. völlige „Abschottung" von der Gesellschaft zu verstehen.[854]

Gem. § 51 Abs. 2 ukrStVollstrG finden diejenigen Bedingungen der Unterbringung Anwendung, die auch durch das ukrStVollstrG für die zu Freiheitsstrafe Verurteilten festgelegt sind. Allerdings wird nach § 51 Abs. 3 ukrStVollstrG den Verurteilten kein Besuch von Verwandten oder anderen Personen, außer Anwälten oder anderen zum Rechtsbeistand ermächtigten Personen gestattet. Der Empfang von Paketen, Mitgebrachtem (*передача*) und Päckchen (*бандероль*) ist ebenfalls nicht gestattet, mit Ausnahme von Gegenständen der Grundversorgung und Saisonbekleidung. Nur bei außergewöhnlichen Umständen kann dem zu Arrest Verurteilten ein Telefongespräch mit nahe stehenden Verwandten gestattet werden (§ 51 Abs. 6 ukrStVollstrG). Diese Norm zeigt, dass die Bedingungen von Freiheitsstrafe und Arrest sich grundsätzlich unterscheiden (s. o. *Kap. 8.4.4*) und der Arrest als sehr strenge Sanktion zu bewerten ist.

Außerdem haben zu Arrest verurteilte Jugendliche nach § 51 Abs. 5 ukrStVollstrG das Recht auf einen täglichen[855] Aufenthalt im Freien von bis zu zwei Stunden.[856] Monatlich haben die Verurteilten das Recht Lebensmittel und Gegenstände der Grundversorgung im Wert von bis zu 70% des Mindestarbeitslohnes zu erwerben (§ 51 Abs. 4 ukrStVollstrG). So betrug z. B. der Mindestarbeitslohn zum 1. Januar 2011 941 UAH (ca. 87 €).[857]

Zu betonen ist nochmals, dass diese Sanktion auf einer Isolierung von der Gesellschaft beruht, obwohl sie im 12. Kapitel des 2. Abschnitts ukrStVollstrG geregelt ist. Dieser Abschnitt enthält die Regelungen zu den Maßnahmen, die *nicht* mit Freiheitsentzug verbunden sind.[858] Dies ist inkonsequent, da der Arrest in einer *Isolation* des Verurteilten von der Gesellschaft besteht.[859] Eine Erklärung könnte sein, dass der Gesetzgeber unter „Vollstreckung von Strafen,

---

854 Vgl. *Strel'cov* 2010, § 101, Nr. 1; *Bogatir'ov* 2008, S. 207 f.

855 Vgl. *Stepanyuk* 2008, § 51, Nr. 10.

856 Erwachsene Verurteilte haben das Recht auf einen täglichen Spaziergang bis zu einer Stunde (§ 51 Abs. 5 ukrStVollstrG)

857 Vgl. das Haushaltsgesetz der Ukraine für das Jahr 2011 Nr. 2857-VI vom 23.12.2010, § 22 Abs. 1.

858 Vgl. *Bogatir'ov* 2008, S. 207.

859 Vgl. *Baraš* 2009, S. 2.

die nicht mit Freiheitsentzug verbunden sind" alle Strafen versteht, die nicht in einer Besserungseinrichtung bzw. einer Erziehungskolonie vollzogen werden. Im Strafvollstreckungsgesetzbuch der russischen Föderation wird dagegen der Arrest in einem separaten Abschnitt (III.) geregelt.[860]

Hinsichtlich der statistischen Daten sind zurzeit nur allgemeine Daten (Jugendliche zusammen mit Erwachsenen) zugänglich. So entfielen im Jahre 2002 gemessen an der Zahl der insgesamt Verurteilten nur 0,9% auf die Verhängung des Arrests. Im Jahr 2006 stieg diese Zahl um 0,3% und erreichte 1,2% (*Tabelle 14*).

Tabelle 14:   **Verurteilung zu Arrest**

Jahr	Insgesamt verurteilt	Darunter zu Arrest
2002	194.212	1.674 (0,9)[a]
2003	201.081	1.995 (1,0)
2004	204.794	2.089 (1,0)
2005	176.934	2.035 (1,1)
2006	160.865	1.994 (1,2)

a   Bei den in Klammern gesetzten Werten handelt es sich um Prozentwerte.
Quelle: Vgl. *Bukalov* 2007, S. 17.

8.7 Heimerziehung – spezielle Lehrerziehungseinrichtungen der sozialen Rehabilitation

Wie bereits im *Kap. 5.2.3.5* erwähnt wurde, sind in spezielle Lehrerziehungseinrichtungen (Schulen und Berufsschulen) der sozialen Rehabilitation solche Jugendliche einzuweisen, die sich der Kontrolle durch die Eltern oder der sie vertretenden Personen entziehen, die sich durch keine erzieherischen Maßnahmen beeinflussen lassen oder die durch andere „Zwangsmaßnahmen erzieherischer Einwirkung" nicht gebessert werden konnten. Die Einweisung in solche Anstalten geschieht ausschließlich durch einen Gerichtsbeschluss.[861] Diese

---

860   Vgl. *Rieckhof* 2008, S. 263 f.

861   Vgl. *Plenum des Obersten Gerichts der Ukraine* 2006, Ziff. 9 Abs. 1; *Strel'cov* 2010, § 105, Nr. 2, Abs. 5.

Maßnahme gilt als eine der härtesten und soll nur als *ultima ratio* angewendet werden.

Die Rechtsstellung dieser speziellen Lehrerziehungseinrichtungen ist im AmtBehInsG vom 24.01.1995 geregelt (s. o. *Kap. 6.2.3*).[862] Hervorzuheben ist, dass sie dem Bildungsministerium unterstehen und als staatliche Bildungsinstitutionen gelten. 2009 zählten elf Schulen und drei Berufsschulen (zwei für Jungen und eine für Mädchen) dazu.[863] Die speziellen Lehrerziehungseinrichtungen für Kinder und Jugendliche sind allgemeinbildende Schulen der sozialen Rehabilitation, in denen Kinder im Alter von 11 bis 14 Jahren unterzubringen sind. Hier können sie nur bis zu ihrem 14. Geburtstag verbleiben.

Wenn man die Häufigkeit der Anwendung aller fünf Arten der Maßnahmen erzieherischer Einwirkung im Durchschnitt des Zeitraums von 1994 bis 2004 betrachtet (vgl. *Tabelle 15*), so erfolgte nach der häufigsten Anordnung, der Unterstellung unter die elterliche Aufsicht (79,7%), die Unterbringung in einer Schule der sozialen Rehabilitation als zweithäufigste angewandte Maßnahme mit 8,8%, wobei diese Maßnahme zwischen 6,9% und 10,2% schwankte. Annähernd gleich häufig verhängt wurden Verwarnungen mit 8,4%.

In den Berufsschulen der sozialen Rehabilitation sind Jugendliche im Alter ab 14 Jahren unterzubringen (§ 8 AmtBehInsGB). Hier können sie bis zur Vollendung des 18. Lebensjahres verbleiben. Im Vergleich zu den Schulen betrug der Durchschnitt in den Berufsschulen (vgl. *Tabelle 15*) im Zeitraum von 1994-2004 nur 1,6%, wobei die Zahl der Anordnungen zwischen 1,3% und 2,2% schwankte.

---

862 Hierzu s. o. *Kap. 6. 2.*

863 Vgl. *Šiyan* 2008, S. 65; *Nadtoka* 2009, S. 5.

Tabelle 15: Verhängung der Zwangsmaßnahmen erzieherischer Einwirkung

Jahr	Insgesamt	Alter			Arten der Zwangsmaßnahmen erzieherischer Einwirkung					Einweisung in spez. Erziehungsanstalten	
		11-14	14-16	16-18	Entschuldigung	Verwarnung	Festlegung von verhaltensbezogenen Weisungen	Übergabe unter die Aufsicht bestimmter Personen	Schadenswiedergutmachungspflicht	Schulen der sozialen Rehabilitation	Berufsschulen der sozialen Rehabilitation
1994	3.608	1.551 (43,0)[b]	1.012 (28,1)	1.045 (29,0)	47 (1,3)	432 (12,0)	-	2.758 (76,4)	58 (1,6)	250 (6,9)	63 (1,8)
1995	6.236 +72,8[a]	3.432 (55,0)	1.835 (29,4)	969 (15,5)	56 (0,9)	581 (9,3)	-	4.863 (78,0)	71 (1,1)	577 (9,3)	88 (1,4)
1996	6.825 +9,5	3.965 (58,1)	2.024 (29,7)	836 (12,3)	63 (0,9)	548 (8,0)	-	5.551 (81,3)	71 (1,0)	502 (7,4)	90 (1,3)
1997	6.602 -3,3	3.389 (51,3)	2.090 (31,7)	1.123 (17,0)	28 (0,4)	489 (7,4)	-	5.379 (81,5)	30 (0,5)	529 (8,0)	147 (2,2)
1998	6.259 -5,2	3.232 (51,6)	2.103 (33,6)	924 (14,8)	21 (0,3)	491 (7,8)	-	5.057 (80,8)	33 (0,5)	564 (9,0)	93 (1,5)
1999	5.155 -17,6	2.900 (56,3)	1.644 (31,9)	611 (11,9)	3 (0,1)	375 (7,3)	-	4.266 (82,8)	3 (0,1)	435 (8,4)	74 (1,4)
2000	5.150 -0,5	2.914 (56,6)	1.727 (33,5)	509 (9,9)	19 (0,4)	357 (6,9)	-	4.219 (82,0)	16 (0,3)	450 (8,7)	89 (1,7)

| Jahr | Insgesamt | Alter | | | Arten der Zwangsmaßnahmen erzieherischer Einwirkung | | | | | Einweisung in spez. Erziehungsanstalten | |
		11-14	14-16	16-18	Entschuldigung	Verwarnung	Festlegung von verhaltensbezogenen Weisungen	Übergabe unter die Aufsicht bestimmter Personen	Schadenswiedergut-machungspflicht	Schulen der sozialen Rehabilitation	Berufsschulen der sozialen Rehabilitation
2001	4.686 -9,0	2.707 (57,8)	1.481 (31,6)	498 (10,6)	14 (0,3)	323 (7,0)	6 (0,1)	3.760 (80,2)	57 (1,2)	433 (9,2)	93 (2,0)
2002	4.228 -9,8	2.417 (57,2)	1.342 (31,7)	469 (11,1)	-^c	416 (9,8)	65 (1,5)	3.246 (76,8)	12 (0,3)	432 (10,2)	67 (1,6)
2003	4.605 +8,9	2.863 (62,2)	1.391 (30,2)	351 (7,6)	-	388 (8,4)	78 (1,7)	3.600 (78,2)	12 (0,3)	464 (10,1)	63 (1,4)
2004	4.947 +7,4	3.287 (66,4)	1.371 (27,7)	289 (5,8)	-	402 (8,1)	75 (1,5)	3.906 (79,0)	29 (0,6)	466 (9,4)	69 (1,4)
Durchschnitt %		56	30,8	13,2	0,6^d	8,4	1,2^e	79,7	0,7	8,8	1,6

a „+ %" „- %" prozentuale Entwicklung zu dem vorigen Jahr.
b Bei den in Klammern gesetzten Werten handelt es sich um Prozentwerte.
c Keine Angaben, weil diese Maßnahme erzieherischer Einwirkung in das neue ukrStGB vom 2001 nicht übernommen wurde.
d Durchschnitt 8 Jahre.
e Durchschnitt 4 Jahre.
Quelle: Vgl. *Mačužak/Lavrovs'ka* 2005, S. 152.

Nur in Ausnahmefällen verbleiben Kinder und Jugendliche nach einer Gerichtsentscheidung in den Schulen bis zur Vollendung des 15. und in den Berufsschulen bis zur Vollendung des 19. Lebensjahres, um entsprechende Abschlüsse zu erreichen. Die Schüler der allgemeinbildenden Schulen, die ihr 15. Lebensjahr vollendet haben, sich aber immer noch auf keinem „Weg der Besserung" befinden, werden durch Gerichtsbeschluss in die Berufsschulen eingewiesen (§ 8 AmtBehInsGB, §§ 409, 411 ukrStPO).[864]

Die Bedingungen des Aufenthaltes der Jugendlichen in Schulen und Berufsschulen der sozialen Rehabilitation sind in speziellen Vorschriften der Verordnung des ukrainischen Ministerkabinetts über die Organisation der Tätigkeit der allgemeinbildenden Schulen und Berufsschulen der sozialen Rehabilitation vom 13.10.1993, Nr. 859 geregelt.[865] Die letzten Änderungen wurden noch im Jahre 1995 vorgenommen.[866] Die Schulen und die Berufsschulen der sozialen Rehabilitation erarbeiten auf Grund der Vorschriften über die Schule und Berufsschule ein eigenes Statut. Dieses Statut konkretisiert die Besonderheiten ihrer Tätigkeit und die Selbstverwaltung (Ziff. 14 der Vorschriften).

Die Aufnahme in die Schule (Ziff. 38 der Vorschrift) und Berufsschule (Ziff. 53 der Vorschrift) findet im Laufe des Jahres statt, das heißt, die Aufnahme hängt nicht von Fristen des Schul- bzw. Berufsschulbeginns ab. Die Hauptaufgaben der Schulen und Berufsschulen sind gem. § 8 AmtBehInsGB und Ziff. 2 der Vorschriften: Schaffung entsprechender Bedingungen für das Leben, Studium und die Erziehung der Jugendlichen, Förderung deren allgemeinbildenden und kulturellen Niveaus, Vorbereitung auf einen Beruf, Entwicklung individueller Fähigkeiten und Neigungen, Versorgung mit notwendiger medizinischer Hilfe, Schaffung der sozialen Rehabilitation der Schüler, ihre Rechtserziehung und ihr Sozialschutz unter den Bedingungen eines fortlaufenden pädagogischen Regimes.

Nach Ziff. 3 der Vorschriften über die „Besonderheiten der pädagogischen Ordnung, Bedingungen der Erziehung und Erhaltung der Kinder und Jugendlichen in Schulen und Berufsschulen" sind die tägliche Ordnung, das Unterrichtssystem und die Erziehungsarbeit von der ständigen Beaufsichtigung und pädagogischen Kontrolle über die Schüler gekennzeichnet. Eine Bewegungsfreiheit der Schüler außerhalb der Grenzen des Geländes der Schule oder Berufsschule ist ohne die Erlaubnis der Administration nicht zulässig.

---

864 Vgl. *Strel'cov* 2007b, § 105 Nr. 2 Abs. 5; *Plenum des Obersten Gerichts der Ukraine* 2006, Ziffern 9 Abs. 2, 11 Abs. 1-3.

865 Vgl. die Regelung über allgemeinbildende Schulen der sozialen Rehabilitation (in Kraft gesetzt durch die Verordnung des Ministerkabinetts) vom 13.10.1993, Nr. 859; vgl. auch die Regelung über Berufsschulen der sozialen Rehabilitation (in Kraft gesetzt durch die Verordnung des Ministerkabinetts) vom 13.10.1993, Nr. 859.

866 Vgl. dazu *Nadtoka* 2009, S. 11.

Es gibt separate Anstalten für Jungen und Mädchen. Der Aufenthalt der Jugendlichen in Schulen und Berufsschulen ist kostenpflichtig. Das Einkommen der Eltern wird zusammengerechnet und durch die Zahl der Familienmitglieder geteilt. Von dem Anteil eines Familienmitgliedes haben Eltern 20% zu bezahlen. Die Summe wird vom ukrainischen Ministerkabinett festgesetzt.[867] Für Waisenkinder, Kinder ohne Eltern oder Personen, die sie ersetzen, und auch Mehrkinderfamilien sowie einkommensschwache Familien muss der Staat aufkommen.

In den Schulen und Berufsschulen wird das Prinzip der „Ermutigung" zugrunde gelegt. Bei Verstößen gegen die Ordnung können die Jugendlichen auch bestraft werden, etwa mit Verwarnung, Erteilung einer Rüge, Besprechung des Verhaltens auf den Schülerversammlungen und Unterbringung in einem isolierten Raum als disziplinarische Maßnahme für bis zu zwei Tage.[868]

In dem Abschnitt der Regelung über Rechte und Pflichten der Schüler in den Berufsschulen ist deren Einbeziehung in Hauswirtschaftsarbeiten innerhalb des Territoriums der Berufsschule (z. B. auch Renovierung der Gebäude) vorgesehen (Ziff. 38).

Im Falle des Todes bzw. der schweren Erkrankung der Eltern bzw. der Personen, die ihre Eltern ersetzen, oder naher Verwandter können einem Schüler fünf freie Tage, ohne Reisezeit, erteilt werden (Ziff. 26, 45). Die Mitarbeiter der Schulen und Berufsschulen müssen den Kontakt zwischen den Schülern und ihren Eltern bzw. anderen Personen durch Briefwechsel, persönliche Gespräche etc. unterstützen (Ziff. 27, 43). Dieser Besuch durch die Eltern bzw. andere Personen wird durch den Vorsitzenden oder seinen Vertreter gestattet (Ziff. 28, 44). Die Häufigkeit der Besuche ist nicht näher geregelt.

Die Schüler haben weiterhin das Recht auf Telefongespräche, Pakete und Geldüberweisungen. Die Administrationsverwaltung wiederum hat das Recht die Schüler, ihre Sachen, Pakete, Schlafzimmer und andere Räume zu durchsuchen, um den Besitz von verbotenen Sachen zu unterbinden.

Spätestens einen Monat vor dem Ablauf des durch das Gericht vorgesehenen Aufenthaltes muss die Verwaltung dem Gericht, dem Amt für Angelegenheiten Minderjähriger sowie Eltern bzw. deren Vertretern berichten, um weitere Fragen der Unterbringung der Jugendlichen und der Nachbetreuung zu lösen.

Ein Jugendlicher kann aus diesen Anstalten bedingt vorzeitig entlassen werden, „wenn seine Besserung gelungen ist." Dies erfolgt auf Antrag der Schule oder Berufsschule durch Beschluss des Richters des Amtsgerichtes am jeweiligen Ort der Anstalten. Diesem Beschluss wird eine Personalkarte des Jugendlichen angefügt, welche Daten über sein Verhalten in Bezug auf Ausbildung und

---

867 Vgl. *Ministerkabinett der Ukraine* 2002, Ziff. 1 Abs. 2.

868 Vgl. *Ministerkabinett der Ukraine* 1993a, Ziff. 9, 12, 23; vgl. auch *Ministerkabinett der Ukraine* 1993b, Ziffern 5, 11, 40.

Arbeit und auch über sein Sozialverhalten innerhalb der gesamten Zeit seines Aufenthaltes enthält.[869]

Die speziellen Lehrerziehungseinrichtungen der sozialen Rehabilitation können faktisch mit Erziehungskolonien verglichen werden.[870] Genauso wie in den Kolonien gilt hier eine (Anstalts-)Ordnung, es gibt Motivations- und Disziplinarmaßnahmen und sogar einen Disziplinarraum. Der Ausgang aus solchen Schulen ist nur mit Erlaubnis der Administration möglich. Erwähnenswert ist die frühere Unterordnung dieser Schulen und Berufsschulen unter das Strafvollzugsamt,[871] was die strikte und den Erziehungskolonien sehr ähnliche Ordnung erklären könnte. *Jacenko* bezeichnet solche Schulen erstaunlicherweise als halbgeschlossene Anstalten,[872] obwohl sie nach den genannten Regelungen als geschlossen bezeichnet werden müssten.

Dem Bericht eines Experten des „Monitorings der Besonderheiten der Tätigkeit der Einrichtungen der sozialen Rehabilitation des Bildungssystems in der Ukraine" ist folgendes zu entnehmen: Das Recht auf „Privates" ist so gut wie nicht gewährleistet. So sind Minderjährige die ganze Zeit unter Beobachtung. Auf die Toilette werden sie durch Mitarbeiter der Anstalt begleitet. In den Toiletten sind keine Kabinen vorgesehen. In den Schlafräumen befinden sich 10-15 Personen in einem großen Raum. Die Korrespondenz wird gelesen und nicht immer weiter geleitet, wenn dies nach der Ansicht des Personals dem Schüler oder seinen Adressaten schaden könnte. Einen speziellen Raum für den Besuch von den Eltern gibt es nicht in allen Einrichtungen.[873] Nach dem durchgeführtem Monitoring ist im Großen und Ganzen eine vertrauensvolle Beziehung zwischen den Schülern und Pädagogen gegeben. Allerdings gibt es auch Einrichtungen, in denen dies nicht der Fall ist.[874]

Es ist hervorzuheben, dass derzeit ein Experiment durchgeführt wird, in dem Jugendliche mit einem devianten Verhalten auch nach Zustimmung und auf Antrag ihrer Eltern in solche Schulen für eine Rehabilitation untergebracht werden können.[875] Statistische Daten fehlen derzeit.

---

869 Vgl. *Plenum des Obersten Gerichts der Ukraine* 2006, Ziff. 11 Abs. 4.

870 Vgl. auch *Nadtoka* 2009, S. 9.

871 Vgl. *Nadtoka* 2009, S. 11.

872 Vgl. *Jacenko* 2006, § 105 Nr. 8.

873 Vgl. dazu in *Nadtoka* 2009, S. 61.

874 Vgl. dazu in *Nadtoka* 2009, S. 80.

875 Vgl. *Nadtoka* 2009, S. 9.

8.8 Zusammenfassung

Insgesamt ist festzustellen, dass auf der Gesetzesebene der ukrainische Gesetzgeber bereits Erfolge erreichen konnte. Im Vollzug der Freiheitsstrafe sind einige internationale Forderungen vor allem in Bezug auf jugendliche Gefangene umgesetzt worden. So ist etwa eine möglichst heimatnahe Unterbringung (Nr. 55 ERJOSSM) in § 93 Abs. 1 ukrStVollstrG wieder zu finden. Das Verbot einer willkürlichen Verlegung von einer Einrichtung in eine andere (Nr. 26. der Havanna-Regeln von 1990) spiegelt sich in § 93 Abs. 2 ukrStVollstrG wieder.[876] Eine separate Unterbringung Jugendlicher und Erwachsener in allen Hafteinrichtungen (Nr. 29 der Havanna-Regeln, Nr. 59.1 ERJOSSM) ist bereits durch die Schaffung spezieller Erziehungskolonien für zu Freiheitsstrafe verurteilte Jugendliche sichergestellt. Auch in Untersuchungshaftanstalten ist dies auf der gesetzlichen Ebene in § 8 Abs. 3 ukrUHG vorgesehen (s. o. *Kap. 8.3.2.1*). Die Teilnahme an Schul- und Berufsausbildungsmaßnahmen (Nr. 38-46 der Havanna-Regeln, Abschnitt E.10 der ERJOSSM) wird in Erziehungskolonien durch § 125 ukrStVollstrG ermöglicht. Auch in Untersuchungshaftanstalten ist diese Möglichkeit vorhanden, allerdings enthält das ukrUHG keine ausdrückliche Regelung dazu. Dies kann erklären, warum nur in 18 von 32 Untersuchungshaftanstalten dies den Untersuchungshäftlingen ermöglicht wird (s. o. *Kap. 8.3.2.1*). Die Freizeitgestaltung (Nr. 47 der Havanna-Regeln, Nr. 80.2 ERJOSSM) ist auf der gesetzlichen Ebene in § 107 ukrStVollstrG festgelegt. Zum Beispiel haben in der *Pereval'sker* Erziehungskolonie in der Region Lugansk die Jugendlichen die Möglichkeit zum Fernsehen, Musik hören, sie können in die Bibliothek gehen und sie haben sogar eine „Natur-Ecke", wo sie sich bspw. um einen Vogel kümmern können.[877] § 128 ukrStVollstrG enthält die Regelung zur freien Religionsausübung, was auch in Nr. 48 der Havanna-Regeln vorgesehen ist. Auch den Kontakt mit der Außenwelt (aus Nr. 59 ff. der Havanna-Regeln, Nr. 24 ff., in Abschnitt E.11 der ERJOSSM) hat der ukrainische Gesetzgeber den Jugendlichen gewährleistet (s. o. *Kap. 8.4.8*). Allerdings hat er hier nur am Minimum von Besuchen orientiert. So wird in Nr. 60 der Havanna-Regeln minimal einmal pro Woche aber nicht seltener als einmal pro Monat ein Besuch empfohlen. In der Ukraine darf daher ein Jugendlicher nur einmal im Monat seine Familie sehen, wenn er sich keinen zusätzlichen Besuch durch Wohlverhalten oder besondere Leistungen „verdient" hat. Nach § 8 ukrStVollstrG können sich Jugendliche ohne Hindernisse an höhere Instanzen wenden, etwa einen Ombudsmann, oder den Europäischen Gerichtshof für Men-

---

876 Allerdings schließt sie dies nicht endgültig aus; in Ausnahmefällen, die der weiteren Unterbringung in der jeweiligen Anstalt hindern, ist eine Verlegung noch möglich, vgl. *Stepanyuk* 2008, § 93 Nr. 5.

877 Ein Besuch in diese Kolonie erfolgte durch die Verfasserin im Januar 2008.

schenrechte (Nr. 72 ff. der Havanna-Regeln). Auch die Rückkehr in die Gesellschaft (Nr. 79 f. der Havanna-Regeln) ist weitgehend im 24. Kapitel „Hilfe für Verurteilte, die von der Strafverbüßung befreit werden" (damit sind alle Gefangenen, die vor der Entlassung stehen, gemeint) umgesetzt. Die Medizinische Versorgung (Nr. 32 der Havanna-Regeln) in den ukrainischen Untersuchungshaftanstalten ist derzeit nicht als erfüllt zu bezeichnen.

Es besteht insgesamt gesehen eine einheitliche gesetzliche Basis für den Jugendstrafvollzug in der Ukraine, während sich dies im Vergleich in Deutschland anders gestaltet. Seit langem[878] war in Deutschland bis zu Beginn des Jahres 2008 das Erfordernis einer gesetzlichen Regelung des Jugendstrafvollzugs Dauerthema des fachlichen Diskurses. Ohne ausdrückliche gesetzliche Rechtsgrundlage gestaltete sich die Rechtslage für die im Jugendstrafvollzug Inhaftierten als höchst unbefriedigend und blieb darüber hinaus aus verfassungsrechtlicher Sicht „äußerst bedenklich".[879]

Mit dem Urteil des *deutschen* Bundesverfassungsgerichts vom 31. Mai 2006[880] war das Fehlen einer ausreichenden gesetzlichen Grundlage für den Jugendstrafvollzug für verfassungswidrig erklärt worden. Zugleich setzte das Gericht dem Gesetzgeber eine Frist bis zum Ablauf des Jahres 2007, eine verfassungskonforme gesetzliche Regelung zur Durchführung des Jugendstrafvollzugs zu schaffen.[881] Durch die zum 1. September 2006 in Kraft getretene Föderalismusreform ist die Gesetzgebungskompetenz für den Bereich Strafvollzug auf die Länder nach Art. 74 Abs. 1 Nr. 1 GG übertragen worden. Seitdem ist der Strafvollzug nicht mehr Gegenstand der konkurrierenden Gesetzgebung, dieser Bereich fällt folglich in die allgemeine Länderkompetenz nach Art. 70 Abs. 1 GG.[882]

Es sind aufgrund dessen zum 1. Januar 2008 in allen 16 Bundesländern eigenständige gesetzliche Regelungen für den Jugendstrafvollzug geschaffen worden.[883] Dies führte zu einer erheblichen Umgestaltung sowohl der rechtlichen

---

878 Die Vorarbeiten für ein Jugendstrafvollzugsgesetz fanden schon seit den 1970er Jahren statt. Sie haben in Kommissionsberichten und Arbeitsentwürfen ihren Niederschlag gefunden, vgl. *Laubenthal* 2011, Rn. 860.

879 Vgl. *Laubenthal* 2011, Rn. 859.

880 Vgl. *BVerfGE* 116, 69 ff. = NJW 2006, S. 2093 ff., siehe dazu die Besprechung des Urteils bei *Dünkel* 2006, S. 112 ff.; siehe auch *Meier/Rössner/Schöch* 2007, § 14 Rn. 14 f.; *Laubenthal* 2011, Rn. 862.

881 Vgl. *Laubenthal* 2011, Rn. 862.

882 Gesetz zur Änderung des Grundgesetzes vom 28. August 2006, BGBl. 2006, Teil 1, Nr. 41, S. 2034.

883 Um einer Rechtszersplitterung entgegenzuwirken entschieden sich die Gesetzgeber der Länder Berlin, Brandenburg, Bremen, Mecklenburg-Vorpommern, Rheinland-Pfalz, Sachsen-Anhalt, Saarland, Sachsen, Schleswig-Holstein und Thüringen dafür, eine

Grundlagen als auch der Vollzugspraxis. Entscheidend betrifft dies die grundlegende Ausrichtung des Vollzugs, die sich in den meisten Bundesländern erheblich vom bisherigen Rechtszustand unterscheidet.[884]

Wie *Susanne Rieckhof* in Bezug auf Russland zu Recht geäußert hat, ist zumindest die Rechtsgrundlage als wesentlich gefestigter anzusehen.[885] Das gilt auch für den Vollzug von Freiheitsstrafen gegenüber Jugendlichen in der Ukraine, da ihm von Anfang an (gemeint ist die Verabschiedung des neuen ukrStVollstrG im Jahr 2004) auch ein eigener Abschnitt[886] (allerdings zusammen mit dem Frauenstrafvollzug) innerhalb des ukrStVollstrG gewidmet worden ist. Allerdings ist darauf hinzuweisen, dass die hier geschilderten Erfolge auf der *Gesetzesebene* zu verzeichnen sind. Wie jedoch unter *Kap.10.6* im Einzelnen dargestellt wird, bleibt die Praxis im Verhältnis dazu defizitär.

---

möglichst einheitliche Fassung der Jugendstrafvollzugsgesetze zu verabschieden. Gleichwohl weisen auch sie in Einzelfragen zum Teil gravierende Abweichungen voneinander auf, vgl. *Laubenthal* 2011, Rn. 865; siehe auch *Köhne* 2007, S. 110; *Boers/Schaerff* 2008, S. 317.

884 Vgl. *Boers/Schaerff* 2008, S. 316 ff.

885 Vgl. *Rieckhof* 2008, S. 201.

886 Wie das in Deutschland Bayern und Niedersachsen gemacht haben. Sie verabschiedeten die Gesetze als Landesstrafvollzugsgesetze bzw. Landesjustizvollzugsgesetze die Regelungen zum Jugendstrafvollzug enthalten, vgl. *Dünkel/Pörksen* 2007, S. 55.

9. Aktuelle Reformdebatten und Herausforderungen an das Jugendstraf- und Jugendstrafprozessrecht sowie das Jugendstrafvollzugssystem der Ukraine

Die Ukraine hat sich als europäischer und unabhängiger Staat dem Umbau des gesamten Rechtssystems zugewandt und damit viele Aufgaben und Herausforderungen auf sich genommen. Unmittelbar nach ihrer Unabhängigkeit begann man unverzüglich mit vielen Reformen. In der Folge dieser grundlegenden „Konzeption" sind zahlreiche Reformprojekte entstanden, auf die hier nur insoweit eingegangen wird, als sie für das Thema relevant sind. Einige Reformprojekte sind noch nicht abgeschlossen, sie wurden berücksichtigt, wenn sie schon eine erkennbare Gestalt angenommen haben.

9.1 Das Konzept der gerichtsverfassungsrechtlichen Reform von 1992

Das ukrainische Parlament (*Верховна Рада*) billigte im Jahr 1992 ein durch das Justizministerium erarbeitetes „Konzept der gerichtsverfassungsrechtlichen Reform"[887] und beauftragte die Administration und die Rechtsprechung in ihren jeweiligen Zuständigkeitsbereichen eine umfängliche Reform der Gerichtsverfassung und eine breite Gesetzesrevision durchzuführen. Das Recht sollte modernisiert und die in der Unabhängigkeitserklärung aufgenommenen Grundsätze, etwa der Gewaltenteilung und weitere im Zusammenhang der eingetretenen Umwälzungen erreichten Errungenschaften sollten zur Geltung gebracht werden.

Die Themenkreise des Konzepts betrafen darüber hinaus weitere Bereiche, wie die allgemeine Gerichtsverfassung, die Stellung der Staatsanwaltschaft und der Rechtsanwaltschaft, aktuelle Änderungen der ukrStPO (insbesondere die gerichtliche Überprüfung einer Inhaftierung) sowie der ukrZPO. Es sollten überdies intensive Vorbereitungen für ein neues Strafgesetzbuch, eine neue Strafprozessordnung, neue Strafvollzugsregelungen, ein neues Ordnungswidrigkeitengesetzbuch sowie neue Gesetzbücher auf dem Gebiet des bürgerlichen Rechts und eine neue Zivilprozessordnung eingeleitet werden.

Damals wurde eine grundlegende Reform der materiellen und prozessualen Gesetzgebung mit dem Ziel der Beseitigung sowjetisch-sozialistischer Prinzipien und der Einführung humanistischer Grundsätze geplant.[888] Hierzu gehörte

---

887   Vgl. die Verordnung des ukrainischen Parlaments Nr. 2296-12 über das Konzept der gerichtsverfassungsrechtlichen Reform vom 28.04.1992.

888   Vgl. die Verordnung des ukrainischen Parlaments Nr. 2296-12 über das Konzept der gerichtsverfassungsrechtlichen Reform vom 28.04.1992, Punkt 2 Abs. 2 Nr. 3.

auch die Reform des strafrechtlichen Sanktionensystems[889] sowie unter anderem die Einführung von Jugendgerichten.[890]

Es waren drei Etappen der Reform vorgesehen.[891] Die erste Etappe sah die Schaffung von Institutionen in den jeweiligen Administrationen, die Bildung eines Parlamentsausschusses sowie die Vorbereitung und den Beschluss umfänglicher Gesetzesvorhaben vor.

In der zweiten Etappe sollten Verwaltungsgerichte, Familiengerichte und Jugendgerichte geschaffen werden.

In der dritten Etappe sollten die durchgeführten Reformen u. a. auch wissenschaftlich überprüft werden, die Gesetzgebung sollte verbessert und eine Spezialisierung der Richter geregelt werden.

Dieses ehrgeizige umfassende Reformprogramm stellte klar, dass im Grunde der gesamte überkommene Gesetzesbestand der Ukraine einer Revision unterzogen werden muss.

9.2 Das ukrStGB von 2001 und die Reform der ukrStPO von 2012

9.2.1 Neuregelungen des StGB und der StPO

Das im „Konzept der gerichtsverfassungsrechtlichen Reform" geforderte neue Strafgesetzbuch der Ukraine ist im April 2001 in Kraft getreten. Seine für das materielle Jugendstrafrecht relevanten Normen, insbesondere die seines 15. Abschnitts über die Besonderheiten der strafrechtlichen Verantwortlichkeit von Jugendlichen und des Sanktionensystems sind im *5. Kapitel* dieser Arbeit ausführlich dargestellt.

Während das neue ukrStGB seit mehr als zehn Jahrn geltendes Recht ist, blieb das Strafverfahren immer noch ohne grundlegende Neuregelung. Die zur Zeit gültige ukrStPO wurde im Jahr 1961 in Kraft gesetzt und sah Regelungen und Standards vor, die noch in der ehemaligen Sowjetunion mit autoritärer Ideologie und entsprechenden rechtlichen Werten ausgestaltet wurden, die nicht den gegenwärtigen Überzeugungen der ukrainischen Gesellschaft und des Staates entsprechen. So betonte selbst der Justizminister im Jahr 2011 die Diskre-

---

889 Vgl. die Verordnung des ukrainischen Parlaments Nr. 2296-12 über das Konzept der gerichtsverfassungsrechtlichen Reform vom 28.04.1992, Punkt 2 Abs. 2 Nr. 4 und 5.

890 Vgl. die Verordnung des ukrainischen Parlaments Nr. 2296-12 über das Konzept der gerichtsverfassungsrechtlichen Reform vom 28.04.1992, Punkt 7 Abs. 5.

891 Vgl. die Verordnung des ukrainischen Parlaments Nr. 2296-12 über das Konzept der gerichtsverfassungsrechtlichen Reform vom 28.04.1992, Punkt 7.

panz eines Teils der Regelungen in der ukrStPO mit europäischen Standards in Fragen des Strafverfahrens sowie die Verfassungswidrigkeit einiger Normen.[892] Die Schaffung eines neuen ukrStPO-Entwurfs hatte zwar schon mit der Billigung des Konzepts der gerichtsverfassungsrechtlichen Reform im Jahr 1992 begonnen. Mit dem Eintritt der Ukraine in den Europarat im Jahr 1995 entstand jedoch ein weiterer Druck und die Verpflichtung eine neue ukrStPO zu gestalten, da der Europarat die ukrStPO stark kritisiert hatte.[893] Die bedeutsamsten Änderungen in der ukrStPO wurden im Jahr 2001 verabschiedet,[894] als im Zusammenhang mit der Einführung des neuen ukrStGB im Gesetz umfangreiche Änderungen vorgenommen wurden.

Eine neue ukrStPO ist aber auch ein wichtiges Element der euroatlantischen Bestrebungen der Ukraine, denn seit dem Jahr 2005 ist die Billigung einer neuen ukrStPO ein Bestandteil der jährlichen Pläne bzgl. der Zusammenarbeit zwischen der Ukraine und der Europäischen Union sowie der NATO.[895]

Nachdem die Ukraine während der letzten 12 Jahre acht vergebliche Versuche der Vorbereitung eines Entwurfs einer neuen StPO unternommen hatte, plante die ukrainische Regierung erneut noch im Jahr 2011 das Projekt der neuen ukrainischen StPO der *Europäischen Kommission für Demokratie durch Recht* (Venedig-Kommission) und anschließend dem ukrainischen Parlament zur Erörterung vorzulegen.[896]

Beim Abschluß dieser Arbeit am Ende des Jahres 2011 war die Anhörung der Venedig-Kommission wohl abgeschlossen, eine Vorlage des StPO-Entwurfs beim Parlament aber noch nicht erfolgt, da ganz offensichtlich ein überarbeiteter Entwurfstext noch nicht vorlag.

So bestand – kurz vor Drucklegung dieser Arbeit – hier nur noch die Möglichkeit einer wenigstens kurzen Schilderung des Beratungsverlaufs sowie die Bennennung einiger weniger herausragender inhaltlicher Änderungen.

---

892 Vgl. *Ukrainisches Justizministerium*, Nachrichten vom 16.06.2011, http://www.minjust. gov.ua/0/35664, 24.06.2011.

893 Vgl. *Ukrainisches Justizministerium*, Nachrichten vom 31.12.2008, http://www.minjust. gov.ua/0/18102, 24.06.2011.

894 Bekannt unter dem Namen „Kleine gerichtliche Reform" (*мала судова реформа*).

895 Vgl. *Ukrainisches Justizministerium*, Nachrichten vom 31.12.2008, http://www.minjust. gov.ua/0/18102, 24.06.2011.

896 Vgl. *Ukrainisches Justizministerium*,
Nachrichten vom 09.06.2011, http://www.minjust.gov.ua/0/35563, 24.06.2011;
Nachrichten vom 16.06.2011 http://www.minjust.gov.ua/0/35664, 24.06.2011;
Nachrichten vom 05.07.2011 http://www.minjust.gov.ua/0/35980, 17.07.2011.

Am 12. Januar 2012 legte Präsident *Yanukovyč* dem ukrainischen Parlament den Entwurf einer Strafprozessordnung zur Beschlusfassung vor.[897] Er betonte, dass die Ukraine diese neue Prozessordnung so schnell wie möglich benötige. Alles läge nun im Fortgang des Beratungsprozesses beim Parlament. Gleichzeitig wies er darauf hin, dass die neue Prozessordnung europäischen Standards entspreche, nachdem ukrainische und europäische Experten gemeinsam fast ein Jahr am Entwurf dieses Gesetzbuches gearbeitet hätten.[898]

Diese Einschätzung betonte auch sein Berater *Andriy Portnov*:[899] Die bisher geltende StPO sei „moralisch und technisch" überholt gewesen, habe die Menschenrechte und Freiheiten nicht beachtet und habe daher ersetzt werden müssen. Man habe fast alle Anmerkungen der europäischen Experten berücksichtigt. Die Schaffung einer solchen Strafprozessordnung sei seit dem Beitritt der Ukraine zum Europarat im Jahr 1995 eine internationale Verpflichtung gewesen. Sie enthalte in einigen Bereichen geradezu revolutionäre Neuerungen wie die Einführung von „Geschworenengerichten".[900]

Der Justizminister der Ukraine *Oleksandr Lavrynovyč* meinte bildhaft, zwischen der StPO von 1961 und der von 2012 bestünde ein Unterschied wie zwischen einem „Abgrund" und dem „Mount Everest"[901]. Auch andere Politiker und Experten äußerten sich überwiegend positiv zum neuen Entwurf, betonten aber zum Teil auch weiteren Klärungsbedarf, bzw. hielten eine grundlegende Änderung im Denken zahlreicher Beteiligter am Justizprozess für erforderlich.[902]

---

897 Vgl. Pressemitteilung vom 24.01.2012: Criminal Procedure Code: to amend or to rewrite: In: Internet Zeitung forUm, http://en.for-ua.com/analytics/2012/01/24/194808. html, 26.06.2012. Der Entwurf der neuen StPO ist unter http://www.minjust.gov.ua/0/35980 abrufbar, 26.06.2012.

898 Vgl. Pressemitteilung vom 26.01.2012: Yanukovyč: Ukraine needs new Criminal Procedure Code adopted as soon as possible. In: Internet Zeitung forUm vom 30.01.2012; http://en.for-ua.com/news/2012/ 01/30/104035.html, 26.06.2012.

899 Vgl. Pressemitteilung vom 24.01.2012 (s. o. Fn. 897); vgl. auch *President submits new Criminal Procedure Code to Parliament*, vom 13.01.2012.

900 Vgl. Pressemitteilung vom 13.01.2012: President submits new Criminal Procedure Code to Parliament; http://www.nrcu.gov.ua/index.php?id=148&listid=161459, 26.06.2012; *Holmov* 2012a, vom 18.01.2012.

901 Vgl. Pressemitteilung vom 24.01.2012 (s. o. Fn. 897).

902 Vgl. Pressemitteilung vom 24.01.2012 (s. o. Fn. 897); Pressemitteilung vom 25.01.2012: U. S. Embassy in Ukraine: Adoption of the new Criminal Procedure Code will stimulate new reforms in Ukraine, http://www. partyofregions.org.ua/en/news/politinform/show/ 8285, letzter Zugriff: 26.06.2012. Pressemitteilung vom 06.02.2012: With adoption of new Criminal Procedure Code Ukrainians can breathe a sigh of relief, abrufbar unter: http://en.for-ua.com/news/2012/02/06/163223.html, letzter Zugriff: 26.06.2012.

Auch die parlamentarische Versammlung des Europarates begrüßte in ihrer Versammlung vom 26.01.2012 die Vorlage des Entwurfes durch den Präsidenten und forderte das Parlament auf, diesen unter voller Berücksichtigung aller Vorschläge der Venedig-Kommission (Ziffer 8.4) zu verabschieden. Gleichzeitig übte die Versammlung aber auch harte Kritik und erneuerte ihre tiefe Sorge bzgl. der fehlenden Unabhängigkeit der Jusitz in der Ukraine und sah hierin die Hauptherausforderung für das Justizsystem der Ukraine (Ziffer 6.1). Darüber hinaus forderte sie die ukrainische Regierung auf, in den Verfahren gegen ehemalige Regierungsmitglieder (u. a. gegen *Yulia Tymošenko*) die gesundheitliche Behandlung der Betroffenen ausserhalb des Gefängnisses zu ermöglichen (Ziffer 10).[903]

Der Präsident des ukrainischen Präsidents *Volodymyr Lytvyn* knüpfte am 3. Februar 2012 an diese Kritik an und meinte, die Ukraine sollte den Empfehlungen der Parlamentarischen Versammlung in der allernächsten Zukunft folgen, nicht weil der Europarat bzw. die Europäische Gemeinschaft diese Veränderungen brauche, sondern die Ukraine selbst. Eine erste Beratung des Entwurfs des Präsidenten und zweier Alternativentwürfe sollte am 9. Februar 2012 erfolgen. Gleichzeitig kündigte er die Einsetzung einer Kommission des Parlaments an, die nach der ersten Lesung die vorliegenden Entwürfe gründlich beraten und möglichst in einem Dokument zusammenfassen sollte.[904]

Auch Präsident *Yanukovyč* nahm die Kritik der Parlamentarischen Versammlung auf und offenbarte in einer Erklärung, dass er den Fall „*Tymošenko*" nach Einführung der neuen StPO vor dem Hintergrund der dort geplanten Einrichtung eines Geschworenengerichts prüfen wolle und für eine eventuelle Begnadigung offen sei.[905] Ganz offensichtlich erklärt der politische Druck im Fall „*Tymošenko*" daher auch die allseits angemahnte Eile der Verabschiedung der StPO.

Am Ende der ersten Lesung des Entwurfs am 9. Februar 2012 empfahl das Parlament eine gründliche Überarbeitung des eingebrachten Entwurfs vor der 2. Lesung.[906] Auch außerhalb des Parlaments entbrannte eine zum Teil heftige kontroverse Diskussion. Während Regierungsvertreter herausstellten, dass in der Verabschiedung einer neuen StPO erstmals seit der Unabhängigkeit der Ukraine

903 Vgl. *Council of Europe* 2012, Nr. 10.

904 Pressedienst des ukrainischen Parlaments. Erklärung des Präsidenten des Parlaments *V. Lytvyn* vom 03.02.2012, abrufbar unter: http://www.rada.gov.ua/, 26.06.2012.

905 Vgl. Pressemitteilung vom 28.02.2012: President says he is open to a pardon of Tymoshenko when EU-style criminal code is approved, abrufbar unter: http://www.prnewswire.com/news-releases/president-says-he-is-open-to-a-pardon-of-tymoshenko-when-eu-style-criminal-code-is-approved-140679363.html, letzter Zugriff: 26.06.2012.

906 Vgl. Pressemitteilung der Ukrainian Helsinki Human Rights Union vom 07.03.2012: Parliaments advised to revise draft criminal procedure law; abrufbar unter: http://www.helsinki.org.ua/en/ index.php?id=1331110486, letzter Zugriff: 26.06.2012.

der politische Wille spürbar werde, die Situation in der Kriminaljustiz des Landes zu ändern,[907] hoben Kritiker zahlreiche Ungereimtheiten, Fehler und Verfassungsverstöße hervor.[908]

Vom 10. bis 13. April 2012 erörteten die Abgeordneten schließlich in 2. Lesung nicht nur die 614 Artikel der neuen Strafprozessordnung sondern auch 3.716 Änderungsvorschläge, die allerdings meistens nicht berücksichtigt wurden.[909] Mit der Auflage, dass ein Fachkomitee des Parlaments technisch-juristische Nacharbeit leisten und das Gesetzbuch für die Unterzeichnung vorbereiten sollte wurde es letztlich insgesamt verabschiedet.[910]

Die neue StPO wurde als „willkommener Erfolg für unsere Nation" bewertet und entspreche voll der ukrainischen Verfassung.[911] Auch die Parlamentarische Versammlung des Europarates stellte fest, dass die neue StPO den europäischen Normen vollständig entspreche und „im Falle einer Einhaltung in vollem Umfang und ohne Vorbehalt zu einem wichtigen Schritt auf dem Wege der Lösung einer Reihe von Problemen im Rechtsprechungssystem der Ukraine werden" könne, die in der oben bereits erwähnten Resolution vom 26. Januar 2012 kritisch angesprochen worden waren.[912]

907 Vgl. *Ukrainisches Justizministerium*, Nachrichten vom 24.02.2012, http://www.minjust. gov.ua/0/39030, 26.06.2012; Pressemitteilung von *Y. Mirošnyčenko* vom 13.02.2012: New criminal procedure code to take effect this parliamentary session, abrufbar unter: http://www. miroshnychenko.com/press-center/%D0%BEfficial-position/2012.02.13-/-new-criminal-procedure-code-to-take-effect-this-parliamentary-session.html.

908 Vgl. Pressemitteilung der Ukrainian Helsinki Human Rights Union vom 07.03.2012 (s. o. Fn. 906); Pressemitteilung von *V. Kolisničenko* vom 16.02.2012: And again about who whom has „stopped", in: Human rights public movement, abrufbar unter: http://www.r-u.org.ua/en/news/466-admin.html, 26.06.2012.

909 Vgl. Pressemitteilung vom 13.04.2012: Werchowna Rada der Ukraine verabschiedete die neue Strafprozessordnung, abrufbar unter: http://deu.ukrinform.com/content/ werchowna-rada-der-ukraine-verabschiedete-die-neue-strafprozessordnung, letzter Zugriff: 26.06.2012; *Holmov* 2012b.

910 Vgl. Pressemitteilung vom 13.04.2012 (s. o. Fn. 909).

911 Vgl. Pressemitteilung von O. Yefremov vom 13.04.2012: Adoption of Ukraine's new criminal procedure code on 2nd reading a welcome success for our nation, abrufbar unter: http://www.unian.info/news/497763-adoption-of-ukraines-new-criminal-procedure-code-on-2nd-reading-a-welcome-success-for-our-nation.html, letzter Zugriff: 26.06.2012.

912 Vgl. Pressemitteilung vom 14.04.2012: Die neue Strafprozessordnung der Ukraine entspreche den europäischen Normen – Parlamentarische Versammlung des Europarates, abrufbar unter: http://deu.ukrinform. com/content/der-neue-strafprozessordnung-der-ukraine-entspreche-den-europ%C3%A4ischen-normen-%E2%80%93-parlamentarisc, letzter Zugriff: 26.06.2012.

Am 14. Mai unterzeichnete der ukrainische Präsident *Yanukovyč* die neue Strafprozessordnung.[913] Diese ist inzwischen auch öffentlich zugänglich.[914] Sie soll sechs Monate nach der Unterzeichnung – also noch im November 2012 – in Kraft treten (Kapitel X Ziff. 1 ukrStPO 2012).

Man mag schon daran zweifeln, ob das neue Gesetz in dieser kurzen Zeit in die Justizpraxis umgesetzt werden kann.[915] Selbst Regierungsmitglieder geben inzwischen zu, dass die neue StPO wohl nur „Schritt für Schritt" dort eingebracht werden kann und sich dann aber dort auch bewähren müsse.[916]

So zeigt etwa eine Meldung von *Amnesty International* aus dem Mai 2012, dass die Verhältnisse in der Justizpraxis ganz offensichtlich nicht dem Reformeifer und -willen bei der Gesetzgebung entsprechen. Trotz großer Fortschritte im Rechtssystem und beim Schutz der Menschenrechte seien in der Ukraine weiterhin systematische Menschenrechtsverletzungen weit verbreitet. Folter und andere Misshandlungen in Gefängnissen und im Polizeigewahrsam seien an der Tagesordnung, wobei die Sicherheitskräfte weitgehend Straffreiheit genießen. Viele Menschen würden ohne triftige Gründe in Untersuchungshaft festgehalten, was die Sicherheitskräfte in vielen Fällen ausnutzten um Geld oder Geständnisse zu erpressen.[917]

9.2.2 Wichtige inhaltliche Neuregelungen der ukrStPO 2012

Die neue ukrainische StPO hat das seit 1992 vorgesehene Ziel der Schaffung einer eigenen Jugendgerichtsbarkeit nicht aufgegriffen. Vielmehr bleibt es zunächst auch in Zukunft bei der zurzeit noch geltenden Rechtslage, dass die Strafsachen in Jugendstrafverfahren vor den allgemeinen Gerichten verhandelt werden. Das Verfahren selbst richtet sich nach wie vor nach den allgemeinen Verfahrensvorschriften – künftig der StPO 2012 und den besonderen Vorschriften des dortigen Kapitels 38 mit den §§ 484 bis 502.

Während nach § 120 der ukrStPO 1961 das Ermittlungsverfahren in zwei bis sechs Monaten als Regelfall abgeschlossen werden sollte und nur in Ausnahmefällen durch den Generalstaatsanwalt darüberhinaus verlängert werden konnte,

---

913   Vgl. Der Präsident unterzeichnete die neue Strafprozessordung, Pressemitteilung vom 14.05.2012, abrufbar unter: http://deu.ukrinform.com/content/der-pr%C3%A4sident-unterzeichnete-die-neue-strafprozessordnung, letzter Zugriff: 26.06.2012.

914   Die neue ukrStPO ist auf der Internetseite des Ukrainischen Parlaments abrufbar: http://zakon1.rada.gov.ua/laws/show/4651-17/ed20120413/paran2#n2, letzter Zugriff: 26.06.2012.

915   Vgl. *Holmov* 2012b.

916   Vgl. Pressemitteilung der Regierung vom 17.04.2012: New CPC step towards fair trial, abrufbar unter: http://www. nrcu.gov.ua/index.php?id=148&listid=168869, letzter Zugriff: 26.06.2012; *Holmov* 2012b.

917   Vgl. *Amnestie International* 2012.

was in der Praxis wohl zu einer Dauer von mehreren Jahren führen konnte,[918] dürfen nach § 219 StPO 2012 die Ermittlungen maximal sechs Monate, in schweren Fällen bis zu einem Jahr dauern. Wird der Prozess nicht innerhalb eines Jahres beendet, ist der Verdächtige freizusprechen.

Während nach § 246 der ukrStPO 1961 der Richter das Verfahren auch nach Prozesseröffnung zu weiteren Ermittlungen zurückgeben konnte, ist dies nach dem neuen Recht nicht mehr möglich. Vielmehr hat die Staatsanwaltschaft nach Abschluß der Ermittlungen das Verfahren an das Gericht abzugeben, das dann allein das Verfahren in der Hand hat und dieses mit einem Schuld- oder Freispruch beendet.

Während nach der ukrStPO 1961 ein Täter-Opfer-Ausgleich gesetzlich nicht vorgesehen war, soll dies künftig in minderschweren Fällen erlaubt sein (§ 468 ff.).

Neu ist in der ukrStPO 2012 die Regelung, dass das Gericht einen Hausarrest bis zu zwei Monaten verhängen kann, der elektronisch kontrolliert wird (§ 176 Abs. 1 Nr. 4, § 181). *Dünkel* sieht für Deutschland eher keinen entsprechenden Handlungsbedarf für eine Einführung dieser Maßnahme.[919]

Während nach § 156 der ukrStPO 1961 die Untersuchungshaft 2 bis 18 Monate dauern konnte – was in der Praxis allerdings nicht eingehalten wird (siehe *Kap. 8.3.2*) – dauert die Untersuchungshaft nach dem neuen Recht 2 bis 6 Monate, in schweren Fällen bis zu ein Jahr. Danach ist der Verdächtige automatisch aus der Untersuchungshaft zu entlassen (§§ 197 Abs. 3, 203).

Während nach der ukrStPO 1961 die Staatsanwaltschaft deutlich mehr Rechte hatte als die Verteidigung, ist die neue StPO erkennbar bemüht zwischen Staatsanwaltschaft und der Verteidigung „Waffengleichheit" herzustellen. So soll der Verteidiger das Recht haben Beweise einzuführen, z. B. durch Benennung von Zeugen, Sachverständige unmittelbar selbst zu befragen, Akten einzusehen und diese zu kopieren, Ermittlungshandlungen zu beantragen, an ihnen teilzunehmen bzw. solche auch abzulehnen (§ 7 Abs. 1 Nr. 15, § 22).

Nach der ukrStPO 1961 wurde ein Strafverfahren erst nach Bestätigung und positiver Entscheidung durch den Ermittler eröffnet, nach neuem Recht beginnt ein Strafverfahren sofort nach der Strafanzeige.

Eine weitere Veränderung des Beweisrechts betrifft das Recht der Zeugeneinvernahme. Während nach dem noch bestehenden Recht Zeugenaussagen im Ermittlungsverfahren von der Staatsanwaltschaft durchgeführt werden, sollen Zeugen demnächst nur vor Gericht gehört werden. Sollte die Staatsanwaltschaft diese vorher anhören wollen, so braucht sie hierfür eine besondere Erlaubnis eines Ermittlungsrichters, der an der Vernehmung teilnimmt (§ 225).

918 Vgl. *European Centre for a Modern Ukraine* 2012, S. 3; ferner die Pressemitteilung von *V. Kolisničenko* vom 16.02.2012 (s. o. Fn. 908).

919 Vgl. *Dünkel* 2009, S. 80.

Offensichtlich vor dem Hintergrund des Falles „*Yulia Tymošenko*", die in dem gegen sie durchgeführten Strafverfahren ein Geschworenengericht für sich eingefordert hatte, war die Einführung dieser Gerichte während des Verfahrens der Beschlußfassung der neuen StPO zu einem Politikum geworden. Die neue StPO hat hier zu einem Kompromiss gefunden in der Weise, dass der Angeklagte ein solches Schwurgerichtsverfahren fordern kann, wenn er die Verurteilung zu lebenslanger Freiheitsstrafe befürchten muss (§ 383 ff.). Im *deutschen* Strafprozessrecht würde dieses Geschworenengericht wohl am ehesten dem System einer Großen Strafkammer bzw. der Schwurgerichtskammer am Landgericht entsprechen.

Nach dem noch geltenden Recht sieht die ukrainische StPO 1961 die Nichtöffentlichkeit der Gerichtssitzung für Jugendliche vor, die ihr 16. Lebensjahr noch nicht vollendet haben. Die internationalen Standards sehen jedoch den Ausschluß der Öffentlichkeit auch für diejenigen Personen vor, die ihr 18. Lebensjahr noch nicht vollendet haben (vgl. *Kap. 7.3.3.2*). Die ukrainische StPO 2012 beseitigt nunmehr diesen Verstoß (siehe § 27 Abs. 2 Nr. 1) und schreibt künftig grundsätzlich für Personen unter 18 Jahren eine nichtöffentliche Gerichtssitzung vor.

9.3 Reformanstöße des Jahres 2008

Ein wichtiger Schritt für die aktuellen Reformbemühungen im Bereich des materiellen und formellen Strafrechts und des Strafvollzugs erfolgte bereits im Jahr 2008.

Im April 2008 gab der Präsident zwei Erlasse bekannt, die einerseits ein Konzept zur Reform der Kriminaljustiz im Allgemeinen (311/2008, vom 08.04.2008) und andererseits ein Konzept zur Reform des staatlichen Strafvollstreckungsdienstes (401/2008, vom 25.04.2008) zum Inhalt hatten.

9.3.1 Das Konzept zur Reform der ukrainischen Kriminaljustiz

Das Konzept zur Reform der Kriminaljustiz leitete die in der Strafrechtspflege zu lösenden Aufgaben aus einer Analyse der bisherigen Gesetzgebung und der weiterhin bestehenden tatsächlichen Situation ab. Es wird ein organisatorischer Umbau und eine Funktionsabgrenzung von Gerichten und Ermittlungsorganen vorgestellt.

Das Konzept nennt als Reformziele den Opferschutz und die Schadenswiedergutmachung sowie die Gewährleistung der „Effektivität" des strafrechtlichen Gerichtsverfahrens, d. h., die Strafe aus dem jeweiligen Gerichtsverfahren soll in Art und Höhe so gestaltet sein, dass eine erneute Straffälligkeit des Beschuldigten „mit großer Aussicht auf Erfolg" vermieden werden kann. Überdies sollen die Entwicklung von Bewährungshilfeinstitutionen, die Verbreitung der Anwen-

dung von „Restorative justice"-Prinzipien und spezielle Verfahren der Jugendgerichtsbarkeit angestrebt werden.[920]

9.3.2 Das Konzept zur Reform des ukrainischen Strafvollstreckungsdienstes

Das Konzept zur Reform des staatlichen Strafvollstreckungsdienstes[921] und
Teile des Konzepts zur Reform der Kriminaljustiz nahm das Ministerkabinett im
November 2008 auf und billigte in einer Anordnung *„ein Konzept des Programms der Reform des Staatlichen Strafvollstreckungsdienstes bis zum Jahr
2017"*.[922] Dieses Konzept benennt die folgenden Problemlagen und Handlungsschwerpunkte:

- Der bauliche Zustand der Haftanstalten ist veraltet und ist an europäische Standards anzupassen.[923] Dies gilt insbesondere für die Vollzugsanstalten für Frauen und Jugendliche. Wie bereits in *Kap. 8.3.2.1*
  erwähnt wurde, sind die Untersuchungshaftanstalten zum Teil über
  hundert Jahr alt, befinden sich meistens in zentralen Stadtbezirken und
  sind in einem kritischen Zustand.[924] Im Januar 2010 hat die ukrainische Regierung die Entscheidung getroffen, eine zwischenbehörd-
  liche Arbeitsgruppe zu schaffen, die sich mit der Frage der Verlegung
  der Untersuchungshaftanstalten in Gebiete außerhalb der Zentren der
  großen Städte auseinandersetzt.[925]
- Bei den Gefangenen ist ein niedriges Bildungsniveau festzustellen.
  Eine Änderung der Bedingungen und der Organisation, unter denen in
  den Anstalten Arbeit geleistet wird, ist vorzunehmen.
- Die medizinische Versorgung von Gefangenen ist zu verbessern, da
  unter den Gefangenen Erkrankungen wie Tuberkulose und Aids verbreitet sind.

---

920 Vgl. Erlass des ukrainischen Präsidenten über Billigung des Konzepts zur Reform der
Kriminaljustiz Nr. 311/2008 vom 08.04.2008.

921 Vgl. Erlass des ukrainischen Präsidenten über Billigung des Konzepts zur Reform des
Strafvollstreckungsdienstes Nr. 401/2008 vom 25.04.2008.

922 Vgl. die Anordnung des ukrainischen Ministerkabinetts „über die Billigung des Konzepts des staatlichen zweckgebundenen Programms der Reform des Staatlichen Strafvollstreckungsdienstes bis zum Jahr 2017" vom 26.11.2008, Nr. 1511-p.

923 Dazu s. o. *Kap. 8.*

924 Vgl. *Kalašnik* 2008, S. 9.

925 Vgl. *Ukrainisches Justizministerium*, Nachrichten vom 26.02.2010, http://www.minjust.
gov.ua/0/24865, 24.06.2011.

- Es ist durch nicht ausreichend ausgebildetes Personal eine unwürdige Behandlung der Gefangenen zu verzeichnen. Beschwerden werden nicht rechtzeitig und nicht objektiv bearbeitet.
- Die Arbeit der Strafvollstreckungsinspektionen ist nach dem Beispiel der Bewährungshilfe in anderen europäischen Staaten neu zu organisieren.

Die Verwirklichung des Programms ist in Etappen von 2008 bis 2012 und von 2013 bis 2017 geplant. Zunächst sollen die rechtlichen und organisatorischen Grundlagen geschaffen werden, unter Nutzung europäischer Erfahrungen, auch durch den Bau von Modellhaftanstalten. Die Zahl der Gefangenen soll gesenkt und die Vollzugsmitarbeiter sollen besser ausgebildet werden. In der zweiten Etappe sollen die Haft- und Untersuchungshaftanstalten an die europäischen Standards angepasst und ein Bewährungshilfedienst geschaffen werden.

9.4 Bewährungshilfe – Reorganisation der Strafvollstreckungsinspektion in einen Bewährungsdienst

Das bereits im *Kapitel 9.3.1* erwähnte Konzept zur Reform der Kriminaljustiz (Nr. 311 vom 08.04.2008) sieht vor, dass das Institut der Bewährungshilfe funktionieren muss, damit gewährleistet wird, dass das Gericht ausreichend mit Informationen über die sozialen Hintergründe eines Beschuldigten mit dem Ziel der Anwendung einer vorläufigen oder einer strafrechtlichen Maßnahme unterrichtet wird. Dies wird darüber hinaus insbesondere auch in den Internationalen Dokumenten, z. B. den sog. Tokio-Rules vom 14.12.1990 (vgl. Generalversammlung Resolution Nr. 45/110), der Empfehlung des Europarats Rec (92) 16 und ferner der Empfehlung Rec (2000) 22 vorgesehen und den Mitgliedstaaten zur Umsetzung empfohlen.

In der Ukraine gibt es noch keine Rechtsvorschriften für die Institution der Bewährungshilfe. Die in § 6 Abs. 3 AmtBehInsG bis Februar 2007 vorgesehene Gründung eines „Gerichtserzieherinstituts" bei Gerichten (dazu näher s. o. *Kap. 6.2.5*) kam dem Ansatz nach der Einrichtung einer Bewährungshilfe nahe, wurde aber nicht weiter verfolgt und die Norm später aufgehoben.

Dabei ist die Frage der Einführung dieses Instituts in das ukrainische Strafrecht eng mit der Frage der Einführung der Jugendgerichtsbarkeit verbunden. Indes gibt es einige Argumente dafür, dass die heute geltende strafrechtliche Gesetzgebung faktisch schon die Regelung der Bewährungshilfe als Möglichkeit enthält.[926] So wird in § 104 i. V. m. §§ 75-78 ukrStGB die Analogie einer Bewährungshilfe gesehen (zu diesen Regelungen s. o. *Kap. 5.2.5*). Dort ist die sog. *Befreiung von der Verbüßung der Freiheitsstrafe mit Erprobung* geregelt. Diese wird dann angewendet, wenn das Gericht zu der Auffassung gelangt, dass eine

---

926 Vgl. *Beca/Ovčarova* 2007, S. 54.

Besserung des straffälligen Jugendlichen ohne Verbüßung der Freiheitsstrafe oder des Arrests (seit April 2008) eintreten wird. Das Gericht bestimmt in diesem Fall die Probezeit und legt dem Straffälligen bestimmte Pflichten und Weisungen auf. Es kann bestimmten Personen mit deren Einverständnis eine Pflicht zur Aufsicht über den Verurteilten und die Durchführung einer erzieherischen Arbeit mit ihm auferlegen (s. o. *Kap. 5.2.5*).

Auf den ersten Blick kann man überdies auch bei den Aufgaben der ukrainischen Strafvollstreckungsinspektion (dazu s. o. *Kap 8.2.2*) an die Zuständigkeiten einer Bewährungshilfe denken.[927]

Dabei ist richtig, dass sich das ukrainische System der Bewährung, die sog. Befreiung von der Verbüßung der Freiheitstrafe mit Erprobung (s. o. *Kap. 5.2.5*), insofern nicht von dem Bewährungshilfeinstitut in Deutschland unterscheidet, als es erst nach der Gerichtsentscheidung greift. Die ukrainischen Strafvollstreckungsinspektionen können naturgemäß erst nach der jeweiligen gerichtlichen Entscheidung tätig werden.

In *Deutschland* beginnen Maßnahmen zur Resozialisierung einer Person allerdings bereits im Stadium des Vorverfahrens und werden dort durch die Jugendgerichtshilfe wahrgenommen (s. o. *Kap. 6.2*).

Im Jahr 2007 wurde ein *Entwurf des Konzepts zur Schaffung und Entwicklung des Bewährungssystems in der Ukraine für die Jahre 2008-2018* erarbeitet.[928] Die Reform des staatlichen Strafvollstreckungsdienstes (Konzept Nr. 401 vom 25.04.2008) sieht die Schaffung einer Bewährungshilfe auf Grundlage der Strafvollstreckungsinspektionen vor. In der Ukraine gibt es aber noch kein normatives Dokument, das die Tätigkeit dieses Instituts ausdrücklich bestimmt.[929]

Momentan begleiten Fachleute des Justizministeriums zwei Gesetzentwürfe zur Bewährungshilfe, die im Jahr 2010 im Parlament eingebracht worden sind.[930] Die Gesetzentwürfe zur Einführung der Bewährungshilfe sehen als eine Struktureinheit des Strafvollzugsamts den Umbau der bestehenden Strafvollstreckungsinspektion in ein Bewährungshilfeinstitut vor. Eine Entscheidung des Parlaments steht noch aus.

Ob eine so zu schaffende Bewährungshilfe dann etwa auch Aufgaben der Gerichtshilfe im Ermittlungsverfahren übernehmen soll, z. B. durch Ermittlun-

---

927 Vgl. *Beca* 2008, S. 48.

928 Internetquelle: http://probation.at.ua/news/2008-08-20-9, 23.03.2011. Dieses Projekt wurde durch eine Expertengruppe in Rahmen der Zusammenarbeit zwischen der gesellschaftlichen Einrichtung „Molod' za demokratiju" (Charkiv) und UNICEF erarbeitet. „Erarbeitung der rechtlichen Grundlagen für die Schaffung der Bewährungshilfe, als ein Element der vorbeugenden Arbeit der Jugendgerichtsbarkeit". Siehe dazu auch *Romanenko* 2008, S. 74.

929 Vgl. *Beca* 2008, S. 74.

930 Die Initiatoren der Gesetzesentwürfe sind die Abgeordneten *V. D. Švec'* und *O. B. Feldman*, vgl. Nachrichten des ukrainischen Justizministeriums vom 26.02.2010.

gen zu den sozialen Hintergründen und der Persönlichkeit des Jugendlichen, wird abzuwarten sein. In *Deutschland*, speziell auch in Mecklenburg-Vorpommern besteht dieses Bestreben nach der Schaffung einheitlicher *Sozialer Dienste der Justiz*. So hat man in Mecklenburg-Vorpommern in einer wichtigen Vorentscheidung im Jahr 1991 die Fachbereiche Gerichtshilfe, Bewährungshilfe und Führungsaufsicht zu den Sozialen Diensten der Justiz zusammengelegt. Alle diese drei Bereiche werden seitdem zwar als einzelne Fachbereiche wahrgenommen, die sich daraus ergebenden Arbeitsfelder aber als ganzheitliche Aufgabe betrachtet und in Personalunion ausgeführt.[931]

9.5 (Gesetzliche) Perspektiven der Entwicklung der wiedergutmachenden Strafrechtspflege (Restorative Justice)

Die Institutionalisierung der wiedergutmachenden Strafrechtspflege in der Ukraine hat auf der Ebene des Präsidenten, des Parlaments und der Regierung positive Rückmeldungen und Unterstützung gefunden. Es sind zahlreiche Konzepte, Gesetze, Erlasse, Entwürfe, Verordnungen u. ä. erarbeitet worden, aber auch Gedanken und Überlegungen.[932] Hier wird nur auf die wichtigsten jugendstrafrechtlichen Reformüberlegungen eingegangen.

9.5.1 Empfehlungen und Grundsätze

Im Jahr 1999 hat der Europarat die Empfehlung Nr. R (99) 19 an die Mitgliedstaaten[933] bzgl. der „Mediation in Strafsachen (Täter-Opfer-Ausgleich)" beschlossen. Diese Empfehlung sieht die Berücksichtigung und Entwicklung von Mediation (Restorative Justice-Programmen) in der jeweiligen nationalen strafrechtlichen Gesetzgebung vor.

Im ukrainischen Recht gibt es bereits Voraussetzungen für die Anwendung von Mediation in verschiedenen Stadien des Strafverfahrens (s. o. *Kap. 5.2.4* und *7.1.4*). Der Verwirklichung dieser Ideen dienen auch spezielle Normen des neuen ukrStGB, z. B § 175 (Nichtauszahlung des Lohnes, Stipendiums, der Rente, etc.), § 289 (rechtswidrige Inbesitznahme eines Fahrzeugs), § 369 (Bestechung), wenn der Beschuldigte zwischenzeitlich den Schaden vollständig wieder gut gemacht hat.[934]

931 Vgl. *Jesse/Kramp* 2008, S. 135 ff.
932 Vgl. dazu *Kanevs'ka* 2008 S. 8 ff.
933 Die Ukraine ist seit dem 9. November 1995 Mitglied des Europarats.
934 Vgl. *Zemlyans'ka* 2008, S. 114.

Bisher ungelöst ist für ein Verfahren der Mediation die Anknüpfung an die ukrainische Strafprozessordnung, da darin spezielle Regelungen fehlen, die einen Ausgleich zwischen Täter und Opfer erleichtern würden.[935] Die neue StPO 2012 sieht nunmehr einen Täter-Opfer-Ausgleich in minder schwerden Fällen vor (siehe *Kap. 9.2.2*).

Der Beginn von Programmen der Restorative Justice in der Ukraine liegt im Jahr 2003. Die Initiative kam von der wohltätigen Organisation *Ukrainian Centre for Common Ground*[936] (im Folgenden: UCCG). Zusammen mit der Unterstützung des Obersten Gerichts, der Richterakademie (*Академія суддів*) und des ukrainischen Justizministeriums wurde ein Pilotprojekt zur Einführung von Restorative Justice[937] (Mediation) im ukrainischen Rechtssystem auf den Weg gebracht. Dieses sah zunächst vor, den Rechtsschutz- und Gerichtsorganen der Ukraine die Mediation als Rechtsinstitut vorzustellen und bekanntzumachen sowie Fachleute für ihre weitere Entwicklung auszubilden.[938]

Das Plenum des Obersten Gerichts in der Ukraine hat im Jahr 2004 eine positive Bilanz des Pilotprojekts gezogen und empfahl in zwei Verordnungen[939] einen Akzent auf die Unterstützung von gesellschaftlichen Organisationen zu legen, die sich den Ausgleich zwischen Täter und Opfer vor Gericht zum Ziel gemacht haben.[940]

Außerdem wurde im Jahr 2005 beim Justizministerium eine interinstitutionelle Arbeitsgruppe[941] geschaffen. Ziel dieser Gruppe war es, die Mediation in Strafsachen auf möglichst vielen Verfahrensebenen zu etablieren und die dazu

---

935 Vgl. *Zemlyans'ka* 2008, S. 115.

936 Das *Ukrainian Center for Common Ground* (UCCG) ist eine Nichtregierungsorganisation in der Ukraine, die im Jahr 1994 gegründet wurde. Ziel der Organisation ist es, „die Grundlagen für eine Konfliktlösung innerhalb des ukrainischen Volkes" zu ändern: von der Rivalität zur Zusammenarbeit, vgl. *Zemlyans'ka* 2008, S. 100.

937 Wie es in der ECOSOC Resolution 2002/12 *Basic Principles on the use of restorative justice programmes in criminal matters* vorgesehen ist.

938 Vgl. *Koval'* 2005, S. 8 ff.

939 Vgl. die Verordnung des POGU über die Anwendungspraxis der Gesetzgebung bzgl. der Rechte der Opfer von Straftaten Nr. 13 vom 02.07.2004, Ziff. 25; Verordnung des POGU über die Anwendungspraxis der Gesetzgebung bzgl. straffälliger Jugendlicher Nr. 5 vom 16.04.2004, Ziff. 21.

940 Vgl. *Zemlyans'ka* 2008, S. 101.

941 Dieser Arbeitsgruppe gehörten Vertreter des Justizministeriums, des Innenministeriums, des Ministeriums in Angelegenheiten der Familie, junger Menschen und Sport, des Obersten Gerichts, der Staatsanwaltschaft und Wissenschaftler an, vgl. *Žmud'* 2008, S. 24.

benötigten weiteren Änderungen des ukrStGB und der ukrStPO zu erarbeiten.[942]

9.5.2 Gesetzentwürfe des Jahres 2006

Innerhalb des Jahrs 2006 wurden von der Arbeitsgruppe zwei Gesetzentwürfe erarbeitet:

a)   „Über die Mediation (Vermittlung) in Strafsachen".

Dieser Gesetzentwurf bestimmt Grundsätze des Mediationsverfahrens und Formen der Organisation. Das Mediationsverfahren wird auf der Basis der Freiwilligkeit, der Vertraulichkeit sowie der unparteilichen Beteiligung eines Mediators durchgeführt. Die Person, die das Mediationsverfahren durchführt, muss die Fähigkeit haben, einen Konflikt beizulegen sowie über Kenntnisse nicht nur im Recht sondern auch in Soziologie, Pädagogik und Psychologie verfügen, da diese für das Verfahren notwendig sind. Der Gesetzentwurf bestimmt überdies Organisationsformen für die Tätigkeit der Mediatoren, ihre Berufsrechte und Pflichten (u. a. auch Möglichkeiten disziplinarischer Verantwortung), die Vergütung, Sozial- und Rentenversicherung sowie die Besteuerung des Einkommens.[943]

b)   „Über Änderungen zum ukrStGB und zur ukrStPO bzgl. des Mediationsverfahrens (Vermittlung)".

Dieser Gesetzesentwurf erweitert die Möglichkeiten zur „Befreiung der Personen von der strafrechtlichen Verantwortlichkeit" im Zusammenhang mit dem Ausgleich zwischen Täter und Opfer. Außerdem beinhaltet er den Abschluss eines Ausgleichsvertrages in Fällen fahrlässiger Straftaten mittlerer Schwere. Ebenso umfasst er die Möglichkeit der Verhängung einer Strafe von nicht mehr als zwei Drittel der Höchststrafe bei Abschluss eines Ausgleichsvertrages, wenn keine Umstände vorliegen, die eine Strafe erschweren.

Der Entwurf bestimmt die Personen, die das Recht haben das Mediationsverfahren zu initiieren,[944] und enthält Vorschriften zur Dauer, zur Durchführung und zu den Konsequenzen eines solchen Verfahrens. Der Ergebnisbericht über das durchgeführte Verfahren wird durch den Mediator der Person oder der Institution, bei der sich die Strafsache befindet, übergeben. Wenn Täter und Opfer keinen Ausgleich erreicht haben, so wird das Strafverfahren nach dem üblichen

---

942   Vgl. *Žmud'* 2008, S. 24.

943   Vgl. *Zemlyans'ka* 2008, S. 117 f.; auch den Gesetzesentwurf in: Vidnovne Pravosuddya 2007, Nr. 1, S. 35 ff.

944   Gem. § 130-1 des Entwurfes sind dies Opfer, Verdächtiger, Beschuldigter oder Angeklagter sowie die Personen oder Institutionen, bei der die Strafsache anhängig ist mit Zustimmung der eben genannten Personen.

Verlauf weiter geführt. Die wiederholte Durchführung eines Mediationsverfahrens ist nicht gestattet (§130-4 Abs. 3 des Entwurfs).[945]

Beide Gesetzentwürfe sind bisher nicht Gesetz geworden, sie sollen aber offenbar im Zusammenhang mit der Realisierung des im Jahr 2010 durch den Präsidenten *Yanukovyč* erstellten „Konzepts der Entwicklung der Jugendkriminaljustiz" umgesetzt werden (s. u. *Kap. 9.6*).

9.6 Entwicklung der ukrainischen Jugendkriminalrechtspflege

9.6.1 Das staatliche Programm von 2009 „Nationaler Plan bzgl. der Verwirklichung der UN-Kinderrechtskonvention"

Im März 2009 hat der damalige ukrainische Präsident (*Yuščenko*) ein gesamtstaatliches Programm[946] zur Verwirklichung der UN-Kinderrechtskonvention[947] gebilligt (im Folgenden: Programm 2009). Das Ziel des Programms ist die Gewährleistung eines optimalen ganzheitlichen Systems des Kinderrechtsschutzes in der Ukraine, wie dies die UN-Kinderrechtskonvention fordert (Abschnitt 2 des Programms). Es soll unter anderem die Einführung einer eigenständigen Jugendgerichtsbarkeit im Rahmen der bereits erwähnten gerichtsverfassungsrechtlichen Reform geprüft werden. Dies hat das Ziel, eine Verbesserung der nationalen Vorschriften im Bereich des Kinderrechtsschutzes zu erreichen sowie ein effektives Wiedereingliederungssystem für jugendliche Rechtsbrecher zu schaffen (Punkt 4.8 Abs. 12 des Programms).

Darunter fällt unter anderem auch der Rechtsschutz der Jugendlichen, die eine Rechtsverletzung begangen haben. Das Programm sieht diesbezüglich vor, die Prävention von Jugendkriminalität und die Vollzugsbedingungen für jugendliche Straftäter in Übereinstimmung mit internationalen Standards zu bringen (Punkt 4.8 Abs. 1 des Programms).

Die Aufgaben bestehen in der Aktivierung der Jugendkriminalitätsvorbeugung durch die Einführung von neuen Methoden in der Arbeit mit Kindern, die zur Begehung von Straftaten neigen. Bei Jugendlichen im Schulalter ist ihr Rechtswissen zu erhöhen. Weiterhin sollen Jugendliche sozial betreut werden, wenn sie in Vollzugsanstalten untergebracht sind oder aus solchen Anstalten

945 Vgl. *Zemlyans'ka* 2008, S. 118; auch den Gesetzesentwurf in: Vidnovne Pravosuddya 2007, Nr. 1, S. 43 ff.

946 Das ukrainische Gesetz über das gesamtstaatliche Programm „Nationalplan der Tätigkeiten bzgl. Verwirklichung der Kinderrechtskonvention" bis zum Jahr 2016 Nr. 1065-VI vom 05.03.2009.

947 Die UN-Kinderrechtskonvention wurde am 20.11.1989 angenommen und trat am 2.09.1990 in Kraft.

entlassen wurden. Diese Sozialbetreuung sieht die Versorgung mit Wohnung, Arbeit oder Ausbildung und Studium vor. Ziel ist es, bis zum Jahr 2016 durch diese Maßnahmen die Rückfallquoten zu verringern (Punkt 4.8 Abs. 3 bis 5 und Abs. 8 bis 11 des Programms).

9.6.2 Das Konzept der Entwicklung einer Jugendgerichtsbarkeit bzw. Jugendkriminaljustiz von 2011

Kurz nach der Abwahl des „orangenen" Präsidenten *Yuščenko* im Februar 2010 wurde unter Präsident *Yanukovyč* im März durch den zurück ins Amt gekommenen Justizminister eine Arbeitsgruppe geschaffen, die einen Konzeptentwurf zur Entwicklung der im Programm 2009 vorgesehenen *Jugendgerichtsbarkeit* (s. o. *Kap. 9.6.1*) in der Ukraine erarbeiten sollte.[948] Die Einsetzung der Arbeitsgruppe stieß auf heftige Kritik in Teilen der Gesellschaft. Zahlreiche Stimmen warfen dem Präsidenten vor, der Ukraine fremde, liberale europäische Standards einführen zu wollen.[949] Die Anordnung zur Schaffung der genannten Arbeitsgruppe wurde in der Folge aufgehoben. Im Mai 2010 berief der Justizminister eine „neue" Arbeitsgruppe, deren Besetzung und Aufgabenstellung unter neuem Namen inhaltlich aber nahezu gleich blieb.[950] Die Aufgabe lautete nunmehr ein Konzept zur Entwicklung der *Jugendkriminaljustiz* in der Ukraine zu erarbeiten. Beteiligt waren das ukrainische Justizministerium zusammen mit allen anderen staatlichen Einrichtungen und Nichtregierungsorganisationen, die unmittelbar zum Bereich der Jugendgerichtsbarkeit gehören.[951] Das Konzept wurde am

---

948 Die Arbeitsgruppe zur Erarbeitung eines Konzepts zur Entwicklung der *Jugendgerichtsbarkeit* in der Ukraine wurde gem. Anordnung des ukrainischen Justizministers Nr. 198/7 vom 16.03.2010 geschaffen.

949 Vgl. dazu die Meinung des orthodoxen Elternbeirats unter http://sovest.dnepro.org/ 2011/3344.html/print/; vgl. auch Forum des Diakonus *Andrej Kuraev* unter http:// kuraev.ru/index.php?option=com_smf&Itemid=63&action=printpage;topic=516615.0; siehe auch http://ruskline.ru/analitika/2011/06/16/vsenarodnoe_protivodejstvie_vnedreniyu_ yuvenalnoj_yusticii_na_ukraine/; ferner die Befürwortung auf der Internetseite von *Dmytro Yagunov*, Dozent der juristischen Akademie in Odessa http://dmytro- yagunov.at.ua/news/ kriminalna_chi_juvenalna_justicij/2011-02-07-149, 25.07.2011.

950 Die Arbeitsgruppe zur Erarbeitung eines Konzepts zur Entwicklung der *Jugendkriminaljustiz* in der Ukraine wurde gem. Anordnung des ukrainischen Justizministers Nr. 491/7 vom 27.05.2010 geschaffen.

951 Vgl. die Anordnung des ukrainischen Justizministers bzgl. der Schaffung einer Arbeitsgruppe für den Entwurf eines Konzepts zur Entwicklung der Jugendkriminaljustiz (Jugendgerichtsbarkeit) in der Ukraine Nr. 491/7 vom 27.05.2010.

24.05.2011 durch den ukrainischen Präsidenten gebilligt.[952] Dieses Konzept ist das Ergebnis einer seit dem Jahr 2003 durch das Oberste Gericht initiierten Arbeit im Bereich der Jugendgerichtsbarkeit.[953]

Das Konzept ist auf Stärkung der Verantwortung von Familie, Gesellschaft und des Staates für die Erziehung der Kinder gerichtet. Weiter sollen die Rechte und Freiheiten der Kinder, die sich im Konflikt mit dem Gesetz befinden, gewährleistet und eingehalten werden. Insgesamt strebt das Konzept die Senkung der Jugendkriminalität und der Rückfallquoten an.[954]

Die Verwirklichung einer Jugendkriminaljustiz soll einer Festlegung von effektiven Mechanismen dienen, „die für die Verbesserung der präventiven Arbeit mit dem Ziel der Vorbeugung der Jugendkriminalität, der Schaffung eines effektiven Systems der Wiedereingliederung für jugendliche Rechtsbrecher, für ihre Resozialisierung und ihre soziale Reintegration erforderlich sind." Das Konzept sieht die Entwicklung der „wiedergutmachenden Gerechtigkeit" sowie eine „effektive Gerichtsbarkeit" gegenüber Jugendlichen[955] in der Ukraine vor.[956]

Die Realisierung des Konzepts ist für die Jahre 2011 bis 2016 vorgesehen.[957] Diese Etappen enthalten unter anderem die Verabschiedung von Gesetzentwürfen durch das Parlament bzgl. der Mediation (Vermittlung), der kostenlosen Rechtshilfe, der Einführung der Bewährungshilfe[958] sowie der Entwicklung von sozialen Schutz- und Resozialisierungsmaßnahmen jugendlicher Rechtsbrecher. Ebenso ist die Vorbereitung von Vorschlägen bzgl. der Verbesserung der Haftbedingungen und der Erziehung von Jugendlichen in speziellen Lehrerziehungseinrichtungen vorgesehen.

---

952 Vgl. den Erlass des ukrainischen Präsidenten über Billigung des Konzepts zur Entwicklung der Jugendkriminaljustiz (Jugendgerichtsbarkeit) in der Ukraine Nr. 597/2011 vom 24.05.2011.

953 Vgl. www.youthjustice.org.ua/_userfiles/ujjrp_newsletter1_ukr.pdf, S. 4, 25.07.2011.

954 Vgl. allgemeine Aufgaben (Teil I) des Konzepts zur Entwicklung der Jugendkriminaljustiz (Jugendgerichtsbarkeit) Nr. 597/2011, Abs. 3.

955 Es ist hier darauf hinzuweisen, dass das Konzept begrifflich unklar die Bezeichnung „Kinder" und „Jugendliche" nicht in dem juristisch korrekten Abgrenzungskontext gebraucht, sondern sprachlich synonym verwendet.

956 Vgl. allgemeine Aufgaben (Teil I) des Konzepts zur Entwicklung der Jugendkriminaljustiz (Jugendgerichtsbarkeit) Nr. 597/2011.

957 Vgl. die Etappen der Verwirklichung des Konzepts (Teil III) zur Entwicklung der Jugendkriminaljustiz (Jugendgerichtsbarkeit) Nr. 597/2011, Abs. 1.

958 Vgl. die grundlegenden Maßnahmen bzgl. der Verwirklichung des Konzepts (Teil II) zur Entwicklung der Jugendkriminaljustiz (Jugendgerichtsbarkeit) Nr. 597/2011, Punkt 4, Abs. 4.

244

Weiterhin sieht dieses Konzept Maßnahmen zur Schaffung der organisatorischen und methodischen Voraussetzungen der Mediation vor. Gemeint ist damit die Verwirklichung von Pilotprojekten zur Schaffung von Zentren der *Restorative Justice* (Zentren der „wiedergutmachenden Gerechtigkeit"), Zentren der Bewährungshilfe und Zentren der sozialen Rehabilitation von straffälligen Jugendlichen. Ebenso enthalten ist die Unterstützung von Freiwilligen-Programmen, unter Einbeziehung von Studenten pädagogischer Universitäten für die Arbeit mit „Kindern", die in speziellen Lehrerziehungseinrichtungen untergebracht sind und zu nichtfreiheitsentziehenden Sanktionen verurteilten Jugendlichen sowie mit solchen, die unter Erprobung stehen.

Im März 2010 ist ein vierjähriges[959] ukrainisch-kanadisches Regierungsprojekt zur Schaffung der Jugendgerichtsbarkeit gestartet worden. Das Ziel des Projekts ist die Bereitstellung technischer Unterstützung für die Ukraine bei der Entwicklung eines Jugendgerichtssystems, der Verringerung der Jugendkriminalität und zum Schutz der Kinderrechte. In Rahmen des Projekts ist die Erarbeitung der Basis einer nationalen Gesetzgebung für die Schaffung einer Jugendgerichtsbarkeit vorgesehen, die wiederum die internationalen Standards der Kinderrechte berücksichtigt. Es ist auch die Stärkung der Handlungsfähigkeit der Richter und Gerichte für die Anwendung von neuen Ansätzen und besseren Praktiken für die Wiedereingliederung und Vorbeugung neuer Straftaten unter gleichzeitiger Gewährleistung der Rechte der straffälligen Jugendlichen vorgesehen.

---

959 Vgl. *Ukrainisches Justizministerium*, Nachrichten vom 23.03.2010, http://www.minjust.gov.ua/0/28984 und vom 31.03.2010, http://www.minjust.gov.ua/0/29157, 24.03.2011.

10. Zusammenfassung

10.1 Historische Grundlagen

Die vorliegende Arbeit beschäftigt sich mit der Jugendkriminalrechtspflege in
der Ukraine. Die Arbeit beginnt mit einer Übersicht über die allgemeine politische Geschichte und die historische Entwicklung der jugendstrafrechtlichen
Gesetzgebung. Als Ausgangspunkt einer eigenständigen ukrainischen Gesetzgebung wurde der Beginn des *Kiewer Reiches* festgestellt. In der Zeit der Regentschaft *Jaroslaws des Weisen* (geb. 979 oder 986 – gest. 1054) wurde der Gesetzes-
kodex *Russkaja prawda* erstellt, der Einfluss auf die späteren Gesetzbücher
hatte. Mit dem Tod *Jaroslaws* folgte der Zerfall der *Rus'* in Teilfürstentümer,
darunter das Fürstentum *Halyč-Volhynien* (Galizien), das im 14. Jh. zerfiel und
zu Litauen und zu Polen überging. Im 17. Jh. geriet die Ukraine unter den
Einfluss des aufstrebenden Russischen Reiches und blieb bis in die 1990er Jahre
im Schatten der russischen Macht. Im 18. Jh. standen ukrainische Landesteile
unter der Herrschaft von Russland und Österreich-Ungarn. Sowohl deren
politische Absonderung als auch eine Selbstverwaltung wurden zu dieser Zeit
verhindert bzw. abgeschafft. Anfang des 20. Jh. nach dem Zarensturz gelang es
der Ukraine nur für kurze Zeit sich als ein unabhängiger Staat zu proklamieren;
eine Gesetzgebung mit bleibender Wirkung war nicht zu verzeichnen. Bis zum
Jahr 1991 blieb die Ukraine vielmehr ein Bestandteil der Sowjetunion (*Kap. 2*).

Das im Rahmen dieser Entwicklung in der Ukraine in den jeweiligen
Landesteilen geltende Strafrecht ist nur mit Mühe zu verfolgen, insbesondere
das Jugendstrafrecht. Nachdem in den Territorien der Ukraine zeitweilig auch
das Magdeburgische Recht sowie Normen des Sachsenspiegels Anwendung
fanden, orientierte sich die ukrainische Gesetzgebung im Großen und Ganzen
immer stärker an der des Russischen Reiches (*Kap. 3*). Mit dem Aufkommen der
Sowjetmacht entwickelte sich die ukrainische Gesetzgebung auf der Basis der
Gesetzgebung der Sowjetunion (*Kap. 3.1.2 bis 3.1.4*).

Die in einigen Städten in der Ukraine zu Zeiten des zaristischen Russlands
Anfang des 20. Jh. errichteten Jugendgerichte wurden durch die Sowjets trotz
der gesammelten positiven Erfahrungen hinsichtlich der Tätigkeit solcher Gerichte abgeschafft. Ab Januar 1918 unterlag jene Aufgabe ausschließlich den
außergerichtlichen Behörden, den sog. Jugendkommissionen (*Kap. 3.1.2.1*).

Mit dem Zerfall der Sowjetunion im Jahr 1991 proklamierte sich die
Ukraine als unabhängiger Staat. Neue grundlegende Reformen waren alsdann im
Land geplant. Ein neues Strafgesetzbuch trat im Jahr 2001 in Kraft, im Jahr
2004 folgte ein neues Strafvollstreckungsgesetzbuch. Die ukrainische Strafprozessordnung vom Jahr 1961 ist – mit zahlreichen Änderungen und Ergänzungen – noch immer wirksam. Eine neue ukrStPO wird derzeit erarbeitet.

10.2 Jugendkriminalität

Der 1991 erfolgte Übergang zur Demokratie und zur Marktwirtschaft in der Ukraine wirkte sich auch im Bereich der Kriminalität aus. So stieg unter anderem die registrierte Jugendkriminalität in den ersten fünf Jahren der Unabhängigkeit extrem stark an, um ca. 52% (die absolute Zahl der tatverdächtigen 14- bis 17-jährigen Jugendlichen betrug 1996 41.811). Auch die Tatverdächtigenbelastungsziffer (Anzahl der Tatverdächtigen pro 100.000 der jeweiligen Altersgruppe) der Jugendlichen erhöhte sich um ein Vielfaches. Seitdem ist jedoch ein weitgehend kontinuierlicher Rückgang der registrierten Jugendkriminalität zu beobachten. Allerdings ist zu betonen, dass auch die Bevölkerungszahlen in der Ukraine rückläufig sind. So betrug die Einwohnerzahl 1993 noch ca. 52 Mio. und sank bis 2009 auf 46 Mio. Auch die Jugendbevölkerung zwischen 15 und 18 Jahrn war hiervon betroffen, von ca. 2,2 Mio. im Jahr 1993 ging sie auf 1,7 Mio. im Jahr 2009 zurück. Als am stärksten belastete Altersperiode ist das Alter zwischen 16 und 17 Jahren zu nennen. Es wurde in Bezug auf die Ukraine nachgewiesen, dass ca. 62% der registrierten jugendlichen Straftäter 16 oder 17 Jahr alt waren, die übrigen waren 14 und 15 Jahr alt. Der größte Teil der Straffälligen besteht aus männlichen Jugendlichen (ca. 90-95%). Die Auswertung der sozialen Struktur der jugendlichen Straftäter zeigt, dass die meisten Straftaten von Schülern der Berufsschulen begangen werden sowie von Jugendlichen, die weder arbeiten noch studieren. Die Jugendkriminalität hat vorwiegend Gruppencharakter. Die angegebenen *Rückfallquoten* im Bereich der Jugendkriminalität liegen bei ca. 15-18%, wobei ein hoher Prozentsatz der Jugendlichen ihre Straftaten unter Alkohol- oder Betäubungsmitteleinfluss begehen. Die Jugendkriminalität ist überwiegend von Eigentums- und Vermögensdelikten geprägt, Gewaltdelikte machen trotz eines Anstiegs von Körperverletzungsdelikten nur einen Bruchteil der Jugenddelinquenz aus (Raubüberfälle, Körperverletzung, Vergewaltigung und Tötungsdelikte insgesamt 7%). Dennoch wird berichtet, dass Gewaltdelikte in der letzten Zeit (bis 2006) durch Grausamkeit, Misshandlung und Herabwürdigung gegenüber den Opfern, durch Zynismus sowie Impulsivität der Handlungen charakterisiert waren. Eine kriminologische Analyse der Merkmale jugendlicher Rechtsbrecher ergab, dass sich die Motivationslagen und sozialen Profile unterscheiden. Im Wesentlichen konnten vier Typen unterschieden werden: Die Zufallsstraftäter, die situationsbedingten Straftäter, die labilen/instabilen Straftäter und die „antisozialen" Straftäter, insbesondere Gewalttäter (*Kap. 4.3*). Diese Einteilung wurde entwickelt, um die Verhängung von strafrechtlichen Sanktionen (Strafzumessung) und die Durchführung individueller Präventionsmaßnahmen zu optimieren (*Kap. 4*). Der Großteil der jungen Delinquenten war den ersten beiden Kategorien zuzuordnen.

10.3 Jugendstrafrecht

Das Strafmündigkeitsalter ist in der Geschichte der auf dem heutigen ukrainischen Territorium jeweils geltenden Rechtsordnungen im Laufe der Zeit sehr unterschiedlich behandelt worden. So war unter anderem während einer kurzen Phase zu Beginn der Sowjetunion (in den Jahren 1918-1919) eine Betrachtung der Kriminalität vorherrschend, die jene als rein pädagogisches Problem auffasste und Strafen im eigentlichen Sinne nicht vorsah. Stattdessen waren nur „Maßnahmen mit medizinisch-pädagogischem Charakter" vorgesehen. Die Strafmündigkeit trat mit Vollendung des 17. Lebensjahrs ein (*Kap. 3.1.2.1*). Ende 1919 galt dann ein Jugendlicher mit Vollendung des 14. Lebensjahrs als strafmündig. Im April 1935 wurde das Strafmündigkeitsalter in der Sowjetunion noch weiter herabgesetzt auf sodann 12 Jahre. Allerdings enthielt das Strafgesetzbuch der sowjetischen Ukraine bereits die Grenze des Strafmündigkeitsalters von 14 Jahren (*Kap. 3.1.3*).

In den 1960er-Jahren wurde ein neues materielles Strafgesetzbuch verabschiedet. Eigene Regelungsabschnitte für jugendliche Straftäter waren hierin nicht enthalten. Das Gesetz sah aber eine einheitliche Strafmündigkeitsgrenze von 16 Jahren und im Falle schwerer und besonders schwerer Straftaten von 14 Jahren vor. Auch unterschied das neue Gesetz zwischen Jugendlichen und Erwachsenen. Die Altersgrenzen gelten auch nach dem aktuellen Gesetzesstand im ukrStGB von 2001 weiter (*Kap. 3.1.4* und *Kap. 5.1*). Für die Ahndung von Straftaten Jugendlicher waren indes nur abgemilderte Strafrahmen vorgesehen.

Mit der Unabhängigkeit der Ukraine im Jahr 1991 wurden ehrgeizige Reformvorhaben bezüglich der gesamten Rechtsordnung vorgenommen, um das überkommene Recht der Sowjetunion abzulösen. Was die Strafgesetzgebung angelangt, brachten jene Reformen jedoch erst zehn Jahre später (2001) mit dem ukrStGB Ergebnisse.

Die zuvor verstreut geregelten Vorschriften für Jugendliche wurden in diesem Gesetzbuch in einem eigenen 15. Abschnitt zusammengefasst. In diesem Abschnitt fand damit eine Aufnahme der gegenüber Jugendlichen zulässigen Sanktionen statt (*Kap. 5.2.2*), welche aus Geldstrafe, Besserungs- und gemeinnütziger Arbeit, Arrest und Freiheitsstrafe bestehen. Daneben enthält der Abschnitt „Zwangsmaßnahmen erzieherischer Einwirkung" (*Kap. 5.2.3*). Zu letzteren zählen die Verwarnung, die Festsetzung von verhaltensbezogenen Weisungen, die Unterstellung unter die Aufsicht bestimmter Personen, die Schadenswiedergutmachung und die Einweisung in spezielle Lehrerziehungseinrichtungen. Weiter enthält der Abschnitt Regelungen mit Verweisen auf allgemeine Vorschriften zu Besonderheiten der Strafzumessung (*Kap. 5.2.1*), zur Bewährung (*Kap. 5.2.5*) sowie zur bedingten Entlassung (*Kap. 5.2.6*). Zudem werden die zeitlichen Besonderheiten hinsichtlich der Befreiung von der strafrechtlichen Verantwortlichkeit und von der Verbüßung der Strafe im Zusammenhang mit Verjährungsfristen geregelt (*Kap. 5.2.7*). Darüber hinaus umfasst

Abschnitt 15 des ukrStGB von 2001 Regelungen zur Straftilgung und Strafaufhebung.

Der Arrest (auch für Erwachsene) ist seit dem Jahr 2001 eine neue Sanktionsart in der Ukraine. Die zuvor verwendete „Zwangsmaßnahme erzieherischer Einwirkung" der „Entschuldigung" wurde abgeschafft.

Die Anwendung von Sanktionen erfolgt differenziert nach dem Alter, während Zwangsmaßnahmen gegenüber allen Altersgruppen angewandt werden können, sogar gegenüber strafunmündigen Kindern (im Alter von 11 bis 14 Jahren) (*Kap. 5.2.3*). Bei der Sanktionierung von Jugendlichen sind einige Besonderheiten zu beachten: So können gegenüber den 14- bis unter 16-Jährigen nur Geld- und Freiheitsstrafen ausgesprochen werden. 16- bis unter 18-Jährige können darüber hinaus zu gemeinnützigen und Besserungsarbeiten sowie zu einem Arrest verurteilt werden (*Kap. 5.2.2.6*).

Das ukrainische Jugendstrafrecht lehnt sich stark an das für Erwachsene geltende allgemeine Strafrecht an. Abgesehen von dem oben genannten separaten 15. Abschnitt gelten gegenüber Jugendlichen die allgemeinen Rechtsvorschriften des ukrStGB. Auf Grund der Minderjährigkeit sieht der ukrainische Gesetzgeber aber Besonderheiten in der Anwendung von strafrechtlichen Normen vor. Darüber hinaus gelten sowohl im Erwachsenen- als auch im Jugendstrafrecht die gleichen *Strafziele*, nämlich die Vergeltung, die Besserung, die Vorbeugung vor der Begehung neuer Straftaten durch den Verurteilten (Spezialprävention) und die Vorbeugung vor der Begehung neuer Straftaten durch andere Personen (Generalprävention) (*Kap. 5.2.1*).

Die international neuen Ansätze zur außergerichtlichen Konfliktbeilegung z. B. in Form der Mediation gewinnen auch in der Ukraine nach und nach an Bedeutung. Zwar sind solche Ansätze noch nicht ausdrücklich in der ukrainischen Gesetzgebung verankert, sie befinden sich jedoch im Stadium der Implementierung (dazu *Kap. 9*). Bislang (Stand: 2011) bieten hierfür die im 9. Abschnitt des ukrStGB verankerten Vorschriften (§§ 45-47) zu „anderen" Arten der Befreiung von strafrechtlicher Verantwortlichkeit (*Kap. 5.2.4*) eine gesetzliche Grundlage.

So sieht § 45 ukrStGB die Befreiung im Zusammenhang mit tätiger Reue vor. § 46 ukrStGB enthält ausdrücklich die Regelung des Täter-Opfer-Ausgleichs. Weiter wird § 47 ukrStGB auch als Grundlage zum Einsatz von Mediation in Anspruch genommen. Allerdings gibt es keine detaillierten prozessualen Regelungen, diese durchführen zu können. Auch das Oberste Gericht der Ukraine macht die Gerichte auf die Priorität der Anwendung von wiedergutmachungsorientierten Maßnahmen regelmäßig aufmerksam und fordert die Unterstützung der Nichtregierungsorganisationen, die sich unmittelbar für die Implementierung der wiedergutmachenden Maßnahmen einsetzen (*Kap. 7.4* und *Kap. 9.5.1*).

10.4 Jugendgerichtsbarkeit

Die Einrichtung von eigenständigen Jugendgerichten begann in der letzten Phase der Herrschaft der russischen Zaren ab dem Jahr 1910, auch auf dem Gebiet der heutigen Ukraine. Mit der Etablierung der sowjetischen Herrschaft nach der Oktoberrevolution wurden diese Jugendgerichte umgehend abgeschafft und durch „Kommissionen für Jugendsachen" ersetzt. 1935 wurden die Kommissionen abgeschafft und die Jugendsachen an die allgemein zuständigen Gerichte übertragen. Im Jahr 1960 wurden die Kommissionen wieder errichtet, erhielten aber nur eine eingeschränkte Zuständigkeit im Falle der „Befreiung von Strafe" für „Zwangsmaßnahmen erzieherischer Einwirkung" (*Kap. 6.1*).

Während der weiteren Zeit der Sowjetunion und bis heute wurden keine eigenständigen Jugendgerichte errichtet. In den Reformdebatten seit der Zeit der Unabhängigkeit des Landes wird die Einrichtung eigenständiger Jugendgerichte bzw. spezialisierter Jugendrichter indes zunehmend für notwendig erachtet und befürwortet (*Kap. 9*).

Derzeit finden Jugendstrafverfahren vor dem Einzelrichter der allgemeinen Gerichte statt. Gleichwohl gibt es spezialisierte Zuständigkeiten von verschiedenen Behörden im Kontext der Straffälligkeit Jugendlicher und anderen Bereichen der Erziehung und des Schutzes von Jugendlichen. Die zuständigen Behörden, Ämter, Einrichtungen und Anstalten sind in dem Gesetz „Ämter und Behörden für Angelegenheiten Minderjähriger und Sonderinstitutionen für Minderjährige" von 1995 geregelt. Ihre Aufgaben und Befugnisse werden in diesem Gesetz und aufgrund dieses Gesetzes erlassener Verordnungen geregelt (*Kap. 6.2*).

Unter „Ämter und Behörden für Angelegenheiten Minderjähriger" (*Kap. 6.2.1*) werden in der Ukraine diejenigen exekutiven Verwaltungsorgane in den einzelnen territorialen Gebieten verstanden, die für Familien, Kinder und junge Menschen zuständig sind. Ihre Aufgaben liegen nicht in der Begleitung von Strafverfahren, sondern sind im Bereich der Vorbeugung und Prävention angesiedelt. Ebenso führen sie die Überwachung von Vormündern und Pflegepersonen sowie die Kontrolle von Heimen und entsprechenden Einrichtungen durch. Bei diesen Ämtern und Behörden besteht eine Ähnlichkeit zu *deutschen* Jugendämtern.

Das bereits erwähnte Gesetz regelt weiter die Tätigkeit der „Kriminalmiliz für Angelegenheiten Minderjähriger". Jene ist mit strafrechtlichen Ermittlungen gegen Jugendliche betraut. Die Kriminalmiliz ist aber auch für die Feststellung und Analyse von Ursachen und Bedingungen begangener Delikte zuständig. Insoweit besteht eine Parallele zur *deutschen* Jugendgerichtshilfe. Sie ermittelt ferner gegen Eltern, die sich ihrer Erziehungspflicht entziehen oder nicht zu deren Wahrnehmung in der Lage sind. Daneben sucht die Kriminalmiliz Rechtsbrecher unter 18 Jahren auf, um Gespräche mit ihnen zu führen und betreut Jugendliche, die eine Freiheitsstrafe verbüßt haben. Dieser Aufgabenbereich ähnelt dem der getrennt von Ermittlungsaufgaben organisierten *deutschen* Bewährungshilfe.

Das AmtsBehInsG zählt auch alle Einrichtungen, Anstalten u. a. auf, die einen Bezug zur Unterbringung und erzieherischen oder rehabilitierenden Arbeit mit Minderjährigen haben. Ihre Aufgaben sind zum Teil im Gesetz enthalten, zum Teil in gesonderten Vorschriften genannt und fallen in den Zuständigkeitsbereich verschiedener Ministerien. Es handelt sich um die Aufnahme- und Einweisungsanstalten des Innenministeriums, die allgemeinbildenden Schulen und Berufsschulen der sozialen Rehabilitation des Bildungsministeriums, die medizinisch-sozialen Rehabilitationszentren des Gesundheitsministeriums und die Gefängnisse für Jugendliche, die sog. Erziehungskolonien des Strafvollzugsamts. Hierzu gehören auch die Obdachloseneinrichtungen und die Zentren der sozial-psychologischen Rehabilitation für Kinder und Jugendliche sowie die Zentren der sozialen Rehabilitation für Minderjährige (Jugenddörfer), die alle unter der Aufsicht der Ämter für Angelegenheiten Minderjähriger stehen.

Aus dem Jahr 1967 stammt die Einrichtung des Sozialerziehers, der für einen Jugendlichen in bestimmten Fällen bestellt werden kann. Zwar ist im Ansatz der Sozialerzieher der *deutschen* Jugendgerichtshilfe in seinem Aufgabenfeld ähnlich, er ist aber kein ausgebildeter Fachmann, sondern ein freiwilliger Bürger, der sich durch seine persönlichen Eigenschaften und seine Erfahrungen für die Aufgabe empfiehlt. Trotz Änderungen aus dem Jahr 2001 ist dieses Institut in den Zeiten der Sowjetunion verwurzelt und findet heute kaum noch Anwendung.

Das AmtsBehInsG sah bis in das Jahr 2007 das Institut des Gerichtserziehers vor. Die gesonderten Vorschriften blieben in Kraft, haben aber keine praktische Bedeutung mehr. Der Gerichtserzieher ähnelte dem Sozialerzieher und sollte durch das Gericht bestellt werden, wenn dies zur Vorbeugung vor Verwahrlosung und vor neuen Straftaten notwendig war (*Kap. 6.2.4* und *Kap. 6.2.5*).

10.5 Jugendstrafverfahren

Das prozessuale Jugendstrafrecht wird in der Ukraine immer noch durch die Strafprozessordnung aus dem Jahr 1961 geregelt. Sie enthält einen getrennten Abschnitt für das Verfahren gegen Jugendliche und einige spezifische Regelungen in anderen Abschnitten.

Strafverfahren gegen Personen unter 11 Jahren sind ausgeschlossen. Straftaten dieses Personenkreises werden jedoch dem Amt für Angelegenheiten Minderjähriger mitgeteilt (*Kap. 7.1.1*). Auch Personen im Alter von 11 bis unter 14 bzw. 16 Jahren können nicht strafrechtlich zur Verantwortung gezogen werden. Gegen sie kann jedoch bei Begehung einer „gesellschaftsgefährdenden Handlung" ein erzieherisches Verfahren nach bestimmten Vorschriften geführt werden. Zudem ist die Anordnung von „Zwangsmaßnahmen erzieherischer Einwirkung" möglich (*Kap. 7.1.2*).

Das Verfahren gegen Personen zwischen dem Alter von 14 bzw. 16 bis unter 18 Jahren wird nach den allgemeinen Regelungen mit den Besonderheiten des für Jugendliche bestimmten 36. Abschnitts der ukrStPO durchgeführt.

Die Möglichkeit zur „Befreiung von der strafrechtlichen Verantwortlichkeit" und der Einstellung des Verfahrens besteht bei Vorliegen von Gründen wie Reue, Täter-Opfer-Ausgleich, Anwendung von „Zwangsmaßnahmen erzieherischer Einwirkung" und der Bürgschaft eines Unternehmenskollektivs. Voraussetzung für die „Befreiung von der strafrechtlichen Verantwortlichkeit" ist stets ein Antrag des Staatsanwalts oder des Ermittlers mit seiner Zustimmung an das Gericht. Er umfasst eine begründete Verfügung und die Übersendung der Anklageschrift und der Beweismittel. Dem Jugendlichen wird die Anklageschrift zugestellt und er wird mit den Beweismitteln vertraut gemacht. Nach dem Ermessen des Gerichts erfolgen bei Vorliegen der jeweiligen Einstellungsgründe die Befreiung von der strafrechtlichen Verantwortlichkeit und die Einstellung des Verfahrens, ggf. unter Maßgabe der nach dem Einstellungsgrund zu veranlassenden weiteren Maßnahmen. Eine rein staatsanwaltliche Diversion gibt es somit nicht.

Beteiligt am Verfahren sind der jugendliche Beschuldigte, seine gesetzlichen Vertreter, der Verteidiger, das Gericht, der Staatsanwalt, die Vertreter der Ämter für Angelegenheiten Minderjähriger, die Kriminalmiliz für Angelegenheiten Minderjähriger sowie Vertreter von Unternehmen, Stiftungen und anderen Institutionen.

Neben der verpflichtenden Teilnahme des Beschuldigten ist die Teilnahme des gesetzlichen Vertreters wünschenswert, damit ein Einblick in die Lebens- und Erziehungsbedingungen des jugendlichen Beschuldigten leichter möglich ist. Die Ladung des gesetzlichen Vertreters ist daher obligatorisch, sein Nichterscheinen hindert indes den Verfahrensfortgang nicht.

Die Anwesenheit eines Verteidigers ist nach der ukrStPO spätestens im Gerichtsverfahren verpflichtend. Ein ohne Verteidiger zustande gekommenes Urteil ist aufzuheben.

Vertreter des Amtes für Angelegenheiten Minderjähriger, die Kriminalmiliz für Angelegenheiten Minderjähriger sowie die Vertreter von Unternehmen, Stiftungen und anderen Institutionen sind durch das Gericht über Zeit und Ort des Gerichtsverfahrens und über die begangenen Taten des Jugendlichen zu benachrichtigen. Ihre Teilnahme ist erwünscht, da sie ggf. zu den Ursachen der Begehung der Tat zweckdienliche Auskünfte erteilen können. Sie haben ein Recht bei der Verhandlung anwesend zu sein und dürfen mit Erlaubnis des Gerichts Erklärungen abgeben und z. B. die Meinung des Kollektivs oder der Organisation wiedergeben. Die Vertreter können ggf. auch als Zeugen vernommen werden.

Eine Besonderheit des Ermittlungsverfahrens gegen Jugendliche ist, dass es grundsätzlich durch einen Ermittler des Innenministeriums (hier der Kriminalmiliz für Angelegenheiten Minderjähriger) und nur in bestimmten Fällen durch die Staatsanwaltschaft geführt wird. Der auch in der Ukraine für das Jugendstrafverfahren geltende Beschleunigungsgrundsatz hat durch die Bestimmung einer Frist von zwei Monaten zum Abschluss der Ermittlungen eine konkrete Ausprägung erfahren. Die Verlängerung der Frist auf drei bzw. sechs Monate ist nur in Ausnahmefällen möglich, wenn besonders schwere Fälle vorliegen oder ein rechtzeitiger Abschluss unmöglich war (*Kap 7.3.1*).

Bei der Beteiligung von Erwachsenen sind in der Regel zwei getrennte Verfahren zu führen, auch wenn dies in der Praxis nicht immer möglich ist (*Kap. 7.3.1.1*). Maßnahmen der vorläufigen Verfahrenssicherung können gegenüber einem dringend der Tat verdächtigen Jugendlichen getroffen werden, wenn er das Strafmündigkeitsalter erreicht hat und davon auszugehen ist, dass er versuchen wird, sich der Ermittlung, dem Gericht oder der Vollstreckung der prozessualen Entscheidung zu entziehen oder, dass er die Feststellung der Wahrheit in der Sache behindert oder, wenn Wiederholungsgefahr besteht. Als Maßnahmen können die Verpflichtung zur Nichtausreise, die persönliche Bürgschaft, die Bürgschaft einer gesellschaftlichen Einrichtung oder eines Arbeitskollektivs, die Kaution/Verpfändung und die Untersuchungshaft angeordnet werden. Daneben kann die Übergabe unter die Aufsicht der Eltern, des Vormunds oder Pflegers oder unter die Aufsicht einer Kindereinrichtung angeordnet werden.

Im Laufe des Ermittlungsverfahrens ist dem beschuldigten Jugendlichen der Verfahrensgegenstand bekannt zu geben und er ist bei obligatorischer Anwesenheit eines Verteidigers spätestens 24 Stunden nach der Bekanntgabe zu vernehmen. Nach Ermessen des Gerichts können die Eltern, Ärzte Pädagogen u. a. an der Vernehmung beteiligt werden. Im Rahmen dieser Vernehmung ist der Beschuldigte zu belehren und kann sein Ablehnungsrecht bezüglich des Ermittlers, des Staatsanwaltes, eines Sachverständigen u. a. geltend machen. Die Ermittlungen gegen Jugendliche müssen stets zur Feststellung seines genauen Alters unter Nachweis von Dokumenten führen. Daneben sind sein Gesundheitszustand, seine allgemeine Entwicklung, Angaben zu seiner Persönlichkeit, seine Lebens- und Erziehungsbedingungen und Umstände aus seinem Umfeld zu erheben (*Kap. 7.3.1.4*).

Bei Beendigung der Ermittlungen erhält der Jugendliche die Möglichkeit zur Akteneinsicht unter der obligatorischen Anwesenheit eines Verteidigers (*Kap. 7.3.1.5*).

Die Anklageschrift wird durch die Person gefertigt, die die Ermittlungen geführt hat, bei Jugendlichen somit vom Ermittler des Innenministeriums. Die Staatsanwaltschaft prüft die Anklage und ergänzt oder berichtigt sie ggf. wird sie sodann an das Gericht weitergeleitet, das die Klagschrift darauf zu prüfen hat, ob das Ermittlungsverfahren formell korrekt abgelaufen ist und die vorgelegten Beweise die Eröffnung des Hauptverfahrens zulassen. Ist dies nicht der Fall, so reicht das Gericht das Verfahren für weitere Ermittlungen zurück, wenn die Unvollständigkeit nicht während des Hauptverfahrens behoben werden kann.

Ansonsten lässt es die Anklage zur Hauptverhandlung zu. Der Termin zur Verhandlung im Zwischenverfahren ist innerhalb von 10 Tagen nach Eingang der Akten, bzw. innerhalb von 30 Tagen im Falle eines hohen Schwierigkeitsgrades der Sache zu bestimmen.

Nach Zulassung der Anklage dürfen nicht mehr als 10 Tage bzw. in schwierigen Fällen nicht mehr als 20 Tage vergehen, bis das Gericht die Hauptverhandlung anberaumt.

Das allgemeine Hauptverfahren ähnelt dem *deutschen* Verfahren. Der Prozess beginnt mit einem vorbereitenden Teil, in dem Feststellungen zur Anwesenheit und zur Berücksichtigung von Formalien getroffen werden. Die Beweisaufnahme wird mit dem Verlesen der Anklageschrift und der Vernehmung des Angeklagten eingeleitet, insoweit abweichend vom *deutschen* Verfahren, wo dies vor dem Eintritt in die Beweisaufnahme erfolgt. An die Beweisaufnahme schließen sich die Schlussvorträge und das letzte Wort des Angeklagten an. Das Verfahren schließt mit der Urteilsberatung und der Urteilsverkündung ab.

Für Jugendliche gelten zum Teil besondere Vorschriften im Strafverfahren. Obgleich der Beschleunigungsgrundsatz an mehreren Stellen konkrete Regelungen durch Fristsetzungen erfahren hat, ist im Alltag regelmäßig eine lange Verfahrensdauer festzustellen.

Grundsätzlich sind in der Ukraine alle Gerichtsverfahren öffentlich, wobei Ausnahmen zum Schutz von Staatsgeheimnissen oder aufgrund anderer durch Gesetz geschützter Interessen bestehen. Gegen Jugendliche unter 16 Jahren ist die Verhandlung nicht öffentlich, insoweit weicht die ukrainische Regelung von den internationalen Standards der Beijing-Rules ab (*Kap. 7.3.3.2*). Nach § 27 Abs. 2 Nr. 1 der ukrainischen StPO 2012 soll diese Abweichung beseitigt werden und die Altersgrenze auf 18 Jahre heraufgesetzt werden.

Die Ladung eines jugendlichen Angeklagten erfolgt in einer an die Eltern bzw. gesetzlichen Vertreter gerichteten Vorladung, welche die Adressaten über ihre Verpflichtung zur Gewährleistung des Erscheinens des Jugendlichen belehrt (*Kap. 7.3.3.3*).

Ein jugendlicher Angeklagter kann zeitweise aus dem Gerichtssaal verwiesen werden, wenn Umstände aufgeklärt werden müssen, die einen negativen Einfluss auf ihn haben können. Der Vorsitzende berichtet ihm dann nach seiner Wiederkehr über die Ergebnisse unter Berücksichtigung gewisser Grenzen, um die Interessen der Erziehung nicht zu verletzen (*Kap. 7.3.3.5*).

Im Verfahren gegen Jugendliche kann das Gericht mit einem besonderen Beschluss „Zwangsmaßnahmen erzieherischer Einwirkung" anordnen. Dieser Beschluss kann durch den Jugendlichen, seinen gesetzlichen Vertreter, seinen Verteidiger oder die Staatsanwaltschaft mit einem Rechtsmittel angegriffen werden. Gleiches gilt für das Opfer und dessen Vertreter, sofern seine Interessen berührt werden (*Kap. 7.3.3.6*).

10.6 Jugendstrafvollzug

Im Zuge der nach der Unabhängigkeitserklärung im Jahr 1991 angestrebten umfassenden Erneuerungen und Modernisierungen des Rechts konnte die Ukraine auf dem Gebiet der Strafvollstreckung auf der Gesetzesebene durch zwei grundlegende Gesetze erste Erfolge hinsichtlich der Ablösung vom ehemals sowjetischen Rechtssystem erzielen.

Das ukrainische Strafvollstreckungsgesetzbuch trat im Jahr 2004 in Kraft und löste damit das Besserungsgesetzbuch der ukrainischen Sowjetrepublik von 1971 ab. Es regelt die Ordnung und die Bedingungen des Vollzugs der Freiheitsstrafen an Erwachsenen und Jugendlichen, aber auch die Vollstreckung der alternativen Strafsanktionen (z. B. Geldstrafe, Berufsverbot, Gemeinnützige Arbeiten, Besserungsarbeiten und Vermögenskonfiskation).

Ziel des Gesetzes (siehe § 1) ist der Schutz der Interessen der Bürger, der Gesellschaft und des Staates durch Schaffung von Bedingungen für die Besserung und Resozialisierung der Verurteilten. Weitere Ziele sind die Folgenden: Vorbeugung vor neuen Straftaten sowohl durch Verurteilte (Spezialprävention) als auch durch andere Personen (Generalprävention), Verhinderung von Folter, unmenschlicher Behandlung und anderer, die Menschenwürde der Verurteilten verletzender Maßnahmen (*Kap. 8.1.2*).

Das ukrainische Gesetz über den staatlichen Strafvollstreckungsdienst von 2005 bestimmt die rechtlichen Grundlagen der Organisation des staatlichen Strafvollstreckungsdienstes, dessen Struktur, Aufgaben und Befugnisse. Es verpflichtet das Personal zur Einhaltung der Grundprinzipien der Gesetzlichkeit, der Achtung der Rechte und Grundfreiheiten des Menschen, einer respekt- und würdevollen Behandlung der Gefangenen sowie der Unparteilichkeit.

Der staatliche Strafvollstreckungsdienst übt rechtsanwendende und somit zugleich rechtswahrende Funktionen aus. Dieser Dienst besteht aus einem selbständigen Organ mit speziellem Status (sog. Strafvollstreckungsamt), das die Leitung über die Strafvollstreckungseinrichtungen und -organe ausübt (*Kap. 8.1.1*).

In der Ukraine gewannen die oben erwähnten Prinzipien der Strafvollstreckung im Laufe der Durchführung der Rechtsreformen – speziell der Reform des Strafvollstreckungssystems – zunehmend an Bedeutung, sodass sie in den beiden genannten Gesetzen zum ersten Mal in der Geschichte der nationalen Strafvollstreckungsgesetzgebung auch umgesetzt werden konnten. Einige Grundprinzipien basieren auf internationalen Übereinkommen/Dokumenten, z. B. der EMRK oder dem IPBPR und sind zum Teil auch in der ukrainischen Verfassung enthalten, etwa der Grundsatz der „Behandlung unter Wahrung der Menschenwürde". Insbesondere hinsichtlich des Vollzugs der Freiheitsstrafe wurden zahlreiche internationale Forderungen vor allem in Bezug auf jugendliche Gefangene (etwa die Havanna-Regeln) weitgehend umgesetzt und im Vollstreckungsgesetz geregelt. Es kann daher festgestellt werden, dass der ukrainische Gesetzgeber im Bereich der Strafvollstreckung bereits deutliche Erfolge erzielen konnte (*Kap. 8.8*). Allerdings bleibt die Praxis nach wie vor defizitär (s. u.).

Das ukrStVollstrG enthält Vorschriften über Strafvollstreckungsorgane und -einrichtungen. Zu den Strafvollstreckungsorganen gehören das oben bereits erwähnte Strafvollzugsamt, seine territorialen Verwaltungsorgane (Regionalleitung und Abteilungen) und die Strafvollstreckungsinspektionen.

Strafvollstreckungseinrichtungen sind nach dem Gesetz Arresthäuser, Besserungszentren, Besserungskolonien und Erziehungskolonien, die vom Strafvollzugsamt eingerichtet werden.

Das Strafvollzugsamt als Zentralorgan der ukrainischen Strafvollstreckung ist nach einem politisch bewegten Streit um seine Zuordnung nicht in das Justizministerium eingegliedert, wie es der Europarat beim Beitritt der Ukraine gefordert hatte. Es ist vielmehr dem Ministerkabinett als selbständige Behörde untergeordnet und wird durch den Justizminister koordiniert und gesteuert (*Kap. 8.2.1*).

Der Leiter des Strafvollzugsamts wird vom Ministerkabinett auf Vorschlag des Ministerpräsidenten ernannt und entlassen. Aufgaben und Funktionen des Strafvollzugsamts sind ebenfalls aufgrund heftiger politischer Auseinandersetzungen (*Kap. 8.2.1*) nicht sicher festgelegt.

In der Ukraine gibt es 703 Strafvollstreckungsinspektionen, die dem Strafvollzugsamt untergeordnet sind. Diese vollstrecken die nicht freiheitsentziehenden Strafen, wie gemeinnützige und Besserungsarbeiten und den Entzug des Rechts eine bestimmte Arbeit oder Tätigkeit auszuüben. Zudem obliegt den Strafvollstreckungsinspektionen die Kontrolle von Verurteilten, die „von der Verbüßung der Strafe befreit" sind.

Diese alternativen Sanktionen haben eine sehr wechselvolle Geschichte, die vor allem durch die frühere Priorität von Arbeit als Strafe geprägt wurde (*Kap. 8.2.2*), welche heutzutage noch in solchen Sanktionen wie Besserungs- und gemeinnütziger Arbeit nachwirkt.

Bei der Anzahl der Jugendlichen, die zur Vollstreckung von alternativen Sanktionen bei der Strafvollstreckungsinspektion registriert waren, zeigt sich bei der Gesamtzahl der Verurteilten für die Jahre 2002 bis 2004 eine deutliche Zunahme, für die Zeit von 2005 bis 2009 jedoch eine klare Abnahme (*Kap. 8.2.2, Tabelle 6*). Auch bei den jeweils verschiedenen Einzelsanktionen gibt es sehr unterschiedliche Ergebnisse. Während die Sanktion des „Entzugs des Rechts eine bestimmte Arbeit auszuüben" und die Sanktion der „Besserungsarbeiten" seit Jahren so gut wie keine Anwendung finden, gab es bei der Verhängung von „gemeinnütziger Arbeit" im Jahr 2009 eine rasante Steigerung auf immerhin 357 Anwendungsfälle (im Jahr 2008 waren es lediglich 56). Die größte Zahl der alternativen Sanktionen macht die Aussetzung der Freiheitsstrafe zur Bewährung aus, wenn auch die Gesamtzahlen seit 2002 infolge des allgemeinen Kriminalitätsrückgangs rückläufig sind (*Kap. 8.2.2, Tabelle 6*).

Von den oben bereits erwähnten Strafvollstreckungseinrichtungen sind vor allem die „Besserungskolonien" und die „Erziehungskolonien" von Bedeutung. *Besserungskolonien* sind geschlossene Vollzugsanstalten. Hier verbüßen volljährige Straftäter ihre Freiheitsstrafe. Diese Besserungskolonien unterteilen sich in vier Sicherheitsstufen, die sich jeweils in ihrer Zuständigkeit nach der Schwere der durch den Straftäter begangenen Straftat ergeben, unter einander aber wiederum eine gewisse Durchlässigkeit zulassen (*Kap. 8.2.1.1, Abbildung 2*). Die Bestimmung der Art der Kolonie erfolgt durch sog. Regionalkommissionen, die bei jeder Strafvollstreckungsverwaltung auf Oblast-Ebene geschaffen werden. Von diesen Besserungskolonien zu unterscheiden sind die sog. „Besserungszentren". Hier handelt es sich um offene Vollzugsanstalten, in denen Freiheitsbeschränkungen gegenüber volljährigen Verurteilten für die Begehung geringer und mittelschwerer Straftaten vollstreckt werden. Auch werden hier Verurteilte untergebracht, deren Freiheitsstrafe wegen guter Führung gemildert wurde sowie diejenigen Personen, die gegen Auflagen im Rahmen nicht nichtfreiheitsentziehender Maßnahmen verstoßen haben (z. B. bei der Nichtzahlung von Geldstrafen oder bei der Nichterfüllung von Besserungsarbeiten).

Die sog. *Erziehungskolonien* sind Haftanstalten für jugendliche Straftäter. Im Gegensatz zum Erwachsenenvollzug gibt es hier keine unterschiedlichen Sicherheitsstufen.

Untersuchungshaftanstalten für die Unterbringung Verdächtiger, Beschuldigter und Angeklagter sowie Verurteilter, deren Urteil noch keine Rechtskraft erlangt hat, gehören ebenfalls zur Struktur des Strafvollzugssystems. Ergänzende gesetzliche Regelungen finden sich in einem getrennten Untersuchungshaftvollzugsgesetz aus dem Jahr 1993.

In der Ukraine kann ein Verdächtiger bzw. Beschuldigter entweder in der *Polizeihaft* oder in einer Untersuchungshaftanstalt des Strafvollzugsamts festgehalten werden. Die gesetzlichen Vorschriften erlauben die Unterbringung eines Verdächtigen in der Polizeihaft ohne einen richterlichen Beschluss für maximal 72 Stunden, wenn eine Person am Tatort gefasst wurde, Augenzeugen auf sie hinweisen, sie keinen festen Wohnsitz hat oder ihre Identität nicht festgestellt werden konnte. Alle wichtigen Umstände der Festnahme müssen in einen Protokoll festgehalten werden. Die Festgenommenen werden zunächst in den polizeilichen Kreisämtern, später dann in den 501 im Lande unterhaltenen Polizeihaftanstalten mit insgesamt über 10.000 Haftplätzen untergebracht.

Der Gesetzgeber hat zwar Normen für die Polizei- und Untersuchungshaft und deren Gestaltung geschaffen, die Verhältnisse der Inhaftierung sind allerdings in der Wirklichkeit noch weit entfernt von den vorgegebenen Standards (*Kap. 8.3.1*). Mehr als die Hälfte der Polizeihaftanstalten sind sanierungsbedürftig, die Haftbedingungen sind unmenschlich, Misshandlungen und Folter treten auf, können aber in der Regel nur schwer nachgewiesen werden. Das Anti-Folter-Komitee des Europarats hat wiederholt auf die Menschenrechtsverletzungen hingewiesen. Die hygienischen und medizinischen Bedingungen der Unterbringung sind schlecht, es treten Schwierigkeiten bezüglich der Ernährung der Festgenommenen auf, auch werden die gesetzlichen Vorschriften bei der Inhaftierung nicht eingehalten. So kommt es zu Überschreitungen der maximal zulässigen Aufenthaltsdauer in Polizeihaftanstalten, weil etwa an Tuberkulose oder an Aids erkrankte Häftlinge vom Strafvollzugsamt nicht in die Untersuchungshaftanstalten aufgenommen werden, da auch dort schon ähnlich hohe Krankenstände gegeben sind (*Kap. 8.3.1.2*). Auf der Regierungsebene werden die Fehler zwar erkannt, die zu ihrer Abstellung erforderlichen Maßnahmen bzw. Initiativen werden jedoch allenfalls halbherzig in Angriff genommen. Selbstverständlich fehlt es auch an Geld.

Lediglich auf der Gesetzesebene sind positive Änderungen der Polizeihaftbedingungen zu verzeichnen: Die Benachrichtigung der Verwandten binnen zwei Stunden nach der Inhaftierung, das Schweigerecht der Gefangenen bis zum Erscheinen eines gewünschten Verteidigers und die Einführung sog. Mobilgruppen aus Vertretern von Behörden und Bürgerrechtlern mit Beobachter- und Kontrollfunktionen in Bezug auf die Haftbedingungen (*Kap. 8.3.1.3*).

Die Unterbringung in *Untersuchungshaftanstalten* des Strafvollzugsamts findet aufgrund eines richterlichen Beschlusses statt. Als verfahrenssichernde Maßnahme ist sie im Falle des Verdachts der Begehung einer Straftat zulässig, welche mit einer freiheitsentziehenden Strafe von mindestens drei Jahren bedroht ist, oder gegen einen Verurteilten, dessen Urteil noch nicht rechtskräftig ist.

In der Ukraine gibt es 32 Untersuchungshaftanstalten, von denen der größte Teil sich in einem desolaten Zustand befindet, da er noch vor mehr als 100 Jahren erbaut wurde. Im Jahr 2008 entsprach keine dieser Anstalten europäischen Standards. Genaue Informationen über die Unterbringung der Häftlinge sind schwer zu erhalten. In der Stadt Lugansk sind „Kleinhafträume" für bis zu sechs und „Hafträume für mehrere Gefangene" für mehr als 20 Personen vorgesehen.

Das ukrUHG regelt detailliert einen umfangreichen Katalog von Rechten und Pflichten der Untersuchungshäftlinge (*Kap. 8.3.2.1*). Jugendliche sind in der Regel getrennt von Erwachsenen unterzubringen. Die Dauer der Untersuchungshaft während des vorgerichtlichen Ermittlungsverfahrens darf in der Regel zwei Monate nicht überschreiten, kann aber unter bestimmten Voraussetzungen auf bis zu 18 Monate – so etwa in schweren und besonders schweren Fällen – verlängert werden.

Ähnlich wie in den Polizeihaftanstalten werden die Haftbedingungen in der Untersuchungshaft trotz der gesetzlichen Bestimmungen tatsächlich als grausam und erniedrigend bewertet. So werden auch jugendliche Häftlinge offenbar geschlagen. Die Inhaftnahme wird häufig ungerechtfertigt angeordnet, vermutlich aus Bequemlichkeit der Ermittler, was an der Zahl der aus der Untersuchungshaft direkt in die Freiheit Entlassenen abzulesen ist (*Tabelle 7*).

Wie das ukrStGB und die ukrStPO enthält auch das ukrStVollstrG ein getrenntes Kapitel über den Vollzug der Freiheitsstrafe an Jugendlichen. Hierbei hat der ukrainische Gesetzgeber die von der internationalen Gemeinschaft erarbeiteten Standards und Dokumente (Konvention über die Rechte des Kindes von 1989, Havanna-Regeln, Beijing-Regeln, ERJOSSM) berücksichtigt, soweit sie den Rechtsschutz der Jugendlichen und deren Resozialisierung als Vollzugsziel im Auge haben (*Kap. 8.4*).

In der Ukraine gibt es neun Erziehungskolonien für männliche und eine für weibliche Jugendliche, in denen diejenigen Jugendlichen, die mit Rechtskraft des Strafurteils ihr 18. Lebensjahr noch nicht vollendet haben, ihre Freiheitsstrafe verbüßen. Um die vorgeschriebene Erziehungsarbeit im Sinne einer Integration in das Arbeitsleben, der Einübung von Rechtstreue und einer Erhöhung der allgemeinen Bildung zu erleichtern, sollen die Jugendlichen in eine Erziehungskolonie eingewiesen werden, die möglichst nahe am jeweiligen Wohnort liegt. Aus dem Umstand, dass es nur eine Erziehungskolonie für weibliche Jugendliche gibt, ist jedoch eine heimatnahe Unterbringung keineswegs für alle gewährleistet. Die Teilnahme an den im Tagesablauf der Strafvollzugsanstalten vorgesehenen erzieherischen Maßnahmen ist obligatorisch.

Die Unterbringung der Jugendlichen erfolgt in blockförmigen Räumen von 80-85m², die ungefähr 15-20 Betten enthalten; Essen, Kleidung, Wäsche und Schuhe werden kostenlos zur Verfügung gestellt.

Für den *Vollzug* der Freiheitsstrafe Jugendlicher sehen die gesetzlichen Vorschriften eine reichere Palette von Motivationsmaßnahmen und Kontakten zur Außenwelt vor als für Erwachsene (*Kap. 8.4.4*). Die Jugendlichen haben bei guter Führung die Möglichkeit der Teilnahme an kulturellen oder sportlichen Veranstaltungen außerhalb des Bereichs der Erziehungskolonie. Ihnen kann dort auch das Treffen mit ihren Eltern oder Verwandten gestattet werden. Innerhalb der Kolonie haben sie das Recht auf Literatur, Zeitungen und Schreibutensilien und ab Januar 2012 auch das Recht auf eine unbegrenzte Anzahl von Telefongesprächen, wie schon jetzt auf Briefwechsel und Telegramme (*Kap. 8.4.4*). Zum Zweck der weiteren Erziehung und des Abschlusses einer Ausbildungsmaßnahme können junge Volljährige bis zur Vollendung des 22. Lebensjahrs in der Erziehungskolonie verbleiben. Ansonsten werden Jugendliche nach Vollendung des 18. Lebensjahrs in der Regel zu weiterer Verbüßung von der Erziehungskolonie in eine Besserungskolonie der minimalen Sicherheitsstufe mit allgemeinen Haftbedingungen verlegt.

Bei angemessenem Verhalten haben die jugendlichen Gefangenen nach einem Viertel der Verbüßung das Recht auf Lockerung der Haftbedingungen. Umgekehrt können bei Verstößen gegen das Haftregime auch verschiedene Disziplinarmaßnahmen verhängt werden bis hin zu einer Unterbringung in einer Isolationszelle, was aber gegen internationale Standards (*Kap. 8.4.7*) verstößt. Auch ist es verboten, gegenüber Jugendlichen physische oder andere Gewalt auszuüben oder Waffen und Zwangsjacken anzuwenden.

Das Vollzugsziel der Resozialisierung erfordert sowohl würdige Bedingungen für die Unterbringung in den Anstalten als auch die Verbesserung der

Gesundheit, der geistigen und körperlichen Entwicklung, der Bildung und Erziehung und die Entwicklung von festen Kontakten mit der Außenwelt. Der Förderung dieses Prozesses dient ein jeweils individuelles Programm sozialpsychologischer Arbeit, das Maßnahmen wie die Unterstützung bei der Berufsfindung, das Erreichen einer Mittelschulbildung und die Entwicklung von positiven und sozial-nützlichen Fähigkeiten vorsieht und von Psychologen und Pädagogen unter Mitwirkung des Verurteilten unter Berücksichtigung der individuellen Besonderheiten sowie der Strafdauer zusammengestellt wird (*Kap. 8.4.8*). Schulen und Berufsschulen innerhalb der Erziehungskolonien und gesellschaftliche Institutionen sowie Gemeinschaften von außerhalb wirken bei der Umsetzung dieser Programme mit.

Die Gefangenenrate der Ukraine ist im europäischen Vergleich sehr hoch. Sie stand im Jahr 2009 mit 318,5 Gefangenen pro 100.000 Einwohner nach Russland (620,6) und Georgien (452,1)[960] an dritter Stelle (*Kap. 8.5.1*). Jedoch sind sowohl die Gesamtzahlen der Gefangenen als auch die der Jugendlichen deutlich gesunken (*Tabelle 8*).

Detailfragen zur Entwicklung der Jugendstrafvollzugspopulation in den Jahren 1991-2010 sind in zahlreichen Tabellen festgehalten (*Kap. 8.5.1-8.5.6*). Zahl und Struktur der gefangenen Jugendlichen in den Erziehungskolonien wurden sowohl nach der Art der von ihnen begangenen Delikte (*Tabelle 9*) als auch nach der zu verbüßenden Haftzeit (*Tabelle 10*), der Altersstruktur (*Tabelle 11*), der Vorstrafenbelastung (*Tabelle 12*) und den Ausbildungs- und Arbeitsverhältnissen vor der aktuellen Inhaftierung (*Tabelle 13*) aufgeschlüsselt. Jugendstrafgefangene in der Ukraine weisen ähnliche Defizite der schulischen und beruflichen Ausbildung auf wie sie auch aus westeuropäischen Ländern bekannt sind. Ein markanter Unterschied ist die enorme Straflänge von durchschnittlich drei bis fünf Jahren, die wesentliche Ursache für die hohe Gefangenenrate ist, ferner die Tatsache, dass nahezu alle Gefangenen Erstverbüßer sind, also keine vorangegangene Erfahrung in Erziehungskolonien aufweisen. *Tabelle 14* erläutert die Vollstreckung des Arrests gegen Jugendliche, *Tabelle 15* die Verhängung der „Zwangsmaßnahmen erzieherischer Einwirkung".

Die Einweisung in Schulen und Berufsschulen der sozialen Rehabilitation geschieht ausschließlich durch Gerichtsbeschluss. Sie gilt als eine der härtesten Sanktionen und die Lebensbedingungen in den „Lehrerziehungseinrichtungen" entsprechen faktisch der Situation in Erziehungskolonien (*Kap. 8.7*). Diese „Zwangsmaßnahme erzieherischer Einwirkung" kann wie andere solche Maßnahmen bereits gegenüber Jugendlichen im Alter von 11 Jahren (bis einschließlich 17 Jahren) angewendet werden. Sie soll allerdings nur als *ultima ratio* eingesetzt werden.

---

960 Vgl. *Aebi/Delgrande* 2011, S. 26.

10.7 Reformen in der Jugendkriminalrechtspflege

Schon kurz nach der Proklamation ihrer Unabhängigkeit hatte die Ukraine mit der Planung einer umfassenden und grundlegenden Reform der materiellen und prozessualen Gesetzgebung begonnen mit dem Ziel der Beseitigung sowjetisch-sozialistischer Rechtsprinzipien.

Mittels eines „Konzepts der gerichtsverfassungsrechtlichen Reform" aus dem Jahr 1992 sollten seinerzeit im Rahmen einer breiten Gesetzesrevision vor allem Grundsätze der Gewaltenteilung und des Humanismus zur Geltung gebracht werden. Neben einer Modernisierung der allgemeinen Gerichtsverfassung – etwa durch Schaffung von Jugendgerichten – sollten aber auch weitere Rechtsbereiche wie die Stellung der Staats- und Rechtsanwaltschaft sowie Grundsätze der Haftprüfung und des strafrechtlichen Sanktionensystems reformiert werden. Darüber hinaus sollten intensive Vorbereitungen für die Schaffung ganz neuer Gesetzeswerke, so eines Strafgesetzbuchs, einer Strafprozessordnung, diverser Strafvollzugsregelungen, eines Ordnungswidrigkeitengesetzbuchs sowie weiterer Gesetzesbücher auf dem Gebiet des bürgerlichen Rechts in Auftrag gegeben werden.

Einige Projekte dieses ehrgeizigen Reformprogramms konnten bereits zum Abschluss gebracht werden, so z. B. das neue Strafgesetzbuch der Ukraine vom April 2001 mit einem speziellen Abschnitt über die „Besonderheiten der strafrechtlichen Verantwortlichkeit und Bestrafung von Jugendlichen" (*Kap. 5*). Mit dem Strafvollstreckungsgesetzbuch von 2004 und dem Gesetz über den staatlichen Strafvollstreckungsdienst von 2005 (*Kap. 8.1.1*) konnten im Bereich des Strafvollzugs ebenfalls Erfolge auf der Gesetzgebungsebene erreicht werden.

Dagegen stand die Verabschiedung einer neuen Strafprozessordnung noch aus. Zwar enthält auch die alte ukrStPO aus dem Jahr 1961 aufgrund zahlreicher Änderungen und Ergänzungen einen gesonderten Abschnitt für Jugendliche und weitere jugendspezifische Regelungen (*Kap. 7*). Die ukrainische Regierung hatte aber im Jahr 2011 selbst die Unvereinbarkeit einzelner Regelungen der ukrStPO mit europäischen Standards des Strafverfahrens betont. Allerdings stand bei Abschluss dieser Arbeit die ursprünglich noch für das Jahr 2011 geplante Parlamentsberatung und ein Reformabschluss noch aus. Nach Fertigstellung dieser Arbeit Ende 2011 hat das ukrainische Parlament vom Januar bis April 2012 eine neue Strafprozessordnung verabschiedet, die im Mai 2012 von Präsident *Yanukovyč* unterzeichnet wurde und die im November 2012 in Kraft treten soll.

Kurz vor Drucklegung dieser Arbeit konnten im *Kap. 9.2* noch der Verlauf der Beratungen sowie die wichtigsten inhaltlichen Eckdaten vorgestellt werden, die von dem durch die Regierung erklärten Willen getragen waren, das ukrainische Strafverfahren Europäischen Standards anzugleichen. Der Europarat hat dieses Bemühen zwar anerkannt, aber angesichts aktueller Missstände in der Justizpflege zu Recht gefordert, dass diese Neuregelungen tatsächlich auch in die Praxis umgesetzt werden und sich dort bewähren müssen.

Im Jahr 2008 gab es durch zwei Erlasse des ukrainischen Präsidenten erneute Anstöße zu weiteren Reformen im Bereich des materiellen und formellen Strafrechts sowie des Strafvollzugs. In zwei Konzepten zur „Reform der ukrainischen Kriminaljustiz" (*Kap. 9.3.1*) und der „Reform des ukrainischen Strafvollstreckungsdienstes" (*Kap. 9.3.2*) wurden u. a. neben einer besseren Funktionsabgrenzung von Gerichten und Ermittlungsorganen sowie der Gewährleistung von Effektivität des strafrechtlichen Gerichtsverfahrens der Opferschutz und die Errichtung einer speziellen Jugendgerichtsbarkeit als Reformziele benannt.

Im Bereich des Strafvollzugs sollen in einem bis zum Jahr 2017 umzusetzenden Programm vor allem die völlig veralteten Haftanstalten und Untersuchungshaftanstalten in ihrem baulichen Zustand zunächst verbessert und sodann an Europäische Standards angepasst werden. Weitere Handlungsschwerpunkte wurden in einer besseren medizinischen Versorgung, der Ausbildung der Gefangenen sowie der Verbesserung der Arbeitsbedingungen in den Anstalten gesehen.

In der Ukraine gibt es noch *keine* Rechtsvorschriften für eine Institution der *Bewährungshilfe*. Selbst wenn man in dem Rechtsinstitut der sog. „Befreiung von der Verbüßung der Strafe (Freiheitsstrafe und Arrest) mit der Erprobung" (*Kap. 5.2.5* und *9.4*) die Analogie zu einer Bewährungshilfe sehen wollte, so fehlt es doch an einer gesicherten Einrichtung. Insbesondere mangelt es an den gesetzlichen Möglichkeiten, schon im Stadium der Vorbereitung des Gerichtsverfahrens durch Bewährungshelfer Ermittlungen zu den sozialen Hintergründen und der Persönlichkeit des Jugendlichen durchzuführen.

Deshalb bestand eine besonders vordringliche Forderung der Konzepte des Jahrs 2008 darin, die Arbeit der Strafvollstreckungsinspektionen nach dem Beispiel der Bewährungshilfe in anderen europäischen Staaten neu zu organisieren. Inzwischen verfolgen weitere Gesetzesentwürfe, die sich zurzeit (2011) in der parlamentarischen Beratung befinden, das Ziel eines Umbaus der bestehenden Strafvollstreckungsinspektion in ein Bewährungshilfeinstitut (*Kap. 9.4*).

Die Einführung von Programmen der *Restorative Justice* („die wiedergutmachende Gerechtigkeit"), insbesondere die Anwendung der Mediation im strafrechtlichen Verfahren, vor allem bei Beteiligung straffälliger Jugendlicher wird im Rahmen der Durchführung der Gerichtsreform ebenfalls vermehrt diskutiert. Vor dem Hintergrund einer insgesamt positiven Grundhaltung zu diesem Vorhaben sind zahlreiche Konzepte, Gesetze, Erlasse, Entwürfe und Verordnungen erarbeitet worden. Bisher ungelöst für ein solches Verfahren ist jedoch die Anknüpfung an die ukrainische Strafprozessordnung, da darin spezielle Regelungen fehlen, die gezielt auf einen Ausgleich zwischen Täter und Opfer orientiert sind (*Kap. 9.5.1*).

Zwei Gesetzesentwürfe aus dem Jahr 2006 befinden sich nach wie vor in der parlamentarischen Beratung. Hierin werden nicht nur die Grundsätze eines Mediationsverfahrens und die Formen einer Organisation für die Tätigkeit der

Mediatoren festgelegt; enthalten sind auch Vorschriften zur Dauer, zur Durchführung und den Konsequenzen eines solchen Verfahrens.

Ein ebenfalls bisher nicht umfassend umgesetztes ehrgeiziges Projekt der
Konzepte von 2008 ist die Einführung einer eigenständigen Jugendgerichtsbar-
keit im Rahmen der bereits erwähnten gerichtsverfassungsrechtlichen Reform.
Die erst in Ansätzen entwickelte Jugendgerichtsbarkeit erlangt aber immer mehr
Bedeutung und Aufmerksamkeit in der ukrainischen Strafgesetzgebung und in
bereits umgesetzten Modellprojekten.

In einem „Programm 2009" hat der – inzwischen aber abgewählte – Präsident *Yuščenko* versucht, die Forderungen der UN-Kinderrechtskonvention nach
Gewährleistung eines optimalen ganzheitlichen Systems des Kinderrechtsschutzes u. a. durch einen Prüfungsauftrag zur Einführung einer eigenständigen
Jugendgerichtsbarkeit umzusetzen. Nach seiner Abwahl gelang es der Regierung
in Zusammenarbeit mit allen anderen staatlichen Einrichtungen, aber auch
Nichtregierungsorganisationen ein im Detail ausgearbeitetes Konzept zur Entwicklung der Jugendkriminaljustiz zu erstellen. Dieses Konzept wurde im Mai
2011 durch den neuen ukrainischen Präsidenten gebilligt.

Das Konzept ist letztlich das Ergebnis einer seit dem Jahr 2003 durch das
Oberste Gericht der Ukraine initiierten Arbeit im Bereich der Jugendgerichtsbarkeit. Seine Realisierung ist für die Jahre 2011-2016 vorgesehen (*Kap. 9.6.2*).
In diesem Zeitraum sollen auch die oben zum Teil schon angesprochenen Gesetzesentwürfe zur Einführung der Bewährungshilfe, zur Verbesserung der Haftbedingungen, vor allem aber zur Schaffung von Maßnahmen, die zur Verwirklichung der organisatorischen und methodischen Voraussetzungen eines Mediationsverfahrens führen, verabschiedet werden.

Im März 2010 ist überdies ein vierjähriges ukrainisch-kanadisches Regierungsprojekt zur Schaffung der Jugendgerichtsbarkeit gestartet worden mit dem
Ziel, hierbei die internationalen Standards der Kinderrechte zu etablieren und
somit die Verpflichtung der Ukraine aus der Kinderrechtskonvention der UN-
Organisation zu erfüllen. Vor diesem Hintergrund scheint die Einrichtung von
selbständigen Jugendgerichten nicht mehr eine Frage des „ob" zu sein, sondern
nur noch des „wie" und „wann".

In *Deutschland* haben Reformen in der Jugendkriminalrechtspflege in vielen
Fällen entscheidende Impulse auch für Reformen des Erwachsenenstrafrechts
gegeben.[961] *Joecks* weist etwa in diesem Zusammenhang zu Recht auf die
„Diversion" und die Einführung eines Täter-Opfer-Ausgleichs in § 46a StGB
hin.[962] Vielleicht könnten auch in der Ukraine erfolgreiche Reformen in der

---

961 Vgl. *Roxin* 1997, S. 77 Rn. 11.

962 Vgl. *Joecks* 2011, Einleitung, Rn. 12; siehe auch *Maier* 2012, § 46°, Rn. 2; *Lackner/
Kühl* 2011, § 46a° Rn. 1.

Jugendkriminalrechtspflege eine eine Schrittmacherfunktion bzw. Austrahlungs-
wirkung auf das Erwachsenenkriminalrecht haben.

Literaturverzeichnis:

Aebi, M. (2005): SPACE I. Council of Europe Annual Penal Statistics.[963] Survey 2004.

Aebi, M., Stadnic, N. (2007): SPACE I. Council of Europe Annual Penal Statistics. Survey 2005.

Aebi, M., Delgrande, N. (2007): SPACE I. Council of Europe Annual Penal Statistics. Survey 2006.

Aebi, M., Delgrande, N. (2009): SPACE I. Council of Europe Annual Penal Statistics. Survey 2007.

Aebi, M., Delgrande, N. (2010): SPACE I. Council of Europe Annual Penal Statistics. Survey 2008.

Aebi, M., Delgrande, N. (2011): SPACE I. Council of Europe Annual Penal Statistics. Survey 2009.

Amnestie International (2012): Die Menschenrechtslage in der Ukraine, abrufbar unter: http://www.amnesty.de/2012/5/23/die-menschenrechtslage-der-ukraine, letzter Zugriff: 26.06.2012.

Antipov, V. (2004): Problemi zastosuvannya do nepovnolìtnìh pevnih vidìv krimìnal'nogo pokarannya (Probleme der Anwendung bestimmter Strafarten gegenüber Jugendlichen). Krimìnal'ne pravo Nr. 8, S. 134-137.

Aslanov, R. M., Kropačev, N. M., Macnev, N. I. Zolotarëv, S. V. (1996): Ugolovnoe zakonodatel'stvo Rossijskoj Federacii so sravnitel'nym analizom statej UK RF 1996 b UK RSFSR 1960 (Strafgesetzgebung der Russischen Föderation mit vergleichender Analyse der Normen des russStGB aus dem Jahr 1996 und des StGB der RSFSR aus dem Jahr 1960). St. Peterburg.

Abrosimova, J. (2005): Zagal'nosocìal'nì pričini ta umovi zločinnostì nepovnolìtnìh v Ukraïnì (Allgemeinsoziale Ursachen und Bedingungen der Jugendkriminalität in der Ukraine). Pìdpriyemstvo, gospodarstvo ì pravo Nr. 8, S. 137-140.

Abrosimova, J. A. (2007): Krimìnal'no-psihologìčni osoblivostì zločinnostì nepovnolìtnìh na zagal'nomu ta regìonal'nomu rìvnyah (Kriminall-psychologische Besonderheiten der Jugendkriminalität landesweit und regional). Časopis Kiïvs'kogo unìversitetu prava Nr. 1, S. 156-162.

Babij, B. M., Mironenko, A. N. (1993): Sobranie malorossijskih prav 1807 (Sammlung der Kleinrussischen Rechte). Kiev.

---

963 SPACE I. Statistiken sind unter: http://www3.unil.ch/wpmu/space/space-i/annual-reports/ abrufbar, 28.06.2011.

Baraš, J. (2009): Pravovì ta organìzacìjnì problemi vikonannya pokaran' (styagnen'), ne pov'yazanih ìz pozbavlennyam volì, kriminal'no-vikonavčoyu služboyu Ukraïni (Rechtliche und organisatorische Probleme der Vollstreckung ambulanter Maßnahmen durch die Vollstreckungsinspektion). Internetpublikation: www.nbuv.gov.ua/portal/soc_gum/pib/2009_5/ PB-5/PB-5_24.pdf, 15.03.2011.

Beauftragte für Menschenrechte (Ombudsman) (2008): Bericht. Erhältlich online unter: http://ombudsman.kiev.ua/dopovid_5/Dop5_Zmist.htm, und http://www.ombudsman.kiev.ua/.

Beljaeva, L. I. (2005): Rasmyšlenija po povodu juvenalnoj justicii v Rossii (Überlegungen bzgl. der Jugendgerichtsbarkeit in Russland). Voprosy juvenalnoj justicii Nr. 2 (5), S. 3-9.

Beca, O. (2008): Gumanìzaciya krimìnal'noï vìdpovìdal'nostì nepovnolìtnìh (Humanisierung der strafrechtlichen Verantwortung der Jugendlichen). Normativno-pravovì ta prikladnì aspekti yuvenal'noï yusticìï, S. 43-64. Kiev.

Beca, O., Ovčarova, G. (2007): Pro stvorennya službi probacìï v Ukraïnì (Schaffung der Bewährungshilfe in der Ukraine). Vìdnovne pravosuddya v Ukraïnì, S. 54-59.

Binding, K. (1913): Grundriss des Deutschen Strafrechts, Allgemeiner Teil. Leipzig.

Boers, K., Schaerff, M. (2008): Abschied vom Primat der Resozialisierung im Jugendstrafvollzug. Zeitschrift für Jugendkriminalrecht und Jugendliche 4, S. 316-324.

Bogatir'ov, I. (2004): Perìodi rozvitku krimìnalnih pokaran', al'ternativnih pozbavlennyu volì (ìstoriko-pravovij aspekt) (Entwicklungsetappen der alternativen Sanktionen (geschichtlich-rechtlicher Gesichtspunkt)). Jurydyčna Ukraïna Nr. 5, S. 63-68.

Bogatir'ov, I. G. (2006): Krimìnal'nì pokarannya, ne pov'yazanì z pozbavlennyam volì (teorìya ì praktika ïh vikonannya krimìnal'no-vikonavčoyu ìnspekcìyeyu) Avtoreferat (Publizierte Zusammenfassung der Dissertation). Kiev.

Bogatir'ov, I. G. (2008): Krimìnal'no-vikonavče pravo Ukraïny. Pìdručnik (Das ukrainische Strafvollzugsrecht. Lehrbuch). Kiev.

Bottke, W. (1984): Generalprävention und Jugendstrafrecht aus kriminologischer und dogmatischer Sicht. Berlin, New York: Walter de Gruyter.

Brenzikofer, P (2004): Strafvollzug in der Ostukraine und das neue Strafvollzugsgesetz. Zeitschrift für Strafvollzug und Straffälligenhilfe 53, S. 221-225.

Bruner, R., Dölling, D. (2011): Jugendgerichtsgesetz. Kommentar. 12. Aufl., Berlin, Boston: Verlag De Gruyter.

266

Bugera, O. (2005): Zasobi masovoï informaciï: problema vdoskonalennya diyal'nostì ščodo zapobìgannya protipravnoï povedìnki nepovnolìtnìh (Medien: Das Problem der Verbesserung der Tätigkeit bzgl. der Jugendkriminalitätsvorbeugung). Pìdpriyemstvo, gospodarstvo ì pravo Nr. 7, S. 70-73.

Bugera, O (2007): Umovi zločinnostì nepovnolìtnìh: rol' zasobìv masovoï ìnfomaciï (Bedingungen der Jugendkriminalität: Die Rolle der Medien). Pravo Ukraïni Nr. 12, S. 100-104.

Bukalov, O. (2005): Dotrimannya prav uv'yaznenih v Ukraïnì – 2005. Dopovìd' (Einhaltung der Rechte der Gefangenen – 2005. Bericht). Aspekt, informacìjnij byulyuten' Nr. 2 (15). Ukrainische Strafvollzugsgesellschaft Doneckij Memorial. Doneck.

Bukalov, O. (2007): Dotrimannya prav uv'yaznenih v Ukraïnì – 2006. Dopovìd' (Einhaltung der Rechte der Gefangenen – 2006. Bericht). Aspekt, informacìjnij byulyuten' Nr. 1 (18). Ukrainische Strafvollzugsgesellschaft Doneckij Memorial. Doneck.

Bukalov, O. (2007a): Krimìnal'nì pokarannya v Ukraïnì (Kriminalstrafen in der Ukraine). Ukrainische Strafvollzugsgesellschaft Doneckij Memorial. Doneck.

Bukalov, O. (2008): Dotrimannya prav uv'yaznenih v Ukraïnì – 2007. Dopovìd' (Einhaltung der Rechte der Gefangenen – 2007. Bericht). Doneck. Internetpublikation: http://www.ukrprison.org.ua/index.php?id=1208872759, 15.03.2011.

Bukalov, O. (2009): Dotrimannya prav uv'yaznenih v Ukraïnì – 2008. Dopovìd' (Einhaltung der Rechte der Gefangenen – 2008. Bericht). Doneck. Internetpublikation: http://www.ukrprison.org.ua/index.php?id=1243260521, 15.03.2011.

Bukalov, O. (2010): Dotrimannya prav uv'yaznenih v Ukraïnì – 2009. Dopovìd' (Einhaltung der Rechte der Gefangenen – 2009. Bericht). Doneck. Internetpublikation: http://ukrprison.org.ua/index.php?id=1272357394, 15.03.2011.

Burdin, V. M. (2004a): Osoblivostì krimìnal'noï vìdpovìdal'nostì nepovnolìtnìh v Ukraïnì (Besonderheiten der strafrechtlichen Verantwortlichkeit der Jugendlichen in der Ukraine). Kiev.

Burdin, V. M. (2004b): Osoblivostì krimìnal'noï vìdpovìdal'nostì nepovnolìtnìh v Ukraïnì (Besonderheiten der strafrechtlichen Verantwortlichkeit der Jugendlichen in der Ukraine). Byulyuten' Mìnìsterstva Yusticìï Ukraïni Nr. 1 (27), S. 62-72.

Černova, A. (2009): Osoblivostì zastosuvannya timčasovogo zapobìžnogo zahodu (Besonderheiten der Festnahme als vorläufige Verfahrenssicherungsmaßnahme). Yuridičnij žurnal Nr. 3 (81), S. 75-77.

Dan'šyn, I. N., Golina, V. V. (2006): Kurs lekcìj po krimìnologìi (Kriminologie Vorlesungskurs). Charkiv: Odissej.

Denisova, T. A. (2008): Krimìnal'no-vikonavče pravo: Navčal'nij posìbnik (Strafvollstreckungsrecht: Lehrbuch). Kiev: Ìstina.

Dëmin, J. M., Juldašev, S. O. (2005): Krimìnal'ne pravo Ukraïni. V pitannyah ì vìdpovìdyah (Das ukrainische Strafrecht. Fragen und Antworten). Kiev.

Dekrety Sovetskoj Vlasti. (Dekrete der Sowjetmacht), 25. Oktober 1917 – 16. März 1918 (1957). Bd. 1, Moskau: Gosudarstvennoe isdatel'stvo polìtičeskoj literatury.

Dignan, J. (2011): England und Wales. In: Dünkel, F., Grzywa, J., Horsfield, P., Pruin, I. (Eds.): Juvenile Justice Systems in Europe – Current situation, reform developments. Mönchengladbach: Forum Verlag Godesberg, S. 357-398.

Diemer, H., Schatz, H., Sonnen B.-R. (2011): Jugendgerichtsgesetz mit Jugendstrafvollzugsgesetzen. Kommentar. 6. Aufl., Heidelberg, München, Landsberg: C.F. Müller Verlag.

Dolja, I. M. (2009): Dityačì budinki sìmejnogo tipu: mehanìsm podolannya social'nogo sirìtstva v Ukraïnì (Kinderheime nach Familienart: der Mechanismus der Bewältigung des sozialen Weisenstandes in der Ukraine). Strategìčnì prìorìteti Nr. 2 (11). Internetpublikation: old.niss.gov.ua/book/StrPryor/11_2009/28.pdf, 15.03.2011.

Dräger, W. (1992): Die Strafmündigkeitsgrenzen in der deutschen Kriminalgesetzgebung des 19. Jahrhunderts (bis zum RStGB). Jur. Dissertation, Kiel.

Dünkel, F. (2008): Rechtsschutz im Jugendstrafvollzug – Anmerkungen zum Zweiten Gesetz zur Änderung des Jugendgerichtsgesetzes vom 13.12.2007. Neue Kriminalpolitik 20, S. 2-4.

Dünkel, F. (2009): Strafvollzug und Menschenrechte: Nationale und internationale Standards sowie Entwicklungstendenzen des Strafvollzugs im europäischen Vergleich. In: Koop, G., Kappenberg, B. (Hrsg.): Wohin fährt die Justizvoll-Zug? Strategien für den Justizvollzug von morgen. Lingen: Kriminalpädagogischer Verlag, S. 32-84.

Dünkel, F. (2011a): Germany. In: Dünkel, F., Grzywa, J., Horsfield, P., Pruin, I. (Hrsg.): Juvenile Justice Systems in Europe – Current situation, reform developments. 2. Aufl., Mönchengladbach: Forum Verlag Godesberg, S. 547-622.

Dünkel, F. (2011b): Die Europäischen Grundsätze für die von Sanktionen oder Maßnahmen betroffenen jugendlichen Straftäter und Straftäterinnen. Zeitschrift für Jugendkriminalrecht und Jugendhilfe 2, S. 140-154.

Dünkel, F., Grzywa, J., Pruin, I., Šelih, A. (2011): Juvenile justice in Europe – Legal aspects, policy trends and perspectives in the light of human rights standards. In: Dünkel, F., Grzywa, J., Horsfield, P., Pruin, I. (Hrsg.): Juvenile Justice Systems in Europe – Current situation, reform developments. 2. Aufl., Mönchengladbach: Forum Verlag Godesberg, S. 1839-1898.

Dünkel, F., Lappi-Seppälä, T., Morgenstern, C., van Zyl Smit, D. (2010): Gefangenenraten und Kriminalpolitik in Europa: Zusammenfassung und Schlussfolgerungen. In: Dünkel, F., Lappi-Seppälä, T., Morgenstern, C., van Zyl Smit, D. (Hrsg.): Kriminalität, Kriminalpolitik, strafrechtliche Sanktionspraxis und Gefangenenraten im europäischen Vergleich. Mönchengladbach: Forum Verlag Godesberg, S. 1023-1118.

Dünkel, F. Stańdo-Kawecka, B. (2011): Juvenile imprisonment and placement in institutions for deprivation of liberty – Comparative aspects. In: Dünkel, F., Grzywa, J., Horsfield, P., Pruin, I. (Hrsg.): Juvenile Justice Systems in Europe – Current situation, reform developments. 2. Aufl., Mönchengladbach: Forum Verlag Godesberg, S. 1789-1838.

Dünkel, F., Pörksen, A. (2007): Stand der Gesetzgebung zum Jugendstrafvollzug und erste Einschätzungen. Neue Kriminalpolitik 19, S. 55-67.

Dünkel, F., Rössner, D. (1987): Täter-Opfer-Ausgleich in der Bundesrepublik Deutschland, Österreich und der Schweiz. Zeitschrift für die gesamte Strafrechtswissenschaft, S. 845-872.

Eisenberg, U. (2010): Jugendgerichtsgesetz. Kommentar. 14. Aufl., München: Verlag C.H. Beck.

Evangulov, G. G. (1903): Ugolovnoe uloženie, Vysočajše utverždënnoe 22 Marta 1903 goda (Strafrechtliches Gesetzbuch, von Hoheit verabschiedet am 22 März 1903). St. Petersburg.

Fischer, T. (2011): Strafgesetzbuch und Nebengesetze. Kommentar. 58. Aufl., München: Verlag C.H. Beck.

Gängel, A. (1994): Das Oberste Gericht der DDR – Leitungsorgan der Rechtsprechung – Entwicklungsstationen – . In: Rottleuthner, H. (Hrsg.): Steuerung der Justiz in der DDR. Einflußnahme der Politik auf Richter, Staatsanwälte und Rechtsanwälte. Köln. Bundesanzeiger Verlagsgesellschaft.

Georg, P. (2009): Pädagogische Konzepte der Reformpädagogik. Flanagan und Makarenko. Norderstedt: Verlag Grin.

Gercenzon, A. A., Gringauz, Š. S., Durmanov, N. D., Isaev, M. M., Utevskij, V. S. (2003): Istorija sovetskogo ugolovnogo prava (Geschichte des sowjetischen Strafrechts). Ausgabe 1947: Internetpublikation: http://www.allpravo.ru/library/doc101p/instrum107/, 15.03.2011.

Göppinger, H. (2008): Kriminologie. 6 Aufl., München: Verlag C.H. Beck.

Goldson, B. (2008): Attendance cetre orders. In: Goldson, B. (Hrsg.): Dictionary of Youth Justice. Collumpton: Willan Publishing, S. 26-27.

Golina, V. V., Golovkin, B. M. (2006): Osobistist' nepovnolitn'ogo zločincya: sučasnij kriminologičnij portret (Persönlichkeit eines jugendlichen Verbrecher: Gegenwärtiges Kriminalporträt). Byulyuten' Ministerstva Yusticiï Ukraïni Nr. 1 (51), S. 42-53.

Golina, V. V. (2009): Kriminologiya: Zagal'na ta osobliva častini: pidručnik (Kriminologie: Allgemeiner und besonderer Teil: Lehrbuch). Charkiv: Pravo.

Gončar, T. O. (2004): Nepovnolitnij yak sub'yekt vidpovidal'nosti za kriminal'nim pravom Ukraïni (Jugendlicher als Subjekt der Verantwortlichkeit nach dem ukrainischen Strafrecht). Dissertation. Odessa.

Gončarenko, V. G. (2007): Pravoznavstvo: slovnik terminiv (Rechtswörterbuch). Kiev.

Grošèvij, J. M., Kaplina, O. V. (2010): Kriminal'nij proces. Pidručnik (Strafprozessrecht. Lehrbuch). Charkiv. Pravo.

Gruševs'kyj, M. (2003): Illjustrirovannaja istorija Ukrajiny (Illustrierte Geschichte der Ukraine). Avtorizirovannyj perevod so vtorogo ukrainskogo izdanija. Doneck.

Gusev, A. I., Kostova, Y. B., Krestovs'ka, N. M., Semikop, T. E., Tereščenko, I. G., Šmeriga, V. I. (2006): Yuvenal'na yusticiya: Navčal'nij posibnik (Jugendgerichtsbarkeit: Lehrbuch). Odessa.

Hattenhauer, H. (1992): Europäische Rechtsgeschichte. Heidelberg: Verlag C.F. Müller.

Heinz, W. (2007): Evaluation jugendkriminalrechtlicher Sanktionen – Eine Sekundäranalyse deutschsprachiger Untersuchungen. In: Lösel, F., Bender, D., Jehle, J.-M. (Hrsg.): Kriminologie und wissensbasierte Kriminalpolitik. Mönchengladbach: Forum Verlag Godesberg, S. 495-518.

Heinz, W (2012) Das strafrechtliche Sanktionensystem und die Sanktionierungspraxis in Deutschland 1882 - 2010 (Stand: Berichtsjahr 2010) Version: 1/2012, Internet-Publikation http//:www.uni-konstanz.de/rtf/kis/sanks12.pdf.

Holmov, N. (2012a): Are trials by jury coming to Ukraine? – New Criminal Procedure Code. Pressemitteilung vom 18.01.2012, abrufbar unter: http://www.odessatalk. com/2012/01/are-trials-by-jury-coming-to-ukraine-new-criminal-procedure-code/, letzter Zugriff: 26.06.2012.

Holmov, N. (2012b): Ukraine adopts new criminal procedure code. Pressemitteilung vom 18.04.2012, abrufbar unter: http://www.odessatalk.com/2012/04/ukraine-adopts-new-criminal-procedures-code-after-a-few-amendments/, letzter Zugriff: 26.06.2012.

Jesse, J., Kramp, S. (2008): Das Konzept der Integralen Straffälligenarbeit – InStar - in Mecklenburg-Vorpommern. In: Dünkel, F., Drenkhahn, K., Morgenstern, Ch. (Hrsg.): Humanisierung des Strafvollzugs – Konzepte und Praxismodelle. Mönchengladbach: Forum Verlag Godesberg, S. 135-144.

Joecks, W. (2011): Einleitung. In: Joecks, W., Miebach K. (Hrsg.): Münchener Kommentar zum Strafgesetzbuch. 2. Aufl., Band 1, München: Verlag C.H. Beck.

Jobst, K. S. (2010): Geschichte der Ukraine. Stuttgart: Reclam.

Jugendstrafrechtsreform-Kommission (2002): Abschlussbericht. Zeitschrift für Jugendkriminalrecht und Jugendhilfe. EXTRA.

Kaiser, G., Schöch, H. (2003): Strafvollzug. 5. Aufl., Heidelberg: C. F. Müller Verlag.

Kalašnik, N. G. (2008): Reformuvannya penìtencìarnoï sistemi Ukraïni (Reform des ukrainischen Strafvollzugssystems). Praktika vikonannya al'ternativnih pokaran'. Ìnformacìjnij byulyuten' Nr. 2, S. 8-14.

Kalašnik, N. G. (2009): Penìtencìarna sistema Ukraïni (Das ukrainische Strafvollzugssystem). Analìtika Nr. 9 (87), S. 60-63. (Auch als Internetpublikation: http://www.n-kalashnik.com.ua/img/file/September.pdf, 11.09.2010.

Kanevs'ka, V. (2008): Na šlyahu do ìnstitucìonalìsaciï vìdnovnogo pravosuddya ta yuvenal'noï yusticiï v Ukraïnì (Institutionalisierung der wiederherstellenden Gerechtigkeit und der Jugendgerichtsbarkeit in der Ukraine). Vìdnovne pravosuddya v Ukraïnì Nr. 1, S. 8-12.

Kesper-Biermann (2007): Die Internationale Kriminalistische Vereinigung. Zum Verhältnis von Wissenschaft und Politik im Strafrecht 1889-1932. In: Kesper-Biermann, S., Overath, P. (Hrsg.): Die Internationalisierung von Strafrechtswissenschaft und Kriminalpolitik (1870-1930). Deutschland im Vergleich. Berlin: BWV Berliner Wissenschafts-Verlag, S. 85-107.

Kindhäuser, U., Neumann, U., Paeffgen, H.-U. (2010) (Hrsg.): Strafgesetzbuch. Kommentar. 3. Aufl., Bd. 1, Baden-Baden: Nomos Verlagsgesellschaft.

Kobylec'kyj, M. (2003): Das magdeburgische Recht als Quelle des Kodex von 1743. In: Eichler, E., Lück, H. (Hrsg.): Rechts- und Sprachtransfer in Mittel- und Osteuropa. Sachsenspiegel und Magdeburgerrecht. Berlin: De Gruyter Recht Verlag.

Končakovs'ka, V. V. (2009): Dotrimannya prav zatrimanih, pìdozryuvanih, obvinuvačenih, zasudženih u slìdčih ìsolyatorah ta ustanovah vikonannya pokaran' (Gewährung der Menschenrechte in freiheitsentziehenden Anstalten). Časopis Kiïvs'kogo unìversitetu prava Nr. 1, S. 258-263.

Kopetyuk, M. (2006a): Procesual'nij status nepovnolìtn'ogo obvinuvačenogo (Rechtstatus eines Jugendlichen). Yuridìčna Ukraïna Nr. 4, S. 72-76.

Kopetyuk, M. (2006b): Pravovì aspekti prokurors'kogo naglyadu za doderžannyam zakonu pri zastosuvannì primusovih zahodìv vihovnogo harakteru ì napravlennì nepovnolìtnìh do specìal'nih navčal'no-vihovnih ustanov (Rechtliche Aspekte der Aufsicht des Staatsanwalts bzgl. Einhaltung des Gesetzes bei Anwendung von Zwangsmaßnahmen erzieherischer Einwir-

271

kung und Einweisung Jugendlicher in spezielle Erziehungsanstalten). Yuridična Ukraïna Nr. 7, S. 82-86.

Kopetyuk, M. (2009): Učas't sakonnogo predstavnika nepovnolìtn'ogo na dosudovomu slìdstvì (Teilnahme des gesetzlichen Vertreters eines Jugendlichen im Vorverfahren). Yuridična Ukraïna Nr. 1, S. 98-105.

Koreckij, V. M. (1985): Saksonskoe Sercalo. Pamjatnik, kommentariji, issledovanija (Der Sachsenspiegel. Denkmal, Kommentare, Studie). Moskau.

Koržans'kij, M. J. (1996): Ugolovne pravo Ukraïni. Častina zagal'na. (Das ukrainische Strafrecht. Allgemeiner Teil). Kiev.

Košinec', V. V. (2006): Osnovnì napryami reformuvannya krimìnal'no-vikonavčoï sistemi (Hauptrichtungen der Reform des Strafvollstreckungssystem). In: Bodruk O.S. (Hrsg.) (2006): Reformuvannya sistemi pravoohoronnih organiv Ukraïni ta mìžnarodnij dosvìd transformacìï polìcìï v kraïnah Central'noï ta Shìdnoï Evropi: Materìali mìžnarodnogo „kruglogo stolu" (Kiev, 14. Oktober 2005). Kiev, S. 57-61.

Košinec', V. V. (2008): Pìdsumki roboti Deržavnoï kriminal'no-vikonavčoï službi Ukraïni (Arbeitsergebnisse des ukrainischen Staatsstrafvollzugsdienstes). Praktika vikonannya al'ternativnih pokaran'. Ìnformacìjnij byulyuten' Nr. 2, S. 3-7.

Koval', R. G. (2005): Aktual'nì pitannya formuvannya ukraïns'koï modelì vìdnovnogo pravosuddya (Aktuelle Fragen der Formierung des ukrainischen Models der Wiederherstellenden Gerechtigkeit). Vìdnovne pravosuddya Nr. 1-2, S. 8-11.

Kovalenko, Ì. (2004): Aktual'nì krimìnologìčnì aspekti delìktnoï povedìnki nepovnolìtnìh (Aktuelle kriminologische Aspekte des delinquenten Verhaltens Jugendlicher). Yuridična Ukraïna Nr. 6, S. 57-59.

Kovna, U. (2009): Zastosuvannya primusovih zahodìv vihovnogo harakteru ščodo malolìtnìh: teorìya, zakonodavče regulyuvannya ì sudova praktika (Anwendung von Zwangsmaßnahmen erzieherischer Einwirkung bei Minderjährigen: Theorie, gesetzliche Regelung und Gerichtspraxis). Vìsnik l'vìvs'kogo unìversitetu Nr. 49, S. 257-267. Internetpublikation: www. nbuv.gov.ua/portal/Soc_Gum/Vlnu_yu/2009_49/257crp49.pdf, 15.03.2011.

Kozlov, P. P., Nìkìtìn J. V., Strelkov, L. O. (2008): Režim vikonannya krimìnal'nih pokaran': Monografìya (Strafvollzugsregime: Monographie). Kiev: KNT.

Köhne, M. (2007): Das Ende des „gesetzlosen" Jugendstrafvollzugs. Zeitschrift für Rechtspolitik 40, S. 109-113.

Kuhlen, L. (1978): Die Objektivität von Rechtsnormen. Frankfurt am Main: Peter Lang Verlag.

272

Kučerìna, I. (2004): im Interview mit *Larìna*: Zločinnìst' sered nepovnolìtnìh zrostaye (Jugendkriminalität nimmt zu). Yuridičnij vìsnik Ukraïni Nr. 27, S. 12.

Lackner, K., Kühl, K. (2011): Strafgesetzbuch. Kommentar. 27. Aufl., München: Verlag C.H. Beck.

Laubenthal, K. (2011): Strafvollzug. 6. Aufl., Berlin Heidelberg: Springer-Verlag.

Laubenthal, K., Baier, H., Nestler, N. (2010): Jugendstrafrecht. 2. Aufl., Berlin Heidelberg: Springer-Verlag.

Lenin, V. I. (1981): Polnoe sobranie sotschinenij (Vollständige Sammlung der Werke). Bd. 36. Internetpublikation: www.leninvi.ru, 15.03.2011.

Lobojko, L. N. (2008): Ugolovno-processual'noe pravo (Strafprozessrecht). Charkiv.

Maier, St. (2012): § 46a StGB. In: Joecks, W., Miebach, K. (Hrsg.): Münchener Kommentar zum Strafgesetzbuch. 2 Aufl., Band 2, München: Verlag C.H. Beck.

Maljarenko, V. T., Alenìn, J. P. (2005): Ugolovno-processual'nyj kodeks Ukrainy: Naučno-praktičeskij kommentarij (Ukrainische Strafprozessordnung: Kommentar). Charkiv.

Maljarenko, V. T., Alenìn, J. P (2010): Krimìnal'no-procesual'nij kodeks Ukraïni: Naukovo-praktičnij kommentarìj (Ukrainische Strafprozessordnung: Kommentar). Charkiv.

Marčak, V. Y., Ruljakov, V. Ì. (2008): Osoblivostì rozglyadu krimìnal'nìh sprav sčodo nepovnolìtnìh ì zastosuvannya do nih primusovih zahodìv vihovnogo harakteru (Besonderheiten des Jugendstrafverfahrens und Anwendung von Zwangsmaßnahmen erzieherischer Einwirkung). Černivci.

Mark, R. A.. (2001): Die ukrainischen Gebiete 1914-1922: Krieg, Revolution, gescheiterte Staatsbildung. In: Jordan, P., Kappeler, A., Lukan, W., Vogl, J. (Hrsg.): Ukraine: Geographie - Ethnische Struktur – Geschichte - Sprache und Literatur – Kultur – Politik – Bildung – Wirtschaft – Recht. Wien, Frankfurt am Main, Berlin u. a.: Peter Lang, S. 279-292.

Mar'janovs'kij, G. (2001): Prava nepovnolìtnìh. Konspekt kursu lekcìj dlya nepovnolìtnìh, ščo perebuvayut' u konflìktì ìz zakonom (Rechte der Jugendlichen. Vorlesungsniederschrift für Jugendliche, die im Konflikt mit dem Gesetz stehen). Kiev: Sphera Verlag.

Matiševs'kij, P. S. (2001): Krimìnal'ne pravo Ukraïni. Zagal'na častina (Das ukrainische Strafrecht. Allgemeiner Teil). Kiev.

Matvìjčuk, V. K., Har, I. O. (2006): Krimìnal'ne pravo Ukraïni. Zagal'na častina: Praktikum (Das ukrainische Strafgesetzbuch. Allgemeiner Teil: praxis). Kiev.

273

Mačužak, Y. V., Lavrovs'ka, Ì. B. (2005): Zabezpečennya prav ditini ì yuvenal'na yusticìya (Einhaltung der Kinderrechte und Jugendgerichtsbarkeit). Vìdnovne pravosuddya v Ukraïnì Nr. 1-2, S. 147-152.

Meier, B-D., Rössner, D., Schöch, H. (2007): Jugendstrafrecht. 2. Aufl., München: Verlag C.H. Beck.

Meier, B-D., Rössner, D., Trüg, G., Wulf, R. (2011): Jugendgerichtsgesetz. Handkommentar. Baden-Baden: Nomos.

Mel'nik, M. I., Havronyuk, M. I. (2010): Naukovo-praktičnij komentar krimìnal'nogo kodeksu Ukraïni. (Strafvollstreckungsgesetzbuch. Kommentar). Yuridìčna dumka. Kiev.

Mel'nikova, J. B. (1990): Pravosudie po delam nesoveršennoletnih: istorija i sovremennost' (Jugendgerichtsbarkeit: Geschichte und Gegenwart) Moskau.

Mel'nikova, J. B. (2000): Juvenalnaja Justicija. Problemy ugolovnogo prava, ugolovnogo processa i kriminologii (Jugendgerichtsbarkeit. Probleme des Strafrechts, des Strafprozesses und der Kriminologie). Moskau.

Mihajlova, I. (2009): Ìnstitut probacìï: okremì aspekti vprovadžennya (Bewährungshilfe: Einzelne Aspekte der Einführung). Krimìnal'ne pravo Nr. 10. Internetpublikation: www.nbuv.gov.ua/portal/Soc_Gum/Pgip/2009_10/Mykhaiylova.pdf, 15.03.2011.

Mommsen, T. (1955): Römisches Strafrecht. Darmstadt.

Mikitin, Y. I. (2006): Mèdiacija u kryminal'nyh spravah: dèjaki pravovi aspekty (Mediation in Strafsachen: Einige Rechtsaspekte). Kiev. Internetpublikation: http://www.rj.org.ua/en/node/45, 15.03.2011.

Nadtoka, O. F. (2009): Prava lyudini v zakladah socìal'noï reabìlitacìï sistemi osviti Ukraïni (Menschenrechte in den Sozialrehabilitationseinrichtungen des ukrainischen Bildungssystems). Kiev.

Naumova, I. V. (2001): Stan zločinnostì nepovnolìtnìh u 1992-2000 rr. (Jugendkriminalitätslage). Naukovij vìsnik Nacìonal'noï akademìï vnutrìšnìh sprav Nr. 4 Internetpublikation: http://www.naiau.kiev.ua/tslc/pages/biblio/visnik/n2001_4/naumova.htm, 15.03.2011.

Omel'janenko, G. M. (2002): Provadžennya u spravah pro zločini nepovnolìtnìh yak diferencìacìya krimìnal'no-procesual'noï formi (Jugendstrafverfahren als Differenzierung der Strafverfahrensform). Kiev: Atìka.

Ostendorf, H. (2009): Jugendstrafrecht. 5. Aufl., Baden-Baden: Nomos.

Ostendorf, H. (2009): Jugendgerichtsgesetz. Kommentar. 8. Aufl., Baden-Baden: Nomos.

Palìjčuk, O. V. (2006): Pokarannya, ščo možut' buti zastosovanì do nepovnolìtnìh zločincìv (Strafen die gegenüber Jugendlichen verhängt werden können). Deržava ì pravo Nr. 32, Kiev, S. 427-432.

Pergataia, A. (2001): Jugendstrafrecht in Russland und den baltischen Staaten. Mönchengladbach: Forum Verlag Godesberg.

Philipp, W. (1986): Alt-Russland bis zum Ende des 16. Jahrhunderts. In: Propyläen Weltgeschichte. Band 5, Frankfurt am Main, S. 227-272.

Pidžakov, A. J. (2006): Istoričeskie korni juvenalnoj justicii (Geschichtliche Wurzeln der Jugendgerichtsbarkeit). Voprosy juvenalnoj justicii Nr. 1 (6), S. 2-4.

Pirožkova, T. (2005): Vìdomostì pro osobu zločincya yak element krimìnalìstičnoï harakteristiki pri rozslìduvannì zločinìv, včinenih nepovnolìtnìmi (Angaben zur Täterperson als ein Element der kriminalistischen Charakteristik bei Ermittlung von durch Jugendliche begangene Straftaten). Pìdpriyemstvo, gospodarstvo ì pravo Nr. 5, S. 151-154.

Pis'mens'kij, J., Ryažs'kij, A. (2009): Umovno-dostrokove zvìl'nennya vìd vìdbuvannya pokarannya: Problemi tlumačennya ì vdoskonalennya zakonodavstva (Bedingte vorzeitige Entlassung: Probleme der Auslegung und Verbesserung der Gesetzgebung). Yuridična Ukraïna Nr. 10, S. 119-125.

Prava lyudini v Ukraïnì (2008): Dopovìd' pravozahisnih organìzacìj (Menschenrechte in der Ukraine. Bericht der Nichtregierungsorganisationen). Internetpublikation: www.helsinki.org.ua/index.php?r=a1b7c5, 04.04.2011.

Ptašins'kij, O. B. (2004): Penìtencìarna sistema Ukraïni (Strafsystem in der Ukraine). Kiev.

European Centre for a Modern Ukraine (2012): Reform der Strafprozessordnung. In: Ukraine Aktuell – Newsletter. Ausgabe 1/Juni 2012, S. 3-4, abrufbar unter: http://www.modernukraine.eu/wp-content/uploads/2012/07/Ukraine-Aktuell_Newsletter_Ausgabe-1.pdf.

Rieckhof, S. (2008): Strafvollzug in Russland. Vom Gulag zum rechtsstaatlichen Resozialisierungsvollzug? Mönchengladbach: Forum Verlag Godesberg.

Riedl, A. (2004): Didaktik der beruflichen Bildung. Wiesbaden: Verlag Franz Steiner.

Rodìonov, V. (2007): Problemnì pitannya krimìnal'noï vìdpovìdal'nostì nepovnolìtnìh (Problemfragen der strafrechtlichen Verantwortung Jugendlicher). Yuridična Ukraïna Nr. 1, S. 91-93.

Romanyuk, A. (2003): Deyakì problemi pravovogo regulyuvannya učastì zahisnika u spravah nepovnolìtnìh (Einige Probleme der Rechtsregelung bzgl. eines Verteidigers in Jugendstrafsachen). Časopis Kiïvs'kogo unìversitetu prava Nr. 3.

Roxin, C. (1997): Strafrecht: Allgemeiner Teil. Band 1. 3. Aufl., München: C.H. Beck Verlag.

Roxin, C., Schünemann, B. (2009): Strafverfahrensrecht. 26. Aufl., München: C.H. Beck Verlag.

275

Sakalauskas, G. (2006): Strafvollzug in Litauen. Kriminalpolitische Hintergründe, rechtliche Regelungen, Reformen, Praxis und Perspektiven. Mönchengladbach: Forum Verlag Godesberg.

Šakun, V. I. (2003): Zločinnìst' nepovnolìtnìh: novì vikliki dlya Ukraïni (Jugendkriminalität: Neue Herausforderungen für die Ukraine). Vìsnik Verhovnogo Sudu Ukraïni Nr. 6 (40), S. 44-46.

Sanin, V. (2007): Osoblivostì nacìonal'noï sistemi sudočinstva ščodo nepovnolìtnìh (Besonderheiten des nationalen Gerichtssystems bzgl. Jugendlicher). In: Zaprovadžennya sistemi yuvenal'noï yusticìï v Ukraïnì: pedagogìčnij aspekt ì yuvenal'nì sudi. Kiev, S. 59-68.

Schröder, F.-Ch. (2007): Strafgesetzbuch der Russischen Föderation. Deutsche Übersetzung und Einführung von Friedrich-Christian Schroeder. 2. Aufl., Berlin: Duncker & Humblot Verlag.

Segedìn, V. (2004): Ohoronyati prava nepovnolìtn'ogo treba do togo, yak vìn porušit' zakon (Rechte eines Jugendlichen müssen geschützt werden, bevor er das Gesetz verletzt). Prokuratura. Lyudina. Deržava Nr. 10 (40), S. 20-27.

Šemšučenko, Y. S. (1999): Yuridična Enciklopedìya (Juristische Enzyklopädie). Kiev:Ukraïns'ka enciklopedìya ìmenì M. P. Bažana.

Šemšučenko, Y. S. (2001): Yuridična Enciklopedìya (Juristische Enzyklopädie). Kiev: Ukraïns'ka enciklopedìya ìmenì M. P. Bažana.

Šemšučenko, Y. S. (2002): Yuridična Enciklopedìya (Juristische Enzyklopädie). Kiev: Ukraïns'ka enciklopedìya ìmenì M. P. Bažana.

Šemšučenko, Y. S. (2003) Yuridična Enciklopedìya (Juristische Enzyklopädie). Kiev: Ukraïns'ka enciklopedìya ìmenì M. P. Bažana.

Šemšučenko, Y. S. (2004): Yuridična Enciklopedìya (Juristische Enzyklopädie). Kiev: Ukraïns'ka enciklopedìya ìmenì M. P. Bažana.

Simon, G. (2005): Revolution in Orange. Der ukrainische Weg zur Demokratie. Forum für osteuropäische Ideen - und Zeitgeschichte. Heft 1, S. 115-146.

Šinal'skij, A. (2006): Prava čeloveka v mestah lišeniya svobody – pora perejti ot slova k delu (Menschenrechte in freiheitsentziehenden Anstalten - es ist Zeit von Wörtern zu den Taten übergehen). Golos Ukrainy Nr. 32, S. 9.

Šišov, O. F. (1980): Rukovodjaščie načala po ugolovnomu pravu RSFSR 1919 goda – pamjatnik sovetskoj ugolovno-pravovoj mysli (Leitsätze des Strafrechts RSFSR 1919 – Denkmal des strafrechtlichen Denkens). Pravovedenie Nr. 3, S. 83-88.

Šiyan, O. (2008): Dìyal'nìst' zakladìv socìal'noï reabìlìtacìï sistemi osvìti yak strukturnogo komponenta sistemi yuvenal'nogo pravosuddya. (Tätigkeit der Einrichtungen der sozialen Rehabiliation des Bildungssystems als

Strukturbestandteil des Jugendgerichtsbarkeitssystems). Normativno-pravovì ta prikladnì aspekti yuvenal'noï yusticiï, S. 65-69. Kiev.

Stepanyuk, A. H. (2008): Krimìnal'no-vikonavčij kodeks Ukraïni. Naukovopraktičnij komentar. (Strafvollstreckungsgesetzbuch. Kommentar). Charkiv: Odissej.

Stepanyuk, A.Yakovec', I. S. (2006): Pro deyakì napryamki polìtiki Ukraïni ščodo reformuvannya krimìnal'no-vikonavčoï systemi (Politik in der Ukraine bzgl. der Reform des Strafvollzugssystems). Krimìnal'ne pravo Ukraïni, S. 23-31.

Strel'cov, E. L. (2007a): Ugolovnoe Pravo Ukrainy (Das ukrainische Strafrecht). Charkiv: Odissej.

Strel'cov, E. L. (2007b): Ugolovnyj Kodeks Ukrainy. Kommentarij (Das ukrainische Strafgesetzbuch. Kommentar). Charkiv: Odissej.

Strel'cov, E. L. (2010): Ugolovnyj Kodeks Ukrainy. Kommentarij (Das ukrainische Strafgesetzbuch. Kommentar). Charkiv: Odissej.

Svod zakonov Rossijskoj imperii (Gesetzessammlung des Russischen Imperiums). Internetpublikation: http://civil.consultant.ru/code/, 15.03.2011.

Subtel'nyj, O. (1994): Ukraina: istorija (Ukraine: Die Geschichte). Kiev: Libìd'.

Tacìj, V. Y. (2003): Konstituciya Ukraïni. Naukovo-praktičnij komentar (Die ukrainische Verfassung. Kommentar). Charkiv, Kiev: Pravo, Vidavničij Dìm „Ìn Yure".

Tagancev, N. S. (1902): Russkoje ugolovnoe pravo. Čast' obščaja (Russisches Strafrecht. Allgemeiner Teil). Bd. 1, St. Petersburg.

Tertišnik, V. M. (2007): Krimìnal'no-procesual'ne pravo Ukraïni (Das ukrainische Strafprozessrecht). Kiev: A.S.K.

Tertišnik, V. M. (2008): Naukovo-praktičnij komentar do krimìnal'no-procesual'nogo kodeksu Ukraïni (Ukrainische Strafprozessordnung. Kommentar). Kiev: Yuridična kniga.

Thieme, H. (1962): Einleitung zur Textausgabe Sachsenspiegel Landrecht. Verlag Reclam. Stuttgart.

Uloženie o nakasanijah ugolovnyh i ispravitelnyh ot 1885 (1912) Neoficialnoe isdanie Svoda Zakonov Rossijskoj Imperii v pjati knigah (Gesetzbuch über Kriminal- und Besserungsstrafen. Ausgabe 1885). Buch 5 Bd. 15, St. Petersburg. Internetpublikation: http://civil.consultant.ru/code/.

Usenko, I. B. (1989): Pervaja kodifikacija zakonodatel'stva Ukrainskoj SSR (Erste Kodifizierung der Gesetzgebung in der UkrSSR). Kiev.

Vapnjarčuk, V. V. (2007): Krimìnal'nij proces Ukraïni v shemah ì tablicyah (Das ukrainische Strafprozess in Schemata und Tabellen). Charkiv.

Visnik Verhovnogo Sudu Ukraïni (2001): (Informationsblatt des ukrainischen Obersten Gerichts) Uhvala sudovoï kolegiï v kriminal'nih spravah (Beschluss des Gerichtskollegium für Strafsachen) Nr. 2 (24), S. 12-15.

Vidnovne Pravosuddya v Ukraïni (2010): (Wiedergutmachende Strafrechtspflege in der Ukraine) Nr. 1-4.

Wessels, J., Beulke, W. (2010): Strafrecht. Allgemeiner Teil. 40. Aufl., Heidelberg u. a.: C. F. Müller Verlag.

Yablons'ka, T. (2006): Monitoring stanu dotrimannya prav uv'yaznenih ta zasudženih osib v Ukraïni (Monitoring des Zustandes der Einhaltung der Rechte der Gefangenen und Verurteilten in der Ukraine). Kiev: Sfera Verlag.

Yacenko, S. (2006): Naukovo-praktičnij komentar do kriminal'nogo kodeksu Ukraïni (Kommentar zum ukrainischen Strafgesetzbuch). Kiev: „A.C.K."

Yacišin, M. (2008): Gumanisaciya kriminal'no-vikonavčogo prava Ukraïni (Humanisierung des ukrainischen Strafvollzugsrechts). Yuridična Ukraïna, Nr. 9, S. 100-104.

Yacun, O. (2003): Priznačennya pokarannya nepovnolitnim. Osoblivosti pidtrimannya deržavnogo obvinuvačennya v sudi po spravah ščodo nepovnolitnih (Verhängung einer Strafsanktion gegenüber Jugendlichen. Besonderheiten der öffentlichen Klage im Gericht in Jugendstrafsachen). Visnik prokuraturi Nr. 4 (22), S. 103-105.

Yančuk, O. (2006): Vikonannya pokaran' ščodo nepovnolitnih (Jugendstrafvollzug). Aspekt, informacijnij byulyuten', Nr. 2 (17). Ukrainische Strafvollzugsgesellschaft Doneckij Memorial. Doneck.

Yemel'janova, I. I. (2005): Rol' vidnovnogo pravosuddya v koncepciï Yuvenal'noï Yustyciï (Die Rolle der wiedergutmachenden Strafrechtspflege in der Jugendgerichtsbarkeit). Vidnovne Pravosuddya v Ukraïni, Nr. 1-2, S. 96-99. Auch als Internetpublikation abrufbar: http://www. commonground. org.ua/lib_bulletin.shtml, 15.03.2011.

Yuzikova, N. (2004): Pričini protipravnoï povedinki nepovnolitnih (Ursachen des rechtswidrigen Verhaltens Jugendlicher). Yuridičnij visnik Ukraïni Nr. 19, S. 10.

Zakaljuk, A. P. (2007): Kurs sučasnoï ukraïns'koï kriminologiï. Teoretični zasadi ta istoriya ukraïns'koï kriminologičnoï nauki (Der Kursus der gegenwärtigen ukrainischen Kriminologie. Theoretische Grundsätze und Geschichte der ukrainischen kriminologischen Wissenschaft). Kiev: Vidavničij Dim „In Yure".

Zaikina, M. (2011): Ukraine. In: Dünkel, F., Grzywa, J., Horsfield, P., Pruin, I. (Hrsg.): Juvenile Justice Systems in Europe – Current situation, reform developments. 2. Aufl., Mönchengladbach: Forum Verlag Godesberg, S. 1481-1535.

Zemlyans'ka, V. (2008): Vìdnovne pravosuddya v krimìnal'nomu procesì Ukraïni. (Wiedergutmachende Strafrechtspflege im ukrainischen Strafprozess). Kiev. Internetpublikation: http://www.commonground. org.ua/, 15.03.2011.

Žmud', V. (2008): Zaprovadžennya proceduri medìacìï (primìrennya) u zakonodavstvì Ukraïni (Einführung der Mediation (Vermittlung) in die ukrainische Gesetzgebung). Vìdnovne pravosuddya Nr. 2, S. 23-25.

TransMONEE 2007 features: data and analysis on the lives of children in CEE/CIS and Baltic States http://www.unicef-irc.org/, 15.03.2011.

TransMONEE 2009 Database: http://www.transmonee.org/, 15.03.2011.

TransMONEE 2010 http://www.transmonee.org/, 07.04.2011.

Internationale Dokumente:

Resolutionen und offizielle Dokumente der Vereinten Nationen:[964]

United Nations (Hrsg.) (1966): International Covenant on Civil and Political Rights, adopted and opened for sgnature, ratification and accession by General Assembly resolution 2200A (XXI) of 16 December 1966. Der Pakt wurde noch durch die UkrSSR am 12. November 1973 ratifiziert.

United Nations (Hrsg.) (1985): Standard Minimum Rules for the Administration of Juvenile Justice (The Beijing Rules), General Assembly Resolution 40/33 of 29 November 1985.

United Nations (Hrsg.) (1989): *Convention on the Right of the Child*, General Assembly Resolution 44/25 of 20 November 1989.

United Nations (Hrsg.) (1990): Standard Minimum Rules for Non-custodial Measures (The Tokyo Rules), General Assembly Resolution 45/110 of 14 December 1990.

United Nations (Hrsg.) (1990): Rules for the Protection of Juveniles Deprived of their Liberty (Havanna-Rules), General Assembly Resolution 45/113 of 14 December 1990.

First United Nations Congress on the Prevention of Crime and the Treatment of Offenders (Hrsg.) (1955): Standard Minimum Rules for the Treatment of Prisoners. Geneva. (Approved by the Economic and Social Council by its resolutions 663 C (XXIV) of 31 July 1957 and 2076 (LXII) of 13 May 1977).

---

964 Die hier zitierten offiziellen Quellen der Vereinten Nationen sind über die Internetadresse der Vereinten Nationen in Dokumten unter http://www.un.org/ veröffentlicht, 15.04.2011.

Empfehlungen und weitere Dokumente des Europarats:[965]

Council of Europe (Hrsg.) (1995): Opinion No. 190 on the application by Ukraine for membership of the Council of Europe, Parliamentary Assembly, 26 September 1995. Abrufbar unter: http://assembly.coe.int/ Main.asp?link=/Documents/AdoptedText/ta95/EOPI190.htm, 15.04.2011.

Council of Europe (Hrsg.) (1997): European Convention on Human Rights, 4 November 1950. Die Ukraine hat die Konvention am 17.07.1997, Nr. 475/97-BP ratifiziert.

Council of Europe (Hrsg.) (1999): Recommendation No. R (99) 19 concerning Mediation on Penal Matters, adopted by the Committee of Ministers on 15 September 1999. Strasbourg.

Council of Europe (Hrsg.) (2009): European Rules for juvenile offenders subject to sanctions or measures. Strasbourg. (zitiert: ERJOSSM-commentary zu Rule Nr.).

Council of Europe (Hrsg.) (2012): Resolution 1862 (2012). The functioning of democratic institutions in Ukraine, 09 January 2012 (http://assembly. coe.int/Mainf.asp?link=/Documents/AdoptedText/ta12/ERES1862.htm).

CPT (2002): Report to the Ukrainian Government on the visit to Ukraine carried out by the European Committee for the Prevention of Torture and Inhuman or Degrading Treatment or Punishment (CPT) from 10 to 26 September 2000. Strasbourg, CPT/Inf (2002) 23 (http://www.cpt.coe.int/documents/ ukr/2002-23-inf-eng.pdf).

CPT (2007): Report to the Ukrainian Government on the visit to Ukraine carried out by the European Committee for the Prevention of Torture and Inhuman or Degrading Treatment or Punishment (CPT) from 9 to 21 October 2005. Strasbourg, CPT/Inf (2007) 22 (http://www.cpt.coe.int/documents/ukr/ 2007-22-inf-eng.pdf).

CPT (2009): Report to the Ukrainian Government on the visit to Ukraine carried out by the European Committee for the Prevention of Torture and Inhuman or Degrading Treatment or Punishment (CPT) from 5 to 10 December 2007. Strasbourg, CPT/Inf (2009) 15 (http://www.cpt.coe.int/documents/ ukr/2009-15-inf-eng.pdf).

CPT (2011): Report to the Ukrainian Government on the visit to Ukraine carried out by the European Committee for the Prevention of Torture and Inhuman or Degrading Treatment or Punishment (CPT) from 9 to 21 September 2009. Strasbourg, CPT/Inf (2011) 29 (http://www.cpt.coe.int/documents/ ukr/2011-29-inf-eng.pdf).

---

[965] Die hier zitierten offiziellen Quellen des Europarats sind über die Internetadresse des Europarats unter http://www.coe.int/ veröffentlicht.

Europarat (Hrsg.) (2001): Resolution der Parlamentarischen Versammlung über die Ausübung von Pflichten und Verbindlichkeiten der Ukraine Nr. 1262 vom 27.09.2011 (*Резолюція Парламентської Асамблеї Ради Європи про виконання обов'язків та зобов'язань Україною*), http://www.coe. kiev.ua/uk/dogovory/RN1262(2001).html, 15.03.2011.

Europarat (Hrsg.) (2003): Resolution der Parlamentarischen Versammlung über die Ausübung von Pflichten und Verbindlichkeiten der Ukraine Nr. 1346 vom 01.10.2003 (*Резолюція Парламентської Асамблеї Ради Європи про виконання обов'язків та зобов'язань Україною*), http://www.coe. kiev.ua/uk/dogovory/RN1346(2003).html, 15.03.2011.

Europarat (Hrsg.) (2005): Resolution der Parlamentarischen Versammlung über die Ausübung von Pflichten und Verbindlichkeiten der Ukraine Nr. 1466 vom 05.10.2005 (*Резолюція Парламентської Асамблеї Ради Європи про виконання обов'язків та зобов'язань Україною*), http://www.coe. kiev.ua/uk/dogovory/RN1466(2005).html, 15.03.2011.

Council of Europe (Hrsg.) (2008): Recommendation No. Rec (2008) 11 concerning European rules for juvenile offenders subject to sanctions or measures (Greifswald-Rules), adopted by the Committee of Ministers on 5 November 2008.

Gesetzesverzeichnis:

Strafprozessordung der Ukraine Nr. 1001-05 vom 28.12.1960 (Кримінально-процесуальний кодекс України), *mit späteren Änderungen und Ergänzungen.*

Strafgesetzbuch der Ukraine o. Nr. vom 28.12.1960 (Кримінальний кодекс України). *Außer Kraft.*

Strafgesetzbuch der Ukraine Nr. 2341-III vom 05.04.2001 (Кримінальний кодекс України).

Strafgesetzbuch der Russischen Föderation Nr. 63-ФЗ vom 13.06.1996 (*Уголовный Кодекс Росийской Федрации*).

Arbeitsgesetzbuch der Ukraine Nr. 322-VIII vom 10.12.1971 (Кодекс законів про працю України), *mit späteren Änderungen und Ergänzungen.*

Ukrainisches Gesetz über die Miliz Nr. 565-XII vom 20.12.1990 (Закон України про Міліцію).

Ukrainisches Gesetz über die Rechtsanwaltschaft Nr. 2887-XII vom 19.12.1992 (Закон України про адвокатуру).

Untersuchungshaftgesetz der Ukraine Nr. 3352-XII vom 30.06.1993 (Закон України про попереднє ув'язнення).

Ukrainisches Gesetz über Änderungen und Ergänzungen des ukrStGB und der ukrStPO und der Regelung über Kommissionen für Jugendsachen des UkrSSR Nr. 3787-XII vom 23.12.1993 (Закон України про внесення змін і доповнень до Кримінального і Кримінально-процесуального кодексів України та до Положення про комісії в справах неповнолітніх Української РСР).

Ukrainisches Gesetz über Ämter und Behörden für Angelegenheiten Minderjähriger und Sonderinstitutionen für Minderjährige Nr. 20/95-ВР vom 24.01.1995 (Закон України про органи і служби у справах дітей та спеціальні установи для дітей).

Ukrainische Verfassung Nr. 254к/96-ВР vom 28.06.1996 (Конституція України).

Ukrainisches Änderungsgesetz des ukrStGB, der ukrStPO und des ukrainischen Arbeitsbesserungsgesetzbuchs Nr. 1483-III vom 22.02.2000 (Закон України про внесення змін до Кримінального Кримінально-процесуального та Виправно-трудового кодексів України).

Ukrainisches Gesetz über Sozialarbeit mit Familien, Kindern und jungen Menschen Nr. 2558- 3 vom 21.06.2001 (Закон України про соціальну роботу з сім'ями, дітьми та молоддю).

Ukrainisches Änderugnsgesetz der ukrStPO Nr. 2533-III vom 21.06.2001 (Закон України про внесення змін до Кримінально-процесуального кодексу України).

Familiengesetzbuch der Ukraine Nr. 2947-III vom 10.01.2002 (Сімейний кодекс України).

Bürgerliches Gesetzbuch der Ukraine Nr. 435-IV vom 16.01.2003 (Цивільний кодекс України).

Einkommensteuergesetz der Ukraine Nr. 889-IV vom 22.05.2003 (Закон України про податок з доходів фізичних осіб). *Außer Kraft* aufgrund des Inkrafttretens des *Steuergesetzbuchs der Ukraine* Nr. 2755-VI vom 02.12.2010.

Ukrainisches Gesetz von der demokratischen Kontrolle über die Organisation des Militärs und der rechtsschützenden Staatsorgane Nr. 975-IV vom 19.06.2003 (Закон України про демократичний цивільний контроль над Воєнною організацією і правоохоронними органами держави).

Strafvollstreckungsgesetzbuch der Ukraine Nr. 1129-IV vom 11.07.2003 (Кримінально-виконавчий кодекс України).

Haushaltsgesetz der Ukraine für das Jahr 2005 Nr. 2285-VI vom 23.12.2004 (Закон України про Державний бюджет України на 2005 рік).

Ukrainisches Änderungsgesetz bzgl. der Verstärkung des rechtlichen Schutzes und Einführung von Mechanismen der Realisierung der Grundrechte der Bürger auf die Unternehmertätigkeit, die Unantastbarkeit der Person, die

Sicherheit, die Achtung der Menschenwürde, die Rechtshilfe und den Schutz Nr. 2322-IV vom 12.01.2005 (Закон України про внесення змін до деяких законодавчих актів України (щодо посилення правового захисту громадян та запровадження механізмів реалізації конституційних прав громадян на підприємницьку діяльність, особисту недоторканність, безпеку, повагу до гідності особи, правову допомогу, захист).

Ukrainisches Änderungsgesetz des Ordnungswidrigkeitengesetzes der Ukraine Nr. 2635-IV vom 02.06.2005 (Закон України про внесення змін до Кодексу України про адміністративні правопорушення).

Ukrainisches Gesetz über den staatlichen Strafvollstreckungsdienst in der Ukraine Nr. 2713-IV vom 23.06.2005 (Закон України про Державну кримінально-виконавчу службу України).

Haushaltsgesetz der Ukraine für das Jahr 2006 Nr. 3235-IV vom 20.12.2005 (Закон України про Державний бюджет України на 2006 рік).

Haushaltsgesetz der Ukraine für das Jahr 2007 Nr. 489-V vom 19.12.2006 (Закон України про Державний бюджет України на 2007 рік).

Ukrainisches Änderungsgesetz bzgl. Ämtern und Behörden für Jugendsachen und Sonderinstitutionen für Jugendliche Nr. 609-V vom 07.02.2007 (Закон України про внесення змін до деяких законодавчих актів України щодо органів і служб у справах неповнолітніх та спеціальних установ для неповнолітініх).

Haushaltsgesetz der Ukraine für das Jahr 2008 Nr. 107-VI vom 28.12.2007 (Закон України про Державний бюджет України на 2008 рік).

Ukrainisches Strafrechts- und Strafverfahrensrechtsänderungsgesetz bzgl. Humanisierung der strafrechtlichen Verantwortung Nr. 270-VI vom 15.04.2008 (Закон України про внесення змін до Кримінального та Кримінально-процесуального кодексів України щодо гуманізації кримінальної відповідальності).

Amnestiegesetz der Ukraine Nr. 660-VI vom 12.12.2008 (Закон України про амністію).

Haushaltsgesetz der Ukraine für das Jahr 2009 Nr. 835-VI vom 26.12.2008 (Закон України про Державний бюджет України на 2009 рік).

Ukrainisches Gesetz über das gesamtstaatliche Programm „Nationalplan der Tätigkeiten bzgl. Verwirklichung der Kinderrechtskonvention" bis zum Jahr 2016 Nr. 1065-VI vom 05.03.2009 (Закон України про Загальнодержавну програму „Національний план дій щодо реалізації Конвенції ООН про права дитини" на період до 2016 року).

Ukrainisches Gesetz über Änderungen und die Unwirksamkeit bestimmten Rechtsvorschriften der Ukraine bzgl. der Tätigkeit des Staatlichen Strafvollzugsdienstes in der Ukraine Nr. 1254-VI vom 14.04.2009 (Закон

України про внесення змін та визнання такими, що втратили чинність, деяких законодавчих актів України щодо діяльності Державної кримінально-виконавчої служби України).

Ukrainisches Änderungsgesetz des ukrOWiG und ukrStGB bzgl. der Verstärkung der Verantwortlichkeit für die Entwendung einer fremden Sache Nr. 1449-VI vom 04.06.2009 (Закон України про внесення змін до Кодексу України про адміністративні правопорушення та Кримінального кодексу України щодо посилення відповідальності за викрадення чужого майна).

Ukrainisches Änderungsgesetz des ukrStVollstrG bzgl. der Wahrung der Rechte der Gefangenen in Strafvollzugsanstalten Nr. 1828-VI vom 21.01.2010 (Закон України про внесення змін до Кримінально-виконавчого кодексу України щодо забезпечення прав засуджених осіб в установах виконання покарань).

Haushaltsgesetz der Ukraine für das Jahr 2010 Nr. 2154-VI vom 27.04.2010 (Закон України про Державний бюджет України на 2010 рік).

Gerichtsverfassungsgesetz der Ukraine Nr. 3018-III vom 07.02.2002 (Закон України про Судоустрій). *Außer Kraft* aufgrund des Inkrafttretens des neuen *Gesetzes über die Gerichtsverfassung und über den Status der Richter Nr. 2453-VI vom 07.07.2010* (Закон України про Судоустрій і статус суддів).

Verfassungsanpassungsgesetz der Ukraine Nr. 2592-VI vom 07.10.2010 (Закон України про внесення змін до деяких законодавчих актів України щодо приведення їх у відповідність із Конституцією України).

Steuergesetzbuch der Ukraine Nr. 2755-VI vom 02.12.2010 (Податковий Кодекс України).

Verordnungen des Plenums des Obersten Gerichts der Ukraine:

Plenum des Obersten Gerichts der Ukraine (1992): Verordnung zur Gerichtspraxis in Vergewaltigungssachen und anderen Sexualdelikten Nr. 3 vom 27.03.1992 (*Постанова Пленуму Верховного Суду України про судову практику у справах про зґвалтування та інші статеві злочини*). *Außer Kraft.*

Plenum des Obersten Gerichts der Ukraine (1999): Verordnung zur Anwendungspraxis der Gerichte von Verpfändung als Maßnahme der vorläufigen Verfahrenssicherung Nr. 6 vom 26.03.1999 (*Постанова Пленуму Верховного Суду України про практику застосування судами застави як запобіжного заходу*).

Plenum des Obersten Gerichts der Ukraine (2002): Verordnung zur bedingten vorzeitigen Entlassung und Ersetzung der Strafe durch eine mildere Strafe

Nr. 2 vom 26.04.2002 (*Постанова Пленуму Верховного Суду України про умовно-дострокове звільнення від відбування покарання і заміну невідбутої частини покарання більш м'яким*).

Plenum des Obersten Gerichts der Ukraine (2003a): Verordnung zur Anwendungspraxis der Gerichte bzgl. der Untersuchungshaft als Maßnahme der vorläufigen Verfahrenssicherung im Ermittlungsverfahren Nr. 4. vom 25.04.2003 (*Постанова Пленуму Верховного Суду України про практику застосування судами запобіжного заходу у вигляді взяття під варту та продовження строків тримання під вартою на стадіях дізнання і досудового слідства*).

Plenum des Obersten Gerichts der Ukraine (2003b): Verordnung zur Anwendungspraxis von Strafsanktionen durch die Gerichte Nr. 7 vom 24.10.2003 (*Постанова Пленуму Верховного Суду України про практику призначення судами кримінального покарання*).

Plenum des Obersten Gerichts der Ukraine (2003c): Verordnung zur Anwendung der Gesetzgebung die die Verteidigung im Strafgerichtsverfahren gewährleistet Nr. 8 vom 24.10.2003 (*Постанова Пленуму Верховного Суду України про застосування законодавства, яке забезпечує право на захист у кримінальному судочинстві*).

Plenum des Obersten Gerichts der Ukraine (2003d): Verordnung zur Anwendungspraxis von Gesetzgebung über Straftilgung und Strafaufhebung durch die Gerichte Nr. 16 vom 26.12.2003 (*Постанова Пленуму Верховного Суду України про практику застосування судами України законодавства про погашення і зняття судимості*).

Plenum des Obersten Gerichts der Ukraine (2004a): Verordnung zur Gesetzgebungsanwendung durch die Gerichte bzgl. der Verantwortung Erwachsener, die Jugendliche in verbrecherische oder andere antisoziale Tätigkeiten einbeziehen Nr. 2 vom 27.02.2004 (*Постанова Пленуму Верховного Суду Україи про застосування судами законодавства про відповідальність за втягнення неповнолітніх у злочинну чи іншу антигромадську діяльність*).

Plenum des Obersten Gerichts der Ukraine (2004b): Verordnung zur Anwendungspraxis der Gesetzgebung bzgl. straffälliger Jugendlicher Nr. 5 vom 16.04.2004 (*Постанова Пленуму Верховного Суду України про практику застосування судами України законодавства у справах про злочини неповнолітніх*).

Plenum des Obersten Gerichts der Ukraine (2004c): Verordnung zur Anwendungspraxis der Gesetzgebung bzgl. der Rechte der Opfer von Straftaten Nr. 13 vom 02.07.2004 (*Постанова Пленуму Верховного Суду України про практику застосування судами законодавства, яким передбачені права потерпілих від злочинів*).

Plenum des Obersten Gerichts der Ukraine (2005): Verordnung zur Anwendungspraxis der Gesetzgebung bzgl. der Befreiung einer Person von strafrechtlicher Verantwortung Nr. 12 vom 23.12.2005 (*Постанова Пленуму Верховного Суду України про практику застосування судами України законодавства про звільнення особи від кримінальної відповідальності*).

Plenum des Obersten Gerichts der Ukraine (2006): Verordnung zur Behandlungspraxis der Gerichten bzgl. der Anwendung von Zwangsmaßnahmen erzieherischer Einwirkung Nr. 2 vom 15.05.2006 (*Постанова Пленуму Верховного Суду України про практику розгляду судами справ про застосування примусових заходів виховного характеру*).

Verordnungen des Parlaments der Ukraine:

Parlament der Ukraine (1992): Verordnung über das Konzept der gerichtsverfassungsrechtlichen Reform Nr. 2296-12 vom 28.04.1992 (*Постанова Верховної Ради України про Концепцію судово-правової реформи в Україні*).

Parlament der Ukraine (1994): Verordnung über Inkraftsetzung des ukrainischen Gesetzes „Über Eintragung von Änderungen und Ergänzungen zu dem ukrainischen Ordnungswiedrigkeitsgesetz" Nr. 245/94-BP vom 15.11.1994 (*Постанова Верховної Ради України про введення в дію Закону України „Про внесення змін і доповнень до Кодексу України про адміністративні правопорушення"*).

Erlasse des Präsidenten der Ukraine:

Präsident der Ukraine (1998a): Erlass über die Schaffung des Staatliche Strafvollzugsdepartment Nr. 344/98 vom 22.04.1998 (*Указ Президента України про утворення Державного департаменту України з питань виконання покарань*).

Präsident der Ukraine (1998b): Erlass über die Regelung[966] über das Strafvollzugsdepartment in der Ukraine Nr. 827/98 vom 31.07.1998 (*Указ Президента України про Положення про Державний департамент України з питань виконання покарань*). *Außer Kraft.*

---

966 Im Ukrainischen versteht man unter einer Regelung (*положення*) eine Ordnungsvorschrift, die die Rechte, Pflichten, Formen, Methoden, Ordnung der Organisation sowie der Tätigkeit der Staatsorgane, Unternehmen, Ämter, Organisationen, ihrer Organisationseinheiten und Amtsträger festlegt. Üblicherweise werden Regelungen durch zuständige Organe der staatlichen Gewalt in Kraft gesetzt, vgl. *Gončarenko* 2007, S. 433; *Šemšučenko* 2002, S. 643.

Präsident der Ukraine (1999): Erlass über die Ausschließung des Staatlichen Strafvollzugsdepartment aus der Unterordnung im ukrainischen Innenministerium Nr. 248/99 vom 12.03.1999 (*Указ Президента України про виведення Державного департаменту України з питань виконання покарань з підпорядкування Міністерству внутрішніх справ України*).

Präsident der Ukraine (2006): Erlass über das Konzept/den Plan der Maßnahmen der Verwirklichung der ukrainischen Pflichten und Verbindlichkeiten bzgl. Teilnahme im Europarat Nr. 39/2006 vom 20.01.2006 (*Указ Президента України про План заходів із виконання обов,язків та зобов,язань України, що випливають з її членства в Раді Європи*).

Präsident der Ukraine (2007): Erlass über die Außerkraftsetzung der Wirkung der Verordnung des Ministerkabinetts „Nr. 916 vom 11.07.2007" Nr. 677/2007 vom 02.08.2007 (*Указ Президента України про зупинення дії постанови Кабінету Міністрів України від 11.07.2007 № 916*).

Präsident der Ukraine (2009a): Erlass über die Anerkennung der Unwirksamkeit des Erlasses des Präsidenten Nr. 532/2009 vom 10.07.2009 (*Указ Президента України про визнання такими, що втратили чинність, деяких Указів Президента України*).

Präsident der Ukraine (2009b): Verfassungsvorlage vom 02.08.2009 über den Appell an das Verfassungsgericht der Ukraine für die Entscheidung der Frage bzgl. der Nichtverfassungsmäßigkeit der Verordnung des Ministerkabinetts der Ukraine Nr. 916 vom 11.07.2007 (*Конституційне подання Президента України про звернення до Конституційного Суду України для вирішення питання щодо конституційності постанови Кабінету Міністрів України від 11 липня 2007 року № 916*).

Präsident der Ukraine (2010): Erlass über die Optimierung des Systems der Zentralbehörden der Exekutive Nr. 1085/2010 vom 09.12.2010 (*Указ Президента України про оптимізацію системи центральних органів виконавчої влади*).

Verordnungen des Ministerkabinetts der Ukraine:

Ministerkabinett der Ukraine (1993a): Durch die Verordnung Nr. 859 vom 13.10.1993 in Kraft gesetzte Regelung über allgemeinbildende Schulen der sozialen Rehabilitation (*Положення затверджене постановою Кабінету Міністрів України про загальноосвітню школу соціальної реабілітації*).

Ministerkabinett der Ukraine (1993b): Durch die Verordnung Nr. 859 vom 13.10.1993 in Kraft gesetzte Regelung über Berufsschulen der sozialen Rehabilitation (*Положення затверджене постановою Кабінету Міністрів України про професійне училище соціальної реабілітації*).

Ministerkabinett der Ukraine (1995): Durch die Verordnung Nr. 502 vom 08.07.1995 in Kraft gesetzte Regelung über die Kriminalmiliz in Kinder-angelegenheiten (*Положення затверджене постановою Кабінету Міністрів України про кримінальну міліцію у справах дітей*).

Ministerkabinett der Ukraine (1996): Durch die Verordnung Nr. 1072 vom 06.09.1996 in Kraft gesetzte Regelung über medizinisch-soziale Reha-bilitationszentren für Jugendliche (*Положення затверджене постано-вою Кабінету Міністрів України про центр медико-соціальної реабі-літації неповнолітніх*).

Ministerkabinett der Ukraine (1997): Durch die Verordnung Nr. 565 vom 09.06.1997 in Kraft gesetzte Rahmenordnung über Obdach für Kinder der Jugendämter (*Типове положення затверджене постановою Кабінету Міністрів України про притулок для дітей служби у справах дітей*).

Ministerkabinett der Ukraine (2002): Verordnung Nr. 1243 vom 26.08.2002 über Klärung von Fragen in Bezug auf die Tätigkeit in den Vorschul- und Internatlehranstalten (*Постанова Кабінету Міністрів України про невідкладні питання діяльності дошкільних та інтернатних навчаль-них закладів*).

Ministerkabinett der Ukraine (2004a): Durch die Verordnung Nr. 429 vom 01.04.2004 in Kraft gesetzte Regelung über die Beobachtungskomissionen und Treuhandräte bei Erziehunskolonien (*Положення затверджене постановою Кабінету Міністрів України про піклувальні ради при спеціальних виховних установах*).

Ministerkabinett der Ukraine (2004b): Anordnung Nr. 419-р vom 05.07.2004 über die Schaffung von angemessenen Bedingungen für die Unterbringung und Behandlung festgenommener Personen in Untersuchungshaftanstalten (*Разпорядження Кабінету Міністрів України відносно деяких пи-таннь щодо створення належних умов для утримання та лікування заарештованих осіб у слідчих ізоляторах*).

Ministerkabinett der Ukraine (2005a): Durch die Verordnung Nr. 877 vom 08.09.2005 in Kraft gesetzte Rahmenordnung über das Zentrum der sozial-psychologischen Rehabilitation für Kinder und junge Menschen mit funktionellen Einschränkungen (*Типове положення затверджене пос-тановою Кабінету Міністрів України про центр соціально-психоло-гічної реабілітації дітей та молоді з функціональними обмеженням*).

Ministerkabinett der Ukraine (2005b): Durch die Verordnung Nr. 1291 vom 27.12.2005 in Kraft gesetzte Rahmenordnung über Zentren der sozialen Rehabilitation (Jugenddörfer) (*Типове положення затверджене поста-новою Кабінету Міністрів України про соціально-реабілітаційний центр (дитяче містечко)*).

288

Ministerkabinett der Ukraine (2006): Verordnung Nr. 683 vom 17.05.2006 über die Eintragung von Änderungen in die Liste der Zentralorgane der ausführenden Gewalt (Exekutive), deren Tätigkeit vom Ministerkabinett, durch zuständige Minister koordiniert und gesteuert wird (*Постанова Кабінету Міністрів України про внесення змін до переліку центральних органів виконавчої влади, діяльність яких спрямовується та координується Кабінетом Міністрів України через відповідних міністрів*).

Ministerkabinett der Ukraine (2007a): Durch die Verordnung Nr. 916 vom 11.07.2007 in Kraft gesetzte Regelung über das Strafvollzugsamt der Ukraine (*Положення затверджене постановою Кабінету Міністрів України про Державний Департамент України з питань виконання покарань*). *Außer Kraft.*

Ministerkabinett der Ukraine (2007b): Verordnung Nr. 1015 vom 08.08.2007 über Änderungen der Verordnung des Ministerkabinetts der Ukraine Nr. 502 vom 08.07.1995 (*Постанова Кабінету Міністрів України про внесення змін до постанови Кабінету Міністрів України від 08.07.1995 № 502*).

Ministerkabinett der Ukraine (2007c): Durch die Verordnung Nr. 1068 vom 30.08.2007 in Kraft gesetzte Rahmenordnung über Ämter in Kinderangelegenheiten in Oblastverwaltung, in Kiev und Sevastopol Stadtverwaltungen (*Типове положення затверджене постановою Кабінету Міністрів України про службу у справах дітей обласної, Київської та Севастопольської міської державної адміністрації*).

Ministerkabinett der Ukraine (2007d): Durch die Verordnung Nr. 1068 vom 30.08.2007 in Kraft gesetzte Rahmenordnung über das Amt in Kinderangelegenheiten in Verwaltungen der Regionen und Regionen in den Städten Kiev und Sevastopol (*Типове положення завтерджене постановою Кабінету Міністрів України про службу у справах дітей районної, районної у містах Києві та Севастополі державної адміністрації*).

Ministerkabinett der Ukraine (2007e): Verordnung Nr. 1403 vom 24.12.2007 über die Abschaffung der Akte des Ministerkabinetts, derer Wirkung durch Erlass des ukrainischen Präsidenten unterbrochen wurde (*Постанова Кабінету Міністрів України про скасування актів Кабінету Міністрів України, дію яких зупинено указами Президента України*).

Ministerkabinett der Ukraine (2008a): Verordnung Nr. 866 vom 24.09.2008 über Fragen der Tätigkeit der Pfleg- und Vormundschaftsbehörden (*Постанова Кабінету Міністрів України щодо питання діяльності органів опіки та піклування, пов'язаної із захистом прав дитини*).

Ministerkabinett der Ukraine (2008b): Anordnung Nr. 1511-p vom 26.11.2008 über die Billigung des Konzepts des staatlichen zweckgebundenen Programms der Reform des Staatlichen Strafvollstreckungsdienstes bis zum Jahr 2017 (*Розпорядження Кабінету Міністрів України про схвалення*

Концепції Державної цільової програми реформування Державної кримінально-виконавчої служби на період до 2017 року).

Ministerkabinett der Ukraine (2009): Durch die Verordnung Nr. 587 vom 10.06.2009 in Kraft gesetzte Regelung über das Strafvollzugsamt der Ukraine *Положення затверджене постановою Кабінету Міністрів України про Державний департамент України з питань виконання покарань).*

Anordnungen des Innenministeriums der Ukraine:

Innenministerium der Ukraine (1996): Durch die Anordnung Nr. 384 vom 13.07.1996 in Kraft gesetzte Regelung über dem Innenministerium untergeordnete Aufnahme- und Einweisungsanstalten für Jugendliche (*Положення затверджене наказом Міністерства Внутрішніх справ України про приймальники-розподільники для неповнолітніх органів внутрішніх справ).*

Innenministerium der Ukraine (2006a): Anordnung Nr. 894 vom 31.08.2006 über die Organisation der ständigen funktionellen Mobilgruppen für das Monitoring zur Gewährleistung der Rechte und Freiheiten des Menschen und Bürgers in der Tätigkeit der Organe der inneren Angelegenheiten (*Наказ Міністерства Внутрішніх справ України про організацію діяльності постійно діючих мобільних груп з моніторингу забезпечення прав і свобод людини та громадянина в діяльності органів внутрішніх справ).*

Innenministerium der Ukraine (2006b): Durch die Anordnung Nr. 894 vom 31.08.2006 in Kraft gesetzte Regelung über die Organisation der ständigen funktionellen Mobilgruppen für das Monitoring zur Gewährleistung der Rechte und Freiheiten des Menschen und des Bürgers in der Tätigkeit der Organe der inneren Angelegenheiten (*Положеня затверджене наказом Міністерства Внутрішніх справ України про постійно діючі мобільні групи з моніторінгу забезпечення прав і свобод людини та громадянина в діяльності органів внутрішніх справ).*

Innenministerium der Ukraine (2008): Die durch die Anordnung Nr. 638 vom 02.12.2008 in Kraft gesetzte Regeln über die innere Ordnung in Polizei-haftanstalten des ukrainischen Innenministeriums (*Правила внутрішнього розпорядку в ізоляторах тимчасового тримання органів внутрішніх справ України затверджені наказом Міністерства Внутрішніх справ України).*

Anordnungen des Justizministeriums der Ukraine:

Justizministerium der Ukraine (2010): Anordnung Nr. 491/7 vom 27.05.2010 bzgl. der Schaffung einer Arbeitsgruppe für den Entwurf eines Konzepts zur Entwicklung der Jugendkriminaljustiz in der Ukraine (*Наказ Міністра Юстиції про створення робочої групи по розробці проекту Концепції розвитку кримінальної юстиції щодо неповнолітніх в Україні*).

Andere Dokumente:

Präsidium des Obersten Rats der UkrSSR (1967): Durch den Erlass Nr. 284-7 vom 26.08.1967 in Kraft gesetzte Regelung über Jugendsozialerzieher (*Положення затверджене указом Президії Верховної Ради Української РСР про громадських вихователів неповнолітніх*), *mit späteren Änderungen und Ergänzungen.*

Oberstes Gericht, Justiz- und Bildungsministerium der Ukraine (1995): Durch die Anordnung Nr. 478/63/7/5 vom 15.11.1995 in Kraft gesetzte Regelung über Gerichtserzieher (*Положення затверджене наказом Верховного Суду України, Міністерством Юстиції, Міністерством Освіти про судових вихователів*).

Verfassungsgericht der Ukraine (2000): Entscheidung Nr. 13-рп/2000 vom 16.11.2000 in der Sache *Soldatov, G. I.* und seines konstitutionelles Appels bzgl. der offiziellen Erläuterung des Art. 59 ukrGG, § 44 ukrStPO, §§ 268, 271 ukrOWiG (Sache über das Recht der freien Wahl des Verteidigers) (*Рішення Конституційного Суду України у справі за конституційним зверненням громадянина Солдатова, Г. І. щодо офіційного тлумачення положень статті 59 КУ, статті 44 КПКУ, статей 268, 271 КУАП (справа про право вільного вибору захисника)*).

Strafvollzugsamt der Ukraine (2003): Durch die Anordnung Nr. 275 vom 25.12.2003 festgesetzte Regeln über die festgelegte Ordnung in den Strafvollzugseinrichtungen (*Правила внутрішнього розпорядку установ виконання покарань, затверджені наказом Державного Департамента України з питань виконання покарань*).

Oberstes Gericht der Ukraine (2006): Das Schreiben des Obersten Gerichts der Ukraine Nr. 1-5/45 vom 25.01.2006 (*Лист Верховного Суда України*).

Offizielle Internetseiten der ukrainischen Regierung:

Offizielle Internetseite des Ukrainischen Parlament (*Верховна Рада України*), abrufbar unter: http://portal.rada.gov.ua/, 15.03.2011.

Offizielle Internetseite des Ukrainischen staatlichen Strafvollzugsamtes, abrufbar unter: http://www.kvs.gov.ua/control/publish/whatsnew, 15.03.2011.

Reihenübersicht

Schriften zum Strafvollzug, Jugendstrafrecht und zur Kriminologie
Hrsg. von Prof. Dr. Frieder Dünkel, Lehrstuhl für Kriminologie an der Ernst-Moritz-Arndt-Universität Greifswald

Bisher erschienen:

Band 1
Dünkel, Frieder: Empirische Forschung im Strafvollzug. Bestandsaufnahme und Perspektiven.
Bonn 1996. ISBN 978-3-927066-96-0.

Band 2
Dünkel, Frieder; van Kalmthout, Anton; Schüler-Springorum, Horst (Hrsg.): Entwicklungstendenzen und Reformstrategien im Jugendstrafrecht im europäischen Vergleich.
Mönchengladbach 1997. ISBN 978-3-930982-20-2.

Band 3
Gescher, Norbert: Boot Camp-Programme in den USA. Ein Fallbeispiel zum Formenwandel in der amerikanischen Kriminalpolitik.
Mönchengladbach 1998. ISBN 978-3-930982-30-1.

Band 4
Steffens, Rainer: Wiedergutmachung und Täter-Opfer-Ausgleich im Jugend- und Erwachsenenstrafrecht in den neuen Bundesländern.
Mönchengladbach 1999. ISBN 978-3-930982-34-9.

Band 5
Koeppel, Thordis: Kontrolle des Strafvollzuges. Individueller Rechtsschutz und generelle Aufsicht. Ein Rechtsvergleich.
Mönchengladbach 1999. ISBN 978-3-930982-35-6.

Band 6
Dünkel, Frieder; Geng, Bernd (Hrsg.): Rechtsextremismus und Fremdenfeindlichkeit. Bestandsaufnahme und Interventionsstrategien.
Mönchengladbach 1999. ISBN 978-3-930982-49-3.

Band 7
Tiffer-Sotomayor, Carlos: Jugendstrafrecht in Lateinamerika unter besonderer Berücksichtigung von Costa Rica.
Mönchengladbach 2000. ISBN 978-3-930982-36-3.

Band 8
Skepenat, Marcus: Jugendliche und Heranwachsende als Tatverdächtige und Opfer von Gewalt. Eine vergleichende Analyse jugendlicher Gewaltkriminalität in Mecklenburg-Vorpommern anhand der Polizeilichen Kriminalstatistik unter besonderer Berücksichtigung tatsituativer Aspekte.
Mönchengladbach 2000. ISBN 978-3-930982-56-1.

Band 9
Pergataia, Anna: Jugendstrafrecht in Russland und den baltischen Staaten.
Mönchengladbach 2001. ISBN 978-3-930982-50-1.

Band 10
Kröplin, Mathias: Die Sanktionspraxis im Jugendstrafrecht in Deutschland im Jahr 1997. Ein Bundesländervergleich.
Mönchengladbach 2002. ISBN 978-3-930982-74-5.

Band 11
Morgenstern, Christine: Internationale Mindeststandards für ambulante Strafen und Maßnahmen.
Mönchengladbach 2002. ISBN 978-3-930982-76-9.

Band 12
Kunkat, Angela: Junge Mehrfachauffällige und Mehrfachtäter in Mecklenburg-Vorpommern. Eine empirische Analyse.
Mönchengladbach 2002. ISBN 978-3-930982-79-0.

Band 13
Schwerin-Witkowski, Kathleen: Entwicklung der ambulanten Maßnahmen nach dem JGG in Mecklenburg-Vorpommern.
Mönchengladbach 2003. ISBN 978-3-930982-75-2.

Band 14
Dünkel, Frieder; Geng, Bernd (Hrsg.): Jugendgewalt und Kriminalprävention. Empirische Befunde zu Gewalterfahrungen von Jugendlichen in Greifswald und Usedom/Vorpommern und ihre Auswirkungen für die Kriminalprävention.
Mönchengladbach 2003. ISBN 978-3-930982-95-0.

Band 15

Dünkel, Frieder; Drenkhahn, Kirstin (Hrsg.): Youth violence: new patterns and local responses – Experiences in East and West. Conference of the International Association for Research into Juvenile Criminology. Violence juvénile: nouvelles formes et stratégies locales – Expériences à l'Est et à l'Ouest. Conférence de l'Association Internationale pour la Recherche en Criminologie Juvénile.
Mönchengladbach 2003. ISBN 978-3-930982-81-3.

Band 16

Kunz, Christoph: Auswirkungen von Freiheitsentzug in einer Zeit des Umbruchs. Zugleich eine Bestandsaufnahme des Männererwachsenenvollzugs in Mecklenburg-Vorpommern und in der JVA Brandenburg/Havel in den ersten Jahren nach der Wiedervereinigung.
Mönchengladbach 2003. ISBN 978-3-930982-89-9.

Band 17

Glitsch, Edzard: Alkoholkonsum und Straßenverkehrsdelinquenz. Eine Anwendung der Theorie des geplanten Verhaltens auf das Problem des Fahrens unter Alkohol unter besonderer Berücksichtigung des Einflusses von verminderter Selbstkontrolle.
Mönchengladbach 2003. ISBN 978-3-930982-97-4.

Band 18

Stump, Brigitte: „Adult time for adult crime" – Jugendliche zwischen Jugend- und Erwachsenenstrafrecht. Eine rechtshistorische und rechtsvergleichende Untersuchung zur Sanktionierung junger Straftäter.
Mönchengladbach 2003. ISBN 978-3-930982-98-1.

Band 19

Wenzel, Frank: Die Anrechnung vorläufiger Freiheitsentziehungen auf strafrechtliche Rechtsfolgen.
Mönchengladbach 2004. ISBN 978-3-930982-99-8.

Band 20

Fleck, Volker: Neue Verwaltungssteuerung und gesetzliche Regelung des Jugendstrafvollzuges.
Mönchengladbach 2004. ISBN 978-3-936999-00-6.

Band 21

Ludwig, Heike; Kräupl, Günther: Viktimisierung, Sanktionen und Strafverfolgung. Jenaer Kriminalitätsbefragung über ein Jahrzehnt gesellschaftlicher Transformation.
Mönchengladbach 2005. ISBN 978-3-936999-08-2.

Band 22
Fritsche, Mareike: Vollzugslockerungen und bedingte Entlassung im deutschen und französischen Strafvollzug.
Mönchengladbach 2005. ISBN 978-3-936999-11-2.

Band 23
Dünkel, Frieder; Scheel, Jens: Vermeidung von Ersatzfreiheitsstrafen durch gemeinnützige Arbeit: das Projekt „Ausweg" in Mecklenburg-Vorpommern.
Mönchengladbach 2006. ISBN 978-3-936999-10-5.

Band 24
Sakalauskas, Gintautas: Strafvollzug in Litauen. Kriminalpolitische Hintergründe, rechtliche Regelungen, Reformen, Praxis und Perspektiven.
Mönchengladbach 2006. ISBN 978-3-936999-19-8.

Band 25
Drenkhahn, Kirstin: Sozialtherapeutischer Strafvollzug in Deutschland.
Mönchengladbach 2007. ISBN 978-3-936999-18-1.

Band 26
Pruin, Ineke Regina: Die Heranwachsendenregelung im deutschen Jugendstrafrecht. Jugendkriminologische, entwicklungspsychologische, jugendsoziologische und rechtsvergleichende Aspekte.
Mönchengladbach 2007. ISBN 978-3-936999-31-0.

Band 27
Lang, Sabine: Die Entwicklung des Jugendstrafvollzugs in Mecklenburg-Vorpommern in den 90er Jahren. Eine Dokumentation der Aufbausituation des Jugendstrafvollzugs sowie eine Rückfallanalyse nach Entlassung aus dem Jugendstrafvollzug.
Mönchengladbach 2007. ISBN 978-3-936999-34-1.

Band 28
Zolondek, Juliane: Lebens- und Haftbedingungen im deutschen und europäischen Frauenstrafvollzug.
Mönchengladbach 2007. ISBN 978-3-936999-36-5.

Band 29
Dünkel, Frieder; Gebauer, Dirk; Geng, Bernd; Kestermann, Claudia: Mare-Balticum-Youth-Survey – Gewalterfahrungen von Jugendlichen im Ostseeraum.
Mönchengladbach 2007. ISBN 978-3-936999-38-9.

Band 30
Kowalzyck, Markus: Untersuchungshaft, Untersuchungshaftvermeidung und geschlossene Unterbringung bei Jugendlichen und Heranwachsenden in Mecklenburg-Vorpommern.
Mönchengladbach 2008. ISBN 978-3-936999-41-9.

Band 31
Dünkel, Frieder; Gebauer, Dirk; Geng, Bernd: Jugendgewalt und Möglichkeiten der Prävention. Gewalterfahrungen, Risikofaktoren und gesellschaftliche Orientierungen von Jugendlichen in der Hansestadt Greifswald und auf der Insel Usedom. Ergebnisse einer Langzeitstudie 1998 bis 2006.
Mönchengladbach 2008. ISBN 978-3-936999-48-8.

Band 32
Rieckhof, Susanne: Strafvollzug in Russland. Vom GULag zum rechtsstaatlichen Resozialisierungsvollzug?
Mönchengladbach 2008. ISBN 978-3-936999-55-6.

Band 33
Dünkel, Frieder; Drenkhahn, Kirstin; Morgenstern, Christine (Hrsg.): Humanisierung des Strafvollzugs – Konzepte und Praxismodelle.
Mönchengladbach 2008. ISBN 978-3-936999-59-4.

Band 34
Hillebrand, Johannes: Organisation und Ausgestaltung der Gefangenenarbeit in Deutschland.
Mönchengladbach 2009. ISBN 978-3-936999-58-7.

Band 35
Hannuschka, Elke: Kommunale Kriminalprävention in Mecklenburg-Vorpommern. Eine empirische Untersuchung der Präventionsgremien.
Mönchengladbach 2009. ISBN 978-3-936999-68-6.

Band 36/1 bis 4 (nur als Gesamtwerk erhältlich)
Dünkel, Frieder; Grzywa, Joanna; Horsfield, Philip; Pruin, Ineke (Eds.): Juvenile Justice Systems in Europe – Current Situation and Reform Developments. Vol. 1-4.
2nd revised edition.
Mönchengladbach 2011. ISBN 978-3-936999-96-9.

Band 37/1 bis 2 (Gesamtwerk)
Dünkel, Frieder; Lappi-Seppälä, Tapio; Morgenstern, Christine; van Zyl Smit, Dirk (Hrsg.):
Kriminalität, Kriminalpolitik, strafrechtliche Sanktionspraxis und Gefangenenraten im
europäischen Vergleich. Bd.1 bis 2.
Mönchengladbach 2010. ISBN 978-3-936999-73-0.

Band 37/1 (Einzelband)
Dünkel, Frieder; Lappi-Seppälä, Tapio; Morgenstern, Christine; van Zyl Smit, Dirk (Hrsg.):
Kriminalität, Kriminalpolitik, strafrechtliche Sanktionspraxis und Gefangenenraten im
europäischen Vergleich. Bd.1.
Mönchengladbach 2010. ISBN 978-3-936999-76-1.

Band 37/2 (Einzelband)
Dünkel, Frieder; Lappi-Seppälä, Tapio; Morgenstern, Christine; van Zyl Smit, Dirk (Hrsg.):
Kriminalität, Kriminalpolitik, strafrechtliche Sanktionspraxis und Gefangenenraten im
europäischen Vergleich. Bd.2.
Mönchengladbach 2010. ISBN 978-3-936999-77-8.

Band 38
Krüger, Maik: Frühprävention dissozialen Verhaltens. Entwicklungen in der Kinder- und
Jugendhilfe.
Mönchengladbach 2010. ISBN 978-3-936999-82-2.

Band 39
Hess, Ariane: Erscheinungsformen und Strafverfolgung von Tötungsdelikten in Meck-
lenburg-Vorpommern.
Mönchengladbach 2010. ISBN 978-3-936999-83-9.

Band 40
Gutbrodt, Tobias: Jugendstrafrecht in Kolumbien. Eine rechtshistorische und rechtsvergleichende Untersuchung zum Jugendstrafrecht in Kolumbien, Bolivien, Costa Rica und
der Bundesrepublik Deutschland unter Berücksichtigung internationaler Menschen-
rechtsstandards.
Mönchengladbach 2010. ISBN 978-3-936999-86-0.

Band 41
Stelly, Wolfgang; Thomas, Jürgen (Hrsg.): Erziehung und Strafe. Symposium zum 35-jährigen
Bestehen der JVA Adelsheim.
Mönchengladbach 2011. ISBN 978-3-936999-95-2.

Band 42
Annalena Yngborn: Strafvollzug und Strafvollzugspolitik in Schweden: vom Resozialisierungs-
zum Sicherungsvollzug? Eine Bestandsaufnahme der Entwicklung in den letzten 35 Jahren.
Mönchengladbach 2011. ISBN 978-3-936999-84-6.

Band 43
Johannes Kühl: Die gesetzliche Reform des Jugendstrafvollzugs in Deutschland im Licht der
European Rules for Juvenile Offenders Subject to Sanctions or Measures (ERJOSSM).
Mönchengladbach 2012. ISBN 978-3-942865-06-7.

Band 44
Maryna Zaikina: Jugendkriminalrechtspflege in der Ukraine.
Mönchengladbach 2012. ISBN 978-3-942865-08-1.

www.ingramcontent.com/pod-product-compliance
Lightning Source LLC
Chambersburg PA
CBHW050628280326
41932CB00015B/2564